U0613545

山东省一流学科曲阜师范大学中国史学科奖补资金资助成果

塑造论哲学之
社会学哲学论证

SUZAOLUN ZHEXUE ZHI SHEHUIXUE ZHEXUE LUNZHENG

张全新 著

山东人民出版社
国家一级出版社 全国百佳图书出版单位

目 录

绪论：由塑造论哲学论社会学何以可能

第一篇 前阶：“无意识—有意识”·从“无意识前提”说起

第二篇　枢纽："潜意识—显意识"·由"潜意识显意识机制"展开

第三篇　超越："显意识—超意识"·向"超意识状态"升华

结语：关于塑造论哲学之社会学哲学论证的结论

第二章　显意识与潜意识由对立统一走向同一·社会（自然）塑造人与人塑造自然（社会）

（一）由塑造论哲学方法形成塑造论哲学体系，如《塑造论哲学导引》所概述的，总起来说呈现首尾相接的两大系列：一是从超意识到显意识、显意识到潜意识、潜意识到无意识的"哲学对于科学来说的证明系列"；二是从无意识到潜意识、潜意识到显意识、显意识到超意识的"科学对于哲学来说的证实系列"。

在第一个系列中，第一阶：超意识——显意识，这是塑造论哲学分阶映照方法实现的前阶；第二阶：显意识——潜意识，这是塑造论哲学分阶映照方法实现的枢纽；第三阶：潜意识——无意识，这是塑造论哲学分阶映照方法实现的超越。在第二个系列中，第一阶：无意识——潜意识，这是塑造论哲学分阶映照方法实现的前阶；第二阶：潜意识——显意识，这是塑造论哲学分阶映照方法实现的枢纽；第三阶：显意识—超意识，这是塑造论哲学分阶映照方法实现的超越。

对两大系列完整地看，两系列总起来形成一个首尾映照相衔接的循环圈；而且又总是在两系列各阶映照中成阶梯推进；两系列之间的各因素也形成各自映照。它们之间是互补的。从而在各自的映照中经过成阶梯推进达到形而下与形而上的映照，在反思的对立统一中走向同一。

这就形成了，关于“科学对于哲学来说的证实”与“哲学对于科学来说的证明”，总是首尾相接或相互交错着的演进。

如前所说，塑造论哲学强调：从学问的角度讲，哲学是追问形而上的，科学是探究形而下的。这里，就前面所说单子圆的两种运转来讲，作为形而上向形而下的显露，可认为是哲学向科学显露的轨迹；作为形而下依形而上的潜生，可认为是科学依哲学潜生的轨迹。

（二）由此便可确定科学与哲学或哲学与科学的关系：

科学只有在塑造单子中趋于圆满时，才能潜生出真正的哲学，从而成为科学支持着的哲学；哲学只有在塑造单子达到圆满时，才能显露为真正的科学，从而成为哲学统摄下的科学。

科学只有被哲学所理解才能真正成为科学的，但哲学本身不等于科学学科。哲学只有成为科学的才能被理解，但科学本身又不等于哲学。如果把科学学科当成哲学，就会产生哲学的非哲学化倾向；而要确立哲学，又必须有科学的支持，否则哲学也就没有了根据。哲学体系借助于科学而成为科学的哲学体系，通过科学语言表达出哲学，但哲学并不是科学理论本身。其指向着塑造单子的“圆满”，指向着“超越”。

在此意义上讲，如果说使必然性能够成为可能的哲学方法实现于哲学史，那么真正能指向必然性的科学方法必是实现于哲学史统摄之下的科学史。在这种体现塑造论哲学概括的分阶映照系列中，形而下的科学学科支持着哲学形而上成为可能，形而上的哲学统摄着科学形而下成为可能。这样，科学及各门学科成为使哲学成为可能的关于“塑造之物”的学科建设。这里，外化了的学科“文本”及其整个理论和实践的建构成为形而上必然性何以可能的证实，同时由形而上的必然性证明着外化了的科学学科"文本"及其整个理论和实践建构成为可能。这是在"超意识—显意识—潜意识—无意识"和"无意识—潜意识—显意识—超意识"的影映、窥察、相互映照中实现的。

又如同前面所指出的，我们关于塑造论"单子圆"或"单子群"的表示，是形式化了的。在塑造论哲学看来，其达到圆满和谐，作为枢纽，是在潜意识与显意识的相互映照之中实现的。这一过程就社会学说史来讲，恰恰在关于"社会的人"与"人的社会"的关系中折射出来，也在思想史的一系列演进中表现出来。这里经过了：主要面向客体而由显意识影映潜意识的过程、重在反思主体而在显意识中窥察潜意识的过程、趋于主客体相互映照而达到显意识与潜意识统一的过程。这恰恰是伴随着塑造论哲学所梳理的哲学史与经济学史、政治学史和社会学史同时生长的。正是在这种演进中形成了人们对社会学及政治学、经济学的特有认识，形成了社会学说的一步步发展，体现着一步步走向和谐而超越的过程。这一过程既形成着社会意识的成熟也形成着对社会自我意识的完善，走向着超越。这种超越，既是社会发展所走向的，也是社会学说及政治学、经济学发展所走向的；这一超越是在社会发展史中实现的，也是在经济学、政治学、社会学的探索中实现的；这一超越是社会发展与社会学说发展一起走向和谐圆满才实现的，这形成着社会学说及政治学、经济学说一步步走向和谐而超越的过程，这实现着塑造论哲学指出的关于人及社会走向超越的历史过程。

（三）塑造论哲学在自身体系中，提出一个重要的方法论原理，即哲学方法实现于哲学的历史进程之中，这恰合于逻辑与历史一致之原理。所以，塑造论哲学主张，应坚持言哲学史以言哲学方法。这实现于塑造论哲学体系之中，也体现于塑造论哲学之经济学哲学论证之中、塑造论哲学之政治学哲学论证之中、塑造论哲学之社会学哲学论证之中。

在本书，即塑造论哲学之社会学哲学论证，这一部分中，沿着哲学史及社会学史，由以本体论（西方哲学史）或本根论（中国哲学史）为重心，到以认识论（西方哲学史）或致知论（中国哲学史）为重心，又到以实践论（西方哲学史）或践形论（中国哲学史）为重心的历史走向，展开了三节。

第一节：主要面对客体·由显意识影映潜意识。第二节：重在反思主体·在显意识中考察潜意识。第三节：趋于主客体相互映照（塑造）·走向显意识与潜意识的统一。

在“主要面对客体·由显意识影映潜意识”这部分中，主要包括：一、“天”“道”与“社会”，影映着“天道”的“社会”。阐述了古中国孔子、孟子、墨子、老子、庄子、荀子等人的见解。二、“逻各斯”“神”与“社会”，“社会”影映着“神学理性”。阐述了古希腊智者学派、柏拉图、亚里士多德等人的见解。三、人本论的社会观与人性论的社会理论。阐述了中国历史上董仲舒、王允、王符、《太平经》、慧远、葛洪、何晏、王弼、阮籍、嵇康、鲍敬言、陶渊明、无能子、谭峭、韩愈、柳宗元、李觏、王安石、张载、程颢、程颐等人的社会论述；阐述了欧洲历史上的哈尔顿、马基雅维利、傅丹，霍布斯、洛克、卢梭、维科、孟德斯鸠、休谟、斯密、费格森、圣西门等人的社会学说。

在“重在反思主体·在显意识中考察潜意识”这部分中，主要包括：一、理学和心学中的社会学思想（重要的是朱熹、王阳明）；二、实证论的社会学理论（重要是孔德、穆勒、斯宾塞）；三、趋向肯定欲望功利到关注“行”的社会理论。

在“趋于主客体相互映照·走向显意识与潜意识统一”这部分中，主要包括：一、马克思主义与基于社会实践的社会学。这里突出阐述了马克思、恩格斯、列宁等马克思主义理论家所阐述的社会学思想。二、聚焦于交往、行为、行动、实践。

（一）帕累托：逻辑行为与非逻辑行为；（二）西美尔：社会交往形式与形式社会学；（三）涂尔干："一切行为方式"即社会事实；（四）韦伯的"理解行为"；（五）马尔库塞：由"人的行为"说开，论"总体性革命"；（六）帕森斯、默顿：社会行为的结构功能；（七）科尔曼：理性行为理论；（八）哈贝马斯：交往行为理论；（九）布迪厄：论"实践感"及"场域"。三、关注于符号、拟剧、标签、身体。（一）米德、布鲁默等人的"符号互动论"；（二）戈夫曼的拟剧理论；（三）埃德温·勒默特的标签理论；（四）特纳等人的身体社会学以及女性主义、性别主义，以及社会行为中的情感问题。四、后现代主义思想家所阐发的社会理论。（一）福柯关于"知识考古"与"谱系学"的社会学；（二）鲍曼关于现代性与后现代性的社会理论；（三）德波的景观社会理论、鲍德里亚关于"消费社会"和"符号社会"的理论。五、不断进行新的理论综合与深化延伸。（一）从人的行为与系统、结构、功能等角度进行综合。1. 鲁曼的社会系统理论：指向社会行为；2. 吉登斯的结构化社会学理论：社会结构与人类行为的二重性；3. 亚里山大的新功能主义社会学：社会行为与人类行为的二重性；4. 格兰维特的社会网络理论：行为者与社会结构通过社会关系网络互动。（二）在社会冲突与社会交换方面的理论综合。1. 关于社会冲突理论，米尔斯、科塞、达伦多夫的贡献。2. 关于社会交换理论，弗雷泽、马林诺夫斯基、摩斯、列维·斯特劳斯，特别是（1）霍曼斯行为主义交换理论、（2）布劳结构主义交换理论、（3）爱默森的社会交换网络分析。3. 关于"互动仪式链"的理论，柯林斯。（三）现象学的社会学，舒茨、加芬克尔等。

第一节　主要面对客体·由显意识影映潜意识

欧洲哲学史在本体论为重心时期，中国哲学史在以本根论为重心时期，主要通过关注语言（符号）与言之客体的同构，实现以显意识影映潜意识。

由塑造论哲学来看，人们在真正实现对“显意识”与“潜意识”的关系作出理解之前，是不可能把普遍必然性作为意识了的存在而理解的，不可能真正理解“超意识”的存在。

然而，人塑造自然所形成的“塑造之物”不管其多么简单、粗糙，它总是被塑造出来放在世界中。它既是意识的产物，又是属于形而下与形而上统一着的世界的。

一、“天”“道”与“社会”，影映着“天道”的“社会”

古希腊时期人们的社会思想，在古希腊神话中可折射出来。古希腊神话较早产生的是创世神话。在创世神话中，人自身并没有被当作主要的思考对象，主要思考的往往是本原开端和物的构成问题。此时，关于“人我”的思想观念，还处于尚未成形的状态或正在形成的过程之中。等到神话涉及人类自身的诞生、痛苦、灾难之时，则已进入了英雄神话。在此过程中形成的人和自然的关系，人是站在“自然”面前，站在“自然”之外。这种情况表现在当时的一系列思想观念之中。

而在中国的原始神话中，创世神话的地位显得并不十分重要，而且产生也比较晚。从史籍看，中国远古较为突出的倒是关于“帝”和“神”的神话。而提出帝神，注重的恰恰是在社会显意识中影映社会潜意识。这里的帝和神往往是祖先或首领的化身。大家普遍认为，殷代的"帝"是全族先神。在中国远古，人们的祖先崇拜和天神观是合二为一的。敬祖宗成为氏族存在和繁衍的保障，因而成为最好的道德。然而随着人们从拟人的自然观中走出来，当逐步把人之外的不以人为转移的自然力量看作是与人不一样的物在，远古的中国人并不把它理解为像古希腊人所理解的那种"自然"，而是把它叫作"天"。《尚书·舜典》说："舜在璇玑玉衡，以齐七政。禋于上帝，禋于六宇，望于山川，遍于群神。"马融注道："上帝太已神，在紫微宫，天之最尊者。"所以研究者推测，大概在舜以前人们就已经考虑帝在"天"中的地位问题。据文学学家考证，"天"字和"人"字在商代的甲骨文中已有，"天"字在原初字形上的本来意义是人的头部。可见，天本来是和人分不开的。而这时它们又要分开。在此便首先表现为"最尊者"与"天"的分与合的问题。于是"帝"升到了天上，或称之为"天帝"。"最尊者"既与"天"相分，又与"天"相配。这里已涉及主体与客体的分开与相合的问题。在《大雅》中有篇《文王之什文王章》，在祭祀文王的诗中就讲到，"文王在上，於昭于天。周虽旧邦，其命维新。有周不显，帝命不时。文王涉降，在帝左右"。其中天授王权的思想是很明显的。但是天帝显然又是与文王分开的，同时又强调文王须与之相配。之所以分开了又强调相配。是因为天授王权之说有一个漏洞：既然都是由天授命为什么周要灭商？关键是能否以德配天。这里实际上已涉及与"天"分离了的主体又要与"天"符合的问题。强调以德配天，既显示着此时人们已意识到要把"人"与"天"分开，又显示了在周人的思想中确立起了"天"的地位，而这又不是对作为祖先神的"帝"的否定，而是对"帝"的改良。史学家强调，这可认为是一种"维新"。之所以情况如此，是适应当时社会的发展而产生的。周人在"小邦"的基础上建立了王朝，却保存了以往的氏族组织，其新内容是“宗子维城”的古代制。史学家大都认为，这成为中国古代史的一个关键，后来的许多典章文明和思想观念都与此有关。可见，当中国远古的思想观念从拟人的自然观走出来的时候，与主体分开的并不是古希腊人所理解意义上的“自然”，而是有其特定含义的“天”。这种“天”从某种意义上说也有自然的含义，但与其说是作为自然界的自然，不如说是作为社会的自然。这里，人不是站在它面前，而是处于它之内。于是，对这种与主体分开了的客体的描述，本身带有很重的道德伦理意义，而且直接贴近社会的意义。

总而言之，“天”在中国古代思想史上，一直是个重要的概念。殷周及其以前，“天”曾是指天帝，可认为是最高的人格神。“天”可以指人们所不明白的一些自然现象，当人们觉得它迫使人们不得不遵循它，便说这是天意。这带有很浓的原始崇拜的意味。这种原始崇拜正与人们把天作为社会活动必然性的依托分不开。在这种崇拜中，人们赋予了天以人格的性质，天便成了一种代表人的力量的主宰，因而又常常被理解成一种世事命运，代表一种人们不可抗拒又不得不遵循的东西。这里，天和人的关系实际上是人的行为与一种人所面对的世界的关系。此时及后来的许多思想家，当只强调天的作用而忽视人的能动性，便成了“天命论”；当强调人能够驾驭改造对象世界，便形成了“制天命而用之”的理论。由此，在中国古代思想史上长期进行着“天人合一”与“天人相分”的争论。然而这里讲到的关于“天”的学说，是不能和古希腊哲学中所讲的关于物质形态的学说等同看待的。如果说古希腊关于物质形态的学说重在考虑物的构成元素，那么古代中国关于“天”的学说，则主要讲的是一种“事理之天”或“事的有成之天”。而且在一定意义上讲，这既是关系着“经济”的天，也是一种“政治”之天，综合起来是关于“社会”的所谓“天”。

这样，由于地理环境、社会关系以及原始观念诸方面因素造成，古中国人的观念在逐步排除拟人的自然观把自己与自然区分开，抓住自己的"塑造之物"之后；不像古希腊哲学那样主要把体现着行为（处理）系统的语言（符号）之镜中的自然事物当作首先的哲学思考对象，而是往往主要把影映于符号（语言）及处理（行为）之镜中的社会人事当作首当的哲学思考对象。因此不同于西方主要关心人之理论逻辑理性而多由逻辑追问形而上的传统，形成了主要关心人之道德伦理理性而重在由伦理追问形而上的传统。因此，如果说，古希腊的哲学研究，首先是由重心在于"什么是万物本原"的本体论追问，在语言（符号）系统与言之客体的同构中，影映意识（逻辑）结构；那么，古中国哲学研究，则首当是由重心在"什么是人事根本"的本根论追问，在"处理（行为）系统"与"理之客体"的同构中，影映意识（伦理）结构。这里，首先面对的是人事的有成。这既是"人之镜"，也是"自然之镜"，是"人与自然之镜"。这里，总起来说是"社会之境"。

在中国，春秋之前，早在夏商周，一种宗法制度就生长着，特别到由殷商向周代发展时，宗法制度已成为社会的重要特点。

对于周代宗法制的内容，《礼记·丧服小纪》及《大传》中有较详细的记录。按这样的宗法制度，天子主要以嫡长子继承制而世代相传，其他诸子则转为诸侯；诸侯也是主要遵循嫡长子继承制，其别子另封；别子也是嫡长子继承制。依此类推。每一个梯次对其下都是"大宗"，对其上都是"小宗"，天子是天下的大宗。这样从天子自上而下，以血缘关系为纽带，在"天下"形成一个宗法系统。周代的宗法制，反映了周代社会之继替与殷商有所不同。《史记·梁孝王世家》（褚少孙补）曾说："殷道亲亲者立弟，周道尊尊者立子。""周道太子死，立嫡孙；殷道太子死，立其弟。"这里都是亲其所亲，是以血缘关系为主的继替，这反映出其带有浓厚的原始民主性母权制残余；而尊其所尊，则是以名分和等级等政治关系、社会关系为主的继替，反映出父权制已取得了主导的地位。

另外，宗法制度的建立，说明在周代统治阶级思想中已意识到，要对社会实行有效的控制，必须有一套社会组织体系。而在这个组织体系中，必须“名分”分明，正如《吕氏春秋·慎势篇》记慎到所说：“今一兔走，百人逐之，非一兔足为百人分也，分已定矣。分已定，人虽鄙不争。故治天下及国，在乎定名分而已矣。”名分已定，而人虽鄙不争，是指一个人依其出生既得的身份、占据的地位来决定他应得什么样的权利和义务，没有争执的余地。周代统治阶级已经认识到了这一点，看到宗法组织与控制社会的密切关系。《礼记·大传》说：“人道，亲亲也。亲亲故尊祖，尊祖故敬宗，敬宗故收族，收族故宗庙严，宗庙严故重社稷，重社稷故爱百姓。”《礼记》的“大传”虽被认为是伪书，但这一论述，是反映当时社会思想的。

中国古代，继替的原则在周代是以身份为继替准则，并由此形成一个社会控制的组织体系。在古代中国社会组织思想中，宗法作为家族系统的组织原则，具有伦理与政治的双重性质。宗法系统按“尊尊”与“亲亲”的原则组织起来，家族系统中的成员，按照血缘关系的亲疏远近确定地位的高低。宗法制度可以确定一个人的“名分”，名分一确定，地位也就确立。基于此种情况，古代中国的一系列思想家提出了他们的理论。这里仅从社会学思想角度，概括一下他们的观点。

（一）孔子

1. 春秋时期的孔子竭力提倡“礼”。孔子所说的“礼”，主要是“周礼”。这不但是一种仪式，而且是一种政治原则，一种社会制度。孔子是为维护奴隶制社会秩序而提倡“礼”的，他对那些违反周礼的人和事深恶痛绝。他疾呼“正名”，要恢复和维护"周礼"，要对处于社会一定阶层的人"正名分"。

2. 在孔子的思想体系中，"礼"和"仁"不可分割。他强调"克己复礼为仁"。孔子的所谓"克己"，是要把"礼"的规范内化于人们的思想和行动中。"仁"是孔子提倡的社会道德规范的核心，在"仁"的概念之下，孔子提出了一系列作为具体处理人际关系的准则。

3. 孔子在关于"仁"的理论之中，在具体层次上提出"忠恕"。这要求，在操作层次上要做到"推己及人"，"己欲立而立人，己欲达而达人"，"己所不欲，勿施于人"。从而建构了在中国社会通行两千多年的基本人际关系准则。孔子理想中的人际关系和社会整合思想，与近现代西方强调的由契约化、法治化整合社会的思想，有显著的区别。

4. 孔子在他所处的年代，看到重大社会问题的严重性，提出"安贫"的方案，又由伦理方面和"天命"论证人们应当"安贫"。他说："生死由命，富贵在天"；"富与贵，是人之所欲也，不以其道得之，不处也。贫与贱，是人之所恶也，不以其道得之，不去也"。

5. 孔子认为"信"是维系社会群体生活秩序和谐运行的关键。"信"是与"诚"联系在一起的。有所谓"诚信"。孔子所提倡的"信"是一种人世之信，不是超世的宗教之信。孔子的社会思想中没有厌弃人世而力图逃离世俗社会生活的想法，孔子的社会思想，始终强调入世，而不是出世。孔子社会思想的这一重要特点，影响了其后两千多年的儒家社会思想。

（二）孟子

1. 孟子提出"性善论"。在中国社会思想史上经常讨论的人性问题中，在各派思想家的争论中，孟子思想的特点是，其特别注重论证"人之初，性本善"，由此强调人的社会性。

2. 孟子认为，人要结群，要有亲戚、君臣、上下之伦理关系及社会组织。人与人的交往关系可以分为利害关系与道义关系。以“利”为交往准则，往往只看到局部的利益，“义”是相对于“利”而言的，二者并非决然对立。尚“义”则是着眼于人群的整体的利害。所以，“义”包含了“利”，而“利”不一定包含“义”。在社会交往中，解决的办法在于“自反”，即反省自己。提倡“怀仁义以相接”“与人为善”和不结仇，不说别人坏话。

3. 孟子认为，人类在社会中生活，必须有社会分工，“通工易事”才有利于人类的共同生存和发展；提出要维持人们的生活，必须有生产劳动方面的社会分工；提出要治理社会；必须有统治者和被统治者的社会分工。

4. 孟子对贵族阶级穷奢极欲而不顾民众死活提出了尖锐的批评，并在这个立场上提出了社会整合方案。其社会整合方案的主要特点是以民为本、上下兼顾而彼此相同。具体说来最具特色的观点有二：一为“与民同乐”论；二为“为民制产”论。

5. 孟子主张，治理社会的方案是施“仁政”。“仁政”的内容主要包括“不忍人之心”与“推恩”“寡欲”“养心”“反求诸己”和“明人伦”等。为此他结合自己的人生体验提出了他所主张的修养方式，强调养“浩然之气”，使人人都成为能“独行其志”的君子。

（三）墨子

1. 墨子学说重利，注意到站在经济的立场上看问题。荀子曾批评墨子“蔽于用而不知文”[①]，是说他太重实用而不知有文化之整体。

2. 墨子生值战国兵争之世，目睹社会动荡的局面，而谋求

① 《荀子·解蔽篇》。

拯救斯民于水火，提出了"非攻""兼爱"的社会整治方案。他认为一切社会动荡与冲突都起于人彼此不相爱。"兼爱"不同于儒家所讲的"仁"。儒家的"仁"，虽然也是一种博爱，但还是有差等的。墨子则认为这种爱仍然是不彻底的，他要以无差别的"兼相爱"来代替儒家的有分别之仁爱。这是儒、墨两家社会思想的重要区别之一。他提出整合社会的方案的宗旨是"求兴天下之利，除天下之害"，他善于针对各个诸侯国的不同社会问题提出不同的方案。墨子构想出的理想社会是一个"兼爱""尚同"的社会。

3. 墨子提倡社会平等，主张遴选贤能者管理社会。墨子是站在平民的立场上提出尚贤的主张的。他反对贵族世卿的官禄世及，还反对"无故富贵，面目姣好"和权臣佞幸窃据高位。他对一系列重要社会问题进行了深入考察。他面对贵族骄奢淫逸，提出"节用""节葬""非乐"之说。有些人往往由此说墨子的社会思想带有"入世苦行"的特点。

4. 在墨子那里，认为社会控制的形式有两种：一是赏与罚；二是须借助"天"和"鬼"的威力。因此，他提出"天志""尚同""明鬼"之说。

（四）老子

1. 老子书推崇"道"。后传的作为《老子》书的《道德经》一开篇便写有："道可道，非常道；名可名，非常名。"老子书强调"道法自然"；又强调，"大道废，有仁义；智慧出，有大伪；六亲不和，有孝慈；国家昏乱，有忠臣。"《老子·第十八章》又有："道隐于无形，名生于不足。若六亲自和，国家自治，则孝慈忠臣不知其所在矣。"

2. 老子书主张"镇之以无名之朴"。《老子》说："不尚贤，使民不争；不贵难得之货，使民不为盗；不见可欲，使民心不乱。是以圣人之治，虚其心，实其腹，弱其志，强其骨。常使民无知无欲。使夫智者不敢为也。为无为，则无不治。”老子说：“古之善为道者，非以明民，将之愚之。民之难治，以其智多。故以智治国，国之贼；不以智治国，国之福。”① 老子这里所谓“愚”，是指一种混沌未开的淳朴状态。他又说：“道常无为而无不为。侯王若能守之，万物将自化。化而欲作，吾将镇之以无名之朴。无名之朴，夫亦将不欲。不欲以静，天下将自正。”②“朴散则为器，圣人用之，则为官长，故大制不割。”③ 老子认为，“朴”与器相对，是一种无名之名，其原意是未加工成器的木头，因为尚未成形，所以无名可指。朴与器的关系，犹如无名与有名。在老子看来，“朴”象征着自然，“器”象征着人为。社会的发展，体现在名目上，是从无到有、从少到多、逐渐复杂的过程。而名目与人的欲望同步增长。所以，无名与无欲、有名与有欲，内在着对立。老子认为，待人们有了欲望再去禁止，就为时已晚；所以说“化而欲作，吾将镇之以无名之朴。无名之朴，夫亦将不欲”。

3. 老子书强调“以正治国，以奇用兵，以无事取天下”。老子主张：“小国寡民，使有什伯之器而不用；使民重死而不远徙。虽有舟舆，无所乘之，虽有甲兵，无所陈之。使民复结绳而用之。甘其食，美其服，安其居，乐其俗。邻国相望，鸡犬之声相闻，民至老死，不相往来。”④ 老子还讲：“吾不敢为主而为客，不敢进寸而退尺。是谓行无行，攘无臂，扔无敌，执无兵。祸莫大于轻敌，轻敌几丧吾宝。故抗兵相若，衰者胜矣。”⑤

① 《老子·第六十五章》。
② 《老子·第三十七章》。
③ 《老子·第二十八章》。
④ 《老子·第八十章》。
⑤ 《老子·第六十九章》。

4. 老子书认为，要整合社会，就必须依"道"行事。这体现于他所谓的"绝圣弃智，民利百倍；绝仁弃义，民富孝慈；绝巧弃利，盗贼无有"。作为社会整合的操作性方案，他认为，一是要自愚并愚民，即"镇之以无名之朴"；二是要无为，即"以无事取天下"；三是要少私寡欲而常知足，即"不尚贤，使民不争；不贵难得之货，使民不为盗；不见可欲，使民心不乱。"

（五）庄子

1. 庄子认为，人与万物是天然平等的。而人又往往由于偏持且不安于天地造化的安排，刻意要使事情如自己所愿，结果是只能明于此而暗于彼，知利而不知害；见得而不见失，更不知利害本来就是由人们自己界定的。他认为，利害得失本来就是相通的、一体的。万物并不会因为不合人意而失去它自身的意义。庄子不主张对人世间庞杂的争辩问题刻意去找解决方案，主张采取一种不求解决便可得到自然解决的态度。庄子对处世及社会交往的态度是：不求得福，但求免祸；求"无用之用"，依自然之"性"，正确认识人为的"伪"；法后王，以礼为圣王所制。

庄子主张，人不能只以自己的一孔之见去看人、处事、待物；而人们又常常是先有了"成心"，而后才有是非之争论的。他在《齐物论》中说："夫随其成心而师之，谁独且无师乎？奚必知代，而心自取者有之。愚者与有焉！未成乎心而有是非，是今日适越而昔至也。是以无有为有。无有为有，虽有神禹且不能知，吾独且奈何哉！"在庄子说来，成心的形成是偶然而无一定准则的。人由于偏持且不安于天地造化的安排，所以才刻意要使事情如自己所愿，结果是只能明于此而暗于彼；知利而不知害；见得而不见失，更不知利害得失本来就是由人们自己界定的。庄子强调，从天地自然的立场看，利害得失本来就是相通的、一体的。庄子在《齐物论》中强调："道行之而成，物谓之而然。恶乎然？然于然。恶乎不然？不然于不然。物固有所然，物固有所可。无物不然，无物不可。"

庄子在《齐物论》中又说："故为是举莛与楹，厉与西施，恢恑憰怪，道通为一。其分也，成也；其成也，毁也。凡物无成与毁，复通为一。唯达者知通为一，为是不用而寓诸庸。庸也者，用也；用也者，通也；通也者，得也。适得而几矣。因是已。"另外，庄子特别讲，"今之时，仅免刑焉！福轻乎羽，莫之知载；祸重乎地，莫之知避。已乎，已乎！临人以德。殆乎，殆乎！画地而趋。迷阳迷阳，无伤吾行。吾行郤曲，无伤吾足。"

2. 庄子生值战国兵争扰攘之世。庄子在《人间世》篇中讲到，"孔子适楚，楚狂接舆游其门曰：'凤兮凤兮，何如德之衰也。来世不可待，往世不可追也。天下有道，圣人成焉；天下无道，圣人生焉。'"

庄子由其主张处世及社会交往应求"无用之用"，强调"为善无近名，为恶无近刑，缘督以为经"。

庄子提出的整合社会的方案的核心，是任其自然之道，无为而治。认为儒家及其他各学派用于整合社会人群的智谋、约束、道德、交接等，都是累赘无用的，应该"以不治治天下"、任自然、寡欲而无撄人心、掊击圣人，实行"坐忘"，恢复"常然"。

庄子的社会理想将老子的"小国寡民"的思想更推进一步。他构想了一个人的自然生物本性得到更加充分体现，人与自然和谐相处，而踏上"大道"的社会。

3. 在道家内部，庄子与老子相比是有所不同的。庄子思想有更重的出世倾向。庄子理想中的神人，是吸风饮露、游于四海之外的神仙；而老子理想中的圣人，则是要在人群中做一个

"被褐怀王""混兮若浊"的世中之人。所以，二者对后世的影响也不同：老子之学与法家、兵家的权谋数术颇有渊源关系（如韩非有《解老》《喻老》等篇，从权术的角度诠释老子思想）；而庄子思想则富于艺术情味。中国后世的文学艺术，常作出出世之想，这被认为可以追溯到庄子。

另外，人们在对儒家与道家作比较时，流行的看法是：儒家倾向于入世，道家倾向于出世；儒家主张积极有为，道家主张消极无为。有专家指出，这种看法大体上正确，但如果仔细分析，就会发现，道家也有入世的、积极有为的一面，儒家也有消极无为的一面。例如，老子所谓"为无为""为大于其细"就不是彻底的消极无为；从某种程度上说，是更积极的有为：在事态初兆端倪，别人还浑然不觉时，他已经在设法予以消解了，因此从根本上说，道家学说中也有一种入世的学问。在儒家方面，孔子说"舜禹有天下而不与焉""为政以德，譬如北辰居其所而众星拱之"，就似乎有无为的一面；孔子所谓"知命""道不行乘桴浮于海"，孟子所谓"禹、稷、颜回同道"，也有消极退隐的一面。学者们注意到，儒家与道家社会思想的区别，主要表现在处事的方式上，而他们所追求的最终目标都是要整合社会并使之有生活秩序，并无入世与出世之分。

（六）荀子

1. 荀子提出"人性恶"，这与孟子提出的"人性善"形成对照。荀子认为人性的自然倾向只是一些生物性需要，人的恶性本身是无法根本改变的，但是可以用"伪"来抑制人的恶性而归于善。

2. 荀子极重视师法教化在抑制人性恶与化性起伪中的作用。他重视"师"的作用，提出通过"积靡""注错习俗"和规定社会角色的行为标准等来实现人的教化。

3. 荀子十分重视礼。他认为，"礼"是由人类社会共同生活和社会发展之需而形成的，同时，“礼”也是对人类自然本有情感的一种恰当安排。此外，他认为“乐”具有调适社会关系的功能。“礼”侧重于外在的刚性规范和调适，“乐”则侧重于内在的柔性规范和调适。两者有机配合，才能使社会生活秩序长期稳定和协调发展。

4. 荀子提出了“人生不能无群”的命题。对于为什么人能合群，荀子以为在于两点，而这两点是禽兽所不具备的。其一是“分”，其二是“辩”。荀子极为重视“分”的社会功能，这是他对中国社会群体理论的重大贡献。同时荀子还认为，要整合社会，要选那些能“缘人情而制礼”、善于“调一天下，制强暴”的“大儒”作为社会的管理者。

5. 荀子的理想社会是一个“尚贤使能，等贵贱，分亲疏，序长幼”的社会，是一个等级森严的社会。而且社会上的人，都自觉维护等级秩序，各种社会角色都与其行为相符合，社会群体内部人与人之间呈现出“无不爱”“无不敬”“无与人争”“四海之内若一家”的和谐安乐的关系，这也正是荀子一再颂扬的“王者之法”的主要内容。在荀子所讲的理想社会中，有着明确的社会分工。这个社会是一个“群道当”的社会。

（七）韩非

1. 韩非认识到人类社会是不断进化的，他反对一些社会历史学家宣扬一种“是古非今”的观点。他把中国社会变迁的过程划分为上古之世、中古之世和近古之世。韩非进而认为，社会每进化到一个新的阶段，实现整合社会的方式会有相当的不同。韩非还认为，社会的进化、社会价值取向的变迁、社会问题的产生，都是由于人类的生活资料多少与社会人口多少的比例关系所决定的。

2. 韩非基本上延续了其师荀子的“人性恶”之说。基于此，他认为人际关系基本上是自立自为，人的利欲之心是出乎人们的本性。人人都在以"计算之心"从自己的私利出发对待人和事。

3. 韩非希望把一切社会力量都归于对社会统治有利的方向上来。韩非把政治与社会看成是分离乃至对立的。在韩非的心目中，社会是虚无的，政治才是真实的。韩非理想中的社会，极其强调富强，是文化、学术、商业、道德、伦理没有地位的社会。

4. 韩非认为，要控制社会只有"法"才是最有效的。他认为社会控制在于使人们"远仁义，去智能，服之以法"。他重视严刑峻法，认为最有效的社会控制方式是法和威，而仁、爱只能带来祸乱。他还主张进行思想控制。他讲，"禁奸之法，太上禁其心，其次禁其言、其次禁其事"。韩非所构想的理想社会，是一个以法为手段，以封建中央集权为核心的社会。

5. 韩非在其社会思想中为君主专制而设计了一套法术。韩非思想是集先秦法家之思想大成者，对于后世中国的封建专制有深远的影响。[①]

二、"逻各斯""神"与"社会"，"社会"影映着"神学理性"

社会学作为一门独立学科在欧洲出现，经历了由对社会的朴素认识向社会学理论的转变，而且一开始主要是面对客体，在社会显意识中影映着社会潜意识，这是一个漫长的历史过程。

早在古希腊时期，哲学家们就开始对社会问题进行观察和思考，这一时期关于社会的思想主要是渗透于古代哲学以及具体学科的论述中。在这方面，智者学派、柏拉图、亚里士多德的学说具有典型的意义。

---

① 此部分内容参见王处辉主编：《中国社会思想史》第三篇，中国人民大学出版社 2002 年版。

（一）智者学派

智者派是公元前5世纪在希腊奴隶民主政治繁荣时代由一批职业教育家和哲学家组成的学派。他们并不是建立在统一学说的基础上的思想派别，其得名于一批被称为智者的人，这些人自称能给人以智慧以及能教会人们在辩论中取胜的技巧和方法。

1. 智者派发展了关于社会起源的思想。这些人对此进行了社会契约论的描述，认为人类最早生活在“自然状态”下，在自然状态下的个人享有充分的自由；此时，人与人之间处于无休止的战争之中。他们认为，基于这种战争状态使个人的安全和财产得不到保证，为了结束彼此间的战争，人们同意交出自己的部分权力，遵守一定的法则，组成社会，共同生活。

2. 智者派把人类的社会历史看作是人们自己创造的，而不是由神或神在地球上代理人的意志创造的。这些见解，较之以往和当时关于人和社会起源的各种寓言和神话的描写，显然是一大进步。

（二）柏拉图

柏拉图（公元前427—前347）关于社会思想的代表作有《国家篇》和《法律篇》。他把社会作为一种围绕着分工和社会不平等构成的统一体来进行分析，认为社会的昌盛或社会的秩序是“贤明立法”的产物。

1. 柏拉图在《国家篇》中提出建立“理想国”。这里他特别强调社会的统一性，明确规定各组成部分从属于整体。他认为社会应由三个等级组成，这三个等级是“哲学王、武士、劳动者”，他们各有不同的社会职责。哲学王是负责社会管理的统治者；武士的任务是保卫国家的安全，他们是社会的上等阶级；劳动者的任务是用自己的生产劳动养活上等阶级。柏拉图这里所说的劳动者是指具有平民地位的手工业者和农民，不包括被认为是"会说话的工具"的奴隶。按照柏拉图的观点，上等阶级没有私人财产，也没有家庭。结婚、生育和抚养子女是下等阶级即平民的事情。国家应该关心平民教育，并负责调节他们的全部社会生活。柏拉图在《法律篇》中不再提及他的三个等级的社会主张，而强调在各个家庭之间进行平分土地的重要性。

2. 柏拉图在社会思想史上的贡献在于：他正视社会分工这个事实，指出了它对社会和人们的意义，以及由于经济的不平等所造成的某种类型的社会对立和斗争。他在《政治篇》中写道："每个国家中都存在着两个国家：一个是穷国，一个是富国，他们是纷争的根源。"①

3. 柏拉图认为，教育是实现理想社会的一个战略性手段。他主张在三个社会等级中实行两种教育制度。第一、二等级受高等教育。教育的宗旨是使受教育者成为统治者和武士，成为有严威、讲礼仪、作战勇敢的人。第三等级受普通教育。这三个等级，分别教育，可使他们各安其位。至于教育内容，他认为应按"重心不重身"的原则确定，即重理智教育，轻技术职能教育。理智教育中不能忽略把音乐与体育当作重点，因为这可以陶冶人的性情。

4. 柏拉图非常重视如何培养统治人物这个问题。为了培养出一批"优秀"的统治者，他制定了一套考核制度。青少年时期要接受一系列教育和考试，从中选出才华出众者，然后综合授以高级科学知识。到 30 岁，再进行新的考试，从中选出有辩才者，然后使之再钻研 5 年辩论术。到 35 岁，可以当一般官吏，边从事实际工作，边接受文官考试。通过文官考试以后，还得接受三种特别的考验：伦理考试，以观察他们是否不忘原

① 转引自［南］A. 费亚缅科：《一般社会学原理》，萨洛勒布 1982 年版，第 16 页。

则，不受欺骗；恫吓试验，即把年轻人像小马那样带到嘈杂喧哗的地方去，放到贫穷忧患中去，看他是否胆小而退却；乐逸试验，即把他们放到锦衣玉食的环境中去，看他是否贪图享受而腐化。经受了这些考验的人，就如同胜于试验炉中之金器，就可被始终敬之爱之，成为统治者。不过，即使是对这种人，也要防止他变坏，其办法是共产共妻。50 岁以后的品学兼优者，达到了人生的最高峰，其中的一部分人可从事哲学研究，另一部分人做领导工作，或指导下一代统治者的工作。其意是说，他们可成为最高的统治者。

（三）亚里士多德

亚里士多德（Aristoteles，公元前 384—前 322 年），出生于色雷斯的斯达奇拉城。其父尼哥马朱是马其顿国王亚密塔二世的御医和朋友，家庭属于奴隶主阶级中的中产阶层。亚里士多德 18 岁时到雅典从师柏拉图，在柏拉图学园住了 20 年，成为柏拉图的学生和朋友。亚里士多德表现出色，被柏拉图称为“学园之灵”。而亚里士多德又不是处处唯老师马首是瞻，以致柏拉图曾说：“亚里士多德如同小马驹，生下来就像对它母亲那样踢我。”柏拉图死后，亚里士多德离开雅典，游历各地，与希腊一小邦爱索王朝僭主之养女结婚。两人相差 20 岁，这对他的婚姻思想有影响。公元前 343 年，亚里士多德应马其顿国王腓力二世邀请，担任太子亚历山大的教师。同时设置学校，招收马其顿贵族子弟入学。公元前 338 年，腓力二世称霸希腊，并准备东征波斯。公元前 336 年，年方 20 岁的亚历山大继位。亚里士多德先回故乡，然后到雅典。在雅典，亚里士多德受到亚历山大多方资助，社会地位突出。他在雅典创办吕克昂学园，其面积很大，有当时第一流的图书馆和动植物园，所花费用得自亚历山大资助的 800 金塔兰（每塔兰合黄金六十磅）。吕克昂学园又叫散步学园，亚里士多德讲学时常在园中散步，故又叫逍遥派学园，其成员又因此而被称作逍遥学派。公元前 323 年。亚历山大去世，雅典掀起反与其顿运动。雅典人攻击亚里士多德，判他为不敬神罪。亚里士多德逃到加尔西斯，次年死在那里。马克思、恩格斯把亚里士多德称作"古代最伟大的思想家"① 和古希腊哲学家中"最博学的人物"②。

亚里士多德的社会思想，主要集中在《政治学》和《伦理学》两本书中。《政治学》是一部讲学札记，贯穿着对人类社会性质的社会学见解，并且包含着尝试研究奴隶制、私有制、国家等问题的材料。《伦理学》是亚里士多德为教育儿子所作，研究指向了最高福利和人们探求最高福利的活动。

亚里士多德是柏拉图的学生，但在关于一些社会问题的看法上，比他老师要现实得多。他没有沉醉于"理想国"的幻想，而是致力于揭示现实社会的规律。他不相信有绝对完善的国家或社会，但他认为使现有的国家或社会变得相对好一些是可能的。亚里士多德主张：人是社会动物，个人不能离开社会而单独存在。

亚里士多德讲："人类在本性上，也正是一个政治动物。"③他论证说，人的本性是合群的，要求结成国家；只有到国家阶段，他们才能获得最高的"善业"，过美好的生活，实现自己的本性。亚里士多德认为，人不同于其他动物的特性，就在于他的合群性（实际上指的是社会性），在于他对善恶和是否合乎正义以及其他类似观念的辨认，而这种辨认又是通过人类所独具

---

① 马克思：《资本论》（第 1 卷），《马克思恩格斯文集》（第 5 卷），人民出版社 2009 年版，第 496 页。

② 恩格斯：《社会主义从空想到科学的发展》，《马克思恩格斯文选》（第 3 卷），人民出版社 2009 年版，第 538 页。

③ ［古希腊］亚里士多德：《政治学》，吴寿彭译，商务印书馆 1965 年版，第 7 页。

的言语技能传达的。人类一般都能择善而从。为生育子女而发生的男女两性结合，是出于生理的自然，而不是出于什么意志。为维持安全需要而发生的统治者与被统治者的结合，可使双方相互联系，得以共同保全。所以，这类结合是自然的。

在谈及国家的社会结构时，亚里士多德认为每一个国家都是由最富有阶级、最贫困阶级和处于二者之间的中等阶级组成的。富有阶级的统治导致贵族政治，最贫困阶级的得势导致民主政治。他认为，中等阶级掌权最好，因为它是一个国家中人数最多的阶级，它能抑之上述两个阶级的对立，保证社会的秩序和稳定。亚里士多德既反对贵族统治，也不赞成民主政治，而是主张建立共和政体。

亚里士多德在“国家团体”意义上谈论社会组织。他认为，社会组织（团体）是自然结合的，社会组织由“二人以上群众所组成”，分为三种：家庭、村落和城邦（国家）。这三者的组成都是自然的。家庭是人们满足日常生活需要的社会基本形式。村落是为适应人们更广大的生活需要而由若干家庭结合组成的社会初级形式。城邦由若干村落结合而成，是高级而完备的境界，可使人们获得完全的自给自足。他说，人要结合为城邦。一个无国之民，脱离有组织的社会生活的人，必是低劣者。一个不归属于城邦的人，不是“鄙夫”就是“超人”。国家是“至善”的社会团体。他认为，国家是社会团体之一，又囊括其他一切社会团体。一切社团“总是为了完成某些善业……既然一切社会团体都以善业为目的，那么我们也可说社会团体中最高而包含最广的一种，它所求的善业也一定是最高而最广的：这种至高而广涵的社会团体就是所谓‘城邦’，即政治团体（城市社团)"。[①] 就是说，在亚里士多德看来，只有国家才使人们过"快乐而光荣"的生活；家庭和村落只是使生活成为可能。人的本性要求过优良生活，国家的目的应是保证人过优良生活。在国家这个终点，才可见到社会的本性，达到至善，使人们过"优良的生活"。

有研究者指出，在这里，第一，亚里士多德把国家和其他社会团体分开，说国家是要实现"最高的善"的最高社会团体，其用意在于说明国家的必要性、中立性。柏拉图与亚里士多德掩盖国家起源和阶级性的理论正好相反，前者是把国家与社会相等同，然后用成立社会的需要来顶替建立国家的理由，使人感到国家是人类生活中所必需的东西。此后思想家们在社会和国家关系问题上的观点，基本上就是这两种。第二，亚里士多德把国家看作是由家庭到村落到国家这个"历史"过程发展的结果，又用"人的本性"来把国家解释为最高最善的团体，强调到国家这个阶段，才真正实现"人是政治动物"这个命题。换言之，这是国家生活的人的本性的完成。第三，亚里士多德在勾画理想城邦时，提出了地理环境理论。他认为，城邦为履行农业、工艺、防卫、田产管理、祭祀、议事及审判这六项要务，必须具有两大条件，即公民及其所居住的土地。"公民群众和土地（境界）就是所谓各种条件中的重要事项。"[②] 他把一个国家的地理位置、疆域大小及其外形、气候等等，看作是立国建邦的重要因素。

亚里士多德认为，国家的疆域不宜过小，也不可过大。"就

① ［古希腊］亚里士多德：《政治学》，吴寿彭译，商务印书馆 1965 年版，第 3 页。

② ［古希腊］亚里士多德：《政治学》，吴寿彭译，商务印书馆 1965 年版，第 352 页。

国境的大小或土地的面积说，应当以足使它的居民能够过闲暇的生活为度，使一切供应虽然宽裕但仍须节制。”[①] 一国之地理情况要利于防卫，使敌军难于进入而居民却容易外出。一国之中心城市应是海陆交通中心、全邦军事中心和商业中心。总而言之，亚里士多德很强调滨海地位会给国家带来的好处：“海洋对于一邦的城市及其全境无疑是有利的，这不仅对国防有益，也可凭以流通物资，使境内获得充分的供应。”在军事上，滨海可以兼收攻防便利之长处。在经济上，可输入“本邦所不生产的商品”，输出“本邦生产有余的物品”。[②] 为着兼收军事和经济之利，当权者应建立适度的海军，应管理好国家贸易。在亚里士多德看来，民族秉赋是被地理环境决定的，至少是与地理环境有很大关系。他说，北方寒冷地区各民族“精神充足，富于热忱”，“大都拙于技巧而缺少理解”；亚洲各民族“多擅长机巧，深于理解，但精神卑弱，热忱不足”，故常屈从于别人而为臣民，甚至沦为奴隶；希腊各民族兼有这两种秉赋和品德，“既具热忱，也有理智；精神健旺，所以能永保自由，对于政治也得到高度的发展”[③]，因为希腊是地处两大陆之间的世界中心。

在社会组织方面，亚里士多德特别认为，国家是由许多家庭组成；所以，研究政治学，先要研究“家务管理”，即家政学。一个完全的家庭包括三个基本要素：主和奴、夫和妇、父和嗣。研究“家务管理”，就要研究主奴关系、配偶关系、亲嗣关系和致富技术。

---

① ［古希腊］亚里士多德：《政治学》，吴寿彭译，商务印书馆 1965 年版，第 356 页。

② ［古希腊］亚里士多德：《政治学》，吴寿彭译，商务印书馆 1965 年版，第 358 页。

③ ［古希腊］亚里士多德：《政治学》，吴寿彭译，商务印书馆 1965 年版，第 360～361 页。

对于主奴关系，亚里士多德认为，奴隶制是"合乎理性"的制度。因为，第一，亚里士多德指出，一个家庭必须有财产，一个工人必须有工具。"工具"，有些有生命，有些无生命。就一个专业来说，凡是从属于业主或匠师的人，都可算作工具。"财产"，是全部工具的总和，是"所用物＝所有物"。奴隶就是一宗有生命的财产和工具。"（1）任何人在本性上不属于自己的人格而从属于别人，则自然而为奴隶；（2）任何人既然成为一笔财产（一件用品），就应当成为别人的所有物"①。第二，亚里士多德认为，奴隶制合乎"自然"。他说，人之分为主治一方和受制一方，是"在诞生时就注定"的，这不仅"必须"，而且"受益"。从生物学角度说，灵魂和身体就分别是统治部分和从属部分。身体从属于灵魂，就是从属于理性和理智，所以，"凡自己缺乏理智，仅能感应别人的理智的，就可以成为而且确实成为别人的财产（用品），这种人就天然是奴隶"。② 从体格方面来说，"自然所赋予自由人和奴隶的体格也是有些差异的，奴隶的体格总是强壮有力，适于劳役，自由人的体格则较为俊美，对劳役便非其所长，而宜于政治生活"③。为了论证奴隶的自然性，亚里士多德还从家政学角度讲问题，认为家主和奴隶各具有一门"学术"。他所谓的"奴隶学术"，是指日常劳务、烹饪之类的技艺和杂役；"家主学术"的重点是如何运用和指挥奴隶。他认为，主人并不是由于他占有多少奴隶而成为主人，而在于他能够运用和指挥奴隶，这才使之成为真正的主人。

---

① ［古希腊］亚里士多德：《政治学》，吴寿彭译，商务印书馆 1965 年版，第 13 页。

② ［古希腊］亚里士多德：《政治学》，吴寿彭译，商务印书馆 1965 年版，第 15 页。

③ ［古希腊］亚里士多德：《政治学》，吴寿彭译，商务印书馆 1965 年版，第 15 页。

对于配偶关系及亲嗣关系，亚里士多德强调，必须注意婚姻制度，注意婚配年龄，要培养健壮儿童。他讲到，配偶双方的生理机能足以相匹配是最合适的婚龄。年龄相差悬殊的婚姻，会使“夫妇不睦”，“家中吵吵闹闹”。早婚会使父子年龄差数太小，晚婚又会使父子年龄差岁太大。男女成婚年龄应是男 37 岁前后，女 18 岁，即夫龄高于妇女约 20 岁。婚期最好是在冬季。他主张制定法律，禁止哺养畸形的残废婴儿；主张限定一家所生子女数目，保持“必需的平衡”，因为“繁殖如无限制，势必导致贫穷……跟着贫穷，又导致内乱和盗贼”[①]。他强调，在家庭内部，男女地位平等，但丈夫终生应受妻子尊重，因为男子秉赋高于女子。例如，男人以敢于领导为勇毅，而不同于女子那样乐于顺从。父嗣之间亦然。对子女来说，父权类似王权。父子关系应是慈孝、尊卑、长幼、高下关系。合而言之，“父子关系好像君王的统治，夫妇关系则好像共和政体。就天赋说来，夫唱妇随是合乎自然的，雌强雄弱只是偶尔见到的反常事例”[②]。

对于致富技术，亚里士多德主张以自然方式取得所需，反对经商和放债这类聚财“技术”。他说，自然为人类预设了生活所需的物品，家主依靠自己的劳动，用游牧、农作、渔捞和狩猎的方式从自然界求得所需，供应家庭，是合乎自然的经济生活。货币并非生活所需的真正财富，用经商方式聚敛金钱，不合自然，应予指责；使用放债方式，“则更加可憎”，是最恶劣的经济活动。

关于家务管理，他说：“家务重在人事，不重无生命的财

① ［古希腊］亚里士多德：《政治学》，吴寿彭译，商务印书馆 1965 年版，第 64 页。

② ［古希腊］亚里士多德：《政治学》，吴寿彭译，商务印书馆 1965 年版，第 36 页。

物；重在人生的善德，不重家资的丰饶……重在自由人们（家族）的品行，不重在群奴的品行。"[①] 这是他的家政学的主旨。他认为，主从的灵魂和道德品质标准不同，各人的品德应该达到符合于个人所司职务的程度，为主为夫为父同为奴为妻为子，应各有其所善。奴隶无理智，但不同于牲畜，能感应理智，故家主除了役使群奴，还得教导群奴，培养他们应有的品德。换言之，家主要对全家人进行道德品德教育，使全家人都达到"善德"。

总之，亚里士多德的家庭观服务于这样一个目的：家庭是城邦的一部分，夫妇与父嗣又是家庭的一部分，奴隶则是家庭的物质生产者，因而也是家庭的一部分；各个部分达到"善德"，整个城邦就可以达到"善德"，得到很好治理。很明显，他的家庭观的物质基础是奴隶制劳动，维系这种家庭关系的纽带则是超阶级的"善德"。

在社会制度方面，亚里士多德的政体理论是其社会思想的重要组成部分。在这个问题上，他研究了历史上存在过的 158 种政体（158 部宪法），分析了当时现存的各种政体。

首先，他提出了划分政体的两个标准：一是其所立的宗旨；二是其政权的形态。按照第一个标准，"凡照顾到公共利益的各种政体就都是正当或正宗的政体；而那些只照顾统治者们的利益的政体就都是错误的政体或正宗政体的变态（偏离）"[②]。按照第二个标准，正宗政体的统治者可以是一个人，也可以是少数人，又可以是多数人，即依次而分为君主政体，贵族政体和共

① ［古希腊］亚里士多德：《政治学》，吴寿彭译，商务印书馆 1965 年版，第 37 页。

② ［古希腊］亚里士多德：《政治学》，吴寿彭译，商务印书馆 1965 年版，第 132 页。

和政体三个类型。这三种正宗政体的变态政体，相应地则是僭主政体、寡头政体和平民政体三类。其中，一人统治的国家分为两种情况：得贤君时是君主政体，得暴君时是僭主政体；少数人统治的国家分为两种情况：贤人执政时是贵族政体，不贤者执政时是寡头政体；多数人统治的国家分为两种情况，即共和政体和平民政体。亚里士多德对僭主政体，寡头政体和平民政体很是反感，他认为，僭主政体的专制原则，以主人对待奴隶的方式处理公务；寡头政体偏重“资财”，资财不平等，一切都不平等；平民政体偏重“自由身份”，主张一事相等万事也应相等。这三者都违反了城邦据以存在的目的。

其次，亚里士多德提出了理想的政体公式。他的论证指向着：最优政体＝最优者治理之政体＝最幸福（快乐）即优良（善德）的生活方式。他赞成君主政体（王权），但又担心世上很难找到一个“独一无双的英豪，其才德足以当政治领袖而莫可与竞”[①] 的贤君，弄得不好，还可能滑向暴君（僭主）专制。所以，他可能倾向于共和政体，因为据他说，这种政体可以兼顾自由和财富两个要素，最足以代表中间阶级，不会导致穷人统治或暴君专政。

在社会变革方面，亚里士多德旨在避免发生剧烈的社会变革，建立稳定的奴隶制秩序，试图从寻找发生社会变革的原因入手，提出一套社会改良方案。他把社会变革的原因分为一般和特殊两种。

就一般原因而言，他认为社会变革是由求平等和维持不平等这两种欲望引起的。“所谓平等有两类，一类为其数相等，另

① ［古希腊］亚里士多德：《政治学》，吴寿彭译，商务印书馆 1965 年版，第 172 页。

一类为比值相等。"[①] 前者是指你所得的相同事物在数量和内容上与他人所得者相等；后者是指根据个人的真实价值，按比例分配与之相衡称的事物。这两种平等只能在同等的人们之间实现，不能实现于不同等的人之间。例如，平民政体和寡头政体的建政原则不同，按照平民政体的观念，凡人们有一方面的平等，就要求在各方面有全面绝对的平等；按照寡头政体的观念，凡人们有一方面不平等，就要求在任何方面都不平等，以保持富有者在一切方面的绝对优势地位。当这两派在一个城邦中对自己的政治权利感到不满时，"就各各起而煽动变革"。是故"'不平等'为发难的原因"。换言之，在不同等的人们之间按照比例而作相应的不等待遇，不能说是不平等，但因为人们的立场不同，穷人认为这种不等待遇就是不平等，富人认为这是平等，于是，穷人要求平等，富人要求维持这种"平等"，两者间就发生冲突：如是平民政体，富人就会发动内讧，以维持不平等；如是寡头政体，穷人就会发动革命，以求得平等。亚里士多德说，这就是引起政变和革命的一般原因。这个观点，表面上客观公正，其实还是中庸之道，即既反对过大的不平等，又反对所谓的绝对平等。

就各种政体发生变革的特殊原因而言，亚里士多德说，平民政体的政变都起因于群众领袖的放肆。寡头政体是执政者虐待平民群众以及执政集团之间的互相倾轧。贵族政体是统治集团的门户过于狭隘以及不注意小节而酿成一变。君主（僭主）政体是凌辱、不义、恐怖、鄙薄和野心。亚里士多德之所以如此看问题，表明他对这几种政体都不感兴趣。

亚里士多德被学界认为是第一个探讨了社会革命理论的人。

① ［古希腊］亚里士多德：《政治学》，吴寿彭译，商务印书馆 1965 年版，第 234 页。

他描述了革命产生于社会不同阶级之间的斗争情况，并且指出了政治制度是由生产方式、阶级差别以及其他社会因素引起的。同时，他还概述了地理因素，特别是气候条件对社会发展的影响，并以此解释民族间的差别。他还看到了作为社会共同体的家庭、村落、城市乃至国家有各种不同形式。

亚里士多德在讲了社会变革的一般原因和特殊原因之后，还提出了“保护各种政体的一般方法和维持个别政体的个别方法”，其强调，“相反的原因应当得到相反的效果；破坏和保存便是由相反作用所引起的相反结果”①。即要不使某种政体破坏，必须采取与破坏它的因素相反的方法。这种方法，归结起来体现着这种精神：整饬法纪，防微杜渐；讲求忠信，协和全邦；时常警惕敌寇，团结人民；慎重名位，赏罚有节；注意邦内不逞之徒，伺察社会，勿让某一部分过度兴旺；禁止官吏贪污；平民政体顾全副室，寡头政体济助贫户。除这些之外，重要的还有教育。

亚里士多德把教育看作是社会进步的杠杆。他认为，人们过幸福生活的条件，除了上述受之于自然的健康身体，除了适度财富和一般生活资料，还必须入德成善，即善行的极致和善德的实现。人们之入德成善，无非基于天赋、习惯和理性这三端，而三者之中又以理性为根本。习惯和理性不是自然造成的，必须经过教育培养才能得到发展。所以，对立法者来说，“最重大的一端还是按照政体（宪法）的精神实施公民教育”。② 公民能具备何种素质，完全寄托于立法者所订立的教育方针上。他

① ［古希腊］亚里士多德：《政治学》，吴寿彭译，商务印书馆 1965 年版，第 265 页。

② ［古希腊］亚里士多德：《政治学》，吴寿彭译，商务印书馆 1965 年版，第 275 页。

认为，教育之所以重要就在于：邦国如果忽视教育，其政制必将损毁，只有培养出有较高情操的人，才可缔造较好的政治制度。

为此，亚里士多德提出了教育公办的主张。他认为，所有公民，青年时期是受指挥的士兵和受统治的公民，壮老时期要指掌司法、担任祭职，故应一律接受能统率和能服从两方面的教育。"既然一城邦就（所有的公民）全体而言，共同趋向于一个目的，那么，全体公民显然也应该遵循同一教育体系，而规划这种体系当然是公众的职责。"① 在亚里士多德看来，私家办学，父只顾子，只授以自认为有益的东西，不合全邦的要求；每一公民都为城邦所有，为城邦一部分，不是谁的私有物，应受到同样的教育。教育既然是达到城邦政治和人类生活目的的工具，就应由城邦公办。

在教育宗旨和内容上，亚里士多德主张重善德操修。他认为，历来的教育，或重实用，或重品德，或重知识。实用教育中，读书、绘画等等都不可没有，但事事必求实用是不合于豁达的胸襟和自由的精神的，只培养那些追求可见实效和急功近利者的教育，是落入鄙俗的趋向。在他看来，教育宗旨应服务于享受幸福生活和制定优良政策的目的；教育内容应着重教育人端正操行，应探究一切行为准则，应使人受到努力追求自由、本身内含美善的教育。亚里士多德认为，音乐和体操是属于"培养善德"的重要课程。只把音乐当作娱乐的观点是大错特错的，因为音乐的真正作用是陶冶人们的优良性格。总之，亚里士多德认为，依靠教育这个环节，可培养出实现其理想社会的

① ［古希腊］亚里士多德：《政治学》，吴寿彭译，商务印书馆 1965 年版，第 406 页。

"善人"。[①]

三、人本论的社会观与人性论的社会理论（上）：中国封建社会时期一些学者的社会观

中国古代的本根论哲学探究在汉代以后相当长一段时间里又突出融进了关于神学和宗教的争论，这一点与古代西方哲学在中世纪发生的情况有相似之处。之所以出现这种情况是因为，在探究根本的过程中，由于必定发生的人的意识二重化问题，对那个根本，尽管到底是什么并没被充分地意识清楚，而对其却可以用作为"塑造之物"的语言符号设定出来，因为"塑造之物"是可以离开人而作为超意识的东西放在那里的。而这语言符号又是在人的行为中出现的。同样，人们尽管没意识到这行为由何所然，可人们却总是能在那里做事，在那里行为，而且在自己的生存中似乎又总是被一种自己并不明白的东西所使然。当人们对其找不到恰当解释，往往感到支配行为的某种必然性是超然于自己行为之上的。它统摄着人的生存但人们对它又总是感到那么难以捉摸。

这样，随着人的意识二重化的发展，在人们还不能理解形而上与形而下的关系时，于是带来这样的问题；似乎人之理性在此面前是那么无力，这种对人生的迷茫与早期人类对神力的迷茫是那么相似，因此，追求世界本根的努力往往与相信至高无上的"天帝"观念合辙归一。

（一）董仲舒

中国历史发展到秦汉，建立了中央集权的封建王朝。此时非常需要能使这种政权得以巩固的意识形态。"天帝""神权"，

① 参见袁华音：《西方社会思想史》，南开大学出版社 1988 年版，第二节。

从东周以来已发生动摇，而到秦汉以后又重新复兴起来。这不是历史的重复，而是吸取以往思想成就加以发挥，来建立新的体系。这里，既有主要保存在先秦留下来的"经学"（这里主要指古文经学）之中理论化了的思想材料；同时，所谓"纬学"（大量在民间当中生长流传）也被利用。

西汉的董仲舒（公元前197—前104）提出"独尊儒术"。公元前140年在汉武帝继位后，"昭举贤良哲正极言敢谏之士，上亲策间以古今之道"，董仲舒在所上《天人三策》中提出了"罢黜百家，独尊儒术"的主张，这一主张得到汉武帝的赞成。从此以后，儒家思想得到了正统地位。董仲舒则因"今后学者有所统一"而"为群儒首"，因"治《公羊春秋》，始推阴阳"而"为儒者宗"。[①]

董仲舒提出"独尊儒术"实际上是对经学、纬学加以神学理论的整理。也就是说，其哲学的特点就在于，充分利用中国先秦学说并把它神学宗教化，既是对以往经典的改造，又是对流行谶纬之滥觞。刘申叔说："董（仲舒）、刘（向）大儒，竟言灾民，实为谶纬之滥觞。"[②]

董仲舒学说的特点在于：既对以往经典加以改造，使古文的子学走向新时期的经学，发展了所谓今文经学，并在成为今文经学的过程中使之世俗化；又在对纬学内容加以挖掘吸收使之成为经学内容的过程中，形成了谶纬之滥觞，使传统经学神学化。

董仲舒的著作，留存至今的有《春秋繁录》及《汉书》本传所载的《举贤良对策》。他论述了一个主张"天人合一"的思想体系。我们可以从一系列著述中看到他的社会思想。

---

① 董仲舒：《天人三策》，《汉书·董仲舒传》。

② 《国粹发微》，1905年，《国粹学报·丛谈》。

董仲舒论述了“天人感应”。董仲舒在其著名的《天人三策》中讲道：“春秋之中，视前世已行之事，以观天人相与之际，甚可畏也。国家将有失道之败，而天乃先出灾害以谴告之；不知自省，又出怪异以警惧之；尚不知变，而伤败乃至。以此见天心之仁爱人君而欲止其乱也。自非大亡道之世者，天尽欲扶持而全安之，事在强勉而已矣。……道者，所由适于治之路也，仁义礼乐皆其具也。……教化之情不得，雅颂之乐不成，故王者功成作乐，乐其德也。……孔子曰‘人能弘道，非道弘人’也。故治乱废兴在于己，非天将命，不可得反。”“天之所大，奉使之王者，必有非人力所能致而自制者，此受命之符也。天下之人，同心归之，若归父母，故天瑞应诚而至。书曰：白鱼入于王舟，有火复于王室，流为乌，此盖受命之符也。……及至后世，淫佚衰微，不能统理群生，诸侯背叛，残贼良民，以争壤土，废德教而任刑罚，刑罚不中则生邪气，邪气积于下，怨恶畜于上，上下不和，则阴阳缪戾而妖孽生矣，此灾异所缘起也。”①

董仲舒强调“天瑞应诚而至”，他由“道”而论，又论及“天心”“天志”。“天瑞应诚而至”实质上是对“天”之必然性的一种猜想。

这里，如果暂不讲其神秘主义的一面，显然应重视其中的这样几点：

1. 视“已行之事”“以观天人相与之际”，实可理解为这是从人的行为世界与天的同律着手来考察问题。

2. “天”“天心”“道”“天瑞应诚而至”，这乃是对显意识背后的一种“天”之必然性的一种猜想，这是指向形而上的。

---

① 董仲舒：《天人三策》，《汉书·董仲舒传》。

3. "治乱废兴在于己"讲了事在人为。这里的人为是否有成，终究还得顺从潜在必然性，即"非天降命，不可得反"。不能忽略的是"必有非人力所能致而自至者"。"此受命之符"之中的"天象""图谶""谶符"，这被认为是天所"谴告"。这可作为未知必然性之代名词。由此"知自省"，即知"有成于""无成于"之事，显意识的行为与世界之必然性同律，便"天下之人，同心归之，若归父母"，才有"天瑞至诚而至"。若"不自省""不知变"那就要有灾有难，受到惩罚。在这种对人之行为与天的同律关系中已影映着人之显意识与潜意识的关系。

4. 总结历史上的人之行为，当对人之所欲的"淫佚"不能抑制，又滥用显意识的"刑罚"，则引起"不中"而"生邪气"。"不中"可指不和谐，不协调；"气"可指系统构成和功能的内在机制。"不中则生邪气"，即不和谐不协调，良序系统就会被破坏，"此灾异所缘起也"。

5. "上下不合，则阴阳缪戾"，这是对系统构成的一种状态的描述。汉以后的许多学说吸取以前和当时以阴阳五行的构成为依托所形成的关于世界构成之说法，在董仲舒那里得到总结，形成了一个相生相克的系统；这里既有简单化神学化的一面，也有对诸系统认识从而给中国古代自然科学社会科学作出贡献的一面。这对探讨行为与"天"之同律是有支持性的。

这样，由塑造论哲学的观点来理解董仲舒哲学在中国思想史上的位置就比较明显了。

1. 作为给当时统治者，如给汉武帝，出主意，使之基于当时社会世事加强统治，董仲舒不乏努力探讨社会世事背后的必然性，并力求在统治手段中显化，这无疑是适时而生。但在此间一方面出于理论上的薄弱（在思想史上也无可菲薄），另一方面出于统治要求（在政治中不乏为统治人而欺骗人的一面），由此才使"天百神之天君""君权神授""五者受命于天""人付天数”以及冠之于神之旨意的“三纲五常”，这些带宗教色彩的东西应运而生。董仲舒这些言论，使后世封建统治者十分得益，成为中国封建社会文化的重要之点。

2. 作为思想家，董仲舒沿着由行为与天的同律追向形而上，这对由显意识的东西影像映潜意识必然性是有贡献的。这里的“天人感应”，充分强调了行为中的人及其与所涉之天的同律，他把人与世界作为整体同律的感应系统来看待，在这方面，不能不说有其合理因素；至于“天有情志”“天有谴告”“上天报应”等等，其实是在神学框架中对一种必然性的强调。

3. 从塑造论观点来说，董仲舒强调“天为万物之本”，“天者，万物之祖，万物无天不生”；同时又强调“天地之生万物也，以养人”，“天者仁也”，“人付天数”，“治乱废兴在于己”，事在人为，而且强调要按阴阳五行来加以协调。这对于认识自然塑造人与人塑造自然的关系富有启发性。在哲学史走向塑造论的道路上不乏让人深入思考的思想材料。如果排除其神秘主义宗教迷信方面的成份，从今天来看，这些思想在启发人与自然要注意协调，不能由人的行为破坏自然生态系统方面，甚至可以说是十分精彩的。

对于董仲舒哲学，人们往往褒贬不一。暂不从政治角度论其短长，从其在中国哲学史上的环节来看，有人说它起了集儒家之大成的作用，有人说这是把哲学引向神学，等等。在我看来这都有可以成立的一面，但在塑造论哲学来说，重要的是其在从人的行为与世界同律来进行哲学追问的道路上，体现由“塑造之物”追问形而上学的哲学方法是很明显的。而且董仲舒还特别涉及了如何由语言符号来进行哲学追问，这既在方法论上有所创新，又形成了后来名教与自然之争的引子。

董仲舒特别讲到关于命、性、情的问题。董仲舒说：“命者天之令也，性者至之质也，情者人之欲也。或夭或寿，或仁或鄙，陶冶而成之，不能粹美，有治乱之所生，故不齐也。"[①] 他强调，"仁人者，正其道不谋其利，修其理不急其功"，"春秋之义，贵信而贱诈，诈人而胜之，虽有功，君子弗为也"。他反对"诈以成功"[②]。

董仲舒认为，人"两有贪仁之性"[③]，就像天有阴有阳一样。为此，他提出"性三品"说，他把人性分为三类。一类是"圣人之性"，这类情欲较少，是不用社会教化而自然能行善的；一类是"斗筲之性"，这类情欲很多，是无论怎样教化也不可救药而只能为恶的；再一类是"中民之性"，这一类虽有情欲，但可以为善也可以为恶。董仲舒认为，圣人之性天生就善，不用教化；斗筲之性天生就恶，不可教化。董仲舒认为，中民之性，需要教化也可以教化，这样的人在社会中占大多数。

董仲舒又认为，人们除了有"性"之外，还有"情"，"人欲之谓情"。人性（中人之性）是可以通过教化而成为善的，而"情"则不能，过去的性善说和性恶说就是因为没有分清这两点。王充评述董仲舒这一思想时说："仲舒览孔孟之书，作情性之说曰：天之大经，一阴一阳；人之大经，一情一性。性生于阳，情生于阴，阴气鄙，阳气仁，是见其阳也；谓恶者，是见其阴者也。"[④] 而从社会学的角度讲，人的欲望即是人的需求，在董仲舒看来，因为人有欲望才能构成社会。但"欲""情"得有个度。他认为，对人的欲望、教化是无济于事的，只有通过强硬的手段加以节制。他说："情非度制不节"，必须"正法度

① 董仲舒：《天人三策》，《汉书》《董仲舒传》。

② 董仲舒：《春秋繁露·对江都王越大夫不得为仁第三十二》。

③ 《春秋繁录·洞察名号》。

④ 《论衡·本性篇》。

之宜，别上下之序，以防欲也”[①]。如果“各从其欲，家自为欲”，那么，必然是“父不能使子，君不能使臣，虽有城郭，名曰虚邑”了[②]。董仲舒进而认为，“民无所好，君无以权也；民无所恶，君无以畏也。无以权无以畏，则君无以禁制也”[③]。所以一定要使人民有所好，人们有一定的追求，才能进行劝勉，赏赐也才能生效，而且有所好必有所恶，有所恶才能使人民有所畏惧，法律才能生效。于是，统治者所设计的一套尊卑、贵贱、荣辱等制度和社会价值观念才能被社会所接受。但同时又必须注意，不能使人们的所好太多，所恶太多。“所好多则作福，所恶多则作威”，出现“天下相怨”“天下相贼”的局面。故他说：“圣人之制民，使之有欲不得过节，使之敦朴不得无欲。无欲有欲，各得以足，而君道得矣。”[④] 只有承认人们的欲望，并能把人们的欲望控制在统治阶级设计的“合理欲望”范围之内，社会秩序才能安定。

他认为，“天之为人性，命使行仁义而羞可耻，非若鸟兽然，苟为生，苟为利而已”。[⑤] 又说，如果社会没有了孝悌、衣食、礼乐，“则民如麋鹿”[⑥]。

在他看来，“仁”是一个人在处理人际关系时的个人修养，“义”是一个人所应遵循的社会行为规范。这两者分辨不清楚，就会发生社会关系的混乱，以至于整个社会正常秩序出现混乱。他说：“《春秋》之所治，人与我也。所以治人与我者，仁与义也。以人（仁）安人，以义正我。故仁之为言人也，义之为言

① 《汉书·董仲舒传》。
② 《春秋繁录·立元神》。
③ 《春秋繁录·保位权》。
④ 《春秋繁录·保位权》。
⑤ 《春秋繁录·竹林》。
⑥ 《春秋繁录·立元神》。

我也。……仁之于人，义之于我者，不可不察也。众人不察，乃反以仁自欲，而以一设人。诡其处而逆其理，鲜不乱矣。是故人莫欲乱而大批常乱。凡以暗于人我之分而不省仁义之所在也。"①

他根据其"王道任阳不任阴"——"阳尊阴卑"的论说，建立起"三纲五纪"的社会伦理规范体系。先秦孔孟讲君臣、父子、兄弟、夫妇和朋友五伦，董仲舒把它发展为"三纲"，他说："凡物必有合，阴者，阳之合；妻者，夫之合；子者，父之合；臣者，君之合。物莫无合，而合各有阴阳。……君臣、父子、夫妇之义，皆取诸阴阳之道；君为阳，臣为阴；父为阳，子为阴；夫为阳，妻为阴。……仁义制度之数，尽取之天。……王道之三纲，可求于天。"② 这种伦理关系完全是出于天意，是不可改变的。——这就是影响中国两千多年的"三纲"的原出处。对于"五纪"，他没有详说，《白虎通义》把"三纲"概括为"君为臣纲，父为子纲，夫为妻纲"，并把"五纪"改为"六纪"，即诸父、兄弟、族人、诸舅、师长、朋友。"敬诸父兄，六纪通行，诸舅有义，族人有序，昆弟有亲，师长有尊，朋友有旧。"③ 他解释纲与纪的关系说："纲者，张也；纪者，理也。大者为纲，小者为纪，所以张理上下，整齐人道也。"也就是说，六纪是三纲的补充。董仲舒的"五纪"，即是后来的仁、义、礼、智、信"五常"的胚胎。五常之说，最早见于《白虎通义》性情篇和《汉书·艺文志》刘向议。"三纲五常"成为一个词语，从汉代马融开始。

董仲舒托三皇五帝而表述了他关于理想社会模式的构想。

① 《春秋繁录·仁义法》。

② 《春秋繁录·基义》。

③ 《白虎通义·三纲六纪》。

他说："五帝三皇之治天下，不敢有君民之心，什一而税，教以爱，使以忠，敬长老，亲亲而尊尊，不夺民时，使民不过岁三日。民家给人足。无怨望忿怒之患，强弱之难；无谗贼嫉妒之人，民修德而美好，被发御哺而游，不慕富贵，耻恶不犯，父不哭子，兄不哭弟，毒虫不螫，猛兽不搏，鸷虫不触。故天为之下甘露，朱草生，醴泉出，风雨时，嘉禾兴，凤凰麒麟游于郊。囹圄空虚，画衣裳而民不犯；四夷传译而朝，民臣情至朴而不文。"[①] 可见，他对于理想社会的构想比前人有很大的发展。

（二）王充

1. 在哲学思想方面，王充是一位主张"气"一元论的哲学家。他在论及社会变迁的时候，说道："语称上世之人质朴易化，下世之人文薄难治，故《易》曰：'上古之时，结绳以治，后世易之以书契。'先结绳，易化之故；后书契，难治之验也。故夫宓牺之前，人民质朴，卧者居居，坐者于于，群民聚处，知其母不识其父。至宓牺时，人民颇文，知欲诈愚，勇欲恐怯，强欲凌弱，众欲暴寡，故宓牺作八卦以治之。至周之时，人民久［文］薄，故孔子作《春秋》，采毫毛之善，贬纤介之恶。……孔子知世浸弊，文薄难治，故加密致之罔，设纤微之禁，检押守持，备具悉极。此言妄也。"[②]

2. 在人性方面，他对于孟子的性善论，告子的性无善无恶论，荀子的性恶论，杨雄的善恶混之论，都不完全同意。他认为，"人性有善有恶"，"人之性，善可以交恶，恶可以交善"，关键在于社会教育和熏陶。他认为人们学的社会规范主要靠三个途径：第一是自己主动地学习；第二是尊者长者的敬告劝勉；第三是提供良好的社会环境。

① 《春秋繁录·王道》。
② 《论衡·齐世篇》。

他认为，人与人之间的关系是一种社会交换关系，一个人要实现既定目标需要在社会互动中进行，并提出了“三累三害”之说。

3. 他提出了饥寒致乱论。即他认为，衣食是人的最基本生存欲望，饥寒交加是社会动乱的根本原因，人们足衣足食是社会安定的基础。

可见，王充对于社会变迁的分析陷入社会循环论之中，他虽然认为社会的变迁与治乱不是由天主宰的，但是他认为是受“历数”等超现实社会的因素所制约的。在这些因素面前，人们将是无能为力的。

（三）王符

东汉后期，《潜夫论》一书作者王符，提出整合社会贵在因势利导的思想，并进而提出“以德气化民心”的社会整合方案，认为将德、礼、法综合运用，才能取得最理想的社会整合效果。他认为，人的社会化关键在于“学”与社会环境。他提倡以人的志行区分人的贤愚，反对以尊贵与贫贱来划分社会等级，这是中国封建社会的一种社会平等的思想。他深刻察觉到当时的人与人之间的关系只是一种利益交换关系，并对这种情况提出批评，主张以人的“志行”作为社会交换的基准。不过这在当时社会条件下，只能是一种空想。

（四）《太平经》

《太平经》是道教史上一部重要的著作，其中一些篇章反映了当时的进步思想。

1.《太平经》认为人类的生存有“两大急”和“一小急”，即衣、食、男女是人类社会赖以存在和发展的基础，有了这些，才能有人类社会的一切。这在当时统治阶级穷奢极侈而不问人民死活的社会历史条件下，反映了劳动人民争取基本生存权利的合理要求。

2.《太平经》认为，凡是人类社会中的一员，都有平等的生存权利。首先是男女要平等，其次是整个社会成员之间的平等。这表明《太平经》实际上是主张一种社会的平等，但这种社会平等并没有冲破封建等级制度。

3.《天平经》认为，社会财富是属于社会各个成员所共有的。“物者，中和之有”，认为，那些“积财亿万，不肯救穷周急，使人饥寒而死”的豪强地主都是社会的罪人。这表明《太平经》对于豪强地主的剥削掠夺和财产私有制度是深恶痛绝的。

4.《太平经》不仅要求人人从事劳动，而且将不是靠自食其力而生存的人视为应当处以极刑的罪犯，这同样表现了农民要求取消剥削压迫的强烈愿望。从根本上讲，也这是一种社会平等思想。

5.《太平经》所描绘的社会是一种人人平等，财产共有，人们各尽所能，自食其力，人与人关系和谐，互助互爱，人们有崇高的道德，而没有强力控制的理想社会。它是一种乌托邦思想，但是它却代表了当时广大农民群众的理想，是鼓舞农民奋起反抗封建统治阶级的思想纲领。

（五）慧远

1. 慧远的社会思想之重要在于他对佛教“因果报应”学说的发挥。他认为，“无明（愚昧无知）为惑莽之渊，贪爱为众累之府”，愚昧无知和贪爱是一切社会问题及人生痛苦的根源，是对社会的造孽。人们造孽的后果，最终还是由人们自己来吞食，这是无法逃避的。故他又说：“心以善恶为形声，报以罪福为影响”，“得失想推，祸福相袭。恶积而灭殃自至，罪成而地狱斯罚”。[①] 这是说，善有善报，恶有恶报。对恶者之报应，就是使

① 《宏明集》卷五，《明报应论》。

恶者遭祸、得罪，而祸与罪又是其自己"无明""贪爱"所必然招致的报应。他认为，因果报应，善有善报，恶有恶报，是天经地义，只不过报应的时间有早有晚。他认为，报应有三种：第一种是"现报"，这种报应是"善恶始于此身，即此身受"的；第二种是"生报"，这种报应是由"来生便受"的；第三种是"后报"，这种报应"或经二生，三生，百生，千生，然后乃受"[①]。人们做了善事却受到了恶报，那可能是你前生造下的孽，做了恶事反得到善报的，那可能是因为前生有余德；今生做了坏事而得不到恶报，来世也必定会报应。

2. 慧远的"三世报应"的"现报""生报""后报"之说，将人们社会行为善恶的报应扩大到"前生"乃至数生之前或"来生"，乃至二生、三生、百生、千生之后，这对于民众更具有精神慰藉和欺骗作用。同时也发挥着儒家社会思想所具备的社会整合作用。

(六) 葛洪

葛洪，字稚川，自号抱朴子，丹阳句容人，生于公元 284 年，卒于公元 363 年。他的代表作是《抱朴子》一书。关于葛洪生平的记述，主要见于《抱朴子·外篇》的《自叙》，以及《晋书》卷 72《葛洪传》。

道教产生于汉代，当时流行的是张陵、张鲁的"五斗米道"和张角的"太平道"。他们以符水禁祝为道术，属于道教中的符水派，可称之为当时的民间道教。此民间道教的教义和组织，曾多次成为当时组织农民起义的号召思想以凝聚力量，所以此民间道教遭到官方的扼杀。葛洪对民间道教十分仇恨，说它是"威倾邦君，势凌有司""召集奸党，称合逆乱"的"伪道""妖

① 《宏明集》卷五，《三报论》。

道”，主张对其坚决镇压，“竣其法制，犯无轻重，致之大辟”，并说由他所创立的丹鼎道教是“以延处益寿为务”的正宗道教。其实，他的道教是满足统治阶级追求长生不老的幻想为宗教目标，把修仙和维护封建统治秩序相结合，他把儒家思想与其道教理论相结合。因此，人们通常认为葛洪创立的道教就是官方道教。他本人也因此成为官方道教的重要代表人物之一。

（七）何晏、王弼、阮籍、嵇康

1. 何晏、王弼是早期玄学家的代表，他们认为，要使人们得到基本生理欲望的满足，只能是“因物自然，不设不施”。要使社会秩序安定，君主就应供默无为，而用严刑峻法控制社会是没有好处的。

2. 阮籍和嵇康是竹林玄学的代表人物。他们对当时社会提出批评。阮籍认为，当时的社会生活秩序是严重失调的，因此，社会中的人际关系呈现出纷乱的局面。阮籍进而批评儒家思想倡导的“礼法”，认为“天下残贼，乱危、死亡之术尔”。在他看来，当时社会统治者所操持的明教等规范本身就是要不得的。

阮籍强调礼乐的社会控制功能。阮籍又认为最理想的社会整合方案是自我精神上的超脱而任其自然。阮籍的理想社会是以庄子设计为蓝本的。

嵇康比阮籍更具反儒的激情，认为名教和自然是相矛盾的，名教是造成社会秩序混乱的根本原因。嵇康明确告诉人们：名教纲常等绝非人的自然属性的体现，名教是与自然背道而驰的。

3. 嵇康强调，要整合社会，就必须“越名教而任自然”，越名教而任自然的过程就是社会整合的过程。嵇康的社会理想是人们都无私无欲，但能吃饱穿暖，没有社会规范约束，没有人与人争夺，以人的自然属性而各得其所的“至德”社会。

（八）鲍敬言、陶渊明

1. 鲍敬言认为，君主是社会失调的产物，社会问题加剧的根本原因是君主的存在，所以人君的存在是人类自然社会生活的一大祸害。只要有人君存在，罪恶和问题就会越来越严重，社会正常秩序就无法得到恢复。这就是鲍敬言的无君论。鲍敬言构想了一个"无君无臣"的社会。

2. 陶渊明所构想的理想社会是一个从现实社会中逃脱出来的社会。陶渊明的"世外桃源"是一个无法实现的乌托邦社会。但它在一定程度上反映了广大劳动人民渴望社会秩序安定、通过劳动得到温饱的良好愿望，同时也反映了陶渊明对当时社会中腐朽统治的不满和反抗。在陶渊明的思想体系里，更多地夹杂着道家思想和儒家思想。

（九）无能子、谭峭

1. 无能子主张，人们不该有任何欲望或社会需求。他认为，社会中人们追求富贵与美名的欲望，是丧失了人们的"自然正性"的表现，是那些所谓的"圣人"的罪过所致。

无能子讲到，社会文化和社会规范是造成社会自然秩序紊乱，"生民困贫夭折之苦""覆家灭国之祸"的根本原因，这一点与庄子的相通。

2. 谭峭的社会思想具有民间性，他对当时的统治阶级造成的民间衣食不足的社会问题进行考察，认为要想解决这些重大社会问题，必须从减少各阶层对劳动人民的掠夺做起，并认为社会冲突是由"大人"不顾"小人"们的基本生存权益所诱发的，他论社会冲突时提出万事皆化的理论。其对社会问题的揭示，有一定的尖锐性。

谭峭设计出两个层次的理想社会：一是"太平"社会理想；二是"大和"社会理想。有研究者指出，谭峭的"大和"社会理想是一种小农平均主义，其精神本于老子。谭峭讲的处事态度是庄子“齐物论”的翻版。

（十）韩愈

1. 在人的本性问题上，韩愈继承和发展了董仲舒的性三品说，并对孟子、荀子、杨雄的人性理论进行了修正。他说，性可分为上、中、下三品，这三品之性是由仁、礼、信、义、智所形成的行为规范及其相互搭配所构成的行为所决定的。这是对董仲舒性三品说的进一步的论说。韩愈把性三品与情三品一一对应，认为，“性”有三品，“情”也有三品；就形成了一个关于性情之论的思想体系。

2. 韩愈为了给儒家社会思想争地位，还考察了佛教、道教盛行问题，韩愈关注的是佛教思想对于儒家思想文化和社会地位的冲击和破坏，以及由此造成的人们行为方式的变化。韩愈反对佛老，但重点是反佛。韩愈还考察了社会生活中的人与人关系问题。他对当时社会流行的虚伪、欺骗和卑鄙的人际关系也进行了批评。

3. 韩愈认为，整合社会的关键，是有社会规范问题，即所谓“纲纪”问题。基于这种思想，韩愈不遗余力地为立纲陈记而呐喊，“扶树教道”而排斥释老。在他看来，佛教和道教都达不到实现社会整合，只有儒家学说才能担当整合社会的重任。

4. 韩愈还构想了自己理想的社会模式。韩愈所论的理想社会不过是对儒家一向憧憬的“大同”“小康”理想社会的仿制；韩愈设计理想社会，也是为了进一步批评佛教、道教的社会思想，维护儒学的正统地位。

（十一）柳宗元

1. 柳宗元认为，人类社会的变迁、进化，是一个由乱（无秩序）到治（有秩序），由愚昧到文明的过程，即所谓“厥初罔匪极乱，而后稍可为也"。[①] 他认为，社会文化的变迁过程是一个发展进化的过程，纵使在发展变迁过程中，在某一阶段出现了失调、失控的情况，但在这种情况之后，则是社会的进一步文明化，这被史学界研究者认为是对韩非、陆贾的社会变迁理论的进一步发展。

2. 柳宗元强调，人类社会的变迁，是由人们自身的社会需求即"生人之意"所决定的，人们为了取得自身的更理想的生存条件，在不断同自然界斗争，不断调整人与人、人与团体、团体与团体的各种社会关系中，才不断发展了的人类文化；不断制定社会规范和健全社会的结构秩序体系，其中无所谓"赏功罚祸"的天、神的意志存在。在社会变迁过程中，"德昭者嗣，道怠者夺"，社会文明化的过程就是一个"德化"的过程。

3. 柳宗元认为，社会组织模式在根本上是由"生人之意"决定的。他从生人之意出发解释社会组织体系的形成，把着眼点放在具体的社会生活之中，因此，柳宗元的社会思想被认为是具有人民性的。

（十二）李觏

1. 在关于人性问题的讨论中，李觏并没有超出董仲舒、韩愈的思想格调，他的发展在于对前人的几种人性论加以综合，并形成了他的性三品、人五类的学说。在对人性的进一步揭示方面，他确有自己的新意，这就是他的功利主义欲望论。他的欲望论的主要观点是：①人皆有欲；②财利是人们社会生活之必需；③欲望必须合于"礼"，要以道胜欲；④非礼之欲等于祸。

① 《柳河东集》卷一，《贞符》。

2. 他对“礼”的起源与社会功能的分析十分详尽。其主要观点是生理需求为“礼之大本”；物质文明是“礼之本”；礼具有社会整合功能。从道德规范的角度考察，则“礼”是对仁、义、智、信（四名）的总称。从行为规范的角度考察“礼”，则乐、刑、政是礼的辅助。总之，在他的思想体系中，“礼”是核心。

3. 他认为，社会控制要先教化而后控制；实行社会控制要做到一视同仁，刑罚要取得社会的认同，对越轨者不可轻易赦免。只有这样才能真正发挥社会控制工具维系社会正常秩序的功能。他指出，社会治理要坚持以民为本，要以满足人们的衣食需求为前提，民众往往“治世思乱，乱世思治”，法令是社会治理的命脉。

（十三）王安石

1. 王安石是一位社会改革实践家。他的改革以解决时弊为目标。他针对社会上奢侈之风盛行，“天下以奢为荣，以俭为耻。苟其财之可以具，则无所为而不得……苟其财不足而不能自称于流俗，则其婚丧之际，往往得罪于族人、亲姻，而人以为耻矣”[①]，提出对官吏的行为要“约之以礼”。

2. 王安石还指出，之所以社会财力日益穷困，风俗日益衰坏，致使“四方有志之士，常恐天下之久不安”，其重要原因之一，就是“不知法度”。合理的法度必须有硬性的控制。所以，他主张名法度，对官吏进行教化，对不服教化者进行处罚；先制定规范、制度约束其行为，然后对不守规范、制度者予以惩治；先委之以职事，然后对不能完成任务者进行惩罚，从而使官吏不得不努力完成职责。

① 《上仁宗皇帝言事书》，卷三九。

3．王安石不同意当时传统中的这样一种性情论：君子无情、小人无性。他认为不能以社会地位、社会角色的高低贵贱作为区分人性善恶的依据。他提出要以人们在社会生活中的具体行为方式为标准去判定人的善恶。

（十四）张载

1．张载认为，人的"天地之性"是至善的；同时人们又具备"气质之性"，此中既有善的一面又有恶的一面。他提出了转化人的气质之性的一系列方法。

2. 张载以自然界的秩序类比人类社会的秩序，提出"天秩""天序"的学说。他认为，"天礼"是"天理"的体现，对于"自然而有"的"天地之礼"，人们只能"顺之而已"。他强调，"众所向者必有理"。

3．张载认为，人们处世当以仁人君子为楷模；应当寡欲而"无所争"，应有正确的责己、责人、爱人之术。在进行社会交往时应以礼为行为准则，要做到对人"恭""敬"，以相辅成仁。

4．张载提出治理社会应当"利民""足民"，并认为欲治理社会，必须恢复井田制、分封制和宗法制。

5．张载提出的"民胞物与"为特点的理想社会构想。

（十五）程颢、程颐

1．二程是宋明理学的重要代表，"天理"或"理"是他们社会思想的核心。二程提出"人伦者，天理也"，"礼即是理"。他们还认为，无论是处世还是社交，都必须遵守一个共同的原则，即"中庸"；中庸即"中则不骗，常则不易，惟中不足以尽之，古曰中庸"[①]。他们肯定孟子的"性善论"，认为性和理是一

① 《粹言》卷一一。

回事，人性是天理的体现；社会上出现恶人、恶行，不是他们的人性问题，而是由于人的“气禀”，或是由于行为不适中，或是由于情有不善所致。由此二程提出了“天理”与“人欲”对立及“生性”与“气禀”对立的观点，并进而倡导“存天理，灭人欲”。

2. 二程说，“君子有为于天下，惟义而已。不可则止，不苟为，亦无必为”。[①] 他们认为，只有以“义”为基础的和谐才是可贵的，而以“随俗”所形成的人与人关系的和谐是没有价值的，甚至是错误的。

3. 二程认为，社会交往必须有诚、敬、恭。“诚”就是“知道而诚之”，这是人们在社会交往中必须操持的。有了诚，才能敬，能恭，才能保持人际关系的和谐。人们能以诚心修己以敬，待人以恭，就可能各得其所，社会秩序稳定，人与人关系和谐。[②]

四、人本论的社会观与人性论的社会理论（下）：欧洲中世纪晚及之后时期一些学者的社会理论

（一）伊本·哈尔顿

伊本·哈尔顿（1332—1406）是一位多产的阿拉伯著述家。他在《绪论篇》里认为，社会上的一切都具有自己的开始、发展和结束。一种现象的灭亡，导致另一种现象的出现；世间万物就是这样永恒不息地变动着。

1. 哈尔顿认为，各个社会和民族间的不同是由于生物和地理的因素所造成的，特别是由于生活方式和生产方式不同。他

① 《粹言》卷二。

② 参见王处辉主编：《中国社会思想史》，第四篇、第五篇，中国人民大学出版社 2002 年版。

在谈及社会意识和社会关系时认为，一致的社会意识是社会一致的反映。他不仅看到了社会有一致的方面，同时也看到社会中存在的对立和不和。他认为自私和仇恨是社会对立的根源，国家衰亡的原因是统治阶级及其代表人物的腐化堕落。

2. 哈尔顿注意研究劳动分工。他认为有劳动分工才能保证人们的社会生活，而劳动分工的结果形成了人们之间的相互依赖。他从劳动分工这一事实出发，推论出了交换的必要，又由交换和供需关系推论了商品的价格。

3. 哈尔顿把社会看作历史发展的过程。他指出，人们最早生活在部落里，只是后来才建立了国家。国家在他的眼里是某种类型的有机体，这种有机体也是遵循着既有生又有死的一般规律的。他认为国家对于社会的发展具有重要意义。他认为人们的经济生活也是历史形成和变化的。最初，人们过着游牧的生活，不断迁徙；后来才转入定居，从事农业生产；直至后来才出现了城市，发展了城市经济和生活。

（二）马基雅维利

马基雅维利（1469—1527）是意大利文艺复兴时期思想家中著名代表人物之一。他在《君主论》一书中，描述了在各种卑鄙动机和不道德的思想驱使和怂恿下的人们进行的令人发指的争权夺利的斗争情景，他看到当时社会中阶级的冲突和对立及其造成的严重后果。他写道："因为在每个城邦里都存在着两种不同的意向：人民不想让达官贵人统治他们和压迫他们，而达官贵人硬是要这么做；由于这种对立的行为，于是在城邦里就出现了这样三种结果中的一种情况：或是霸主政权，或是民主政治，或是不法统治。"①

① 转引自［南］斯·布里舍里奇：《社会学原理》，贾春增等译，东方出版社1986年版，第35页。

马基雅维利没有对整个社会进行系统研究，而首先关心的是国家和政治现实问题。他的贡献被认为在于，他是在中世纪经院哲学和宗教神学的长期统治之后第一个进行自由思考和用世俗眼光看待社会现实的人。

（三）博丹

博丹（1530—1596）是法国著名的作家，他在《共和六书》里，讨论了社会的起源和国家的诞生。他认为，社会最初起源于家庭，家庭不断扩大和发展，最后形成了社会。在他看来，社会就其本质而言是由为了从事手工业、商业、礼仪等类似活动而组织起来的众多小群体结合而成，因为大家都看到合作带来的好处。在博丹看来，如果说社会是这样和平地产生，那么国家的形成，则完全是建立在暴力的基础上，这是一个群体征服另一个群体的结果。[①]

此外，博丹还详细探讨了亚里士多德关于地理气候因素影响人类社会发展的见解，指出：北方人身体强健，而性格粗野；南方人聪明，有教养，但身体虚弱；地处南北之间气候温和地带的人们兼有上述两者的特点。

（四）霍布斯、洛克、卢梭

从16世纪开始到18世纪末，社会契约论在欧洲社会思想中成为流行和占统治地位的一种理论。社会契约论成为当时新兴资产阶级反对封建统治斗争的思想武器。社会契约论的基本思想是，人之禀性是天生自由的，世上的人们应享有平等的权利；这一理论用社会契约的形式来解释社会的产生和国家权力的本质。这一理论的主要代表人物有：霍布斯（1588—1670）、洛克（1632—1704）和卢梭（1712—1778）。在解释社会发展问

---

① 参见［南］H. 巴恩斯：《社会学史导论》（第1卷），贝尔格莱德1982年版，第51页。

题时，霍布斯和卢梭的不同之处在于：霍布斯认为，社会形成之前的"自然状态"是"一切人反对一切人"的战争局面；而卢梭认为，在"自然状态"下，人们之间并没有出现普遍不和与彼此对立的局面，而是一派友好相处的和平景象。卢梭进一步发展了洛克关于在自然状态下存在的友爱合群的人性以及现代市民社会的堕落自私的人性的两分法，即作为自然产物的主体的人性同作为社会与文化产物的人性的对比。他强调人性是人类社会和社会秩序的基础。于是导致了这样的社会观：社会是主体的超历史过程的表现。

（五）维科

乔巴蒂斯塔·维科（1668—1774）是继中世纪的伊本·哈尔顿之后第一个试图提出阐述关于社会发展的一般理论即历史哲学的意大利人。他抛弃了社会契约理论，强调人就其本性来说是社会性的。他在《新科学》一书中提出了作为历史一般规律的社会发展三阶段理论。即他把历史规定为三个不同阶段——神学阶段、英雄阶段和人本阶段。在神学阶段，神是历史的主宰；在英雄阶段，军事贵族处于统治地位；在人本阶段，人们都享受着民主制度和平等权利。

维科不同意以往一些学者所坚持的不变人性观理论。其著作《新科学》的总的论点是，人类社会是历史的，社会和人性是动态范畴，社会制度及人的关系都是行动的产物。维科以肯定人本主义为出发点，他肯定人主体的创造性能动作用。维科以此为基础确立的动态历史观同社会契约论形成强烈的对比，因为这种社会契约论把社会看作是静态的，这种静态社会观无法说明传统和习俗的千姿百态、丰富多彩的原因，以及过去一些因素何以能历久不衰流传至今。

维科把历史看作是人推动的积极的创造过程的。这种历史观，使他的社会思想同霍布斯和洛克强调环境对人的行为有决定性影响的机械唯物论形成明显区别。他也反对同自然科学相联系的科学理性主义：《新科学》对牛顿、伽利略和笛卡尔哲学的许多假设表示否定。当时一个明显的情况是笛卡尔理性主义对这个时期的哲学和科学具有很强影响。笛卡尔理性主义认为，只有根据数学和物理学的原理和概念推导出来的知识，才是真实可靠的知识。笛卡尔提出，他所谓的“几何学方法”是认识自然界和社会的基础。因此，真实的知识本质上是演绎的知识，这是永恒普遍规律的应用。而维科认为，数学本身是由人创造的，根据数学定理推导出来的知识之所以是真实的知识，只是因为人本身先创造了数学。在这里，维科表述了一条当时被认为是革命性的新原理，即人只能认识自己所创造出来的东西。真实的东西就是被制作出来的东西。这不是按照自然科学的方式消极地对外部现实进行记录、分类和观察的问题。他说：“人类社会的世界确实是由人创造出来的，因而它的原理必将在我们自己内心的变化中被发现。”维科从人本主义的、反机械论和反决定论的立场出发，把知识区分为“内心的”和“外部的”，强调关于外界的实在知识作为人文科学的基础显然是不充分的，因为它排除了人类文化的能动核心，偏袒已经制作出来的而压抑正在制作的东西。

维科认为，自然科学的研究课题与人文科学不同。社会学说必须以作为主体的人的行动作为基础，以人的感知和精神状态为基础。尽管《新科学》有其自己强调的革命性的内涵，却并没有引起18世纪启蒙运动主要哲学家和政治理论家的重视，直到19世纪，维科的著作才获得承认。

（六）孟德斯鸠

孟德斯鸠（1689—1755）是一位对古典文学和哲学颇有修养的文人，其著述融评论、史学、政治学说及社会学研究于一炉。他一直被尊奉为启蒙运动的重要人物，是伟大的社会学家。

孟德斯鸠学说的出发点在《论法的精神》序言里有明确的说明："我首先研究了人，我思考的结果是，既然有那么多五花八门的法律和惯例，他们根本不是凭心血来潮任意行动。"他把研究视线更瞄向了主体。诸多学者指出，孟德斯鸠所关注的社会各种法律显然是人类理性的体现。孟德斯鸠学说强调，必须根据自然条件和社会制度而因地制宜。孟德斯鸠对法典和惯例从它们同社会结构的关系的角度作了探讨，强调立法者的作用在于使某种"理想的"法规要求同情势或"环境"相协调。

孟德斯鸠在1748年写成的《论法的精神》一书成为政治理论史和法学史上的名著。在这部著作中，他提出了基于道德、荣誉和恐怖进行政体分类的三项原则。他认为共和政体是建立在道德的基础上的，君主政体是建立在荣誉基础上的，而专制统治则是建立在恐怖行动上。他还提出了政权分为立法、行政和司法三种权力的思想，认为这三种权力应当分立、相互制约。他认为气候影响人体结构，通过人体结构影响人对社会的看法，所以地理气候与政治不是无关的，立法的责任就在于要减少和消除这种影响。不过，孟德斯鸠已经注意到除了气候之外的其他社会因素（如法律、宗教）对政治的影响以及这种影响随文化的发展而逐步增大。另外，他还提出必须把社会看作是一个整体，应对社会整体及其各种现象进行具体研究的思想。

孟德斯鸠把政体作为主要的研究对象，而他讲的政体类型实际上是社会类型。他讲，既然法律是社会整体的"精神"或内在本质的表现，政治与社会的区分就纯属形式上的划分。法律必须同社会背景相适应，因此，孟德斯鸠虽然沿袭了亚里士多德的政体分类（即分为贵族共和制、民主共和制、君主政体、专制政体），但他的分析集中于这些政体中国家权力的分配和行使，及使之结合在一起的原则或"精神"——美德、荣誉、忧患。

孟德斯鸠强调他的分类法属于理想型的分类，而不是现实类型的分类：某个共和政府是美德的典范（通过节俭和城邦国家内部的平等）并不意味着一切共和政府都可以体现它“应该”体现的美德。许多研究者认为，孟德斯鸠的分类实际上是理想型的，是逻辑建构，是为了分析的方便而从现实世界的丰富多样的历史资料中抽象出来的，这样的方法论观点使他的思想同古典的亚里士多德传统有明显的区别。亚里士多德讲的政体强调的是实体，是从有限的历史经验中产生的永恒的普遍的抽象。孟德斯鸠对社会与政治关系的认识，实际上产生的是一种对各种政体与社会的分类法。

孟德斯鸠把社会解释成为一个其各种因素只有从整体角度看才有意义的系统，构成这一系统的基本因素是气候和地理环境。虽然在他之前就有人主张把自然因素作为社会分析的基础，而在分析上述条件对促成整体的社会结构所起的作用方面，孟德斯鸠却是创始者。孟德斯鸠的环境说包含着政治“上层建筑”与文化为整体精神之表现的系统。孟德斯鸠对所举事例的说明固然有点夸大：自杀、奴隶制、婚姻都机械地按因果关系同一定的气候条件即特殊的地理环境相联系；但这样立论所包含的精神是有启发意义的。此外，孟德斯鸠的主张并不是彻底的一元论：既包括精神因素，也包括物质因素。他在《论法的精神》第19卷中论证说：“人类受各种因素的影响：气候……宗教……法律……政治准则……道德及习俗，从而形成国家的普遍精神。在每个国家里，上述任何一种因素所起的作用加强，则其他各种因素的作用相应地会有同等程度的削弱。”社会的发展逐渐削弱纯物质因素的影响而使精神因素的影响得到加强。立法者的作用就在于发现物质力量同精神力量之间的平衡。精神因素按其性质来说更容易为人所控制。环境则是物质因素和精神因素起作用的场所。根据孟德斯鸠的社会观显然可以作出如下推论：立法者在精神因素影响加强同物质因素削弱之间进行调节。个人只是历史变迁的工具，个人在一种被设想为精神力量同物质力量无休止地相互作用、最终形成国家精神的系统中，纯粹是消极被动的因素；而美德、荣誉和畏惧的作用则在于创建社会统一，维护社会秩序。

（七）休谟、斯密、弗格森

这部分学者常被西方社会学史列入"苏格兰启蒙运动"来加以介绍。18世纪下半叶，一批在格拉斯哥和爱丁堡工作的学者推动了同社会契约说大相径庭的对人类社会的科学研究。这里指的是大卫·休谟（1711—1776）、亚当·斯密（1723—1790）、亚当·弗格森（1723—1816）、约翰·米勒（1735—1801）以及历史学家威廉·罗伯逊（1721—1793）。他们的学术成就使当时的爱丁堡享有"北方雅典"的美称，只有18世纪下半叶的主要学术中心巴黎堪与媲美。这批学者认为，不能把作为独立研究对象的社会等同于个人与国家之间的契约关系，但可以被经验地规定为具有自身固有的历史或"假设的历史"的独特结构。

人们对苏格兰启蒙运动的学术成就一直有种种评价，同时始终有这样的倾向：着重突出其对哲学和经济学的贡献，而低估了其对社会学的贡献。斯密、弗格森和米勒通过对财产的社会作用、政体、分工的发展、工业劳动的异化及语言发展的分析，提出了批判的社会学的论点和问题，这些论点和问题已经跃出原作的范围而构成一种社会学思潮的精髓，并且成为它在经济学、哲学和史学的广泛领域里的理论概括。

在这批学者中，同社会学关涉较少的被认为是大卫·休谟，但他对斯密和弗格森的影响很大。休谟是一位经验主义者，注重论证经验、事实和效用。这成为其学说的认识论和社会学的基础。他不同意社会契约论的社会学说并加以驳斥。在他看来，如果认为政治社会起源于个人的自愿默认，那就是无视人类经验和事实的历史现实。社会契约论由于本身缺乏社会学，实际上已经被弃置不提了。社会无法根据人性普遍原则演绎产生，因为，社会虽有统一性的特征，却是由社会环境特别是教育和风俗习惯决定的。休谟十分强调社会因素对人性格的影响作用。其中重要的社会因素是同情，其约定俗成的定义是："在一切社会中，个人的相互依赖程度都是非常之大，任何人的行动几乎都不是完全靠自身完成的，或可以全然不顾他人的行动，他人的行动恰恰是使自身行动完全符合行动者本人意图的必要条件。"休谟在论证正义时写道：正义以共同赞成而确立，"凡所采取之任意行动，均寄希望他人亦同样采取之"；"同情之所以有社会性，是因为一切有理性的动物之求伴合群的倾向都十分强烈"。他还以类似的方式论证说，风俗习惯并不是非理性的力量，而是社会正常运行的基本要素。休谟并未创立关于社会是一种结构的社会观。许多人说，他的模式还是原子论的。虽然如此，休谟研究的重点毕竟放在了人性在社会中的形式。所以他在规定人的行动时不能不说到其具有社会性："如果让一个人离群索居，那么除了感官或思索引起的乐趣外，他将失去一切乐趣。"那是因为他的同胞们的活动无法在他的内心世界引起相同的活动翼求。非社会的人，就像自然状态那样，纯属"哲学家的虚构"。

休谟的许多论文都包含着西方思想史上的早期社会学思想。他指出，权威历来是以其实际效用获得公认的"暴力与同意相结合的产物"。他一方面赞成财产与权力紧密结合，同时又主张要使两者在功能上保持平衡。休谟继承亚里士多德，把社会规定为与人类家庭——即在"共同关心后代方面出现的新的纽带"以前赖以形成并维系性结合的社会群体——同时出现的事物。休谟从性欲推导出人类家庭及社会的普遍性。但是，尽管这位哲学家探讨了不少社会学课题，并没有因此而成为社会学家，当时并未形成一门以社会作为独立研究对象的理论。

亚当·斯密（1723—1790）作为英国古典经济学家的代表，他研究了货币、利润、地租和工资的规律，分析了资本主义社会的阶级存在。他还指出了由于社会分工带来的专门化和人世间的不平等。而作为苏格兰哲学家和历史学家的弗格森（1723—1816）对社会学思想的发展也作出了自已的贡献。他依据当时人种志学、经济学、心理学以及其他学科的成果，在1769年发表了《市民社会史》一书，书中提出人类社会发展经历三个阶段，即未开化时期、野蛮时期和文明时期。

弗格森、斯密以及米勒把群体规定为分析的基本单位。弗格森一方面同意休谟关于性欲在家庭形成过程中的重大意义，并指出人的本能的存在，同时更着重于研究家庭的组织、家庭对社会化及亲子义务形成的作用。基于此，弗格森论证了"群与伙"。在弗格森、斯密和米勒那里，把社会的制度与结构作为社会学分析的基础的倾向是很明显的。

（八）圣西门

圣西门（1760—1825）被许多人推崇为社会学的先驱和奠基者，因为他最先提出使用"社会哲学"概念且将其置于科学体系之首，赋予它实证的性质。他创造了"社会生理学"和"社会物理学"两个名词，并且效法梅斯特和博纳尔，把社会定义为有机的统一体，认为社会的发展也像自然界那样是有规律的。圣西门强调，发展的实证阶段受下列情况支配：科学的中心地位，以及系统的社会知识特别是对调节社会整体的规律的认识的发展。他给"健康"的社会下的定义是：各个组成部分同整体处于功能和谐状态。社会健康同生产以及从事生产的社会阶级的作用紧密相联。与过去一切社会组织形态不同，工业社会并不是一种以中央集权为基础的结构，而是以市民社会组织为中心的结构。他从合作和共识（consensus）的角度描述工业社会：在旧制度下，暴力是社会聚合的手段，但是工业社会产生的是伙伴而不是臣民，以及包括劳动者和最富有的财产所有者在内的合作方式。自由生产的原则产生道德上的团结统一。[①]

圣西门作为一个空想社会主义者、社会改革家，他对于社会的改造给予极大的关注。他把社会分成生产者和非生产者，生产者包括实业家和工人，非生产者系封建地主贵族和国家官吏。他认为整个社会都是建立在生产的基础上，因此，生产在社会生活中应占有最重要的地位，一个社会里可以没有非生产阶级，但不可以没有实业阶级——资本家和工人。

圣西门像他的同代人一样，确信当时的欧洲处于深刻的危机之中。他认为这场危机是由封建社会向资本主义社会即工业制度过渡引起的。克服这场危机需要采取与以前不同的方式和方法。他承认法国革命在克服这场危机中起到重要作用，但它只限于破坏的性质。他认为，摆脱这场危机的根本途径是对社会进行根本的改造，但这种改造本身又取决于思想意识的转变。

圣西门关于阶级社会的发展经历奴隶制度、封建制度、资本主义制度和最终由社会主义取代资本主义的思想，后来在马克思主义社会学中得到批判性的继承和发展。[②]

---

① ［英］艾伦·斯温杰伍德：《社会学思想简史》，陈玮、冯克利译，社会科学文献出版社1988年版，第34页。

② 参见贾青增主编：《外国社会学史》（第3版），中国人民大学出版社2008年版，第12页。

第二节　重在反思主体·在显意识中考察潜意识

由《塑造论哲学导引》在梳理西方哲学史时所讲的情况，可以作出这样的原理性论述：在哲学史开始，重在于考察语言（符号）与客体之间的同构，虽然影映着潜意识，可这时的主要过程还是进行对什么是世界本原的本体论追问，这毕竟还没有直接实现由显意识透视心在形而上。因此，本体论追问的困难必定暴露出来。就是说：问题还不仅仅在于何为本原，而在于能去思考本原的思维（意识）的必然性是何以可能的。这把人们注意的方向由客体引向了主体，开始了以认识论为重心的哲学研究。因而人们不仅考察语言（符号）与客体的同构关系，而且主动把关注重点放在了这种同构关系与主体的同构关系上，这就不仅是影映潜意识了，而是直接去透视潜意识，从中把握关于思维（意识）必然性的心在形而上。由这样的哲学史情况造成着这样一种趋向：人们对社会的研究也贴着走向以认识论为重心的情况，在回答解决关于社会的问题时，越来越主要面对主体，注重在显意识中窥察潜意识。

《塑造论哲学导引》一书在陈述中国思想史中这时期学说时，曾这样写道："考察行为与客体之间的同律，实现着对什么是世事根本的本根论追问，影映着潜意识，但这毕竟还没直接指向心在形而上。因此，本根论追问的困难总是暴露出来。这使人们意识到，问题还不仅仅在于何为根本，而且还在于能去追问根本的主体意识必然性是何以可能的。""这把人们注意的方向由客体转向了主体，在中国便越来越出现了以致知论为重心的哲学研究。因而人们不仅考察处理行为与客体的同律关系，而且把注意点放在了它们（行为与客体）的同律与主题意识本身的同律问题上。这就不仅是影映潜意识了，而是在显意识中直接去窥察潜意识，从而在影映和窥察中把握着关于意识（思维）必然性的心的形而上。”[①] 就社会来讲，这体现为由社会显意识去窥察社会潜意识。

一、理学及心学

（一）朱熹

朱熹（1130—1200），南宋哲学家，字元晦，一字仲晦，号晦庵，别号考亭、紫阳。徽州婺源（今属江西）人，侨居建阳（今属福建）。青年时师事李侗，为二程四传弟子。曾任泉州同安主簿、知南康军、秘阁修撰等职。主张抗金，认为“和议有百害而无一利”[②]。他强调“蓄锐待时”，反对盲目用兵。“博极群书，自经史著述而外，凡夫诸子、佛老、天文、地理之学，无不涉猎而讲究也”[③]。朱熹对各家学说融会贯通，“会众说折其中”。哲学上主要继承和发展二程（颢、颐）关于理气关系的学说，集理学之大成，力图建立一个完整的理学体系，与二程合称程朱学派。朱熹学说，以“理”为根本，认为理气相依而不能相离，断言“未有天地之先，毕竟是先有理”[④]，明确提出“理在先、气在后”，“有是理便有是气，但理是本”[⑤]。他又认为，“论万物之一原，则理同而气异；观万物之异体，则气犹相近而理绝不同也”[⑥]，把一理和万理看作“理一分殊”的关系。

① 张全新：《塑造论哲学导引》，人民出版社 1996 年版，第 512 页。

② 《壬午应诏封事》。

③ 《宋元学案·晦庵学案》。

④ 《朱子语类》卷一。

⑤ 《朱子语类》卷一。

⑥ 《答黄商伯》。

他肯定张载“一物两体”的说法，指出“凡事无不相反相成”，认为事物“只是一分为二，节节如此，以至于无穷，皆是一生两尔”[①]。事物阴阳对立而同处于一个统一体中，“如寒则暑便在其中，昼则夜在其中，便有‘一’寓焉”[②]。认为事物运动的形式有“化”和“变”两种，“化”指“渐渐消化”的量变，“变”指“顿断有可见处”的质变[③]。“这变化又相对说”[④]，是相对而不可分割的。知行关系上，强调知先行后，“论先后，知为先”[⑤]。但又认为“知行相须”，“论轻重，行为重”，“方其知之，而行未及之，则知尚浅，则亲历其域，则知之益明，非前日之意味”[⑥]，注意到“行”在认识中的重要性。认为论人性必兼论天命之性（“道心”）和“气质之性”（“人心”），人禀气而生，所禀之气有清浊，固有圣、贤、愚不肖之分。强调“天理”和“人欲”的对立，主张通过“居敬穷理”的修养功夫，达到革尽人欲，复明天理，恢复人原有的纯善的本性。在历史观上，认为尧、舜、禹时“天理”流行，体现为“王道”政治，三代后“人欲横行”，体现为“霸道”政治。这种退化的“天理”史观，对以后产生很大影响。从事教育活动50余年，教育方法上采取启发式，强调“书用你自去读，道理用你自去究索”[⑦]，要求学习必须提出疑问，“读书，始读未知有疑，其次则渐渐有疑，中则节节有疑，过了这一番后，疑渐渐解，以至融会贯通，都无

---

① 《朱子语类》卷六十七。
② 《朱子语录》卷九十八。
③ 《朱子语类》卷七十五。
④ 《朱子语类》卷一。
⑤ 《朱子语类》卷九。
⑥ 《朱子语类》卷九。
⑦ 《朱子语类》卷八。

所疑，方始是学”[1]。吸收当时自然科学成果，提出了对自然界变化的某些见解，如关于阴阳二气的宇宙演化说，以高山上发现残留螺蚌壳的现象，论证海陆变迁之说。此外对日食、月食、虹、潮汐等均作了解释。其倡导的“理学”成为中国封建社会后期统治阶级的理论工具，在清明两代被推到儒学正宗的地位。其博览和精密分析的学风对后世也有很大影响。在日本德川时代，“朱子学”也颇流行。著作有《四书章句集注》《周易本义》《诗集传》及后人编撰的《晦庵先生朱文公文集》和《朱子语类》等。

1. 朱熹是宋代理学的集大成者，其社会思想的核心是基于“理”。他将主体思维之理客观化。他提出“理一分殊”的命题，认为世界的万物都有一个本然的理，表现于社会，则是封建纲常的绝对法则。这在他的思想体系中占据着主导地位。

2. 朱熹的理论，具体到社会伦理规范就是其关于“三纲五常”的学说。“三纲五常”之说起于董仲舒，完成于朱熹。他以此作为调适人与人、人与社会，以及各种社会关系的准则。

3. 朱熹继承发展了张载、二程的学说，把性分为“天命之性”和“气禀之性”。他认为，天命之性是至善的。人们的天性之发，就是合“理”之“情”，并由此导出其“人心”“道心”之论。他要求“人心听命于道心”。

4. 在欲望问题上，朱熹发展了二程的理论。认为人欲是人心的病态，所以人欲是恶的，主张“存天理，灭人欲”，并进而提出了“灭人欲”的几种方案。

5. 朱熹强调个人修养的重要性，认为个人修身是治国平天下之本。他总结了多种个人修养的方法。如论述了在日常生活

① 《朱子语类》卷八。

中体察自己的道德，以"诚其意"而防止自欺欺人的心理与行为，以及"敬义夹持""格物致知"等。

6. 在处世态度方面，他特别强调"中庸"，认为人们能否以中庸为处世准则，是社会盛衰的一个重要因素。他认为中庸即是在行事之前就以社会规范为准则而保持平正，在行事之时则以社会规范为准则做到没有过分与不及，他把这些作为平时生活中经常奉行的处世原则。朱熹强调，做到中庸就能"和"，使社会生活秩序常处于和谐的状态之中。

（二）王守仁

王守仁（1472—1528），明代哲学家、教育家，字伯安，余姚（今属浙江）人。他曾筑室故乡阳明洞，世称阳明先生。他于弘治进士，授刑部主事，改兵部主事。他早年因反对宦官刘瑾，被谪为贵州龙场驿丞。又起官吏部郎中、南京太仆寺少卿、南京鸿胪寺卿。后因镇压农民起义和平定"宸濠之乱"，封新建伯，官至南京兵部尚书。卒谥文成。初潜心于程朱理学与佛学，终不得其要，后转陆九渊心学，"始悟格物致知之旨，圣人之道，吾性自足，不假外求"。① 他针对当时"是朱非陆"的风气，力倡"象山之学"。提出"心即理"。认为事物之理取决于心之理，"理也者，心之条理也。是理也，发之于亲则为孝，发之于君则为忠，发之于朋友则为信"。② 他断言"心外无理"，"心外无物"，"心外无事"。他创"致良知"说，认为"良知"是人先天具有的，"亘万古，塞宇宙，而无不同"③，即"见父自然知孝，见兄自然知弟，见孺子入井自然知恻隐"④，指出："良知是

① 《明儒学案·姚江学案》。

② 《书诸阳卷》。

③ 《答欧阳崇一》。

④ 《传习录》上。

造化的精灵，这些精灵生天生地，成鬼成帝，皆从此出。”[①] 他认为“致良知”即“致吾心之良知之天理于事事物物，则事事物物皆得其理矣”[②]，然“惟圣人能致其良知，而愚夫愚妇不能致”[③]。他要求通过反求内心、消绝人欲的修养方法，达到“万物一体”的境界。针对朱熹“知先行后”，他提出“知行并进”，认为“知”与“行”相辅相成，不可分离，“知是行的主意，行是知的功夫。知是行之始，行是知之成。若会得时，只说一个知，已自有行在，只说一个行，已自有知在”[④]，反对不“思惟醒察”的“冥行妄作”和不“着实躬行”的“悬空思索”。他强调“知行合一”：“我今说个知行合一，正要人晓得一念发动处便即是行了”[⑤]，“知之真切笃实处便是行”。他肯定“人性皆善”，但认为在外物诱使下人性会昏蔽。他要求通过“存天理，去人欲”而复得“良知”，说：“减得一分人欲，便是复得一分天理”，“圣人之所以为圣，只是其心纯乎天理而无人欲之杂”。[⑥] 对儿童教育，他反对“鞭挞绳缚，若待拘囚”，主张“必使其趋向鼓舞，中心喜悦”，达到“日长月化”[⑦]。其学说以“反传统”的姿态出现。在明代中期以后，阳明学派影响很大，还流行到日本。其著作由人辑成《王文成公全书》38 卷，其中在哲学上最重要的是《传习录》和《大学问》。

与发端于二程大成于朱熹的诉诸“理”的学说相对，王阳明发起于陆九渊所由提出诉诸“心”的学说，构想了一个“以

① 《传习录》下。

② 《答顾东桥书》。

③ 《答顾东桥书》。

④ 《传习录》上。

⑤ 《传习录》下。

⑥ 《传习录》上。

⑦ 《训蒙大意示教读刘伯颂等》。

天地万物为一体"的理想社会。在这个理想社会中，人与人之间达到了共同的文明与饱暖安逸，所以人们都同心一德，亲如一家；没有人己、物我之分；相互有机配合，人人心情愉快，毫无怨言。学界认为，他所构想的理想社会，不亚于早期儒家对"大同"社会的构想。这反映出在中国社会思想的发展史上，"大同"社会思想至明代仍在发展，并为人们所憧憬。

1. 王阳明"心"学的重要概念是"致良知"，其"良知"就是"天理"，就是道。致良知的途径在于"格物"。归根到底，他的这一思想仍是他的"天地万物为一体"思想的应用。既然良知是个思想意念问题，所以，他特别重视思想控制的社会功能，他认为人们的思想、心理是行为的中枢和指导。要想控制人们的行为，首先要控制人们的思想，其目的就是从思想与心理的层面入手，解决社会矛盾，维护当时的社会秩序。

2. 在欲望问题上，重要的在于"存天理，灭人欲"，王阳明认为人欲是造成社会混乱的罪魁祸首，是必须要清除的东西。他提出的清除"人欲"的方法与朱熹有所不同。朱熹强调循理以灭人欲，而他则重视靠良知去灭人欲。王阳明强调灭人欲应从人欲"未萌之先"和"方萌之际"下功夫，将人欲与个人身心修养融为一体。

3. 王阳明的社会组织和社会管理思想中颇具特色的是实行"十家牌法"。为强化社会管理，他主张采取制定"乡约"的方式。这里，乡的组织是一种按朝廷要求、民间自办的社会基层组织形式。目的在于整饬社会生活秩序，加强以自我约束为主的社会管理。[①]

① 参见王文辉主编：《中国社会思想史》，第三十二章、第三十七章，中国人民大学出版社 2002 年版。

二、实证论的社会学

（一）孔德

圣西门并没有创立一门独立的社会学。西方学术界通常认为法国的实证主义哲学家奥古斯特·孔德（1798—1857）是社会学的创始人，因为他最先提出和使用了“社会学”的名称，并力图把它建设成为一门研究社会的实证科学。孔德的社会学体系深受圣西门的影响。像圣西门一样，他的著作产生于法国历史上一个危机时期，即大革命后旧的统治解体而新的工业统治尚在形成的时期。孔德一生从未担任过专门学术职务。所以，人们认为他在当时的法国知识界始终是一个三流人物，学术界轻视他嘲笑他，周期性的精神失常折磨他，而最使他感到愤怒的是有一部当时的文献书目竟然把他列为已故的作者。与孔德通过书信的穆勒认为，他对社会科学发展的影响要大于他的实际成就，孔德之书虽非为创立作为一门科学的社会学而作，却使之成为可能。

孔德思想的发展可以分为三个阶段。这三个阶段分别以他的几部重要著作为标志。第一阶段自 1820 年至 1826 年，即这段时间往往被人称之为“社会哲学文集阶段”，此间孔德的主要著作包括以下几本小册子：《现代史简评》（1820）、《重组社会的必要的科学工作简介》（1822）、《对科学和学者的哲学研究》（1825）、《论神权》（1825—1826）；第二阶段以《实证哲学教程》（1830—1842）为标志。第三阶段以《实证政治体系》和《论人类宗教社会学》（1851—1854）为标志。

1. 孔德实证主义社会学的理论基础。

孔德的社会学与其实证主义哲学紧紧联系在一起，这是在承袭了 18 世纪法国启蒙思想家以及他同时代理论家思想的基础上形成和发展起来的。

首先，注重实证的哲学精神。孔德写道："在科学和艺术领域，无论是在一代人中，还是几代人之间，其所有成果都是紧密相连的，一代人的发现为另一代人做准备。"[①] 由此出发，他分析了理论前辈的思想，考察了哲学研究的目的和任务，并揭示了实证主义哲学精神的发端。他写道："在两个世纪前培根学说、笛卡尔思想和伽利略发现的综合作用下发生的人类理智运动，正是实证主义哲学精神在世界开始出现的时刻。"[②] 其中，孔德高度评价了笛卡尔的思想，因为笛卡尔崇尚理智，富于想象。同时孔德也对笛卡尔采用数学方法研究社会和解释历史的做法提出了批评。在孔德看来，社会现象是极其复杂的，对社会现象仅采取数学的方法进行分析是远远不够的。除了笛卡尔、培根、伽利略之外，孔德还把狄德罗、休谟、孟德斯鸠、加尔、莱布尼兹、孔多塞等人称作自己的"精神之父"。

在孔德的思想形成中，18 世纪的法国启蒙思想家起了重要作用，因为他们的思想充满了对理性胜利的坚定信念。这个时期的启蒙思想家都主张面向世俗社会，反动宗教专制，号召与宗教传统决裂，并对建立在所谓抽象原则基础上的科学体系提出了质疑。孔德发扬了这一传统，他对宗教，对科学中的抽象思辨持批评的态度。他指出，只有不断与科学中的特别是关于社会的科学中的形而上学、神学和抽象思辨作不懈的斗争，人类思想才可能顺利前进。

其次，吸取孔多塞和蒂尔戈的进化论思想。在 18 世纪的法国，用进化论的观点分析社会历史现象渐成时尚。在坚持进化论观点的哲学家中，首先应当提及的是孔多塞和蒂尔戈。他们站在进化论的立场上，解读社会历史现象。

① ［法］孔德：《实证政治体系》（第 2 册），圣彼得堡 1990 年版，第 116 页。

② ［英］斯宾塞：《我与孔德分歧的原因》，圣彼得堡 1906 年版，第 5 页。

孔德高度评价孔多塞的哲学理论，认为这是建立关于社会的科学的一种尝试。在孔德看来，尽管由于理论超前导致不可避免的失败，但孔多塞的哲学理论仍不失是前进中最终走向建立实证科学的指导理论。

孔德赞同孔多塞的历史进化论观点，同时也批评了孔多塞理论的不彻底性，认为孔多塞未能将进化论思想贯穿到对人类历史发展的具体分析中。孔德指出，孔多塞关于社会发展进步理论的不成功之处，在于他过分的相信数学的作用，企图主要采用数学的方法分析研究社会生活，而不是采用历史的方法。

蒂尔戈在考察人类发展时，设想人类理智的进化或发展的进程，依次是神学思维、形而上学思维、实证思维三个阶段。孔德把蒂尔戈关于人类理智发展三个阶段的思想拿来作为自己社会理论的基础，并赋予它“伟大哲学和社会学规律”的意义。

孔德形成了许多与蒂尔戈相吻合的观点。如关于一代人的活动不是个别社会成员偶然互动的结果，在相当程度上是由其先辈的活动所决定的。蒂尔戈关于社会进步的顺序性、渐进性、不间断性和连续性的原则，在孔德那里也都不难找到。

再就是，受益于圣西门思想的影响。如果说孔多塞和蒂尔戈作为理论前辈，对孔德的实证主义思想的形成产生过重要影响，那么曾聘请孔德当自己私人秘书的圣西门，很自然地也成为孔德思想理论的前辈。圣西门在历史哲学领域对孔德思想的影响十分直接。尽管孔德与圣西门后来分裂，但有人称圣西门是孔德思想的鼓舞者，有人称圣西门是孔德的导师，不管怎么讲，圣西门对孔德的影响是不容忽视的。

孔德的思想多有直接从圣西门那里的借鉴，许多是受圣西门思想的启发形成的。比如，在对哲学的理解上，圣西门把哲学活动的对象看作是对历史过程的分析和对其意义的解释；在对社会过程进行分析和对人类活动的各个领域进行评价时，圣西门认为人类理智的历史具有决定性的作用，孔德将这些观点都视作自己的社会学说的理论基础。圣西门也像蒂尔戈和孔多塞那样，把关于社会的科学建立在社会进步这一观点的基础上。圣西门关于社会动力学和静力学的观点，成了孔德社会学思想中的重要内容。但孔德也并不是处处都同他的导师或合作者圣西门相一致，如圣西门视社会关系为生理性的，而不是社会性的，没有将此作为人类知识的专门领域单独进行研究；在这方面孔德则前进了一大步，他清楚地将有机科学区分为生理学和社会学两部分，分别把它们作为人类知识的专门领域进行考察。

孔德一方面称赞孔多塞、蒂尔戈和圣西门对社会科学的发展所作出的贡献，另一方面他又对18世纪关于社会的科学的整体状况发表了批评性的意见。他对实证哲学刚刚出现时没有立刻引起学术界的注意，被排斥于科学范围之外，十分不满。

作为实证主义的奠基者，孔德致力于构建关于社会的实证科学。他相信，关于社会的科学，也应当像关于自然的科学那样，能够成为运用准确的研究方法的领域。

2. 孔德实证主义社会学的提出。

16世纪以来的自然科学十分强调观察和实验，要求知识的"确实性"或"实证性"，否定、抛弃空洞的中世纪经院哲学；空想社会主义者圣西门说，过去是"神学的时代"，现在是"实证的时代"。孔德的"实证"一词直接来源于圣西门的著作之中。

在孔德的概括中，"实证"一词具有五个方面的含义：[①] 首先，实证意味着真实。所谓"真实"，是指知识要注重研究我们的智慧真正所能及的事物，撇开虚幻神秘的东西。其次，实证

① ［法］孔德：《论实证精神》，黄建华译，商务印书馆2001年版，第29～31页。

意味着有用。所谓“有用”，是指知识必须能够有益于不断改善我们个人和集体的现实境况，反对以知识去满足人的无用的空泛的好奇心。第三，实证意味着肯定。所谓“肯定”，是指必须善于在个体中建立合乎逻辑的和谐，在整个群体中形成一致的精神，以免引起无穷的疑惑和无尽的争论。第四，实证意味着精确。所谓“精确”，就是我们的知识与现象的性质相协调，并符合我们的需要所要求的精确度，抛弃模糊的认识和主张。第五，实证意味着相对。所谓“相对”，是指知识具有相对的意义，必须反对以往哲学追求绝对知识的倾向，知识之所以是相对的，是因为人民对现象的研究总是受到内在和外在状况的限制。

人们注意到，在孔德学说中，关于科学分类和建立其上的科学等级体系的论述，是重要理论支柱。此中孔德把社会学作为一门实证科学而提出。

孔德认为，整个宇宙现象是一个统一的整体，按其性质可分作五类：天体现象、物理现象、化学现象、生物现象、社会现象。与此相应，他将科学划分为五种：天文学，研究天体现象；物理学，研究物理现象；化学，研究化学现象；生物学，研究生物现象；社会学，研究社会现象。

孔德认为，既然整个宇宙现象是相互联系的，是一个统一的整体，那么，作为研究这些现象的各门科学也不是彼此孤立、互不相干的，而是相互连接，形成一个体系。在这个体系中，各门科学之间的关系既不是平行的，也不是对立的，而是一种顺序有先后、位置有高低的次第结构。这就是孔德的所谓科学等级体系。在这一科学等级体系中，每门科学都占有固定的位置，这种位置的高低或排列的先后是由下述原则所决定的，用孔德的话来说就是：先达到实证阶段的某种知识同它的一般性、简明性和不依赖于其他知识相一致。由此不难理解，天文学在先，物理学在后，是因为天文学知识最具有一般性、简明性和不依赖于其他知识的特点，所以在人类知识的发展史上最先达到实证阶段，取得了科学地位。孔德将天文学排在物理学的前面，作为科学系列之首，等级体系之基础，就是因为这个缘故。物理学相对于化学，化学相对于生物学，生物学相对于社会学，都具有前者因其知识的简明性和一般性的程度高于后者、不依赖于后者，因而在历史上先出现。从逻辑的角度看，它们彼此间的关系是：随着科学阶梯的升高，知识内容的复杂性程度在增加，也就是孔德所提到的知识的一般性和简明性程度在下降。不仅如此，这里最能体现孔德科学体系中各门学问相互关系和等级特点的是：后一门科学总是离不开它前面的科学，前者是后者的基础。例如：天文学是研究天体运动，寻找天体运动的一般法则的科学。物理学和化学属于无机性科学，研究自然界中孤立的现象之间的规律（这些现象的孤立是必然的、合理的），所以他们是解析性的科学。而生物学与之不同，是研究生命体的全貌，即生命有机体的构造、功用及其生命发展的一般法则。孔德认为，作为生物学里的单一有机体和作为社会学里的社会有机体，二者之间具有一致性：生物有机体可以分解为元素、生理组织、生理器官，社会有机体可以分解为家庭（细胞）、阶级（社会等级、特有的组织）、城市和公社（器官）。只有研究社会整体的本身才能理解社会整体的部分。只有研究历史的整个变化才能理解某个时期、某个时期的某个阶段的变化。生物学这门学科产生后，人类研究自然现象的方法论发生了根本性的变化，其变化的显著特征是科学已经从解析性的科学走向综合性的科学。这一变化为社会学的产生奠定了历史观统一的基础。

孔德在提出社会学的概念和关于建立实证主义社会学的构想时，强调前四种科学，即天文学、物理学、化学和生物学，在他之前已经有了专门的研究，成为独立的学问；唯有关于社会现象的研究，因为受到形而上学思想的束缚，尚未进入实证阶段而未成为真正的科学。孔德给自己提出的任务，就是要建立这样一门科学：他把这门科学最初命名为“社会物理学”（Social Physics）。孔德所要建立的这门科学正像物理学研究自然现象那样对社会现象进行研究。孔德认为，这门科学不仅在经验的方法上，而且在对事物的认识和理解上，以及在服务于人类的功能上，都应当仿效自然科学。它不仅能解释人类的过去，而且能够预测社会发展的未来。社会物理学后来被改名为社会学，是因为孔德怀疑别人“盗用”了这一名称。“社会学”一词系由拉丁语的“Societas”（社会）和希腊语的“Logos”（言论、学说）两个词复合而成。“社会学”一词正式出现在孔德的《实证哲学教程》第 4 卷，发表于 1839 年。因此，现在人们通常把这一年看作是西方社会学历史的开端。[①]

孔德依据实证主义原则，根据“科学的等级体系”，研究了人类智力发展的历史。他由实证论思想阐述了学科等级分类及三个阶段综合。三阶段和等级分类的概念，早已为前人特别是杜尔哥、孔多塞和圣西门所提出：圣西门说，一切科学都以假设开始，经过从简单到复杂的发展，而以实证结束。孔德通过对各学科演进过程的详细回顾，对上述论点加以系统化。孔德说，整个知识的发展以及我们的每一种主要观念、主要概念，每一个知识部门，都先后经过三种不同的阶段：神学阶段，又名虚构阶段；形而上学阶段，又名抽象阶段；科学阶段，又名实证阶段。

孔德所讲的神学阶段，是指远古至中世纪早期（1300 年之

---

① 参见贾春增主编：《外国社会学史》，中国人民大学出版社 2008 年版，第 22～24 页。

前）的这段历史，这是人类思维发展的最初阶段。孔德把这一阶段又细分为三个具体时期：物神崇拜时期或称拜物教时期或万物有灵论时期，多神教时期，一教独尊的基督教时期。物神崇拜时期根据人的感觉解释自然，多神论时期有一大群神和精灵，一神论时期只有一个神，人类理性逐渐觉醒而约束想象。孔德认为，每个发展阶段和亚阶段都必然从上一个阶段或亚阶段演变而来，而且第三亚阶段即一神论时期为形而上学阶段铺平了道路。孔德指出，在每个具体时期里都出现相应的社会组织或社会关注的问题。例如，在拜物教时期出现了家庭或氏族公社，同时开始了定居生活，在此基础上形成了后来的国家。在多神教的最初时期，即神权政治或东方帝国时期，城邦国的建立和土地制度的发展是这一时期政治发展的主要成就；而这一时期的主要问题是，在市民生活没有完善之前就企图建立教会。神学阶段中的最后一个时期也是笃信耶稣的基督教时期。在这个时期里，教会大量出现。就像人类早期的家庭诞生和国家形成时的那种局面。孔德认为这一时期的主要目标是使社会生活秩序化，同时对妇女解放给予特别的注意。在这一时期里，宗教具有普遍的性质，政权只具有地区性的特点。因此，宗教与政治分离成为不可避免的发展趋势。同时战争由对外扩张变成了对外防御。再就是雇主与工人的分离，手工坊出现。

孔德指出，在这个阶段，神学占统治地位，人类解释各种现象的存在，都归因于生命体或与人类相似的力量。在这一阶段，人类智力的特征是：自由幻想，寻找事物现象的根源，追究事物的最后原因，即要求获得绝对的知识。于是，人们对自己所不能及的情况，便求助于超自然的力量——神，把一切现象都分析为超自然力量的结果。用神学的思维方法来解释探究世界上各种现象的原因。在此阶段，早期的科学知识也是受神学思维统治的，天文学表现为占星术，化学表现为炼金术，学科知识成为虚构的。

孔德所讲的形而上学阶段，被认为是人类思维发展的过渡性阶段。在这个阶段，人们乞灵于抽象的本体，以形而上学（超经验）的抽象概念代替了超自然的“神力”，用形而上学的思维方法来解释一切，以求获得关于事物的本质的绝对知识。在此阶段，科学知识受形而上学的支配，力求在经验的自然现象背后寻找抽象的物质或精神的本性，各种科学知识都是由形而上学的抽象概念构成。

这一时期由神学阶段走入一神教后过渡而来。历史所表明的是，一神教时期的历史进步，并没有导致实证秩序的产生或科学阶段的到来，而使人类开始步入 1300 年至 1800 年的形而上学阶段，即“西方革命”时期。孔德认为，导致这场革命发生的有以下几种力量：科学的进步，现代工业的完善，艺术的繁荣，国家的发展，妇女的影响，教会的衰落和形而上学的作用等。在这一历史时期里，工业巩固了自己的阵脚，因为雇主与工人为保卫自己的利益不受其他阶级的侵犯实现了联合。政府从自己的利益考虑，也开始转向保护工业，因为工业的发展是政府取得庞大军事开支的重要来源。就这样，工业开始进入西方政治，并成为现代政府的主要目标。如果说在此之前的文明主要是军事的文明，而在这个时期开始出现的则是工业的文明。整个这一阶段，特别是法国革命，是社会解体和为进入实证阶段做准备的时期。

孔德所讲的实证阶段，被指认为是人类智力发展的最高阶段。孔德讲，在这一阶段，在人们的学说思想中放弃探索本体，人们只观察各种现象，并找出各种现象之间在某个时期或过去可能存在的经常联系。人们不想找出事情的缘由，而只是想找出支配各种现象的规律。就是说，在这个阶段，人们不再以虚构的超自然的主题或抽象的原则来解释经验现象，“不再探索宇宙的起源和目的，不再求知各种现象的内在原因"。而把知识"局限在经验事实的范围内"，以"发现现象的实际规律"，即发现它们的先后不变的关系和相似关系。所以，这一阶段的科学知识都是经验的、实证的知识。为此，孔德认为，人类知识从神学时代到形而上学时代，进而到实证时代，是人类知识的发展过程。在孔德看来，实证方法首先是在数学领域里得到实现的。同时，数学也是在学科中最先出现，它是其他一切学科的基础与工具。随后，实证主义方法在天文学、物理、化学和生物学等学科得到实现，可是，在复杂的社会科学领域实证主义尚未实现。孔德预言：实证主义"最终也应当在政治学领域里取得胜利，并达到创建一门新的实证社会科学——社会学的目的"①。

孔德认为，实证主义理论的创立以及科学社会作用的增长，是社会逐步进入实证阶段的标志，社会的实证阶段是社会发展的顶峰。孔德为未来的"实证社会"制定了详细的蓝图。实证社会将由牧师、银行家和工业家共同管理。这里所说的牧师不是一般宗教的牧师，而是以实证主义学说为宗旨的人道教的牧师——科学家。这些牧师科学家在未来的社会中发挥特殊的作用。他们因为具有知其好坏、判断是非的实证知识，能教育人们履行对集体的义务，并帮助人民克服利己主义的思想，树立为他人的精神，从而保证社会的秩序与和谐。②

孔德由此对"实证社会学"到底是一门什么样的学科，给出了回答。孔德认为，社会学同其他学科一样也是研究运动规

---

① ［法］雷蒙·阿隆：《社会学主要思潮》，葛智强等译，上海译文出版社 1988 年版，第 79 页。

② 贾春增主编：《外国社会学史》，中国人民大学出版社 2008 年版，第 26～29 页。

律的学科。他指出，在数学和天文学领域里没有意识的自由，因为数学是学科中最先出现，也是最完备的一门科学，它是研究自然法则的武器与工具。与此相同，社会科学领域“也不可有更多的意识自由”，因为它是研究人类社会秩序与进步的一般法则的科学。社会学是一门纵览历史的科学，它既从历史的角度研究人类社会曾经发生过的社会历史事实（存在过的东西），又要注重研究目前现实社会存在的社会问题（目前存在的东西），而且从决定论的必然意义上来说它还应当研究人类社会的未来发展（将会存在的东西），这样才是合乎逻辑的。

从以上分析，可以清楚地看到，孔德主张以自然科学的“实证精神”来建立社会科学，顺应自然科学发展的潮流，创立一门新学科——实证社会学。另外，从孔德论述的“三阶段说”，还可以看到，他的目的是为了提高自己实证哲学和实证社会学的地位，把它与近代实验科学相提并论，说明它是“最后完成”的完备科学理论。①

3．社会静力学和社会动力学。

孔德在1851—1854年出版的四卷本《实证政治体系》一书中较为全面地阐述了他的实证社会学思想。他将社会学的基本内容划分为社会静力学与社会动力学两个部分。

关于社会静力学。孔德指出：社会静力学的研究，在于考察社会行动和社会系统各个不同部分的反应规律，研究构成社会机体的各部分之间的平衡与和谐。

在孔德看来，社会结构各部分间的平衡与和谐的关系，是社会正常运转的基本条件，一旦这种关系遭到破坏，社会系统的运转就会发生障碍，造成社会病态。在孔德眼里，社会革命

① 侯钧生主编：《西方社会学理论教程》，南开大学出版社2010年版，第20～23页。

和动荡就是社会病态的具体表现。

孔德在他所讲的社会静力学中对社会组织的研究是从作为社会基本单位的家庭开始的。他认为，家庭是"真正的社会单位"。他反对把个人所为研究社会的出发点。他说：科学精神不允许我们把社会看作是由个人组织成的，真正的社会单位是家庭。按照孔德的逻辑，家庭形成部落，部落形成民族，所以说，家庭是构成社会组织的基础，理所当然地应成为社会研究的出发点。孔德认为，如果不是这样，把个人的需要或个人的特征作为研究社会起点的话，必将导致研究的失败。孔德进而认为，家庭作为社会的最基本成分，与其他社会组织和单位一起，组成整体社会或集体有机体。孔德说："本质上看，集体有机体是由作为它真正成分的家庭、形成它真正组织的阶级和种姓，以及最后由作为它的真正器官的城市和乡镇所组成。"① 尽管孔德把社会（集体有机体）同生物个体有机体作了类比，但他清醒地意识到二者之间的不同。生物个体有机体的范围局限于该个体的皮肉之躯，而社会或集体有机体是靠精神因素或力量实现其各部分之间的联系。所以孔德对于作为社会有机体联系纽带的语言、宗教和劳动分工赋予特别的意义，给予高度重视。

孔德讲，语言具有横向联系和纵向联系的特点。社会中人与人之间的合作，正是靠语言的中介加以实现的。因为有了相同的语言，人们才能进行思想交流，形成一致的情感，维持共同的秩序，否则，社会的合作与秩序将是不可能的。这是指语言的横向联系的作用。语言的纵向联系的作用表现在，通过语言这一载体可以把先辈的思想和文化继承下来，传给下一代，同时又可以通过它向前追溯到久远的过去。

---

① ［法］孔德：《实证政治体系》（第2卷），圣彼得堡1990年版，第293页。

孔德讲，宗教的作用表现在，它向人们提供共同的信仰和一致的原则，构成人们行动的社会基础，否则，人们各行其是，最终将造成社会的分裂和动乱。在孔德看来，正是宗教克服着人们的利己思想，教育人民热爱他人，从而保证人们彼此间的友谊与合作，所以说宗教是秩序的源泉。孔德号召："每个政府为使统治和服从神圣化并能加以控制都要支持宗教。"[①] 除了语言和宗教之外，孔德认为促成人与人结合的第三个重要因素是社会劳动分工。随着社会劳动分工的发展，社会有机体变得更加复杂多样，然而通过各种职业的分配又把人们有机地联系起来。这是因为，社会职业的增多，加强了职业之间的相互依赖，加强了人们的合作精神。但孔德认为，过多过细的社会劳动分工也带来某些消极的后果，如社会分工发展了人们专业化的精神，这种精神倾向于熄灭和取消集体合作的一般思想。为此，孔德寄希望于未来通过实现世俗权力与宗教权力的结合，来保持"整体思想和共同联系的情感"。

孔德重视语言、宗教，也重视劳动分工等社会制度，他之所以看重这些制度，是因为这些制度具有维护社会秩序的广泛功能。正是因为这一点，孔德被认为是对社会进行功能分析的最早的一位社会学家。他把社会看作是一个有机体系统，各部分彼此保持着联系，而且这种联系"始终应当是社会系统各部分及其整体之间的一种自发的和谐"。

关于孔德的社会动力学，主要是运用关于人类智力发展三阶段的理论解释社会历史的进步，因此说，这里发展三阶段的理论是孔德社会动力学的基本内容。

孔德认为，他通过研究人类的智力在各个方面和各个时代

① ［法］孔德：《实证政治体系》（第2卷），圣彼得堡1990年版，第194页。

的发展，发现了一条伟大的根本规律，这是一条人类智力必定遵循的根本规律。"这个规律是：我们的每一个主要观念，我们的每一个知识部门，都相继经历三个不同的理论阶段：神学阶段，或虚构阶段；形而上学阶段，或抽象阶段；科学阶段，或实证阶段。"① 由于孔德认为智力是社会发展的动力和基础，所以社会发展的阶段与人类智力发展的过程完全相适应，也同样经历了三个阶段或历史时期：远古时代的神学阶段，中世纪时期以来的形而上学阶段，和 18、19 世纪之交开始逐步进入的科学阶段。②

4. 社会学的研究方法。

孔德认为，社会学要运用自然科学中卓有成效的研究方法。

首先，孔德认为，社会学研究社会规律是建立在对社会事实进行观察的基础上。孔德指出，任何一门科学都离不开观察，自然科学很早就重视观察，其中天文学就是一个明显的例子。孔德认为，即使数学也离不开观察，尽管在这方面它不像天文学表现得那样突出。在孔德看来，观察作为自然科学的研究手段，早为人知并广为采纳。孔德反问道：如果没有观察或拒绝一切观察，那么一门新的科学又怎样产生和建立呢？他由此断言，科学的形成和发展是建立在观察基础之上的。孔德接着指出，对于自然科学离不开观察通常已没有人反对，当对社会现象研究强调观察时，问题就被提了出来。形而上学的理论家，反对在社会科学中应重视观察。这是由他们理论的反实证主义性质所决定的。

---

① 转引自洪谦主编：《西方现代资产阶级哲学论著选辑》，商务印书馆 1964 年版，第 25 页。

② 贾春增主编：《外国社会学史》，中国人民大学出版社 2008 年版，第 26～29 页。

孔德把在实证理论强调下的观察称为“合理的观察”。孔德认为，没有科学理论，观察者看不到事物之间的内在联系，看到的只是一些孤立的事实。他说：“一种社会事实在没有同其他某种社会事实发生联系之前，是没有任何科学意义的。没有这种联系的社会事实纯属轶事，不具有合理性。”“科学地讲，一切孤立的、经验的观察都是无用的，都是完全靠不住的。”

孔德从社会静力学和社会动力学的理论出发，把复杂的社会现象划分为静态现象和动态现象两大类，与之相应地观察分别称为静态观察和动态观察。孔德不仅指出直接观察在社会研究中的意义，同时还论证和肯定通过对历史和文化遗迹的研究，如对风俗、礼仪和各种语言的分析获取关于有用社会资料的间接观察所体现的科学价值。

其次，孔德认为，实验在自然科学中应用很广，这在社会学中也应占有自己的位置。不过，社会学使用这一方法与自然科学有所不同。孔德区分了直接实验和间接实验两种类型。他认为，自然科学可以采用直接实验的方法，而对于社会现象的研究则不能采用这种方法。孔德在《关于社会的实证研究》中说：“如果说直接实验用于复杂的生物现象就已很困难，那么这一方法用于社会科学则被认为是不可能的。”孔德写道：“根据共存和演替的规律，对于社会任何一部分的任何人为的干预都会影响到所有其他部分。所以，这一方法如果全部实行，将由于不可能将现象的条件或结果单独分离出来，而失去其全部的科学价值。”

孔德在排除了直接实验用于社会学研究的可能性之后指出，对于社会现象的研究只能采用间接实验的方法。所谓间接试验，是指作为实验者的社会研究人员，不是在人为的条件下，而是利用社会本身的特殊状况向人们提供的机会开展的社会研究。孔德认为，当社会现象的正常进程受到某种确定方式的干扰时，实验的作用就表现出来。病态现象是真正具有科学意义的纯实验的同义语。这是因为透过病态现象的分析，可以发现在"革命时期"和"平常时期""破坏"社会"和谐或演替自然规律"的各种原因：一般原因或特殊原因，意外原因或暂时原因。孔德认为，通过对社会病态现象的观察，可以了解社会现象正常进程的规律。

在孔德看来，社会病态犹如个人机体害病一样，抓住这一时机进行观察和研究是一个难得的好机会，不可随意地放过。但是孔德注意到，这种间接实验的方法还很不完善，在生物学的研究中是这样，在社会现象的研究中也是如此。孔德坚决反对某些个人为了某种目的提出的社会实验。他认为，对于社会，哪怕是无关紧要的"不合理的"变动都是危险的。

再次，孔德认为，通过对人类社会和动物社会的比较，可以从中窥探人类社会关系的萌芽，进一步弄清人类与动物界的联系和区别。因此，他指出轻视或反对在人类社会和低级动物的社会状态之间作比较是非常没有道理的。孔德分析到，造成人类这种态度的历史原因，是由于神学和形而上学哲学的长期统治。他深信，当人们更好地了解和能够评价高等哺乳动物的社会状态之后，上述的错误态度将被实证哲学加以纠正。

孔德指出，在比较中，可以发现社会进化的不同阶段。人类作为一个整体，其各个部分分别的然而以一致的方式在进化，由于种种的原因，不同地区、不同人群进化的速度不同，有的进展速度，有的发展迟缓，于是造成了在同一历史时期里处于不同的发展阶段。由于西方文明在过去的发展阶段上没有留下明显的历史痕迹，这给研究它的过去，带来了很大的困难。因此，要了解这些阶段的历史情况，就要通过比较，通过对现有的某些原始社会状态的研究，推论出西方文明过去发展历史。此外，在研究人种或气候对社会事态的影响时，在比较中，可以发现那种把社会差别描绘成是由于气候的原因而不是由于进化阶段的不同的错误观点。

孔德指出了在比较时易出现的不足，这就是，只作一种静态的思考，不揭示社会状态的连续性、事物发展的先后过程，而只当作同时并存的现象加以表述，因此有可能使人们形成错误的进化观念。于是，孔德特别指出了社会学应特别重视历史地进行研究。

另外，孔德认为，对社会现象的考察，要对社会现象注重从事物的先后和连续上加以考察，注重事物的发展过程。

孔德指出，这实际上是一种比较，只不过是比较的时空不同。一个是相对于现有事物的一种横向和共时性的比较，再就是相对于过去事物的一种纵向的和历史性的比较。

关于社会学研究的这样一些论述，在孔德以前，很少有人像他那样明确提出社会科学可以而且应当借鉴和采用自然科学的研究方法。在这一点上，不能不说是孔德的一大贡献。①

5．孔德关于社会改建的实证主义社会学思想。

孔德是法国政治革命和工业革命之后的社会现实的见证人，他很了解尚在过渡之中的新的社会制度的不幸遭遇。他与法国一些乐观主义者不同，对于新的资本主义制度持有某种悲观的立场和批判的态度。但这不是说，孔德要推翻资本主义制度，因为他认为社会的不幸不是由于资本主义制度造成的，而是由于现代工业制度没有置于社会道德的控制和管辖之下。所以孔德特别强调普遍的道德教育和发挥牧师的特殊作用，借以实现其社会改建的实证纲领。

一是，孔德的实证政治纲领。孔德对于从社会动力学转向

---

① 参见贾春增主编：《外国社会学史》，中国人民大学出版社 2008 年版，第 29～33 页。

社会政治，阐述实施其实证政治纲领，表现出极大的热情。他认为这是实现他的政治抱负，完成伟大使命的一次伟大实践。在这一过程中，孔德自认为，他有两部著作，具有重要作用。他写道："一部著作（《实证哲学教程》）把哲学从科学中逐出，另一部著作（《实证政治体系》），把哲学变成了宗教，彻底的和完全的宗教。"①

孔德把他的《实证哲学教程》看作是哲学发展史上的里程碑。他认为在此以前的传统哲学，充斥着抽象思辨和形而上学，不具有科学性质，这不能称之为科学，只有在他的实证主义哲学问世之后，哲学才具有科学意义从而获得了科学的地位。孔德自我标榜他的《实证政治体系》一书改变了哲学的使命和作用，由以往的认识世界和解释世界，变成了人们生活的信仰和教条，把哲学融化成了宗教。而且与以往的宗教不同，他是完全的、彻底的、不拘泥于某一民族和地区的整个人类和全世界的宗教。

综上所述，孔德的实证政治纲领，是要把他的实证主义哲学变成人类的信仰和宗教。按照他的实证主义宗教（人道教）学说，资本家，即孔德所称的企业家（工厂主和银行家）和无产阶级（一无所有的无产者），应当各安其位，忠于职守，各自做好自己工作，这样一来就不再会有阶级斗争和尖锐的社会的冲突。不主张采用革命的手段推翻资本主义制度，而是要通过普遍的道德教育和发挥牧师的作用，实现社会改造和进步的目标。

二是，孔德强调实行普遍的道德教育。在孔德看来，社会的改组要靠新的工业社会的道德。因为仅靠政治的手段，会引

---

① 转引自［俄］F. B. 奥西波夫：《西欧和美国社会学史》（第1章），莫斯科，2001年俄文电子版，第14页。

起社会的普遍不满，并且要冒工业活动遭受破坏的危险。为此，孔德提出的办法是通过普遍的道德教育，纠正社会的弊端，而这样做又依赖于精神权利的建立。孔德强调，实证主义的优点恰恰在于它具有这种能力。通过这种教育，富人会把自己看作是社会资本的道义保护者，他们将保障所有的人都能上学和有工作做，他们这样做事是由于他们感到这是自己应尽的义务。孔德十分重视新的社会分工在社会改建中的作用，孔德详尽地探讨新的社会分工之主要目的是为了发展新的社会道德。在孔德看来，只有新的社会道德才是唯一能够解决现代工业社会问题的可靠力量。

孔德关于社会改建的理论，像他的历史哲学和关于社会组织的理论一样，归根结底是建立在人的个性三分法基础上的。这种三分法是指情感、行动和智力。孔德还认为社会有三种力量：一是建立在行动基础上的表现为财富的物质力量；二是建立在思考基础上的表现为观念的智力力量；三是建立在博爱基础上的表现为命令与服从的道义力量。社会组织和改建的最高任务和最大的困难，是将这样三种力量合理地结合起来。孔德又写道："在能够独立生存的最小城市里，我们发现有三个阶级：牧师，他们指引我们思考；妇女，她们激发我们最高的仁爱；实际首领，他们指导我们战争和平日的生产活动。"[①]

三是，孔德重视牧师的特殊作用。在孔德设计的实证社会里，政治的权力或统治的"功能"应集中在人道教的牧师和工业领袖的手中。在实证社会中应看重的将是作为实际权力持有者的僧侣。不言而喻，这些僧侣并非是传统意义的神学家，而是一些实证主义的社会学家。他们是作为社会的科学领导者，

① ［法］孔德：《实证政治体系》（第2卷），第291页；转引自［南］H. 巴恩斯：《社会学史导论》（第1卷），贝尔格莱德1982年版，第127页。

而被推选出来的。他们靠自己的天才，靠拥有渊博的知识，靠通晓建立实证社会所必须依据的社会学原则。这些牧师的任务是向人们解释人道教的实证主义学说，其要义是：爱是原则，秩序是基础，进步是目的。牧师们除了向人们施于专门的教育之外，还用其勇敢、正义和智慧影响人们，使社会变得更美好。

孔德对他所谓的实证社会中牧师的作用十分重视，对此问题他进行了极为认真的，但从今天的观点来看未免有些滑稽可笑的讨论，这里仅举一例便可清楚。孔德认为，经过计算，西欧需要 2 万名人道教牧师。不言而喻，这一庞大僧侣队伍的总头目就是孔德本人。为完成领导重任，他需要 7 名法国籍的主教协助工作。如果将全世界都改造成实证社会的话，所需要的牧师的数量将大大增加，需要帮助他工作的主教人数远不是 7 人，而是此数的 7 倍，49 人。其他大量缺额的牧师将由地方的牧师来补充。为了满足人们宗教活动的需要，教堂数量也需要大大增加。孔德认为教堂的数目与家庭的户数的比例应是 1∶10000 为宜。人道教的牧师们只获得象征性的工资，所谓象征性的工资，是指工资的数额很低，低到足以使那些为获取个人物质利益的小人不来争夺这一职位。

孔德认为牧师的职责有以下几个方面：第一，领导人们的学习和教育，评判每一个社会成员的能力，并通过他们的建议，安排适合每个人特点和能力的工作。孔德承认，这是一项十分艰难的任务，因为断定一个人的能力不是一件轻而易举的事情。孔德清醒地意识到，这项工作或许不会有所成就，但牧师们应该进行大致公正的评判，使人们处理好同自然、历史和他人的关系，加深人们代际联系的情感，提高各个阶级间互相合作的觉悟。第二，牧师们作为社会的仲裁者，应利用劝说的力量，使人们意识到自己的义务和责任，特别是在社会出现偏离常规时要及时告诫人们。第三，牧师们将是普及科学知识和指导社会的力量。简单地说，牧师们要成为理想的精神贵族，就像柏拉图幻想的“理想国”中的哲学家——国王那样，只不过孔德使用了新的术语而已。

四是，孔德讲社会舆论有重要的控制作用。孔德认为，过去最大的毛病是政教合一，人道教的最大贡献恰在于使政权和教权实现分离。僧侣可以利用自己的权利而不采用强制的法律，通过对实证学说的宣传来指导社会舆论。

孔德突出强调社会舆论在社会控制中的作用。他认为社会舆论是社会控制的有效手段和形成社会道德的重要保证。在孔德看来，没有很好组织的社会舆论，社会的改组或改良就没有希望。合理组织社会舆论需要有以下三个先决条件：“第一，确定社会行动的现有原则；第二，公众接受这些原则并同意在特殊情况下运用这些原则；第三，设立公认的机构，负责制定这类原则并付诸日常生活实践。”[①] 孔德提出要运用 1848 年革命高潮时期建立起来的工人俱乐部作为教育公众掌握社会行为规范的场所。孔德看到，作为自然形成和人类意愿直接表现的民意，常常是软弱无力，难以发挥作用；为了使民意（即社会舆论），发挥应有的作用，就必须有公认的和强有力的代表民意的机构。孔德认为，实证主义这时可以大显身手。因为孔德认为自己的学说里包含有公众行为的准则，人道教的牧师——实证主义哲学家们能正确表现民意，是不可取代的。为此需实现“哲学家和无产者的牢固联盟”[②]。当然，在孔德看来，社会舆论在未来社会中的作用将进一步加强，它作为社会调节的杠杆，将消除

---

① 转引自［南］H. 巴恩斯：《社会学　史导论》（第 1 卷），贝尔格莱德，1982 年版，第 112 页。

② 转引自［南］H. 巴恩斯：《社会学史导论》（第 1 卷），贝尔格莱德，1982 年版，第 120 页。

社会革命和可怕的社会冲突，代之以人们忠于职守、安分守己。很明显，在孔德设想的未来社会里一批宣传鼓动者将是需要的，他们的任务是以适当的方式指导社会舆论。不言而喻，这一重任落在实证主义社会学家身上。

五是，孔德关于社会的进步的见解。在社会进步问题上，孔德从他的社会发展三阶段理论出发，认为人们合理地合作可以加快社会进步的进程，但是为使社会改良得以顺利和有计划地进行，必须符合文明发展的一般规律而不能走得太快。这时科学的任务就是要收集过去的社会革命的有关资料，指导今天的实验活动。孔德意识到社会并不完全是消极地服从于社会进化的规律，人们通过合理的行动可以加速这一过程，但不能设想在一个早晨就能实现，如果这样想那是非常愚蠢的。由此可以看到，孔德认为社会进步有自发进步和由于人们采取合理行动而促成的进步两种形式。为了防止进步过程中出现的破坏，人们需要根据变化发展情况制定相应的措施，采取符合实际的政治行为。

关于孔德在社会学史中的地位和作用，前面已提到。总起来说，孔德的实证主义思想曾经影响不很大，这很可能同他与当时流行的各种思潮的对立有关。孔德既反对保守主义，因为他宣布赞成新的工业社会；又反对自由主义，因为他不为这个社会的某些弊端作辩护；同时他也反对社会主义，因为他在对资本主义进行尖锐批评时，并不赞成走资本主义以外的道路。这样一来，使许多追随孔德的实证主义者认为他与预见社会未来的思想进行对抗，违背科学家的使命，而纷纷离开了他。直到 20 世纪 60 年代以前，孔德的实证主义思想影响一直很弱。

关于孔德社会学思想体系，西方学术界对它的评价也不完全一致。有的认为，孔德的社会学思想体系，仅仅倡导社会学在社会科学中拥有的地位，但并无实际成就。也有的说，孔德在社会学上的贡献，在于提倡用科学的精神研究社会生活和人类智力进化的关系。还有人称孔德是“社会学洞察的开山祖”，“巨大的创造天才”。

不难看出，后人对孔德社会学有着各种不同的评价，但是无人否认他的实证主义思想对他以后各个历史时期的西方哲学和社会学界产生重大影响。他被作为西方社会学的先驱或创始人而受到重视。根据世界和平理事会的倡议，1957 年隆重地举行了纪念孔德逝世 100 周年的活动。

（二）穆勒

孔德把实证主义关于社会的概念表述为与经济学、政治学和史学有明显区别的独特领域；在孔德那里，社会是独立的科学研究对象。孔德以后的实证主义社会学的发展形成了两派：一派的观点是，社会科学的研究方法同自然科学的研究方法没有什么两样，它包括确定规律、利用实验和观察，以及消除社会分析中的主观成分等；认为社会是通过特定自然规律的作用而进化的有机体。另一派则越来越重视经验方法和统计资料对形成假设和求证方式的作用。两派都强调必须把诸如自由意志、意向等哲学概念从社会学中排除出去，使社会学成为一门客观的科学。在实证主义领域内十分重要的一位社会学家便是穆勒。

穆勒（1807—1873）对社会学最大的贡献是他的《逻辑体系》（1843）。穆勒声称他在为一门关于社会的科学，即根据“普遍规律”、实验和观察研究社会的科学打基础。他受孔德的影响很大，接受了孔德的阶段说，以及社会动力学和静力学的划分等等。他认为，孔德在要点上的主要结论是不能否认的。他同意孔德关于科学方法的看法，认为在研究方法上，自然科学同社会科学没有什么重大不同：凡科学都有赖于自身的预见能力。他把社会科学同气象学、潮汐学及天文学等自然科学加以比较。他的结论是，社会学完全能实现类似的预测，因而具有科学的地位。

穆勒充分意识到，社会科学所考察的领域是由人组成的，与孔德不同，他更相信心理学的重要意义，为此他提出个体生态学有资格作为研究人性规律的科学。他认为，一切社会现象都按照支配人性的冲动和动机的规律构成，社会学有社会学的经验规律（即经统计学的调查研究证实的规律）、心理学的规律（不是根据经验研究而是根据哲学反思得出的规律）以及联结社会学和心理学的个体生态学的规律（即支配人性的根本规律），这样一些组成部分。

（三）斯宾塞

赫伯特·斯宾塞（Herbert Spencer，1820—1903）是西方社会学史上早期社会学家、实证主义者、英国社会学的奠基人。斯宾塞青年时期当过铁路技术员，1841 年铁路工程完毕之后他卸任回到家乡，弃工从文。1848—1853 年，斯宾塞任英国最有威望的金融经济周刊《经济学家》的编辑。斯宾塞于 1850 年开始研究孔德的著作，1851 年发表了第一部社会学专著《社会静力学》，1852 年依据拉马克的进化理论撰写出版了《进化的假说》一书，较为系统地阐发了社会进化的思想。1858 年斯宾塞开始按照进化论学说构思他的统一各门科学的“综合哲学”。《综合哲学》于 1862—1896 年陆续出版，这个“综合哲学”体系中，包括《第一原理》《生物学原理》《心理学原理》《社会学原理》《伦理学原理》等部分。其中最主要的是《第一原理》和《社会学原理》，前者系统地阐述了他的哲学思想，后者阐述了他的社会学思想。1904 年斯宾塞发表了《自传》，此外，还发表了他的多卷本的《文集》和主要由他的几个秘书和其他作者写的多卷本的《描述社会学》。斯宾塞是一位多产的著作家，他的思想深得当时英国资产者的赏识，被视为学术界的“思想泰斗”“维多利亚英国的亚里士多德”。1903 年 12 月他在布荣顿去世，享年 83 岁。

斯宾塞的社会学思想主要包括社会有机体论与社会进化论：

1. 社会有机体论。

斯宾塞作为实证主义社会学的早期提出者之一，其思想体系与孔德的思想体系有着不同，却不能说他的思想体系与孔德的思想没有一定的联系。尤其是在社会有机体论方面，他提出了与孔德一样的思想观点，但是斯宾塞的社会有机体论比孔德的社会有机体论更为深入全面。这表现在斯宾塞认为整个世界是由以下几个部分或领域构成的：无机领域（物理学方面、化学方面），有机领域（生物学方面、心理学方面）和超机领域（社会学方面）。他认为，有机体和超机体都展示了“类似的有机原理”，这种类似能够通过首要的原理逻辑地推演出来。所以，他依据生物有机体（生物）来推演社会有机体，从而说明社会的性质。

斯宾塞在他的《社会学原理》第 2 卷的第二部分论证了“社会有机体”的论断。首先他指出，社会与有机体一样具有结构性、功能性和相互依赖性。在他看来，生物有机体的生长和增长的现象是一个不断生长、由简单到复杂的过程。当有机体的规模或体积增大时，其结构也会随之扩大，结构会变得比较复杂和有所差异。结构上的分化同时也伴随着功能上的分化，使其机体具有差异的各部分具有不同的功能，维持着有机体整个系统结构的“生命”。他说，社会有机体的进化过程也是这样的一种过程。如，在原始社会中，社会结构简单且单一，社会的同质性和综合性较高。在这样一个简单的尚没有分化的社会里，个人或一部分人既是猎手又是武士。随着历史的发展，社会结构日益变得复杂，由单一结构转化为多元结构，由同质性结构转化为异质性结构。伴随着社会结构分化，社会各部分的功能也呈现出了分化的现象，猎手和武士的角色已不再由同一个人或同一部分人担任，角色和功能出现了专门化的趋势，耕作者专门从事耕作，武士者专门从事军事，管理者专门从事管理。社会各部分执行着各种不同的功能。尽管社会有机体的各部分变得不同，并且有不同的功能，而结构愈复杂、功能愈分化，其各部分间的功能联系和相互依赖性的程度愈增强、增大，各种功能配合协调愈趋密切，形成了一个具有整体性的社会有机体。整体系统中的各因素，相互依存、相互凭借，推动机体的进化。斯宾塞还认为，复杂社会在结构上比简单社会更脆弱，同时，整体总要受到其组成部分的功能运作过程的影响与制约。因为在简单社会中，各部分的功能基本相同，功能可以替代；而在复杂社会中，功能丧失的部分不能由其他部分替代，功能不可替代。正因如此，在复杂社会中，社会结构的整合要求也越来越高，社会需要一个能够控制并协调各部分行动的"管理系统"，以调节各部分间的活动，保证社会整体活动的正常运行。

斯宾塞将社会有机体与一般的生物有机体进行比较，指出了其有特殊的不同。第一，在要素的联系程度或构造上，生物有机体是一个由单元（细胞）紧密结合而构成的统一的有形体；社会则是由一些基本单元（个人）分散而自由构成的统一的无形体。第二，在联系模式方面，生物系统作为依靠有生命力的物质而存在，要依靠物理和化学的作用维持其生长；而社会系统则特别要依赖符号而存在，即依靠情感、语言、文字、艺术和思想系统沟通进行正常的社会生活和社会活动。第三，在意识层次上，生物体中只有神经系统；而社会意识则是通过"管理系统"调节整合的。在斯宾塞看来，社会成员或社会各个部分既是可以自由活动的，又是彼此之间明确分工、密切合作的。通过合作达到均衡，发挥社会有机体的作用。他说，各种创造物，每一种都同样尽量在它们的部分之间显得为整体利益而合作。社会有机体也是这样。从这个意义上说，生物有机体的部分是为整体而存在，而社会有机体是整体存在于都分之中。只有合作，复杂的社会有机体才能走向一种多元性的和最复杂的、运动的均衡整体。斯宾塞通过以上的比较分析进一步指出，“社会有机体如同单个的有机体一样，机能的均衡引起了结构的均衡”，从而使社会得以生存、进化。生物机体中包含了营养、循环（分配）和调节（神经）这三个系统，它们各司其职；社会有机体也存在着三个系统，即营养（生产）、分配循环（商业、交通、银行）、调节（管理机构、统治机构和政府）等系统。相应于这三个系统，社会中的人就必然分化为三个不同的阶级，即担负营养（生产）机能的劳动阶级（工人和农民），担负分配机能的商人阶级，调节生产分配以至整个社会的工业资产阶级。这三个阶级各有职司、缺一不可，少了一个，整个社会有机体就失去均衡，社会就不能存在。因此，这三个阶级的同时存在是社会有机体的本性所决定的，是永恒的。所以，斯宾塞认为消灭资产阶级，社会有机体就会遭到破坏。

由社会学史，我们可以看到斯宾塞将社会学生物化的倾向，是19世纪下半期以来西方社会学中的一种流传很广的倾向，许多哲学和社会学流派如实证主义、新康德主义、马赫主义、社会达尔文主义、庸俗唯物主义等等，都宣扬这种思想观点。对于这样的思想观点，列宁曾指出，依靠生物学“是不能对社会现象作任何研究，不能对社会科学的方法作任何说明的”，“生物学的一般概念，如果被搬用于社会科学的领域，就变成了空话”。[①]

2. 社会进化论。

社会进化理论也是斯宾塞社会学思想的主要组成部分。他

① 列宁：《唯物主义与经验批判主义》，《列宁选集》（第2卷），人民出版社1995年版，第225页。

在1855年发表的《心理学原理》一书中指出，人类精神的进化是由外界刺激所引起的。他在1857年发表一篇题为《进步：它的规律和原因》的论文中又提出普遍进化论的法则："宇宙间一切都在进化"。上至天体的形成，下至物种、人种的起源，从无机界到有机界，从自然领域到人类社会，均受进化规律的支配。"进化"是恒久的、普通的。这其中的"力"决定了进化的普适性与持久性。他的这种普通进化论思想，后来在达尔文于1859年11月版的《物种起源》一书中获得了进一步的确认和科学的证明。达尔文的进化论思想对社会科学影响很大。斯宾塞的进化思想与达尔文的物种进化论有着十分密切的关系。

斯宾塞特别解释说："'进化'是物体的一种集成，这种集成又随运动而分散，在这个集成与分散的过程中，物体由不确定的、分散的同质状态进到确定的、凝聚的异质状态。"在斯宾塞的理论中，由其给"进化"所下的定义说明：宇宙中的事物原来是分散的，由于"力"的作用，性质相同的物体的粒子结合起来，这种结合是靠运动进行的；粒子结合起来了，成了确定的物体，它们的"力"便失去了。因此结合的过程就是运动的消失过程。由粒子结合成的物体由于有不同"结构"，于是便有了不同的质，因此进化也是由同质向异质转化。在斯宾塞看来，宇宙间的一切事物就是这样由简单到复杂、由不确定到确定、由同质到异质的变化过程。他认为普遍进化的法则不仅适用于自然界，也适用于社会领域。他举例说，人类社会在开始时，每一个个体既是作战者，又是耕地者；既烘烤面包，又制造工具。随后，军人、工匠、铁匠和面包师傅，便构成了不同的社会阶层。这就是从同质到异质的转化过程。人类社会通过个体的集成，经由运动的分散，凝聚为部族、城邦……人类社会的进化过程，从集成……到均衡，呈现出量的演化。斯宾塞就这样生硬地从物理学那里借用概念与方法，把人类社会的进步描述为：由于外力作用从同质性社会向异质性社会，持续的、没有倒退的和不间断的、直线的运行、转化的过程。这是他早期的思想。

斯宾塞后来在他成熟时期的著作《社会学原理》（1896）一书中指出，社会进化在总体上是前进的，但并不排除在具体的社会中可能会出现暂时的倒退现象，因而社会进化的过程并不是直线的（英国社会在19世纪末期出现的社会冲突与社会危机就说明这一点）。在他看来，人类社会的进化是必然的，出现暂时的倒退现象是客观存在的。这种倒退不是落后，而是与社会发展与社会环境相适应。因为，在社会进化的过程中，社会部分地受先前社会生活所决定，部分地受新的社会环境的影响和制约，进化的过程出现发散现象，即倒退现象。于是，地球上呈现出各种不同形态的社会。这些不同形态的社会，就像各种类型的个体有机体一样，是一些平面进化的分散和再分散的群体，是不同类型的社会。诸多学者指出，斯宾塞对人类社会进步这样一个复杂的社会现象，从庸俗的平面进化论的观点出发去加以解释，显得苍白无力。

斯宾塞在谈到人类进化的原动力时指出，“优胜劣汰，物竞天择”是自然和社会进化的动力。他认为，社会进化的过程，正如生物进化过程一样，生存竞争的原则是起着支配作用的。他还借用生物学的概念来解释人类社会中人与人之间、民族与民族之间、国与国之间的一切关系，认为他们之间必然进行着“生存竞争”。通过生存竞争，个人、种族、国家分裂为优劣等级。劣等的种族（或民族），由于他们不适应进化规律，只能受优等民族（或种族）统治与指挥，最终将在社会进化中被优等民族（或种族）所淘汰。而优等民族（或种族）是最适应进化规律的民族，即最符合于“适者生存”原则的优秀民族，因而他们是天然的统治者支配、控制着劣等民族的命运。斯宾塞宣称盎格鲁一撒克逊人天然就是优等民族，他们能成为全世界的天然统治者是必然的。在他看来，人类社会进化就是在有生命力的个人、民族与无生命力的个人、民族的竞争中得以实现的。所以，人类社会进化的必然结果就像生物进化的结果一样："优胜劣汰""优存劣亡"。斯宾塞由此阐发了"适者生存"的进化法则。

斯宾塞认为，"适者生存"的社会进化法则与社会环境有着密切的关系。化学元素在不同温度下有不同的活动，不同的物理因子促成动植物的不同变异。同样，地理、气候、食物以及与之相邻的社会状况也会影响社会的变化。历史、传统和社会习俗对社会的变化、变迁也起着复杂的制约与影响作用。在他看来，要解释社会进化这一复杂的社会现象还应当注意研究个体的动机或来自许多个体的集合的动机。个体或个体的知、情、意是社会现象的因子，同样对社会进化有着影响作用。为此，他提出：培养和加强个人的社会性，目的之一就是提高社会个体（或分子）的素质，通过调节个人同社会和社会环境的关系，在"同等自由法则"制约下，达到完全的社会均衡。在斯宾塞看来，这种关系的调节是通过个人的"适应"和最善于适应（"最适"）来实现的。这种实现是由个人的意识持续不断地调节生存的内部环境与外部环境的交互活动的、达到适应目的、产生进化的效应。

斯宾塞认为，人可延缓进化，但无法阻止进化。人应当随外部世界、随生存环境来调节、改变自己，去适应其生存环境。一个能适应其生存环境的个人或民族应为"善"，而"恶"是社会有机体及其构成单位不善于适应生存环境的结果。在斯宾塞看来，伦理上的恶，从偷盗、诈骗、剥削、迫害到国际掠夺等等，都是原始社会的"争夺贼杀"遗留下来的"野性"。因此，斯宾塞呼吁要激发个人或社会的道德感、共同感、利他感，适应进化的人类社会；人类社会的进化的历程，是一个不断适应的过程。人或社会将会通过进化而达到最高级的形式，即个人将在利他主义中而忘我，找到个人幸福，发展自己。从这个意义上说，加强和培养个人的社会性，是培养“最适应社会者”，以使整个民族适应其生存环境，使人类社会在“同等自由法则”的制约下向“善”，实现社会均衡，和谐进化发展。

赫伯特·斯宾塞（Herbert Spencer）作为西方社会学史上实证论社会学的创始人之一，其社会学思想主要包括社会有机论和社会进化论。斯宾塞特别从社会结构—功能变化的角度解释社会的进化，指出社会的进化首先来自社会结构的变化，即社会内部的组织由简单变为复杂。他认为社会是比生物有机体更高级的“超有机体”。斯宾塞的社会有机体论蕴含着明显的关于结构功能主义的思想。[①]

三、由趋向肯定欲望功利到关注论述“行”的社会理论

在中国思想史上，南宋时期，出现一个与程朱理学不同的永康学派。其针对朱熹等人“存天理、灭人欲”的思想，主张功利主义的欲望论。

（一）陈亮（1143—1194），是中国南宋时期永康学派的代表。陈亮在文学、历史、哲学及政论方面皆有成就。他重视功利，批评理学家空谈“道德性命之说”而导致“尽废天下之实”；他主张农商并重，认为“商藉农而立，农赖商而行”，二者是“求以相补，而非求以相隔”。

陈亮基于其功利论，与朱熹围绕天理与人欲的关系等问题展开论战。他认为社会历史的发展变迁过程足以证明讲求功利

① 参见侯钧生主编：《西方社会学理论教程》，南开大学出版社2010年版，第31～37页。

的意义和必要性。他认为，"道"存在于"欲"之中，追求利欲的满足是人们的天性。"天理"与"人欲"是并行不悖的，义理就在利欲之中。

陈亮的著述，主要集于《陈亮集》，旧称《龙川文集》，约撰于1161—1193年间，由其子辑成，叶适为之作序。据叶适说，全书共40卷。内容分为疏、策、论、表、书、启、诗、词、记、序等。其中的《酌古论》是陈亮十八九岁时的早年之作。它总结汉、唐以来重大军事活动的经验教训，作为抗金的借鉴，其中提出"善图彼此之势""料敌制胜"的命题，并论述了战争中"攻"与"守""正"与"奇""胜"与"败"的关系。《经书发题》是评论古代经典的论文，阐发"盈宇宙者，无非物"的观点。《陈亮集》中的《与朱晦庵秘书》是陈亮与朱熹论辩王霸义利、天理人欲问题的书信集，在其中他申述了历史进化观点，肯定功利为道德的准则。书中的《中兴五论》《上孝宗皇帝书》主要是政论。陈亮的著作，在中国思想史上有重要意义，主要版本有：明闽中刊本、明崇祯癸酉台州本、清同治八年应宝时本、清光绪湖北崇文书局本、中华书局1974年标点本等。

陈亮的学说被当时理学家视为"异说"。而后来受到明代李贽的称赞，其对明清之际的黄宗羲、全祖望等人有一定影响；他的学说，对明清之际出现的王夫之、颜元、戴震等人的社会思想产生了积极作用。

南宋永嘉学派的另一位重要代表，即叶适（1150—1223）。叶适字正则，温州永嘉（今属浙江）人。他生在南宋偏安年代，与永康的陈亮同是力主抗战的；晚年讲学于永嘉城外水心村，人称水心先生。其主要著作有《习学记言》《水心先生文集》及《别集》。1961年中华书局出版《叶适集》。

《宋史》卷434对叶适有传。另据叶适在《母杜氏墓志》中自述，其家境比较贫困，但“犹得保为士人之家”[①]，叶适 28 岁（宋孝宗淳熙五年，公元 1178 年）擢进士第二，历任平江节度推官、武昌军节度判官、太常博士、江淮制置使等职。

在学术思想上，叶适是浙江永嘉学派的集大成者。这个学派的起源，可上溯到从北宋时期周行已开始的“永嘉九先生”（指周行己、许景候、刘安节、刘安上、戴述、赵宵、张辉、沈躬行、蒋元中九人）。他们受二程思想影响很深，但同时均重视经世实用之学。后至薛季宣（1134—1173 年）、陈傅良（1134—1203 年）时则越发强调学问必须“经世”和“施之实用”，而被朱熹一派视为“功利之学”[②]。

叶适在论证人与社会的关系时，他曾设问：“且均是人也，而何以相使？均是好恶利欲也，而何以相治？智者岂不能自谋？勇者岂不能自卫？一人刑而天下何必畏？一人赏而天下何必慕？”[③] 叶适提出的问题是：同样是人，为什么这些人听那些人的统治和使役？为什么智者勇者不去自谋自卫？而共慕天下之赏，共畏天下之刑呢？在回答这个问题时，叶适用了“势”这个概念。他说：“天下之人所以奔走后先，维附联络而不敢自弃者，诚以势之所在也。故势者，天下之至神也。合则治，离则乱；张则盛，弛则衰；续则存，绝则亡。”[④] 他认为将各个人结合而成社会的“势”，若能“知其势而以一身为之，此治天下之大原也”。从这里可以看到叶适有关人与社会的关系之思想。即人必须成为社会的一员，而不是社会群体之外的单独意义之上的个人。人不能离开社会而索居，人总是与其他人发生着这样

① 《水心文集》卷二五。

② 《宋元学案》卷五二。

③ 《治势》《水心别集》卷一。

④ 《治势》《水心别集》卷一。

或那样的关系。因此，他认为每个人都不能"私其身"，"私其家"，"私其学"，而应以与群体、与社会保持统一性为己任。他说："人之身，众人之身也：一身之家，天下之家也；一士之学，万世共由之学也。不以其身丽众人之身，必自成其身，其身成而能合乎众人身矣，若夫私其身者非也。不以其家累天下之家，必自治其家，其家治而能合乎天下之家矣，若夫私其家者非也。不以其学诿万世共由之学，必自善其学，其学善而能合乎万世共由之学矣，若夫私其学者非也。"①

在叶适看来，人们"自成其身"的过程，是求得"合乎众人之身"的过程；"自治其家"的过程，是求得"合乎天下之家"的过程；而"自善其学"的过程，就是求得"合乎万世共由之学"的过程。其实这就是，人们作为社会成员要在融入社会过程中，继承人类历史文化遗产之精华的思想。在叶适那里，这一思想与前述叶适强调社会的功利思想是相吻合的。叶适的这一思想也是他之所以要将人性称为"降衷"，而把其他生物之性称为"降命"的缘故。这一思想成为其社会整合思想的理论基础之一。

总之，叶适作为永嘉学派的代表，他和陈亮同属于主张功利主义的社会思想家。叶适主张的功利思想主要表现在其解决现实社会问题的分析论述中。他对儒家传统的"正其谊不谋其利，明其道不计其功"的观点展开批判。但他所主张的是社会性功利，而非个人私功私利。这一思想是有进步意义的。

叶适分析了当时社会严重存在的，社会上层无远大抱负问题、财政困难问题、农民贫困破产问题。他所提出的方案首先从国家、社会的总体目标出发。他维护封建皇权。而他关心社

① 《题薛常州论语小学后》，《水心文集》卷二九。

会中下层的痛苦，反对社会分配不公与兼并，还要求尽可能地扩大民众的就业机会，坚持以“功”以“事”而受“食”的思想，反映了永嘉学派重视“功利”的特色。

叶适认为人有与动物不同的本性，人能“率性”，有自觉意识，而动物只有自然本能，但人性与生物性都是与生俱来的。为将两者区分开来，他提出了“降衷”和“降命”的区别。

叶适论证了人与社会的关系，认为人们“自成其身”的过程，是求得“合乎众人之身”的过程；是“自治其家”的过程，是求得“合乎天下之家”的过程；而“自善其学”的过程，是求得“合乎万世共由之学”的过程。

（二）邓牧（1247—1306），字牧心，别号九锁山人，又被人称为文行先生，浙江钱塘人，生于宋理宗淳祐七年，卒于元成宗大德十年。

邓牧自称“三教外人”，他的社会思想有既反对理学又不拘泥于佛或道的特点。他既深受传统儒家思想的影响，又深受道家思想的影响。

邓牧的社会思想中一方面充满了亡国遗民的悲观失望的情绪，另一方面又勇敢地对现实社会进行批判。而他所批判的主要对象是封建君主和官僚的行为。邓牧对君主的恶行及其造成的社会恶果的批判，几乎与鲍敬言之“无君论”殊途同归。

邓牧虽自称“三教外人”，但从其处世态度及对社会交往的论述中考察，人们认为其社会思想不出道家与儒家之外，而受老庄道家思想的影响甚大，同时从其处世与社交思想中，也可看出邓牧具有强烈的遁世和与人为善的思想。

在邓牧的论述中，可以看到，他虽是个主张“遁世”者，而其社会思想是有务实精神的。他崇尚道家精神，但其理想社会的构想不像庄子那样远离现实。邓牧构想出他所理想的完全不谋私利的尧舜之君，这是一心为社会、为民众办事的社会管理者；邓牧向往一个没有剥削豪夺、人各自食其力的社会经济环境，这是人人讲究道德，风行与人为善的人际关系，有和谐生活环境的社会。

（三）中国明代，思想领域出现一个重要学派，即泰州学派。何心隐（1517—1579），是泰州学派的重要人物。其原名梁汝元，字柱乾，号夫山，江西吉安府永丰县人。他早年放弃科举，从王艮弟子颜山农（颜钧）学习。他在家乡办"聚和堂"，进行社会改革的实验，"身理一族之政，冠婚丧祭赋役一切通其有无，行之有成"。他在族中开办学校，本姓和外姓子弟都可入学。他由于反对官吏征收杂税，被捕入狱，充军贵州，经友人帮助才出狱，后北上京师。他与张居正意见不合。他因参与弹劾严嵩的政治活动，不得不改换姓名，逃到南方，自此"踪迹不常，所游半天下"；后到湖北孝感讲学，因反对当权者毁书院、禁讲学，逐遭通缉，万历七年（1579）被捕，死于湖北武昌狱中。其著作只留下《爨桐集》4卷，最早有明天启五年（1625）张宿刻本；现存容肇祖整理的《何心隐集》，1960年由中华书局出版。

何心隐出于王学，主张人为天地之心。他说"而仁，则人心也。心则太极也"。他反对"无欲"，主张"寡欲"、与百姓同欲。他认为味、色、声、安逸即是欲，亦即是性。而性"乘乎其欲者也"。其理论根据即理在事中、理在物中。他说："物也，即理也，即事也。事也，理也，即物也。无物不有者矩也，不容不有者也。"矩即事物的规矩、法则，矩"非徒有是理，而实有是事也"，理和事、理和物是不能分开各自独立存在的。他在《原学原讲》中提出，学问之道，不离日用事物，"即事即学也，即事即讲也"，主张实事实学，反对空谈性命。何心隐对君主专制主义进行了抨击。他提出"无父无君非弑父弑君"的论点。五伦中，他最重朋友一伦。

关于何心隐的社会思想可归结以下几点：

1. 何心隐由其对人的属性的认识，形成了他关于社会规范的思想。他认为，人具有与禽兽相似的一面，也具有有“远于禽兽”的特征，这个特征就是人类的道德理论观念，所以有一系列社会规范。作为一个真正的人，就必须发扬和遵守社会规范。为了使人们更自觉地遵守社会规范，何心隐反复强调无规矩不成方圆。他强调规范重要性的见解，体现着重视功利性和操作性，这又体现了何心隐社会规范思想与理学家的区别。

2. 何心隐反对道学家们把人欲看成是罪恶的观点，主张人们对于“声色、臭味、安逸”等欲望应适当地予以满足。这形成对当时官方的道学思想的批判。何心隐将以往仅限于个人自然需求的欲望论概念加以充分扩大，成为“欲与百姓同欲”之“欲”，以及超过群体的平等生活之“欲”。何心隐的这一理论观点，是与其理想社会模式相一致的。

3. 在社会组织方面，何心隐抛开儒家及理学家们亲亲尊尊的格局，把朋友关系及师徒关系作为社会组织中最重要的一环。他认为平时被人们推重的兄弟关系、夫妻关系、父子关系、君臣关系往往是不正常的。只有朋友之交，才是“交之尽”，才合乎天地之交，社会关系的极致是“交之尽”。同时又认为“师”是“道之至”“学之至”，因而他也特别重视师生关系。其实，何心隐是要破除传统的身家意识，建立一种超乎身家之上的师友关系，并以这种社会关系为核心，构建起一种理想的社会组织。这种社会组织，即是何心隐所谓的“会”。

4. 何心隐对于这种“会”的描述不够明确，但可以看出，他讲的这种社会组织是一种超乎一般士农工商之阶层区分、超乎一般之身家之上的社会组织，其范围十分广泛，也有一定的组织机构。

5. 何心隐在其理想社会构想的基础之上，在家乡创办了

"聚和堂"，进行了他的理想社会的实验。这是何心隐由其主张的"聚和堂"社会组织体，以自己所主张的社会规范思想、欲望思想、社会交往与社会组织思想为理论基础，在力所能及的家族的范围内进行的小规模实验。这个"家族公社"式的实验是大胆的，被认为是有重要历史意义的。

（四）明代的李贽（1527—1602），他在关于社会的思想理论方面提出了许多新见解。

李贽，号卓吾，又号宏甫，别号温陵居士，福建泉州晋江人，原姓林，名载贽，嘉靖三十一年（1552）中举后，改姓李，1566年为避穆宗载垕讳，取名贽。他祖籍河南，世代为巨商，其自祖辈起，家势渐衰。他信奉伊斯兰教。

李贽幼年时随其父林白斋读书，后为谋生而辍学，26岁以时论中举。嘉靖三十五年任河南共城（今河南辉县）教谕，三十九年任南京国子监博士，四十三年复任北京国子监博士，四十五年补礼部司务，隆庆四年（1570）任南京刑部员外郎，万历五年（1577）任云南姚安知府，任满致仕，专志著述。

李贽晚年生活无定，曾在朋友耿定理、耿定向家教书。耿定理死，因与耿定向不合，移居麻城芝佛院编写《初潭集》。从万历二十四年起流转山西沁水、大同等地，后居北京西山极乐寺。万历三十年以"敢倡乱道，惑世诬民"罪名在通州遭逮捕，并死于狱中。

李贽的主要著作是《藏书》《续藏书》《焚书》与《续焚书》等。

李贽对孔子儒家思想及宋、明理学思想加以抨击。他将儒家奉为经典的《六经》《论语》《孟子》从神圣的地位上拉下来，并对道学家极为鄙视，认为这是误国误民的罪魁。研究者认为，由此可以看到李贽对于当时社会的"异端"精神，可以看到程朱理学控制中国思想学术带来的弊害，也可以看到资本主义在中国萌芽之后，早期市民阶层的初步觉醒。

李贽社会思想的出发点，是“百姓日用之迩言”。所以，他的社会理想明显区别于“大同”“小康”或“小国寡民”等思想格局。李贽讲的理想社会，是一个尊重人们的个性，使人们各按其性情，实行自由、自治而无“条教禁约”的理想社会。李贽的理想社会构想体现了早期市民阶层要求打破旧社会的模式，使个性和个人能力得以充分发挥的愿望。这种理想社会的构想显然是一种乌托邦式的空想。

李贽基于对儒家传统及道学家的批判和关于理想社会的构想，面对他当时社会的人际关系和社会交往问题，强调“圣”与“众”平等。李贽认为穿衣吃饭是人们最基本的欲望，是“人伦物理”，私欲出自天然，追求私欲满足是自然之理。他说，“人必有私”“虽圣人不能无势力之心”，认为人努力种田，是为了“私有秋之获”；努力读书，是为了“私进取之获”等等。他还讲到“天下尽市道之交”这样的命题。他强调满足人们的欲望是社会安定的前提。同时，他也指出“多欲”的危害性和知足的必要性。李贽的思想，被当时统治阶级视为洪水猛兽，称之为“异端之尤”，“非圣无法”。

（五）中国明清之际的思想家、哲学家黄宗羲（1610—1695），字太冲，号南雷，学者称梨洲先生。他是浙江余姚黄竹浦人，生于明万历三十八年，卒于清康熙三十四年。其父黄尊素，明天启间官至御史，因与魏忠贤阉党斗争，于天启四年被捕，死于诏狱。时黄宗羲17岁。崇祯元年，阉党遭禁，黄宗羲赴京讼冤，以铁椎伤仇人宦官许显纯。崇祯十一年（1638）阉党余孽阮大铖在南京图谋再起，黄宗羲与复社领袖顾杲为首签署《南都防乱揭》，揭露阮大铖等人的罪恶。清兵入关后，阮等在南京拥福王监国，对复社进行镇压，黄宗羲被捕下狱。清兵攻陷南京，黄宗羲得以逃回家乡。时明吏部给事中熊汝霖等举兵抗清，黄宗羲集合黄竹浦子弟数百人响应，号“黄氏世忠营”。抗清失败后，隐居家乡，著述终生。

黄宗羲学识渊博，对天文、算学、地理等等均有研究，尤长于史学，创浙东史学派，开清代史学研究新风。他一生著作70余种，1000余卷，重要的有:《明夷待访录》《易学象数论》《明儒学案》《宋元学案》《南雷文定》《南雷文案》《南雷文约》等。

黄宗羲反对程朱理学把理作为独立存在的实体，说:“世儒分理气为二，而求‘理于气之先’遂坠入佛氏障中。”他认为理只是气运行变化的条理，只存在于气中。在心物关系上，则倾向于王守仁心学。他说:“人受天之气以生，只有一心而已”，“在天为气者，在人为心，在天为理者，在人为性”。

在社会思想方面，黄宗羲对中国思想史的最大贡献也是他思想的最精彩之处，是他对封建君主专制进行的批判，以及在批判中表现出来的近代民主思想的萌芽。他在《明夷待访录·原君》中指出:“为天下之大害者，君而已矣。”他认为，上古时代，天下人民是主，君是客。而今，“以君为主，天下为客”。君主“以我之大私”，可以“荼毒天下之肝脑，离散天下之子女”。他认为如此不如无君。黄宗羲在《原臣》中明确说:“天下之治乱，不在一姓之兴亡，而在万民之爱乐。”认为君主应该以“天下万民为事”。他严厉批判君把臣作为奴仆的隶属关系，认为君和臣对天下万民的事，要共同负责。他反对君把臣作为奴仆，也反对臣对君尽愚忠。黄宗羲在《原法》中区别了“天下之法”与“一家之法”;后者只是为君主“一己而立”;他呼吁废除“一家之法”，恢复“天下之法”。

黄宗羲认为“天子之所是，未必是，天子之所非，未必非，天子亦遂不敢自为是非，而公其是非于学校”。黄宗羲所设想的学校，有议政的职能和监督的作用，服从舆论，决定是非。

黄宗羲明确提出“工商皆本”的主张：“世儒不察，以工商为末，妄议抑之。夫工，固圣王之欲来，商，又使其愿出于途者，盖皆本也。”

黄宗羲的思想，是明代中叶以后出现的近代民主思想萌芽的代表。他的《明夷待访录》一书，清廷曾列为禁书，清末改良主义者曾将它印出散布。

对黄宗羲的社会思想，可作以下概括：

1. 在黄宗羲构想的理想社会里，君主一心为民兴利而不享其利；群臣工作是为天下为万民，而不是为君主为一姓；社会的法令规范是为社会兴利除害使万民收益而设定；学校不仅是养士的机关，而且是议朝政的机关；实行井田制，土地平均分配。

2. 黄宗羲主张“心与性一”。黄宗羲主张性善论。研究者认为，黄宗羲在此问题上没有充分体现出他的社会批判精神，而有与理学家们殊途同归之嫌。在人的欲望问题上，他又表现出与理学家的明显差别。他认为，使民众都可得其自私自利是天经地义的“大公”。

3. 黄宗羲认为，在当时社会的社会控制中形成了诸多“非法之法”。他所谓“法”泛指社会控制的所有措施及契约。他强调了社会控制的措施与契约的重要性，这带有否定人治的趋向。

（六）中国明清之际的顾炎武（1613—1682）是位经学家、思想家，字宁人，学者称亭林先生，吴郡昆山（今江苏昆山市）人；生于明万历四十一年，卒于清康熙二十一年；12 岁入乡学，19 岁加入“复社”，遂放弃科举而专务经世致用之学。清兵入关后他曾参加苏州、昆山两次武装抗清斗争。抗清失败，怀着国破家亡之痛，奔走于大江南北，长期居齐、燕，游历西北。在长期游居生活中，他结识了许多有识之士，考察了祖国的许多名山大川。他晚年定居于陕西华阴，终老于山西曲沃。

顾炎武著述很多，主要有《日知录》《日知录之余》《左传社解补正》《九经误字》《石经考》《求古录》《天下郡国利病书》《五经同异》以及《亭林文集》《亭林诗集》《明季实录》等。《日知录》是他的代表作。

顾炎武的学术思想虽本于宋儒，但对程朱理学和陆王心学却攻击甚烈。他说："古今安得别有所谓理学者？经学即理学也。自有舍经学以言理学者，而后邪说以起。""今之所谓理学，禅学也。"他视明心见性等学说为空言、清谈，指责说："刘、石乱华本于清谈之流祸，人人皆知，孰知今日之清谈有甚于前代者。昔之清谈谈老庄，今之清谈谈孔孟，未得其精而遗其粗，未究其本而先辞其末，不学六经之文，不考百王之典，不综当代之务……以明心见性之空言，代修己治人之实学。"其结果是"股肱惰而万事荒，爪牙亡而四国乱。神州荡震，而宗社丘墟。"顾炎武强调，"博学于文"，"行己有耻"。这里的"文"指自身以至于天下国家大事，"耻"指操守气节。他说："士而不先言耻，则为无本之人；非好古而多闻，则为空虚之学。"

顾炎武是一位学识渊博的思想家，他的学术思想开清代朴学之风。他的经学之才由于受历史条件的限制难以实现。他的考据、音韵之学则影响着乾嘉以来的考据家和史学家。

顾炎武在人欲问题上，与黄宗羲一样，强调其合理性。又认为人欲是造成贪邪之"污俗"的重要根源，为此，顾炎武提出"合天下之私以成天下之公"。

顾炎武认为，社会规范的失调是造成社会混乱的妖孽，而他心中理想的社会规范不外乎儒家所说的社会规范。所不同的是顾炎武不像理学家那样侈谈心性仁义，而是侧重于具体的社会伦理规范，如孝悌、廉耻等。他通过对法令日繁之弊害的考察，强调应从正人心、厚风俗、倡廉耻、行孝悌等途径达到社会秩序的和谐。与黄宗羲相比，顾炎武更强调人的个性。

顾炎武崇尚务实精神，治学提倡经世致用，他以拯救社会为已任，强调解决社会问题要对症下药，而且要有力度。从他的考察和他所提出的解决方案中，可以看出他不尚空谈，崇尚实学，讲求经世致用。

（七）王夫之（1619—1692），中国明末清初哲学家，字而农，号薑斋，中年别号卖薑翁、壶子、一壶道人等，湖南衡阳人。他晚年隐居湘西蒸左的石船山，自署船山老农、船山遗老、船山病叟等，学者称之为船山先生。

王夫之学识渊博，举凡经学、小学、子学、史学、文学、政法、伦理等各门学术，造诣无不精深，天文、历数、医理、兵法乃至卜筮、星象，亦旁涉兼通，且留心当时传入的“西学”。他的著述现存世的有 73 种，401 卷，散佚的约有 20 种。主要哲学著作有：《周易外传》《周易内转》《尚书引义》《张子正蒙注》《读四书大全说》《诗广传》《思问录》《老子衍》《庄子通》《相宗络索》《黄书》《噩梦》《续春秋左氏传博议》《春秋世论》《读通鉴论》《宋论》等。

王夫之提出“太虚本动天地日新”的思想。王夫之综合以往丰富的认识成果，并对自己所面对的复杂的社会情况进行概括，提出见解。

王夫之的哲学，与宋明以来流行的主静说相对立而坚持主动说，发展张载的气化论，强调“氤氲生化”“天地之化日新”。他认为任何生命体都经历着胚胎、流荡、灌注、衰减、散灭诸阶段，前三者是生长过程，后二者是衰亡过程，而就在“衰减”“散灭”过程中已经孕育“推故而别致其新”的契机，旧事物的死亡准备了新事物诞生的条件，“由致新而言之，则死亦生之大造矣”。

王夫之在探讨社会变迁、社会进化时，提出了“后胜于古”和“理势合一”的社会进化论。认为人类社会发展是一个由未开化到开化，从野蛮到文明的变迁、进化过程，并认识到社会进化有其必然趋势。

王夫之反对在历史运动之外谈论"天命""神道""道统"，主张从历史本身去探索其固有的规律，"只在势之必然处见理"。他说的"势"，是历史发展的必然趋势和现实过程，"理"，是体现于历史现实过程中的规律性。他肯定理、势相成，理、势不可分，理有顺逆之别，势有可否之分。人们的历史实践有各种复杂情况，形成复杂的历史事件，应当"推其所以然之由，辨别不尽然之实"，从"理成势"和"势成理"等多方面去探讨。

王夫之沿用中国传统范畴，把"天"看作决定力量，用"理势合一"来规定"天"的内涵。他讲到，"天视听自我民视听"，把"天"直接归结为"人之所同然者"，"民心之大同者"。他肯定民之"视听""聪明""好恶""德怨""莫不有理"，强调"畏民""重民"而提出"即民以见天""举天而属之民"。王夫之由"理势相成、即民见天"，驳斥"泥古薄今"的观点；由"理依与气""道器相须"，确立"理势相成"的原理。

王夫之强调理欲统一。他提出"性者生理也"，认为仁义等离不开"饮食起居，见闻言动"，"合两而互为体"。在他看来，"习与性成""日生日成"，要在"习行"中学、知、行。

王夫之探讨了"天理"与"人欲"的关系，他反对程朱"存理去欲"的观点，提出了天理寓于人欲之中的主张和人皆有欲的命题，认为"人欲之各得，即天理之大同"；并认为人欲在人们的社会生活中具有积极作用。他根据对理欲关系问题的认识，提出了实行"均平"以解决"偏欲"的方案。

王夫之认为人的生活欲求是"人之大共"，"有欲斯有理"。他强调"以理导欲""以义制利"，认为这样，社会才能"秩以其分""协以其安"。从上述观点出发，王夫之主张生和义的统一，强调志节的意义，认为人既要"珍生"，又要"贵义"。他指出：志节是人区别于动物的标志，一个人应当懂得生死成败相因相转的道理，抱定“以身任天下”的高尚目标，矢志不渝地为之奋斗。

王夫之强调学习“理”而“成人”的过程；要在这一过程中纠正禀赋中的褊蔽成分；要达到“成人”，既要靠个人的努力，又要靠师长的教导；个人努力，要立志、“有恒”、脚踏实地，循序渐进；教导人的师长要先修己后育人。他强调身教重于言教，“欲明人者先自明”和因材施教。

（八）唐甄（1630—1704）是中国清初思想家。初名大陶，安铸万，号圃亭。四川达州（今达县）人。从小随父居住吴江。顺治十四年（1657）举人。曾做过10个月的山西长子县知县，任职期间，“导民树桑”，颇有成绩。去官后，“僦居吴市”，著书不辍，终了一生。唐甄的主要著作是《潜书》。

唐甄反对把儒家经典神圣化，视《诗》与《春秋》为“家人之言，闾巷之语”。他是清初经世致用之学的积极的倡导者，他认为儒学不应只讲心性，不谈事功。他在《辩儒》一文中说：“儒之为贵者，能定乱除暴，安百姓也。若儒者不言功……何以异于匹夫匹妇乎？”唐甄“宗阳明良知之学”。他认为“天地万物在我性中”，主张充分发挥性的作用，去建立事功。他还提出“道贵通，通由于明。道贵变，变由于通”。

唐甄在社会政治理想方面，对君主帝王进行猛烈抨击。他说：“自秦以来，凡为帝王者皆贼也！”他反对把帝王神化，认为“天子之尊，非天神也，皆人也”。他把所谓愚忠愚孝看作是一种“祟”，提倡“破祟”；要废除这种精神枷锁。

唐甄没有沿用理与欲的关系这一分析方式，而是直截了当地承认了人之欲望的合理性与天然性，进而认为一些人提倡所谓“轻富贵、安贫贱”其实是自欺欺人的。但是他也认为人们的欲望不能无控制地膨胀。在他提出的控制方案中，没有强调社会规范的作用，而是强调了为养生、为自尊而对富贵"视之若浮云"，这既区别于程朱理学，也区别于陆王心学。

唐甄认为人生来虽有"遇"的不同，但没有高低贵贱之分。基于这种实质上是天赋平等思想，他进而提出了男女平等的观点。

唐甄在社会经济生活方面主张富民，认为"财者，国之宝也，民之命也；宝不可窃，命不可攘"。他由其主张的"富民论"认为，人们富庶是立国的基础，富民是人们遵行礼仪等社会规范的前提，能否富民是衡量政治得失的尺度；富民的方案是养民，治国的基础是"举贤"，举贤的标准是"论功"；论功的标准是"养民"，养民的标准是"足食"。他主张，不扰民，创造养民的社会环境，以实现富民的目标。

唐甄对君主进行了激烈批判。他基于"天地之道故平"的平等思想，构想出其理想社会模式。唐甄的理想社会是一个"上下同欲，民心大悦"的社会。从黄宗羲、顾炎武、王夫之到唐甄的社会思想中，可以看到明显不同于程朱理学的新思想的发轫。

（九）龚自珍（1792—1841），中国近代思想家，字璱人，号定盦，一名易简，字伯定，又名巩祚。他在乾隆五十七年七月初五（1792.8.22）生于浙江仁和（今杭州）。他出身于官宦世家，自幼从外祖父段玉裁学习文字学和汉学。由于受社会危机的刺激，他在青年时期即"贯串百家，究心经世之务"。后受清代经学家刘逢禄（1776—1829）等人影响，研究《公羊》"微言大义之学"。此外，他还从江铁君等人学佛，信奉天台宗。他26岁中举，后来屡次落第，到37岁才考中进士。在官场中他曾任内阁中书、宗人府主事、礼部主事等职，都是"冷署闲曹"。道光十九年（1839）辞官回原籍。道光二十一年八月十二（1841.9.26）卒于丹阳云阳书院。

清朝封建统治到嘉、道年间，已陷入严重危机。对此，龚自珍指出，这时的社会，表面上像是太平“盛世”，实际上是处于大乱将至的“衰世”，整个社会呈现出一幅“日之将夕，悲风骤至”的景象。他写诗说：“九州生气恃风雷，万马齐喑究可哀；我劝天公重抖擞，不拘一格降人才。”希望打破这个死气沉沉的局面。为了挽救当时的社会危机，龚自珍劝告统治者主动进行改革，说“一祖之法无不弊，千夫之议无不靡，与其赠来者以勍改革，孰若自改革”。他建议在经济上按宗法关系分配田土，解决土地过分集中的问题，以缓和阶级矛盾；政治上改革一些弊政，以利于发挥官吏的积极性。龚自珍还曾积极支持林则徐反对外国殖民主义者的鸦片侵略。

龚自珍的著作辑成专集的，有自刻本《定盦文集》，吴刻本《定盦文集》《续集》《补》，朱刻本《定盦文集补编》，风雨楼本《定盦别集》，娟镜楼本《定盦遗著》，国学扶轮社本《定盦文集》《续集》《补编》《补》《拾遗》。1975 年上海人民出版社的《龚自珍全集》辑录文稿比较全。

龚自珍被学界认作中国近代的早期社会思想家，其社会思想体系丰富，主要包括社会变迁论、社会批判论、理想社会论等内容。

龚自珍注重《周易》的穷变通久论和《公羊》“三世”的变易观，认为社会历史是循着据“乱世—升平世—太平世”或“治世—衰世—乱世”的轨道不断地变化的。他把社会历史的变化只看作是“渐”变过程，而且是“初异种，中异终，终不异初”的单纯循环。其积极之处在于，他继承了中国传统的变易思想，认为“天道十年而小变，百年而大变”，论证了社会变迁发生的必然性，为其社会改革论奠定了基础。

龚自珍在其社会批判思想中，非常关注贫富两极分化问题，认为贫富不齐是王朝兴衰的决定性因素，幻想建立三代式的平等社会。作为拯救社会危机的救时对策，龚自珍提出了"农宗论"，试图借助传统的宗法制度来解决中国社会严重的贫富分化问题。

（十）中国近代思想家魏源（1794—1857），原名远达，字默深，湖南邵阳人。他早年潜心王阳明的心学，后从清代经学家刘逢禄（1776—1829）学《公羊春秋》，注重经世致用之学，与龚自珍齐名；曾代江苏布政使贺长龄编辑《皇朝经世文编》；清道光二十四年（1844）进士，曾任江苏东台、兴化知县，高邮知州等。他积极参加过反抗英国侵略军的斗争，提出"师夷长技以制夷"口号；后又参与攻打太平天国农民起义军；晚年，先居兴化整理著述，继居杭州"寄僧舍"，潜心佛学。

魏源著述较多，有《古微堂集》《古微堂诗集》《元史新编》《老子本义》《孙子集注》《书古微》《诗古微》《圣武记》《海国图志》等。1976年中华书局出版新编《魏源集》。《古微堂集》中的《默觚》是他的哲学代表作。

魏源被认为是近代初期最有影响的地主阶级改革派思想家，其社会思想主要体现为社会变迁论、社会改革论、中西文化关系等方面。

魏源作为清代实学思潮中的代表人物，提出了"变古愈尽，便民愈甚"的社会改革原则，主张进行全面的社会改革，以挽救危机局面。这对此后洋务思想的勃兴影响很大。

（十一）洪秀全（1814—1864）、洪仁玕（1822—1864）作为中国清代太平天国农民起义的领导人，在其领导太平天国运动过程中，提出了一系列社会主张，确立了其在中国社会学思想史上的一席之地。

洪秀全系太平天国领袖，原名仁坤，生于广东花县，16岁时因家贫辍学，受聘任本村塾师。他曾多次应考，均落第。现实社会问题对洪秀全的冲击很大。他对清朝的腐败统治强烈的不满。基督教传道书《劝世良言》使他得到启发，于清道光二十三年（1843）在花县创立拜上帝会，宣传、发动和组织农民起义。清道光三十年十二月（1851.1）洪秀全在广西桂平金田村发动武装起义，后建号太平天国，他被推为天王。清咸丰三年（1853）太平军占领南京，遂定都为天京。之后，颁布《天朝田亩制度》。由于太平天国领导集团发生内讧，起义力量遭到严重削弱。太平天国后期，洪秀全起用洪仁玕总理朝纲，并审阅了他的《资政新篇》，旨准颁行。1864 年，天京被敌包围。同年 6 月，洪秀全病逝。不久，天京陷落，太平天国失败。

洪秀全写有不少诗文和诏旨，其中，《原道救世歌》《原道醒世训》《原道觉世训》为太平天国奠定了理论基础。

洪秀全社会思想的主要观点体现于他的社会批判和理想社会论之中。

洪秀全从基督教平等思想和儒家大同思想出发，在对旧世界进行武器批判的同时，也对现实社会的腐败黑暗实施了激进的思想批判。洪秀全还提出了“有田同耕，有饭同食，有衣同穿，有钱同使”的理想社会论。洪秀全主张在地上建立“天国”。他说，天上有天国，地下有天国，要把“天国造在人间”。他认为“天国”就是“公平正直之世”，就是“天下为公”的大同世界。在这个“天国”里，人人平等，都是兄弟姐妹，分配与消费实行绝对平均。由此他提出《天朝田亩制度》，试图在小农经济基础上建立一个没有压迫和剥削的理想社会。

洪仁玕是太平天国后期领导人之一，其原名谦益，号吉甫，是洪秀全的族弟。他 8 岁时曾入塾师事洪秀全。后习经史。屡试不第。清道光二十三年（1843）洪秀全创立上帝会，他即接受洗礼。道光二十七年和洪秀全一道赴广州向美国教士罗孝全学习《圣经》，不久回乡研究医术。金田起义后，洪仁玕两次秘密赴桂，都因清政府严查兜截，未能投入太平军。咸丰二年

（1852）他辗转到香港，前后居住香港4年多，学到一些天文、历数、地理、医学等知识，并留意研究西方资本主义政治经济制度，这对他思想体系的形成起了很重要的作用。清咸丰八年离港北上，次年初抵达天京（今南京）。天王封他为干王，兼精忠军师，总理朝纲。洪仁玕总理朝纲约5年，在军事、内政、外交等各方面均有建树。清同治三年（1864）天京被攻陷，洪仁玕到湖州，受命仍任军师，不久在行军中遇敌夜袭被俘。后在《自述》中他写道："今予亦祇法文丞相"，"我鞠躬尽瘁，只求速死"。同年11月洪仁玕就义于南昌。

洪仁玕的著作，主要是《资政新篇》，还有《立法制喧谕》《兵要四则》《京敌诱惑论》《颁新政谕》《英杰归真》等。

洪仁玕根据太平天国革命后期的"时势"，提出发展工、矿、运输等社会生产事业，主张加强法治。

（十二）郑观应（1842—1922）是中国近代早期资产阶级改良派思想家。其本名官应，字正翔，号陶斋，别号杞忧生、侍鹤山人。郑观应系广东香山（今广东中山）人，生于清道光二十二年，17岁参加科举考试落第，遵父命到上海学商。他曾在上海英文夜校跟傅兰雅学习英文，潜心研究泰西政治，实业之学。他先后在宝顺洋行、太古轮船公司当过买办、又投资近代工、矿、运输业，并担任过轮船招商局总办等职务。清光绪五年（1879）捐款赈灾，得道员衔。中法战争期间，积极参加了抗法斗争。后来曾参与立宪运动。他反对民主共和制，晚年思想沉湎于宗教信仰中。其著作很多，主要代表作是《盛世危机》。

郑观应的基本思想在于谋求国家的独立富强。他积极主张，向西方学习，办实业，兴商务，发展民族资本主义；设立议院，实行军民共主；创办学校，培养人才。其基本理论依据是"道器论"。郑观应的"道器论"有两个要点：其一，主张道器结合。他说，器由道生，道为实，器为虚；又认为，在现实世界中，道与器是结合在一起的，“虚中有实，实中有虚”。他指出，西人虽不知大道之本，然而他们的形器之学确实不可缺少的。其二，讲“器可变，道不可变”。他以为，包括国家政治经济制度在内的世界一切具体事物，都是器，是可变的；关于纲常名教的道，是不可变的。

郑观应被认为是早期维新思想的集大成者，其社会思想要求体现在社会改革论和社会福利论两个方面。郑观应在中国近代史上第一个提出设立议院的主张。郑观应认为，西方慈善机构的建立，对于西方社会的稳定和发展起到了重要的作用，他主张学习移植。此外，他还提出了一些颇有新意的救荒思想。

（十三）康有为（1858—1927）是中国清代末期维新派的主要代表、戊戌变法的领袖，中国近代资产阶级的重要政治家、思想家，其原名祖诒，字广夏，号长素，又号更生。清咸丰八年二月初五（1858.3.19）生于广东南海县，1927年3月31日卒于青岛。

康有为生于封建官僚地主家庭，接受封建教育，后深受朱次琦“济人经世”思想的影响，深入研究儒佛经典、诸子著作，大量阅读西方译著，潜心于“经纬世宙”的学问。对康有为思想影响较大的，既有中国《易传》的变易论、今文经学的三世说、《礼记》的“小康”“大同”思想、陆王心学和佛学、明清之际经世致用思想等，又有从西方传入的自然科学知识和有关西方资本主义国家的社会历史知识。他融合所学中西学问，于光绪十年（1884）开始构造自己的“以元为体”的哲学，并撰写了《人类公理》（后改题为《大同书》）和《内外篇》。

康有为于光绪十四年第一次向光绪皇帝上书提出变法维新的主张。他从光绪十五年起，先后在广州长兴里、卫边街邝氏祠等处讲学，宣传他的变法理论，光绪十七年和光绪二十四年先后出版《新学伪经考》和《孔子改制考》，宣传托古改制思想。《新学伪经考》把封建统治者所崇奉的"古文"经典一概宣布为"伪经"，说"统二十朝王者礼乐制度之崇严，咸奉伪经为圣法"。《孔子改制考》把孔子说成托古改制的先哲，为他主张的维新变法造舆论。光绪二十年发生中日甲午战争。第二年中国惨败，清政府与日本签订丧权辱国的马关条约，全国震动。康有为在北京发动公车上书，提出"拒和、迁都、变法"3项主张。这年康有为中了进士，授予工部主事。从公车上书起至光绪二十四年戊戌变法期间，他领导了爱国维新运动。这期间，他先后给光绪皇帝上书6次。戊戌变法失败后他流亡海外，到过日本、加拿大、欧洲、印度等地。他顽固地坚持改良路线，拒绝与孙中山等人合作。光绪二十五年六月十三日在加拿大组织保皇会。孙中山领导举行辛亥革命以后，康有为鼓吹虚君共和，反对资产阶级民主共和制。1913年回国后，极力提倡尊孔读经。尊孔派组织教会，推他为孔教会总会长。1917年参与张勋复辟。

康有为著作很多，《新学伪经考》《孔子改制考》《大同书》是他的代表作。

康有为采用《公羊》"三世"的形式，注入近代的进化论思想，提出一种三世说历史进化论。他说，"天道，后起者胜于先起也；人道，后人逸于前人也"。他将社会进化分为"据乱世""升平世""太平世"三个阶段，强调人类社会历史是不断向前进化发展的，从蒙昧进化到文明，由君主专制的"据乱世"进到君主立宪的"升平世"，而后再到民主的"太平世"，是历史的进化。根据这种进化历史观，他提出了他的社会变迁思想，认为当时中国的封建君主专制制度已不合时宜，应当被资产阶级君主立宪制所代替。并且指出"世运既变，治道斯移"。

康有为根据"三世"说历史进化论，把《礼记·礼运》中的“小康”“大同”，佛家的慈悲，西方资产阶级的民主、自由、平等、博爱思想糅合在一起，创立了空想的“大同”社会学说。康有为认为，人类社会的进化发展，必将到达理想的“大同”世界。到了“大同”社会，国家、民族、阶级（等级）、君主、贵族都不存在了；“大同”社会财产公有，人人劳动，生产高度发展，人们过着十分美好的生活。康有为认为，“大同”社会从根本上说，彻底实现了天赋人权，实现了民主、自由、平等、博爱。

康有为主张，“免苦求乐”是人的共同本性，是支配人的行为、推动社会进化的动力，道德准则不过是“皆以为人谋免苦求乐之具而已矣”。在他看来，宋明理学宣扬的“存理灭欲”是“绝欲反人”的理论。他指出，自由、平等、博爱是“天予人之权”，“人道所以合群，所以能太平者，以基本有爱质而扩充之”。“有私以害性”。只有靠博爱，只有在“大同”社会里，才能去除各种界限，使自由、平等真正得以实现。

另外，在社会改革论方面，康有为批判了洋务派只“变事”，不“变制”的局限性，主张社会改革要在多个层面同时进行。在社会福利思想方面，康有为提供出了“恤穷论”，主张通过移民垦荒、劝工警惰、恤鳏寡孤独等措施，扶贫济弱，固结民心。在《大同书》中，他从“仁道论”出发，批判现实社会的黑暗，构建了“公养”“公教”“公恤”的大同社会；书中除了涉及社会发展、民主制度、国家，还涉及家庭和妇女等社会问题。

比康有为年龄稍大的严复（1823—1921），可认为是中国社会学的先驱者。他首先引进了社会进化论，并根据中国社会和思想界的情况，特别强调三点：宇宙是发展进化的，社会也是发展进化的；在人类社会发展过程中，优胜劣败，适者生存，其中存在着激烈的斗争；民主和自由是社会变法的主要内容。

严复还翻译了大量社会学名著，其中最著名的是夹叙夹议地翻译了斯宾塞的《社会学原理》，中译名《群学肄言》（1903）。严复不但介绍了社会学理论，而且介绍了西方近代科学的方法。他指出，西方资本主义国家取得富强的关键是科学的发达，而科学的发达是由于经验主义的科学方法论起了重要的作用。他认为西方文明和科学技术的发达在于运用了归纳法和演绎法。严复所介绍的这些方法，成为中国早期社会学所采用的主要方法。

与康有为并称康梁的梁启超（1873—1929）进一步发挥了康有为的理论观点，提出"以群为体，以变为用"的"治天下之道"。他说"群"是天下之公理，万物之公理，同样"变"也是古今之公理，凡在天地之间者，没有不变的。他强调，"群学"（社会学）是贯通天人之际的根本学问。他把哲学、自然科学和社会学结合在一起，并以此来论证变法。

另外，在维新派的激进派人物谭嗣同的社会思想中，吸收了西方的社会学说。他在《仁学》（1896）一书中最先明确采用"社会学"一词，他说："凡为仁学者，于佛说当通华严及心宗、相宗之书，于西书当通新约及算学、格致、社会学之书，于中国当通易、春秋公羊传、论语、礼记、孟子、庄子、墨子、史记及陶渊明、周茂叔、张横渠、陆子静、王阳明、王船山、黄梨洲之书。"[①]

（十四）章太炎（1869—1936）十分赞赏 H. 斯宾塞的社会有机论和 F. H. 吉登斯的同类意识论。章太炎译述的日本社会学家岸本能武太的《社会学》（1902）综合了这两家的学说。这是中国最早全文译述的社会学著作。章太炎在他自己所著的《訄书》一

① 谭嗣同：《谭浏阳全集》（第 4 册）。

书中，介绍斯宾塞、吉登斯的学说，对社会有机论的弊端有所校正；他对不同社会制度进行了对比，提出了从政治到经济制度的社会改造思想，并从社会学的角度考察了中国涉及人口、语言、文学、心理、宗教、风俗等等的社会问题。

（十五）孙中山（1866—1925），原名文，字德明，号日新，1886 年改逸仙，1897 年在日本化名中山樵，故名孙中山。孙中山 1866 年 11 月 12 日生于广东省香山县（今中山市），1925 年 3 月 12 日在北京逝世。他领导了推翻封建王朝的辛亥革命，提出了三民主义及一系列建国方略等学说和政策主张，其思想体系中蕴含着丰富的社会思想。

三民主义，即民族主义、民权主义和民生主义。1905 年孙中山在组织同盟会时提出“驱除鞑虏，恢复中华，建立民国，平均地权”的纲领，同年在《〈民报〉发刊词》中正式提出“民族、民权、民生”三大主义，主张进行民族革命、政治革命和社会革命，推翻清政府，建立资产阶级民主共和国。后来在俄国十月社会主义革命的影响下，孙中山接受共产国际和中国共产党的帮助，确定了以联俄、联共、扶助农工三大政策为实质的新三民主义。1924 年《中国国民党第一次全国代表大会宣言》对三民主义作了新的解释。民族主义，是要免除帝国主义之侵略，求得中国民族之真正自由与独立，对内取得各民族一律平等；民权主义，要建立为一般平民所共有，非少数人所得的民主政治；民生主义，其主要原则为平均地权和节制资本。新三民主义是中国国民党和中国共产党第一次合作的政治基础。

另外，孙中山吸取西方近代科学成果，形成了一系列独特的社会发展进化观和建设的见解。在人口方面，孙中山把人口看作是一个国家和民族的实力，认为人口的增减关系到国家的兴衰、民族的存亡；人口兴亡则国力强，人口众多的民族不易被异族征服和同化。孙中山强调，如果中国人中了 T. R. 马尔萨斯学说的毒，百年以后，中国人口停滞而外国人口增加很多，中国就有亡国灭种之祸。他既反对盲目减少人口，更主张增强中国的政治力和经济力，以抵御列强的侵略。他亲自制订实业计划，宣称："能开发其生产力则富，不能开发其生产力则贫。"① 他主张，大力发展农业和工业。同时，他主张从沿海、沿江人口稠密的省份，移民到土旷人稀、急待开发的蒙古和西北地区；国家应当给移民以政治与经济的种种优待，并发展交通事业，特别是兴建铁路。孙中山从"养民济穷"论出发，提出了救济工农、安老怀少的社会福利论，设计了义务教育制度、养老制度，试图建立"国利民富"的福利社会。

进入近代以来，知行问题的讨论，跨进了一个新的历史阶段。这表现为关于知行问题的诸多学说，努力使之置于近代科学之上。孙中山的"知难行易"说是这一时期知行说的重要成果。

辛亥革命失败后，在革命党人中出现了"信仰不笃、奉行不力"的危险倾向。在孙中山看来，究其思想根源，有是古代"知之非艰，行之维艰"② 说的影响。他指出："革命党的心理，于成功之始，则被'知之非艰，行之维艰'之说所奴，而视吾策为空言，遂放弃建设之责任。"③ 因此，要扫除迷信、盲从、保守、因循守旧、苟且偷安等意识，使"中国人无所畏而乐于行"。于是，孙中山便在近代自然科学和社会科学的基础上，吸取了中国古代知行问题争论中有益东西，提出了"知难行易"说。

"知难行易"说的基本内容概括有以下几点：第一，"以行而求知"。他以近代科学知识为依据，从饮食、用钱、作文、建屋、造船、筑城、开河、电学、化学、进化等十个方面来证明。

---

① 孙中山：《民主主义与社会革命》。
② 《古文尚书·说命中》。
③ 《孙文学说》。

例如饮食是人人不可一日无有。但是研究饮食之道的科学，如生理学、医药学、卫生学，以及研究粮食之生产，粮食之运输、粮食之分配，及饥饿之预备等问题的科学，都是在经过长期的总结而后逐渐形成起来。用钱也是“人人日日行之”，但研究金钱的货币金融学，则是在总结历来商业交换实践的基础上，在“综览人文之进化，详考财化之源流”，“详考工商历史，银行制度，币制沿革”之后才建立起来的。第二，“因知以进行”。就是说要“因已知而进于行”，“知之则必能行之，知之则更能行之”。① 他说，社会“由草味而进文明，由文明而进于科学。其近代之进化也，不知固行之，而知之更乐行之，此其进化不息，所以得有今日突飞之进步也”。② 第三，知行“进行不息”。孙中山认为“以行而求知，因知以进行”是相生相长、反复前进的过程。孙中山把人类的进化分为三个时期：“第一由草味进文明，为不知而行之时期；第二由文明再进文明，为行而后知之时期；第三自然科学发明而后，为知而后行之时期。”③

孙中山先生的“知难行易”说，很重要的一点在于他所谓的“知”已不是中国传统的“旧学”，而是以自然科学和社会科学为主要内容的“新学”。他所谓的“行”，已主要不是伦理首先的“躬亲践履”，而主要是指“生徒之习练”“探索家之探索”“科学家之试验”“伟大杰士之冒险”等等。

从龚自珍、魏源到严复以及康有为、谭嗣同等等，对于近现代科学思想科学理论都给予了特别的重视。类似的这些人在知行之辨、名实之辨中同时穿插上道器之辨。谭嗣同曾专门强调，“道，用也；器，体也。体立而用行，器存而道不亡”。一

① 《孙文学说》。

② 《孙文学说》。

③ 《孙文学说》。

些人还针对以往常把科学技术说成是"奇技淫巧"的观点，进行了"有用之物""奇器而非淫巧"的论述。这丰富了关于知行问题的研究，此时名实问题也以科学理论与科学实在的关系面目出现，使之立于近现代科学理论之上。总之，关于科学技术作用的论述，对于科学技术对发展哲学的重视，促使中国传统的名实、知行问题的争论，基于近现代科学知识来进行，这在中国近现代哲学史上产生了重要影响。

孙中山是这方面的思想代表。但是，孙中山以及当时的其他思想家，尽管十分关注了近现代科学发展，而对知行关系的理解仍是不准确、不全面的。①

第三节　趋于主客体相互映照走向显意识与潜意识统一

一、马克思主义与基于实践的社会学

欧洲哲学史在以实践论为重心时期，中国哲学史在以践形论为重心时期，哲学探索的主要特征是，主要通过关注语言（符号）与言之客体、与言之主体、与处理行为的同构，实现显意识与潜意识的相互照应。

马克思主义对社会学的发展产生了重大影响。马克思提出历史唯物论，阐发了社会发展的一般规律。马克思等人在对资本主义社会进行深入研究和剖析的过程中，对工业革命和资本

① 参见王处辉主编：《中国社会思想史》，中国人民大学出版社 2002 年版，第五、六、七篇。

主义发展带来的社会问题进行了深入分析，提出了许多重要理论观点，阐发了他们关于社会学的重要思想。同时，马克思、恩格斯对西方社会学庸俗理论进行了深刻批判。这构成了马克思主义社会学的丰富内容。马克思主义社会学克服了西方社会学理论在世界观、历史观、方法论方面的缺陷，实现了社会学的革命性变革。

马克思（Kara Marx，1818—1883）是全世界无产阶级革命的导师和领袖，他出生于德国特里尔城的一个律师家庭。1835年他在特里尔中学毕业后，最初就学于伯恩大学法律系，后转入柏林大学法律系。在大学期间，他认真研究黑格尔哲学，结识了青年黑格尔派的代表人物。1841 年他毕业于柏林大学，并以《论德谟克利特的自然哲学和伊壁鸠鲁的自然哲学的区别》的论文，在耶拿大学获哲学博士学位。次年他任《莱茵报》主编；1844 年 4 月，撰写《1844 年经济学哲学手稿》；8 月与恩格斯在巴黎会面，同年合著《神圣家族》。1846 年马克思与恩格斯在布鲁塞尔建立共产主义通讯委员会，同年夏与恩格斯完成《德意志意识形态》一书的主要章节。1847 年马克思与恩格斯一起加入共产主义者同盟，并受托以宣言的形式起草共产主义者同盟的纲领，次年，纲领以《共产党宣言》为名在伦敦问世。在此后的几年间，他潜心研究政治经济学，于 1863 年着手撰写《资本论》，并于两年后完稿。1864 年 9 月，国际工人协会在伦敦成立，马克思被选为协会临时委员会委员。他一直在领导国际工人运动，同各种各样的机会主义进行斗争。巴黎公社起义爆发后，马克思撰写了《法兰西内战》，此著作于 1871 年 6 月由恩格斯译成德文发表在《人民国家报》上。1883 年 3 月 14 日，马克思在伦敦溘然去世。在马克思一生的著作中，以及在恩格斯的著作中，都没有使用过“社会学”这一名称，而在马克思的社会理论中，包含着丰富的社会学思想。他关于社会有机体的学说是其社会学思想的最重要的组成部分。在《1844年经济学哲学手稿》中，马克思提出了人化自然的论述。他认为，人作为有意识的社会存在物，是在社会中最后实现了人与自然、人与人的有机统一。关于社会有机整体的学说以及有机体内各组成部分之间的相互依存关系，在1859年的《〈政治经济学批判〉序言》中，由分析概括社会的经济形态，作了完整表述："人们在自己生活的社会生产中发生一定的、必然的、不以他们的意志为转移的关系，即同他们的物质生产力的一定发展阶段相适合的生产关系。这些生产关系的总和构成社会的经济结构，即有法律的和政治的上层建筑竖立其上并有一定的社会意识形式与之相适应的现实基础。物质生活的生产方式制约着整个社会生活、政治生活和精神生活的过程。不是人们的意识决定人们的存在，相反，是人们的社会存在决定人们的意识。"①

这一对社会总的看法，是马克思社会学思想的出发点。马克思认为，在社会整体中，作为生产关系的经济关系，体现于其中的经济结构是社会现实的基础结构，它是人们在生产、交换、分配、消费以及社会劳动分工等经济活动过程中表现的相互关系的总和。人们在社会生产中的地位、对生产资料的关系以及对生产成果的分配方式，决定了社会生活领域中的其他一切活动，特别是决定了其在某一社会阶级和阶层的社会位置。工人阶级在资本主义社会制度中丧失了生产资料，自身也沦为商品，这就决定了工人阶级受剥削和受压迫的社会身份和地位。资产阶级因其对生产资料的占有，对工人阶级实行统治。工人阶级必须建立自己的政治组织，通过革命斗争取代资产阶级的统治。马克思指出，有一定的市民社会，就会有市民社会的正

① 马克思：《〈政治经济学批判〉序言》，《马克思恩格斯文集》（第2卷），人民出版社2009年版，第591页。

式表现的政治国家。任何社会的政治结构都将体现那一社会的阶级和经济结构的特征。国家是阶级斗争的产物，是维护统治阶级利益的工具，是施行一个阶级对另一个阶级统治的手段。政党是社会政治结构中的一个重要因素。无产阶级必须摧毁资产阶级的国家机器，建立自己的政权。马克思认为，置于社会的政治结构之上的，还有一个社会的思想文化结构，即各种各样的社会意识和社会心理。一定社会的思想文化结构本身，体现着该社会的经济结构的内容，它具有阶级性。思想文化结构受制于社会的物质生产关系，但它自身具有相当程度上的独立性，并以此反作用于社会。马克思曾用社会的经济形态来概括社会有机整体的发生、发展和变化的过程。他把社会形态的历史变迁总结为原始社会、奴隶社会、封建社会、资本主义社会和社会主义社会等历史过程。将社会变迁的根源归结为社会生产力的发展，将社会变迁的形式表达为社会革命。在阶级社会中，这一变迁过程还表现为阶级之间的对立、矛盾、冲突和斗争。马克思认为，所有阶级社会的历史都是阶级斗争的历史，阶级斗争是阶级社会发展的动力。社会主义终将取代资本主义。马克思主义研究者认为，马克思是马克思主义社会学的奠基人。他与恩格斯所共同创立的唯物主义历史观，为马克思主义社会学奠定了一般理论和方法论的基础，也使马克思主义的经济社会学、政治社会学和知识社会学等初具规模。在往后的马克思主义者的继续努力下，马克思主义社会学在世界各国传播甚广，成为被各国学术界公认的社会学史上的一个重要的思想传统。

继马克思和恩格斯之后，列宁坚持和发展了马克思主义的社会学思想。在《帝国主义论》《国家与革命》《论合作社》等著作中，列宁提出了帝国主义理论、民族理论等，特别是结合共产党执政的新形势和新任务，提出了社会主义条件下的社会阶级结构理论、社会转型理论等。列宁还明确赋予了马克思主义社会学以"科学的社会学"[①] 名称，提出唯物辩证法是"社会学中的科学方法"[②]。他还结合自己的革命实践深入社会实际，做了大量调查研究，提出了许多具体的社会学思想和方法，丰富和发展了马克思主义社会学。在这一阶段，生活在当时资本主义国家的马克思主义者对马克思主义社会学的发展也作出了贡献，特别是马克思、恩格斯的学生和战友倍倍尔、李卜克内西和梅林等人结合当时的社会发展实际，进一步阐释和丰富了马克思主义的社会学思想。在苏联社会主义建设时期，马克思主义社会学曾被等同于历史唯物主义，社会学作为一门学科曾经被取消。但 20 世纪 50 年代以后，这种看法发生了变化。1955 年苏联成立了社会学学会，社会学各学科的研究逐步展开，出现了劳动社会学、人口社会学、文化社会学、法律社会学、科学社会学等分支。

中国共产党中的马克思主义理论家，坚持马克思主义社会学思想，特别注重运用马克思主义立场、观点和方法分析解决中国社会问题，有力地促进了中国革命、建设和改革事业，在实践中多方面地丰富和发展了马克思主义社会学。

以实践论为重心，强调社会实践在社会学建构中的支撑作用，这是马克思主义带来的社会学历史演进的重大转向。

这一转向，使后来有建树的社会学理论，自觉不自觉地不再只囿于本体论或认识论为重心，而围绕行动、行为，围绕社会交往及其中的行动、行为问题，指向社会实践，体现出注重

① 列宁：《什么是"人民之友"以及他们如何攻击社会民主党人?》，《列宁专题文集》（论辩证唯物主义与历史唯物主义），人民出版社 2009 年版，第 160 页。

② 列宁：《什么是"人民之友"以及他们如何攻击社会民主党人?》，《列宁专题文集》（论辩证唯物主义与历史唯物主义），人民出版社 2009 年版，第 185 页。

以实践论为重心，进行社会学理论建构。

二、聚焦于交往、行为、行动、实践

（一）帕累托：逻辑行为与非逻辑行为。

维尔弗雷多·帕累托（1848—1923）是意大利的社会学家和经济学家。其祖辈从16世纪50年代就生活在被认为当时自由开放的热那亚地区。在这个按照商业自由治理的准共和国里，帕累托祖上始终是重要的商人。他们积极参与政治并拥有相当的权力。18世纪，帕累托的祖辈被册封为侯爵，进入热那亚的贵族阶层。帕累托的父亲由于拥护马志尼的共和思想，反对皮埃蒙特人的统治而被迫逃离意大利，流亡法国。1848年维尔弗雷多·帕累托生于法国巴黎。

1850年前后，帕累托一家回到意大利，帕累托在完成了传统的中等教育后，进入都灵综合技术学院，毕业于1869年，获工程学学位。他的毕业论文是《固体平衡的基本原则》。帕累托把每个固体看作是由相互依赖的部分组成的系统，他在这篇毕业论文中，重点论述了系统的平衡。这种关于系统及其平衡的思想后来一直影响着他的哲学、经济学和社会学思想。毕业后，他当过工程师，热衷过政治，竞选过地方议员。政治上的不成功，使他此后开始转向经济学研究，并获得成功。1897年他发表的《政治经济学讲义》，力图用普遍平衡的概念分析经济现象，强调同一系统中各种因素的相互依赖关系，试图揭示经济现象相互联系的本质。为了表彰他在经济学领域的贡献，经济学界把他的经济效益（生产效益和分配效益）理论命名为“帕累托效益论”。1893年帕累托被任命为洛桑大学政治经济学教授。

1898年帕累托继承了伯父的财产，在日内瓦的塞利涅购置了一座乡间别墅。此后，他开始致力于理论研究，特别是社会学理论的探讨。他认为研究社会科学比研究自然科学更为艰难，但这种研究更有意义。他对自己的能力充满信心，认为他能担此重任。他把自己后半生的主要精力放在了社会学领域的研究上，希望通过社会学理论来解释其他科学（包括经济学）所不能解释的社会现象。

帕累托在热衷政治活动期间，同情自由派人士，接待并保护过流亡者、政治避难者和社会主义革命者。但在与这些人接触和交往中，他慢慢地失去了热忱，因为在他看来，这些所谓的革命者与那些他们所要取而代之的腐朽统治者之间没有本质差别，都是些贪婪的、自私的、蛊惑人心的政客，用满口的民主和博爱之类美好的词语掩饰他们丑恶的灵魂。他认为那些政治领袖人物，无论是当权者还是在野者都是十足的骗子，他们像狮子和狐狸那样交替使用暴力和狡诈的手段，使人民大众很容易上当受骗，从而把大众引向歧途。这段经历成为帕累托放弃政治转而专心于学术的一个重要原因。帕累托的社会精英理论曾为法西斯分子所推崇，所以当意大利法西斯上台后，他倍受青睐，1922 年出任意大利政府驻国联代表，1923 年被任命为意大利王国参议员，并于当年 8 月 19 日死于塞利涅。

帕累托一生中，先后发表的著作主要有：《社会主义体制》(1902)、《政治经济学手册》（1907)、《伦理主义的神话和不朽文学》（1911)、《普通社会学》（1916)、《事实与理论》（1920)、《民主制的变革》（1921）等。

帕累托把人类社会活动分为"逻辑行为"和"非逻辑行为"两种。在帕累托看来，工程师在建筑桥梁过程中，对自己要达到的目的是很清楚的，在事先的设计中已经考虑到了手段与目的之间的关系。在工程师的头脑中手段与目的与在客观上的手段与目的存在着一致性，这种行为在帕累托看来是典型的合乎逻辑的行为。商业活动也是逻辑行为的典型，通过低价买进、高价卖出，获取利润，达到资本增值的目的。

帕累托在《普通社会学》一书第150节中写道："我们最终将把与目的逻辑地联系在一起的行为称为'逻辑行为'，这不仅是对完成这些行为的主体而言，也针对那些拥有广博知识的主体，也就是说主观上和客观上都具有上述意义的行为。其他行为将被认为是非逻辑的行为，当然这并不是说这些行为是反逻辑的。"① 帕累托特别指出非逻辑行为并不意味着是反逻辑的行为。在这里他对非逻辑与反逻辑的概念作了区分。

帕累托强调，社会学研究要从这个基本点出发，自觉地放弃把人类行为只看作逻辑行为的思想。正是基于这种认识，帕累托在他的《普通社会学》的第一部分用了很大的篇幅讨论非逻辑行为，他把非逻辑行为分为四个类别：

第一类，是指在主观和实践上手段与目的都没有联系在一起的行为。帕累托认为这一类非逻辑行为，除了一些出于礼貌和习惯不得已的行为而外，这类行为是极为少见的，因为"人们有一种非常明显的倾向，总要把自己的行为涂上逻辑的光泽"②。

第二类，是指行为与引起的结果之间没有逻辑上的联系，但行为者却误以为他采用的手段能够引出他所希望的结果。如祭天求雨、拜神解难等一些宗教仪式或迷信活动就属于这一类。帕累托认为属于这一类的非逻辑行为事例很多，不胜枚举。凡是行为者个人并不知道现象之间的真正客观联系，而主观上将手段与目的虚幻地联系起来的，都表现为这种类型。这种类型

① 转引自［法］雷蒙·阿隆：《社会学主要思潮》，葛志强等译，上海译文出版社1988年版，第439页。

② 转引自［法］雷蒙·阿隆：《社会学主要思潮》，葛志强等译，上海译文出版社1988年版，第439页。

的行为，手段与目的没有实在的联系，无法最终真正达到目的。

第三类，是指行为的手段与其客观结果有逻辑的联系，但行为者在主观上并不曾知或想象过这种联系，一些生理反应便属此种类型。如：当一粒灰尘在刹那间落入人的眼睛里时的闭眼动作，客观上是合乎逻辑的，可是当我们在完成闭眼动作时不曾有过关于我们运用的闭眼（手段）和要达到的目的（防止尘粒）之间有何关系的意识，这是一种不由自主的人的本能行为。本能行为的反应常常是适当的，但事先没有思想准备和意识到。

第四类非逻辑行为，是指行为结果与所运用的手段之间有逻辑的联系，但结果并不符合行为者的主观愿望。帕累托出于对社会主义的敌视，他举无产阶级革命的例子。他说，这里在行为与结果之间有逻辑联系，但无产阶级希望达到的民主自由的目的却无法通过他们运用的手段（无产阶级革命）来实现。帕累托认为这就是人们常说的事与愿违。帕累托还举了经济活动中的例子，如降低成本是为了得到更大利润，可是这一举动的结果又无意中导致价格下降的后果。这一类的非逻辑行为较多，帕累托又进一步将之分成了若干亚类。

帕累托指出，人们的非逻辑行为也并不都是由于行为者事先没有意识到，有的是明知其行为是非逻辑的，还在执意地继续这种行为。例如，很多人相信自己的运气不好，别人的运气好。他们大多数人知道这种思想不能用理性或科学的手段进行验证，这类想法是不合乎理性和逻辑的，但他们依然按照这种思想行事或继续自己的行为。帕累托指出，大多数人的活动是不自觉的非逻辑行为。而非逻辑行为并不一定意味着是反逻辑的。帕累托认为，人们所做的许多事情从行为者本人的角度看来是合乎逻辑的，这里所说的"逻辑"是指行为者本人的心智逻辑或主观逻辑，而不是客观实在的逻辑。因此，这种为自己行为辩护的理由（主观逻辑）是经不起推敲的，在程序上本末倒置：先有行为，后找理由为其行为的正确性进行论证。一般人很容易受这种思维程序的欺骗。帕累托打比方说，要使人们接受计划经济制度，就千方百计地让人相信，计划经济可以解决一切社会经济弊端。帕累托认为，称某种行为是非逻辑行为并不是谴责这种行为。如果说“非逻辑”一词有一种公开的或暗含的讥讽之意的话，它只是指那些用非逻辑的方法行事，却又自鸣得意自以为按逻辑行事并努力为自己辩护的人。

帕累托力图从逻辑推理的角度来考察手段与目的之间客观和主观关系的一致性。逻辑行为，作为由逻辑推理引发的行为。也就是说，行为者思考过他想做的事情和他要达到的目的的联系，这种逻辑推理成了行为者的行为动机。反之，凡或多或少地包含着感情冲动，为逻辑推理以外的精神状态所支配的行为，就是一种非逻辑行为。帕累托在他的《普通社会学》的开篇部分就试图用逻辑的手段来研究非逻辑行为。他明确指出，他研究非逻辑行为的目的不是为了获得效益，而是为了寻求真理。在这一点上他与涂尔干的观点不同。在涂尔干看来，社会学如果不能为改善社会作出贡献，社会学的研究就失去了意义，而帕累托则认为这种命题混淆了科学目标与行为目标二者之间的界限。

帕累托认为非逻辑行为多不胜举，而这些非逻辑行为按照帕累托的理解往往是由感情或冲动所引起的，而不是遵循逻辑推理行事。在分析和研究大量的非逻辑行为过程中，他发现变幻多端的感情或感情冲动的背后常常隐藏着某种稳定不变的东西。比如说，在各种不同的文明中，人们倾向于在数字、日期、地点与（或）环境之间赋予某种吉利或不吉利的象征含义，这几乎成了不变的情感。而在这其中可变的部分是，人们在各种情况下都为论证它们之间存在这种或那种关系提出种种理由。

帕累托把这种不变的因素叫作"剩遗物"，把那些可变的部分称作"派生物"。

帕累托所讲的"剩遗物（residues）"，这个词在化学词汇中表示"余渣"或"沉淀物"的意思。帕累托借用这个词是想要强调和表示情感中具有的稳定性和不易变化的部分。但在他的论述中又给剩遗物赋予了其他多种含义，这就使得他的这一概念模糊，晦涩难懂。

为了向读者说明剩遗物的含义，帕累托在《普通社会学》中第 850～851 节里这样写道："因素（a）也许与人，说得更准确点，与人的某些本能相符，因为（a）没有客观存在，因人而异。也许正因为它符合这些本能，所以它在这些现象中几乎都是不变因素。因素（b）符合于精神为使因素（a）合乎理性而完成的工作。因此它的变化性要大得多，因为它反映梦幻般的工作……但是，即使说（a）部分符合某些本能，它还远远没有包括一切本能。这与人们发现它一样显而易见。我们分析了推理，研究了不变的部分，因此，我们就只能找到产生推理的本能，我们在研究过程中就不会发现不被推理包括的那些本能了。因而一切简单的欲望、爱好和禀性还是存在的，在社会现象中人们称为'利益'的这个重要的类别也是存在的。"①

由帕累托理论讲，理解剩遗物应把握住两个要点。首先，剩遗物不是情绪心智状态，而是我们没有能直接认识，或许也不能间接认识的情感及与其表现（行为）之间的中介物。其次，剩遗物与人的本能有关，但不包括所有的本能，主要是指能够导致推理的那些本能。

帕累托有时认为，剩遗物和情感是混为一体的。一方面，

① 转引自［法］雷蒙·阿隆：《社会学主要思潮》，葛志强等译，上海译文出版社 1988 年版，第 456～457 页。

剩遗物比情感更接近行为或表现，因为人们可以通过对行为或表现的分析来发现剩遗物。另一方面，剩遗物又不是具体的现实，只是观察者为了解释现象而创造的分析概念。剩遗物是情感和本能的表示，就像温度计中水银柱的升高是温度升高的表示一样。帕累托把社会学家追溯的剩遗物比照语言学家追溯的词根。剩遗物是大量行为或表现的共同根源，与语言学家发现的词根有同样的抽象性质。词根不是具体的成分，但也不是虚构的东西，它有助于理解词汇的含义。正是这种比照，帕累托把剩遗物的对应概念取名为派生物。

帕累托区分了六种剩遗物：（1）组合的本能：聪颖的创造力，狡诈的心智和想象力，组合相似或对立物本能。（2）维持组合体的持久性的本能：顽强地、持久地维持和捍卫现状和传统的情感。（3）行动的本能：通过外部行为表达感情的需要。（4）社会性：与社会有关的剩遗物，即渴望有所归属和被接纳、关心社会生活和形成社会凝聚力的情感。（5）个人的完整性：指物质利益上的个人主义感情，对地位和自我实现的渴望。（6）性本能：满足性欲望的剩遗物。

在帕累托看来，在六种本能中，组合的本能和维持组合体持久性的本能，对于影响社会总体形态和变化是最重要的。前者推动社会变革，后者维持社会现状。他在《普通社会学》中虽对剩遗物进行了六种分类，而实际上主要是探讨这两种剩遗物对社会的影响。完整地说是：

第一种，组合的本能，是一种在观念和事物之间建立联系、提出原则、作出结论的，或正确或错误的推理倾向。正是因为人有组合的本能，人才有行为、表现、推理、论证的能力。帕累托把组合的本能又细化为六类："一般组合的本能"，"组合相似或对立事物的本能"，"某种事物和某些行为的神秘力量"，"统一剩遗物的需要"，"逻辑发展的需要"，"对组合效力的信仰"。其中，逻辑发展的需要是人类智力进步、知识和文明发展的源泉。正是"逻辑发展的需要"促使理论的推陈出新和科学的进步。帕累托认为组合的本能有很大的社会价值，因为新的组合会刺激科学技术的发明创造，使新型企业家和领导人脱颖而出，使人际交往变得灵活，增大社会弹性和社会适应力。但如果组合的本能过于强大时也会产生消极影响，因为它会使优良传统和社会习惯受到忽视，而优良传统具有缓和破坏行为、维持社会秩序和存在的功能。

第二种，维持组合体持久性的本能，是与第一种本能相对应的。因为"组合体的持久性"与惰性相似，是人类试图维持已经形成的组合、拒绝变化和一成不变地接受命令的倾向。帕累托在《普通社会学》第991节第992节中指出："某些组合形成各个部分严密一致的、像人体一样的组合体，因此最终获得与生物相似的人格。"这种"组合体形成后，某种本能就经常发生作用。它以一种可变的力量阻止已经联合在一起的事物再次分离。如果分离不可避免，它就尽力掩盖它，保存组合体的幻影。人们可以大致把这种本能与机械的惰性相比。它反对由其他本能引起的运动。第二种剩遗物的重要社会意义就在于此"[①]。组合体的持久性本能非常重要，这与第一种剩遗物构成了两个对立的范畴：前者推动变化和革新，后者趋于稳定和保守。帕累托认为组合体的持久性剩遗物也有很大的社会意义，它能减少浪费和抑制腐败。业已建立的规范如果有利于社会创新和求同存异时，人们就有必要遵从它。但如果组合体的持久性情感过于强烈，社会将不能容忍过多的越轨行为，创新的机会就有可能减少，对社会发展也会有不利。一般来说，社会很难保持

① 转引自［法］雷蒙·阿隆：《社会学主要思潮》，葛志强等译，上海译文出版社1988年版，第461页。

组合与组合体持久性的平衡，两者之间存在着极端化的趋势，一端的加强会引起另一端的削弱，矫枉往往会过正。当一种形式的情感周期性地上升时，另一种形式的情感会下降。组合和组合体持久性的本能可以从多方面进行观测。人道主义哲学的兴起通常就是组合本能上升、组合体持久性下降的典型情况；宗教的复活则一般是组合本能的衰落、组合体持久性本能兴旺的表现。

第三种，行为的本能，是“通过外部行为表达感情的需要”。这种需要常常表现为一种礼仪行为，例如鼓掌表示一种赞同的感情。但并非在所有社会中人们都用鼓掌表示赞同，也有用动作和声音表示赞同和反对的，这因社会而异，印度人即用摇头表示赞同。在当代，体育表演和政治示威给这种需要提供了良好的机会。

第四种本能即社会性，帕累托将其称为“与社会有关的剩遗物”。此又分为六类。第一类是“特定社会性”。这是指人的社会性，即一切人都趋向于建立团体，并融入这些自愿团体的情绪。这些团体会激起坚定和忠诚的情感，使团体得以继续存在下去，如球迷协会。第二类是“一致的需求”。这是人类最广泛、最富力量的需求之一。就是说一个社会如果不能把某种思想、信仰和活动的方式强加给其他成员，社会不可能存在；任何社会都设法使某种生活方式成为其成员必须接受的方式，都有驱逐异端分子的倾向。第三类是“怜悯和残酷”的特性。这里分析的是转移到他人身上的自我怜悯、对痛苦本能地和有意识地厌恶。他认为，不愿他人受苦是正常的，但若怜悯过分，比如人道主义者怜悯杀人犯，主张取消死刑，而不考虑受害人的痛苦，这实际是对社会的残酷。第四类是“为了他人的利益强迫自己受苦的倾向”。帕累托把这归入非逻辑行为，这里就清楚地表明帕累托所说的非逻辑行为并非含有贬低的意思。他补充说，不应相信统治阶级自我标榜站在下层阶级穷人一边，会为他们的利益强迫自己受苦。资产阶级与革命党结盟的目的往往是为了获取政治或财政上的好处，他们是利己主义者，却上演着毫不利己的闹剧。第五类是与等级有关的情绪。这是一个集体中不同等级的成员相互之间表示的感情。帕累托认为等级意识在动物身上就存在，这种意识在人类社会中更为广泛。等级制度在变化着，但始终存在于表面上声称人人平等的社会。第六类则是指"禁欲主义"。此第四种中，除去怜悯和禁欲主义外都有一种保守的社会功能。这与第二种组合体持久性的本能，有一定的联系。

第五种叫"个人与其附属物的完整性"。由于人受本能的驱使而自发地希望得到自己喜欢的东西，因此为了达到这一目的就会按逻辑行事，为了达到最大限度的满足，就会合理地组合各种手段。同样，如果人向往权力是正常的，那么诡计多端地运用各种方法来夺取权力的政治家们的行为就是合乎逻辑的了。

最后一类，关于人的性本能，这也是帕累托十分强调的一类剩遗物。

综上所述，不难看出，帕累托对"剩遗物"进行了冗长的分类。他认为，通常所说的人的本质不变的断言，与上述六种剩遗物类型不变或变化很小这一事实相吻合。

在帕累托理论中，强调"派生物"这一范畴。帕累托所讲的"派生物"（derivations），是指意识形态、信仰和理论之类。帕累托使用这个词是为了强调它们的"衍生性"、第二位性，强调其来源于人类情绪的性质。他讲，派生物是相对易变的成分，是剩遗物的证明物，是辩护性理论，如宗教、民主、社会主义等，都是一种信仰，是口头表示行为的可变因素。换言之，派生物是人们为了理性地说明其行为，为了求得大众情绪的支持而发表的意见、观点，或提出的思想、信念，信奉的哲学或杜撰的故事。尽管普通人赋予大众信条以很大意义，不断地重复这些神话，但帕累托认为，只要仔细研究就会发现，真正激励人们的很少是他们口头上宣扬的那些东西。他指出，在研究社会时，过于相信人们所讲的东西是十分危险的，只有经过仔细的思考，找到隐藏在哲学和思想中的真正含义之后，才能作出正确判断。

帕累托把派生物分为四类：（1）“简单肯定”，即由绝对真理、公理，或定理组成的论点。（2）“权威论据”，靠引用权威者的话来证明其正确性的判断。（3）“原则”，靠通行的规范和感觉组成的论据。（4）“口头论据”，纯粹用语言表达的证言，没有任何客观依据的东西，如某些形式逻辑的诡辩。

帕累托强调，甚至在没有派生物的情况下，引起行为的情绪照样存在。不过，人类的本性是让自己和他人相信，我们的行为是与正确的思想和理想行为模式相一致的。显然，这在逻辑上是站不住脚的，因为任何行为规则和思想是在社会实践以后而不是在社会实践以前产生的。人类世界并不因为有了伏尔泰和卢梭而发生变化，而恰恰是他们的思想概括了时代的特征，把握了时代的脉搏，才获得声誉。帕累托强调，派生物在逻辑上站不住脚丝毫不会削弱其社会意义，不会降低它对整个社会和某些行为者的价值。帕累托指出，事实清楚地表明，神学、神学学说虽然不符合现实，然而它依然具有相当大的社会影响。

在希特勒上台前，帕累托就曾说过这样的话，说服听众和读者最有效的方法之一就是无休止地重复同一件事情。他写道：“重复，尽管它没有半点逻辑——经验的价值，但比最好的逻辑——经验论证更为有效。重复尤其能影响感情，改变剩遗物，而逻辑——经验的论证只能影响理性。”[①] 这里是否合乎理性，是否合乎逻辑，并不重要，重要的是给人一种在作推理的印象。

帕累托指出，在实际社会中，派生物往往被用来掩盖社会的真实面目。每一个政府都在赞美民主，但真正民主的政府很少。许多国家都举行选举，但人民开始就没有推荐候选人的真正权力。帕累托的派生物理论对揭露政治领域中的虚伪可以称得上是一个贡献。

在帕累托看来，任何社会中，都有占统治地位的少数人和被统治的广大群众之分。为此，帕累托提出了一个“异质性”概念来指谓这种不同。这一概念有时也用来表示同一个群体中如统治精英层中的差异。帕累托把少数统治者称为精英，把广大被统治者称为群众。在马克思主义社会学中，阶级的划分是分析和解释社会的基础；在帕累托的社会学中，群众与精英的划分是认识和说明社会的前提。

帕累托关于精英的定义有广义和狭义之分，广义的概念是指社会精英的全部，不分性质和类别；狭义的精英是指处于统治地位的少数人。具体说，广义的精英指那些在人类活动的各个领域里取得了突出成绩或冒尖的人，如那些能赚百万法郎的人，研究尖端科学的科学家，到处行骗又善于逃脱法律惩罚的狡猾骗子，著名的诗人、棋手和运动员，丐帮的帮主等。无论所干的事情是好是坏，只要他在本行业内出类拔萃或创了纪录，帕累托就将其划为精英行列。换言之，杀一个人而被判处死刑的人在帕累托眼里算不上是精英，而杀了上千个人成了“杀人魔王”时就可列入“精英”行列。帕累托认为这样定义是客观的，不偏不倚的。精英是在生存竞争中得到了高分的人，在社

① 转引自［法］雷蒙·阿隆：《社会学主要思潮》，葛志强等译，上海译文出版社1988年版，第472页。

会存在的赌博中交了好运的人。狭义的精英是指少数统治者，他们制定政府的政策，作出重大决定。这样，帕累托就把在社会中的人群分为两个阶层：一是低级阶层，或称下层，是普通群众；二是高级阶层，或称上层，是精英群。精英阶层可分为两个部分：统治精英和非统治精英。精英的分布不是恒定不变的。精英也有来自下层的代表，其中最有天赋的人会通过各种渠道，暴力的或非暴力的手段，"升上来"，补充或替换上层统治阶层，而上层统治阶层的成员也会因退化而"降下去"，成为普通百姓。

帕累托认为，社会的特点是由精英，特别是统治精英的性质所决定的，而统治精英的性质又是由占主导地位的情绪即剩遗物决定的。像其他人类群体一样，统治精英层由两种人组成：一种是富于"组合情感"的人，他们聪明、狡诈，擅长吸收下层精英，用阴谋诡计和圆滑的手段进行统治；另一种是"组合体持久性的情感"丰富的人，他们惯于用赤裸裸的、毫无顾忌的暴力进行统治。帕累托分别为这两类领袖人物取了非常通俗的称谓即"狐狸"和"狮子"：狐狸象征着狡猾、阴险、欺诈，但相对软弱；而狮子象征着顽强、有力、不妥协、勇敢，并相对强大。帕累托认真研究了建立政权和维持秩序的不同方法。每一个政府在行使权力时都刚柔相济，即暴力和亲和（Co-option）的交错或综合利用，由此可见统治精英的异质性也是非常重要的。由狮子和狐狸混合组成的精英集团善于恰到好处地利用暴力和亲和手段施展其权力。他们根据需要吸收从社会下层中"升上来"的精英，或者将他们消灭掉。这就是人们常说的"胡萝卜加大棒"的政策。统治集团的异质性和社会的异质性同等重要。同质的精英集团只会单纯地依靠一种策略进行社会控制，因而容易遭受挫折或失去权力，而由软硬兼施的异质性精英组成的政权会更长久。

帕累托认为，一个政权存在的时间越长，组合体持久性的情感在统治集团中就会减少，而这种剩遗物在下层群众中相对保留较多。组合本能丰富的统治者一方面会变得更加贪婪、腐化、堕落，为了满足其贪欲，大量搜刮民脂民膏，引起群众的普遍不满；另一方面因而会变得软弱无力，不善于运用暴力进行统治。换句话说，一方面他们使牛轭更加沉重，另一方面他们又没有足够的力量来驾驭这头愤怒的牛。这种情况会引出灾难性的后果，旧的精英被消灭了，新的精英上台，又一轮的循环开始。

帕累托认为，社会政治变化的形式就是一种类型的精英取代另一种类型精英的循环，这就是他的著名"精英循环论"。他指出，剩遗物失去平衡会动摇政权。在组合体持久性的本能占主导地位时，政府就会过多地依靠暴力进行统治。尽管在压制不满情绪时运用暴力可以收到暂时的效果，但这样做也会引起普通百姓的不满和刻骨仇恨。在缺乏第一种剩遗物的情况下，压迫得越深，反抗得就越强烈，以致无法控制。稳定的政府必须要有人民群众相当程度的自愿服从，仅仅依靠暴力，政权是不能长期维持和存在的。他说："在实际的阶级循环中，统治精英总是处于缓慢而又不断的变革之中，就像河流一样，今天永远不再是昨天的样子。时而激荡，汹涌澎湃，河水漫过堤岸。新的统治精英通过缓慢的变革，洪水跌落，河水又回到惯常的河床里流淌。"① 帕累托就是这样用他的精英循环理论来解释历史运动的。帕累托有一句名言："历史就是贵族的墓地。"② 在他

① ［美］C. 鲍维尔斯：《维尔弗雷多·帕累托》，萨奇出版社（sage publications inc.）1987年版，第130页。

② 转引自［法］雷蒙·阿隆：《社会学主要思潮》，葛志强等译，上海译文出版社1988年版，第492页。

笔下的历史，人民群众失去了主人翁的地位，不是人民群众在创造历史，不是阶级斗争推动社会的进步，而成为少数精英轮回变换的舞台。用他的话说："人类社会的历史在很大程度上是贵族继往开来的历史。"① 帕累托把社会的性质归因于精英的个性品质和心理状态（何种剩遗物占主导地位），把基于此的历史看作是一种周而复始的简单循环。

帕累托论证认为，社会是一个系统，系统是由相互依赖的因素构成的。影响系统任何部分的事情都会对系统整体产生影响。只有研究社会系统才能真正弄清其他现象，如社会经济问题。因此他放弃了经济学的研究，开始研究社会学或称为社会系统的科学，把对群体情绪的研究与对政治组织和经济生产的研究结合在一起。他强调，历史给我们最明显的启示就是社会发展波澜起伏：盛世过了是衰世，衰世过了盛世来。社会运行所经过的盛衰是各成一体的子系统同步循环和相互影响的结果。这些循环的子系统是：社会情绪的循环，经济生产的循环和政治组织的循环。自由时期过了是专制时期，专制时期过了是自由时期；经济繁荣过后是经济萧条，经济萧条之后便是经济繁荣；政治集权之后是权力分散，权力分散的时期过了又是集权到来。

帕累托发现，三种循环似乎同步起伏交替运行。经济膨胀，政治权力分散和要求社会约束力放松的情绪几乎同时出现；经济紧缩，政治集权和要求社会控制加强的情绪也同步发生。情绪、生产和政治组织三个循环动力系统协同作用，波澜起伏地发展。这些循环同步运行和相互依赖的特征，说明每一种循环又与其他循环相联系。帕累托的普通社会学就是要探索这三种

① 转引自［法］雷蒙·阿隆：《社会学主要思潮》，葛志强等译，上海译文出版社1988年版，第492页。

系统各自循环及其相互作用所构成的社会综合系统循环。他强调指出，社会情绪、经济生产和政治组织的循环同步进行，发生连锁反应。随着这种波澜起伏发展模式进一步展开，社会总体形式发生变化，促成社会运动。

有研究者指出，帕累托所描绘的社会系统，是一种与他的社会精英和精英循环理论一脉相承的社会机械论。他所说的社会运动，实质上是没有质的变化像积木般的几种简单形式的反复变换。尽管如此，他所提出的关于社会系统的思想，他从系统相互联系和作用的角度思考问题的方法，以及他从社会情绪、经济活动和政治组织三者之间关系上分析现实社会的思路，其中社会系统总是倾向于由不平衡走向平衡的思想，对后来的社会学理论发展产生了一定的影响。

关于社会发展问题，帕累托在《社会主义体制》中写道："一切革命者都相继宣称过去的革命最终只是欺骗了人民，只有他们主张的革命才是真正的革命。如共产主义者在1848年的《共产党宣言》中指出：'至今发生过的一切运动都是少数人的运动，或者都是为少数人谋利益的运动。无产阶级的运动是绝大多数人为绝大多数人谋利益的独立自主的运动。'不幸的是他们宣扬的这种不掺假的、幸福的、真正的革命只是一种令人失望的海市蜃楼，从未变成现实。它有点像几千年梦想中的黄金时代，人们翘首仰望，但它却消失在未来的迷雾之中。在它的信徒认为已经抓住了它的时候，它又飞跑了。"① 他对于资本主义这样看，"资产阶级已经日薄西山"。他写道："我没有任何处方能治愈资产阶级或者可以说整个社会所患的疾病。相反，我明确地宣布，这种处方即使存在（我确实不相信有这种处方），

① 转引自［法］雷蒙·阿隆：《社会学主要思潮》，葛志强等译，上海译文出版社1988年版，第492页。

我也根本不知道。我是处于这样一位医生的地位，意识到病人患的是绝症，然而不知道怎样才能救活他。”①

帕累托在社会学史上是一个颇有争议的人物，是一位非主流派的社会学家。这与他的社会学所关注的内容，提出的理论体系和分析概念与众不同有关，也与他的个人学术生涯与经历，以及个性有关系。帕累托的《普遍社会学》出版于第一次世界大战期间，这部著作在意大利没有受到社会的关注；在法国，由于占主导地位的是涂尔干的社会学思想，因此也没有产生多少影响。直到20世纪30年代中期，英文版的帕累托《普通社会学》一书传入美国之后，这位意大利社会学家在美国才受到重视，甚至短期掀起了一股“帕累托热”。特别是他关于社会系统和系统平衡的思想，对30年代后期在美国出现的帕森斯结构功能主义理论产生了一定的影响，或许这正是帕森斯对帕累托深怀敬意和给予很高评价的缘由；甚至连帕累托的经济思想在美国也受到欢迎。随着第二次世界大战的爆发，帕累托的影响才渐渐平息下来，可是到了20世纪50年代末，米尔斯的《权力精英》一书问世后，美国人又开始对帕累托的思想发生兴趣。此后，欧洲对帕累托的兴趣也在慢慢增长。时至今日，对帕累托的社会学思想，持批评意见者仍然不少，依然是仁者见仁、智者见智。②

（二）西美尔：社会交往形式与形式社会学。

格奥尔格·西美尔（Georg Simmel，中文译名有的译著还常译作齐美尔、西梅尔等，1858—1918）是德国19世纪至20

---

① 转引自［苏］H. C. 科恩主编：《十九世纪至二十世纪初资产阶级社会学史》，上海译文出版社1985年版，第351页。

② 以上参见贾春增主编：《外国社会学史》，中国人民大学出版社2001年版，第134～144、149页。

世纪初社会学的代表人物之一。他本人讲自己并没有创建什么社会学体系，但由于他强调社会学以社会交往形式为研究对象，所以在社会学史上一般称他的社会学为形式社会学。

西美尔出生于柏林市中心莱比锡大街和腓特烈大街十字路口附近的一所房子，这条大街后来成为柏林最具特色的主要商业区。其出生家庭是柏林一个富裕的犹太人家庭。在西美尔很小的时候，父亲去世，由他家的好友、一个音乐出版社的经理做了他的监护人。母亲的冷漠和盛气凌人的态度使他与家庭的关系比较疏远，幼年的西美尔就开始体验到人世间的冷暖。

西美尔即将成人时，从监护人弗里德兰德尔那里继承到一笔可观的遗产。他从古典中学毕业后，18 岁时进柏林大学攻读历史和哲学，师从当时一些有名的学者，如历史学家蒙森、哲学家哈尔姆和蔡勒、艺术史学家格林、心理学家拉察鲁斯等。1880 年他曾以一篇论述音乐的论文提交博士论文答辩遭到拒绝。1881 年，他以关于康德的论文获得哲学博士学位。西美尔在大学学习期间广泛涉猎了哲学、历史和心理学、人类学等学科，这对他以后的学术生涯有很大影响。

1885 年，他在柏林大学任哲学讲师，没有薪金，只收学生听课费。直到 1901 年，他取得编外教授的称号，但仍没有正式薪金。这时，他已是一个拥有 6 部著作和 70 多篇论文的著名学者了。

由于当时德国的反犹主义，出生于犹太人家庭的西美尔的学术能力和成果受到官僚机构和官方学术机构的冷遇。直到 1914 年，他才在斯特拉斯堡大学获得正式教授的职位。他在该校曾讲授过逻辑学、哲学史、形而上学、伦理学、宗教哲学、艺术哲学、社会心理学、社会学以及康德、叔本华和达尔文的学说。

西美尔在学术界有很高声望。他的一些著作被译成英文、法文、意大利文、波兰文和俄文，他的若干观点得到了韦伯等许多著名社会学家的赞同，他被认为是德国社会学的创始人之一。西美尔是一位多产的作家。生前有200多篇论文发表在期刊、报纸上。在社会学、伦理学、哲学和文学理论领域，他撰写了约20部著作。他的早期主要著作有:《论社会分化》(1890)、《历史哲学问题》(1892)、《伦理学科学导论》(1892—1893)、《货币哲学》(1900) 等。1908年，他的社会学主要著作《社会学：关于社会交往形式的研究》出版。之后，他离开社会学研究达10年之久。1917年，他又回到社会学著述上来，出版了多卷本著作《社会学基本问题》。西美尔在其晚年撰写的著作和论文，大多是关于文学批评和评论、哲学史等方面的内容。

西美尔提出了许多社会学见解，散见在各个领域，缺乏将其组成具有严密理论论述的体系，因而有人称他为“小品文”式的作家。而西美尔的许多社会学思想，例如关于形式社会学、关于冲突以及资本主义文化矛盾的研究，却是独具特点并具有一定系统性的。

西美尔当时面对的情况是，由于人们对社会本身的认识并不清晰，因而导致了一些人对社会学学科的否认。为了明确社会学研究的主题。西美尔批评了对社会的错误认识。一种见解是缩小了社会的意义。这一见解认为，社会只是一个抽象，真实存在的是个人的品质与经验，虽然对围绕着我们的现象作些粗略的、初步的调查是非常有用和必不可少的，但它不是真实的客体，它并不存在于个人和个人之间及过程之外，也不是对于个人的补充。另一种见解则无限夸大了社会的意义。这一见解认为，个人的存在与所做的一切均出现于社会之中，个人由社会所决定，并是社会生活之一部分。因此，没有任何一种关于人的科学不属于社会科学的；于是，认为社会科学应取代诸如历史、心理、法律等分门别类的学科，社会将人类的一切利益、内容和过程均综合为一个统一体。然而，这种试图使社会学成为无所不包的学科的定义，结果却与前一种观点殊途同归，社会学成了一个空名。

西美尔对这两种观点均持不同意见。他认为既不能满足于承认只有个人是真实的，也不能因为人类的一切活动存在于社会之中便认定只有社会才是真实的。西美尔进一步研究了个人与社会的关系。他指出，倘若更深入地研究个人便可发现，个人并非人类社会的原子或最终的要素，单个的人存在于彼此相互影响的关系之中。这如同颜色的分子、水的微粒、字母确实是"存在"的，但图画、书籍、河流是一种综合物，作为一个统一体，它存在于统一体构造之中。个人与社会相比较的意义也是如此。

西美尔认为，"社会"首先是社会个人的复合体，是社会性的人类物质，它构成了整个真实的历史。其次，"社会"也是各种关系形式的总和，正是由于这种力量而使个人转变成了第一意义上的"社会"。他还指出，社会是一个由单个人所构成的、因相互作用而联系起来的无数个人的一种总称。这种相互作用是社会的本质和社会过程的基础。基于对社会的这种认识，西美尔认为，社会学作为一门科学要研究人类面临的问题和他们的行为规律。社会学要阐明的是一种社会事实，即个人由于相互作用而形成了群体，同时个人被群体所决定。

西美尔自认为他提出的社会学知识体系由三级结构构成。第一级是"一般社会学"，研究在各门社会科学对象中所表现出来的特殊规律。他说，社会学的出发点是"应当把人解释为社会的生物，而社会则是所有历史事件的体现者。因此，它不是寻找未经任何一门社会科学研究过的对象，而是为所有社会科学去探索新的途径，即这样一种科学的方法：这种科学由于它适用于各种问题的全部总和，因而并不是一门具有自己内容的科学”[①]。社会学研究和把握的，实际上是过去任何一门社会科学未经研究和把握的规律。第二级是“形式社会学”。在西美尔看来，当人们之间的交往达到足够的频率和密度，以至于人们能够相互影响并组成群体时，社会便产生和存在了。因而社会学需要研究人们交往的基本过程和形式以及社会组织类型。第三级是“哲学社会学”，研究社会的认识论和形而上学问题，即揭示社会学研究的条件、前提和基本概念，对个别研究进行形而上学的综合。[②]

在西美尔看来，人们在历史和现实中的种种相互作用、联系和行为，基本的相互作用模式就是“社会交往的形式”。社会学的主要任务就是识别这些基本的社会交往形式。社会学要阐明“这些社会交往的纯粹形式、这些纯粹形式的含义、它们是在什么情况下产生又如何发展的、由于其对象的特点它们发生了哪些变化、它们同时又由于社会的哪些形式特征和物质特征而产生和消失的”。[③]

《社会学：关于社会交往形式的探讨》（Soziologive：Untersuchumgen über die Formen der Vergesellschaftung）是西美尔关于形式社会学的代表作，简称《社会学》，由不同时期的有关这一主题的论文编辑而成，1908 年在莱比锡出版。西美尔在 1894 年出版的《社会学的问题》一书中就指出，社会学是分析社会交往的各种形式，如交换、斗争、统治、服从、秘密、荣誉等的学科。《社会学》一书对这一问题作了进一步的探讨，揭

① ［德］G. 西美尔：《社会学基本问题：个人与社会》，柏林、莱比锡，1917 年版，第 17 页。

② 贾春增主编：《外国社会学史》，中国人民大学出版社 2008 年第 3 版，第 73～76 页。

③ ［德］G. 西美尔：《社会学：关于社会交往形式的研究》，莱比锡，1908 年版，第 10～11 页。

示了社会交往的纯粹形式、它与行为纯粹形式的关系、它的产生和发展，以及随着对象特点的不同而发生的变化。作者把社会交往纯粹形式分为社会过程、社会类型、发展模式三类。社会过程是社会现象不依赖于具体实现过程的不变结构，如统治、服从等；社会类型是参加某种关系的人所具有的、不以某种具体相互关系为转移的特殊品质，即典型的角色行为，如穷人、达官贵人等的类型；发展模式包含着更复杂的社会过程，如群体的分化、社会组织基础向功能的转变及从外部机械的标准向更合理的标准的转变、社会的形式和内容的分离，以及自发形式的出现等。

西美尔特别强调社会学要研究各种社会交往的形式。不难看出，西美尔这种观点受到当时流行的新康德主义思想的影响。新康德主义企图从纯形式的立场考察历史科学的方法论和历史研究的逻辑，认为不同科学学科划分的根据不在于研究对象的内容，而在于研究对象的形式所具有的特征。西美尔将这一思想应用于社会学，提出社会学的研究就是"从各种现象中分出社会交往的要素……如同语法把纯粹的语言形式与这些形式赖以存在的内容分开一样"。[①] 西美尔被认为是采用形式主义方法解释社会，并由此确立了所谓"形式社会学"的第一人。

西美尔之所以强调研究人们相互作用的纯粹形式，是因为在他看来，人们之间社会交往和相互作用的具体内容是十分复杂的；如果不能从大量的社会现象中找到某些共同的形式特征，我们就只能描述这些现象，而无法深入研究复杂多样的社会现象。西美尔说："我们称之为形式的东西，以它所执行的职能来看是材料的统一，因为它克服了材料的各个组成部分互不联系

① ［德］G. 西美尔：《社会学基本问题：个人与社会》，柏林、莱比锡，1917年版，第 17 页。

的状态。作为这些部分的统一的完整性……同不具有形式或由别的形式构成的任何其他的材料相对立。”[①] 通过共同的形式，我们可以把现实中与内容不可分的形式分离出来，将几种内容的形式彼此联系起来，使得那些在具体内容上完全不同而在形式结构上相近的社会现象能够相互比较。西美尔从两个方面论证了这种形式。在现实中，像国家、民族、家庭、城市、贸易团体等，是人们相互作用的特定方式，大量相互作用构成了人类政治的、经济的、宗教的等性质不同的行为。虽然国家组织和宗教团体、经济组织和阴谋集团、艺术学校和家庭的行为在性质上是不同的，从形式上看却有共同之处。例如，封建宫廷的行为和现代工业公司的办公室的行为似乎没有共同之处，但如果从统治与服从这两种行为形式进行研究，则可以发现它们共同的基本模式。从历史方面看，尽管许多历史事件具有唯一性特点，一经发生便不会再重演，但历史事件都具有形式上的共同性。社会学家可以从构成历史事件的特殊性中发现这些事件形式上的共同性。所以说，形式是超越时间范畴的东西。

正是基于此种认识，西美尔认为，各门社会科学所研究的是社会的和历史的现实存在内容，如法律、政治、经济等，而社会学所研究的则是从这些内容中抽象出来的形式，或者说，研究社会中人们相互作用的交往形式。社会学如果要研究家庭关系，应当着重于家庭制度中的形式方面，如家庭的大小、人际关系的特点、交往的频率等，而不用去考虑家庭关系中所包含的政治、经济、法律和宗教内容。西美尔视社会学如同几何学。他说：“用这种方法认识社会中那些真正‘社会性’的东西——正如几何学确定空间事物构成其空间性的东西一样。社

① ［德］G. 西美尔：《康德：在柏林大学举行的 16 次讲演》，慕尼黑、莱比锡，1909 年版，第 64 页。

会学作为关于社会的学说……对于其他社会科学，正如几何学对于研究物质的物理、化学科学。它研究形式，一般物质就是通过这种形式变成经验物体的——这种形式本身当然仅仅存在于抽象之中，社会交往形式也是如此。无论几何学，还是社会学，都把研究这些形式的内容或总体现象的任务交给其他科学，而只考虑它们的纯粹的形式。"[①] 所以，人们才将西美尔的社会学称之为"形式社会学"。

西美尔并不认为形式就是一种独立的实体，可以没有内容简单存在。西美尔认为对有限的形式的分析有助于研究社会生活。形式和内容之间存在着多种联系。不同的社会现象可能具有相同的形式，也可能具有不同的形式；某一种社会现象中也都具有多种不同的形式。人们认为，西美尔所阐发的形式社会学，把社会交往中的日常事件作为分析对象，因而把社会学研究引导到日常生活相互作用的现象学研究上，成为日常生活社会学的先声。

人们注意到，西美尔在自己的著述中并没有列出一个关于社会形式的总的编目。显然这在实际上是做不到的。他指出了他认为比较重要的一些社会交往形式，如统治、服从、竞争、合作、党派、分工、亲密、疏远、权力变换，上层制度和下层制度，群体的外部界限和内部结合等。有文献用西美尔关于群体内个人之间互动形式的研究为例，对西美尔关于形式社会学的理论进行了展开阐述。

西美尔在谈及群体的数量方面时，分析了不同群体类型中的互动形式，揭示了不同数目的个人联合所出现的不同特征。他认为，一个只由两个人组成的群体，成员之间互动的形式特

① ［德］G. 西美尔：《社会学：关于社会交往形式的研究》，莱比锡，1908 年版，第 10～11 页。

征表现为：群体的生存取决于双方的直接合作，所以两人群体中不存在超个人的结构。而三个人结成的群体，就有可能出现新的互动形式。因为三人群体可以通过某两个人的结合，把意志强加给第三者，某个人有可能利用中间人的地位在群体中获得某种支配地位，如此等等。互动形式的更大差异主要表现在小群体与大群体之间。在上述两人、三人小群体中，互动形式的典型特征是直接的相互作用。此中相互作用的面比较宽，群体成员的参与程度较高，群体的维系和约束主要依赖主观的感情需要和习惯。而一旦群体规模超过了一定的限度，例如在五人以上的群体中，由于人数增多和功能变化就会产生复杂的相互作用关系，导致群体成员的相似性减弱。群体为了协调与控制群体的生存和发展，必须制定出各种分工和交换的制度，将群体成员之间的互动制度化。这样的结果一方面使群体的统一性得到加强，但另一方面，使得成员之间的互动而变得片面狭窄，距离加大，成员之间的互动很强地建立在客观的制度化结构之上。总之，关于群体类型变化导致互动形式变化的情况，概括起来说是：二人群体，互相依赖；三人群体，权威和支配地位出现；大群体，有了制度或法律。

西美尔强调，社会学家能够在不知道群体成员本身意识的情况下，事先根据互动形式指出构成群体的所有可能的关系，因为这就像熟悉象棋的步法规则一样推断人可能做出的反应。

在西美尔关于社会交往形式的研究中，对于“合作”与“冲突”这两种形式给予特别的注意。在他的《社会学：关于社会交往形式的研究》(1908) 和其他著作中，对社会冲突现象作了很多研究。这在社会学理论发展史上具有一定的影响。

西美尔认为，合作与冲突是人们社会交往的主要形式。在社会中，完全协调一致的群体是不存在的。在复杂和分化的社会里，人们都属于一定的群体，而在群体中生活的人们都具有一种"排他性"即竞争的本能。任何一个合作过程都同时伴随着与之相对立的冲突过程，社会本身就是一个包含着合作与冲突、吸引与排斥这样一些矛盾的统一体。将人们结合起来的力量和造成人们冲突的因素，是一个问题的两个方面。因此，在任何一种形式的社会合作中都同时存在冲突，完全和谐的社会合作是不存在的。人们相互之间的关系越是密切，他们之间的意见反而越容易产生分歧，不尽一致，感情越容易不融洽。在密切交往的社会关系中，爱和恨是同时存在的，这种密切关系建立在一种矛盾心理之上。例如，即使是只涉及两个人的密切关系也不能完全排除冲突。如果两个人之间的亲密关系是值得信赖的话，双方就不怕出现冲突。在经常的和密切的接触中，冲突本是不可避免的，因而真正的密切关系并不掩盖冲突；应允许冲突在一定条件下表现出来，从而避免冲突的积累。这样，反而会使相互关系得以真正维持。如果双方都总是竭力避免冲突出现，千方百计防止冲突表面化，这倒说明两人之间的关系还不够密切，双方还缺乏一种信任感和安全感，害怕冲突的出现会破坏原有的相互关系。因此，西美尔认为，不存在冲突的群体即使存在，也是没有生命力的，不可能有变革和发展。

西美尔对人们之间的冲突，究竟是出于妒忌、贪婪还是仇恨不感兴趣，也就是说，对冲突的动机不感兴趣，他所关心的是冲突的形式和冲突的功能。

西美尔认为，冲突可以划分为不同的类型。从冲突的现实性来看，可以将冲突分为现实的冲突和非现实的冲突。现实的冲突是为了解决问题。例如，由于某种利益而产生的冲突，目的是为了重新调整利益。非现实的冲突是为了发泄情绪，例如开始时，双方是为了争夺某物而发生冲突，但发展到后来，双方已忘记了冲突的初始目的，消灭对方成了目的。从冲突的范围上，西美尔将冲突分为四种类型：第一，群体内部的冲突，如群体内部的不合、仇视或派别、宗派斗争；第二，群体之间的冲突，即战争；第三，诉讼，即在法律范围内的以及通过法律、法庭解决的冲突；第四，非人格的思想冲突，与人们因争夺某些物质、获取占有权而发生的冲突相比，思想、观念上的冲突更为冷酷无情。西美尔进一步指出，群体内部冲突与群体之间冲突是有联系的；在和平状态时期，一个群体有可能允许一定程度的内部冲突存在，不压制成员之间的冲突；但如果这一群体和另外的群体发生冲突时，就会对群体内部的冲突加以限制，将群体内部的所有力量结合在一起，一致对外。对于一个国家来说，战争是解决内部矛盾的最好手段。而在群体和其他群体发生冲突时，为了加强群体的集中程度，一般容易出现独裁或战争。

西美尔不像大多数其他社会学家那样，把社会冲突看作是纯粹消极的东西。他认为，社会是冲突与合作这两种形式相互作用的结果。不仅相互合作对社会具有积极的意义，而且彼此冲突对社会也具有积极意义，冲突使均衡破坏，但它能给社会带来更为积极有益的结果。如果试图否认或逃避社会实际存在的冲突，倒有可能带来消极的后果。西美尔从多方面谈到社会冲突对社会过程的积极功能。

社会冲突对于群体和社会的整合具有积极功能。西美尔认为，在不断分化、日益复杂的社会里，群体的数目不断增长，以理性为标准的群体构成取代了以感情为标准的群体构成。当一个群体与外部发生冲突时，为了一致对外的需要，能促进群体内部的结合，使原有的内部矛盾得到解决。在一个社会系统中，各群体之间的相互冲突，可以促进各群体之间保持相当的独立性和一定界限，因而有利于保持整个系统各因素之间的平衡，使社会产生一定的分化和整合。社会是由相互交往的互动的个人组成的。对于群体中的个人来说，“排他性的本能”、冲突固然增加了人的异化，但同时通过冲突，又将个人联结在社会交往的网络之中。社会各部分之间和个人之间纵横交错的冲突，使各部分、个人之间更加紧密地联系起来，构成社会生活中不可缺少的因素，甚至是社会生活的精髓。

西美尔认为，社会冲突对于社会稳定具有积极作用。他讲，鉴于一定的矛盾和冲突在任何社会系统中都是随时存在的，因此，冲突的发生和表现有利于矛盾的解决或缓解，如同病人只有在病症显现之后，才有可能治愈一样。在充满矛盾和敌对情绪的情况下，冲突有助于不同观点和情绪的宣泄，反面的观点和情绪如果表现出来，可以使持有这种观点和敌对情绪的人在心理上得到安慰。如果将任何冲突或反对形式都取消的话，那么一般的冲突就有可能激化成尖锐的敌对行为，造成社会的大分裂和解体。由于冲突是建立在人们相互作用基础之上的，因而通过冲突的表现和解决，人们会建立一种新的相互作用关系，从而促进社会的变革和发展。西美尔的这一思想在后来的冲突论中，被发展为所谓“安全阀”机制，即社会应该允许不满情绪有一定的渠道和以一定的方式得到发泄，不能对凡是可能引起冲突的因素一概否定。这种不满情绪的发泄就像一个安全阀一样，可以缓解社会矛盾，没有这种安全阀，许多社会相互关系就不可能长久维持。

西美尔所提出的关于社会冲突的思想，被认为是西方社会学理论中的一个新的转折。[①] 西美尔对社会冲突积极作用的肯定与认识，具有一定的合理性。随着西方社会多种矛盾逐步激化，冲突理论已成为西方社会学中的主要流派之一。现代冲突理论的主要倡导者、美国著名社会学家科塞直接吸收了西美尔的有

---

① 参见［苏］H. H. 安东诺维奇：《资产阶级社会学理论批判》（上册），湖北人民出版社 1987 年版，第 72 页。

关思想。

西美尔不仅对于一般社会冲突给予很大的关注，而且还从更高的文化层次上，从一般文化形态的角度对资本主义的矛盾作了富有启发性的分析。

西美尔认识到，资本主义文化的根本矛盾，是文化的客观性与人的个性自由发展之间的矛盾。他认为，人类为了自身的发展和实现人类的目的，创造了物质产品、政治和经济制度、各种意识形态及包括科学、艺术和宗教等文化形态。但文化一经被人们创造出来，就获得一种客观性的特征，即它摒弃一切主观性和个体感受性，代之以纯粹的逻辑客观性。于是，在社会中出现了这样一种反常现象：人创造了文化，而文化按其所具有的客观特性，又与人的主观自由要求相对立。人们生活在一个需求和愿望都受到客观文化控制的社会中，文化的发展和人的异化成为现代社会不可分离的两个方面。这种文化矛盾在人类进化的各个时代都有所表现，而在资本主义社会形态中则表现得最为明显。

西美尔以货币经济的发展具体说明这种文化矛盾。西美尔认为，在资本主义社会中，货币处于统治地位，它是资本主义文化发展的主要结果，体现着资本主义社会现象的总和。货币是社会经济和劳动分工发展的结果。货币的出现，集中反映了文化的客观性。货币在任何情况下都不考虑感情，不接受主观的因素，任何人在原则上都可以使用。[①] 货币经济的发展，增强了理性主义的趋势，以至于时间都表现为一种货币价值。社会朝着越来越理性化和非个人化的方面发展，个人的选择性和价值在社会中越来越受到忽视。货币“本身和对其本身说，乃是

① ［德］G. 西美尔：《康德：在柏林大学举行的 16 次讲演》，慕尼黑、莱比锡，1909 年版，第 7 页。

物的价值关系的纯粹反映，它是任何个人都同样可以享用的，所有的人在货币关系上都是等价的，但这并不是因为每个人都有价值，而是因为任何人都不具有价值，只有货币才具有价值"①。西美尔认为，像货币这种客观等价物和万能交换者，给社会生活和社会交往带来很大变化和影响。

首先，西美尔强调，在各种类型的社会关系中，例如在所有者和被雇人员之间，当社会关系是建立在以货币为基础的强有力的契约关系之上，而不是像过去那样以服务和自然物为报酬形式时，个人之间关系原来带有的那种个性和感情因素就不再发生作用，一切以道德为基础的因素都遭到排斥。人们之间的相互作用过程和形式发生了变化，专门性、特殊性的关系不被接纳，物与物、人与人之间的量的不同代替了质的不同，量的抽象计算进入社会交换过程。每个人越来越依赖于别人提供的服务，但这又使个人越来越不依赖于某一具体的个人，货币成为人们之间相互作用的中介物。因而人与人之间的交往实际上成了物与物之间的交往。

其次，西美尔强调，货币的出现使得劳动者和劳动产品的分离成为可能。货币在空间上和精神上将劳动者与他的劳动产品分割开来，劳动产品变为独立于劳动者之外的某种存在物。劳动产品本是劳动者个人智慧和愿望情感的产物，但在货币经济中却丧失了内在的特性，仅仅成为劳动者谋生的手段。人们创造物质产品，需要科学、宗教和法律，原来是为了实现人自身的目的并获得自由的发展，结果人在自己的产品中不但不能发现自身，反过来受到自己创造物的压制和束缚。各种文化的客体越来越多地相互联系起来，而与人的个性和情感的联系却

① ［德］G. 西美尔：《货币哲学》，慕尼黑莱比锡 1902 年版，第 453 页。

日益淡漠。

另外，西美尔强调，人们之间的结合与相互交往，逐渐成为纯粹是为了有限目的的结合与交往，在此之前不必有任何联系。在社会分工不断发展的情况下，个人在社会职能方面取得了较高程度的专门化。这种高度专门化的个人就像一个自由原子，力图创造出一种有目的性的相互关系，斤斤计较和精于计算使整个社会关系都朝着非人格化的方向发展。

西美尔又强调，客观物质文化的发展，使个人总是在一个与情感相对立的理性世界中生活。客观文化以自己的固定形态和理性，始终处于和个人相对立的境地。在普遍的货币关系中，个人丧失了自己的特殊性，客观的物质文化越发展，人的个性和创造力就越衰退。这是人们社会交往关系和交往形式走向“毁灭”的标志。西美尔甚至将卖淫与货币相类比。他指出，卖淫和货币“它们在听任他人分派为某一种新的用场时的那种冷漠态度，它们抛弃任何一个主体时的那种轻率态度（因为它们与任何一个主体都没有真正的关系），它们作为纯粹的工具所固有的那种没有任何内心活动的物性，这一切都使我们不得不指出在货币和卖淫之间存在着本质的相似之处”①。

西美尔认为，正是在这种由货币所集中体现的现代文化矛盾的影响下，个人与社会的关系也表现为一种双重的关系，即个人必须在社会中生活而不能与它脱离，但同时又与社会相对立。个人在社会中生活，必然要处于社会关系的网络之中，结成一定的群体，直至组成国家。群体规模的扩大所带来的结构上的更新，与小群体比较起来，加大了个人之间的距离。现代组织和社会需要的是协调一致的目的和行为。但是这种集中和

① ［德］G. 西美尔：《货币哲学》，慕尼黑莱比锡 1902 年版，第 414 页。

专门化是以牺牲个人的丰富性为代价的，它只需要个人的特殊发展，限制个人出自内心的自发行为和自由发展，个人之间距离的加大同时使人感到他人是一种疏远和异己的力量。个人只是在社会联系之外，才能找到真正的自由，而这又是不可能的。因此，个人在现代资本主义文化体系中地位的特征是对社会的疏远和异化。

西美尔认为，现代资本主义的这种矛盾是无法解决的。人类理性和客观文化的进步是必然的。社会发展的要求和社会分化的扩大，势必导致专门化和理性化，小群体到大群体，由封闭单一到开放和复杂多变的社会关系，它们都是人类文化发展的客观结果。人们虽然感到文化客观性的压抑，但又不得不接受它。在这种状态下，个人的发展只能是畸形的。

西美尔对资本主义的货币交换关系和资本主义文化矛盾的研究，在西方社会学发展史上，对其之后的许多人有所启发。与此类似，后来桑巴特的《现代资本主义》、韦伯的《新教伦理与资本主义精神》等著作，都试图从一个新的角度解释"资本主义文化精神"。也有人讲到，西美尔的分析有重大的缺陷，他不是直接对资本主义的工业化过程进行研究，而是通过货币说到文化现象作间接的说明，他的分析常常是不明确的。

西美尔去世之后，他的大部分著作逐渐被人遗忘。社会学界往往这样认为，他的著作中的思辨性和历史哲学色彩与后来社会学向经验研究的转变已不相适应。20 世纪 30 年代的德国，只有维泽系统继承和发展了西美尔的形式社会学思想，构造了一个庞大的、缺乏具体内容的形式社会学体系。后来在美国，西美尔的若干著作被翻译出版，得到宣传。当然，美国社会学家并不是对西美尔的形式社会学理论感兴趣，他们对西美尔的兴趣主要集中在西美尔对城市、群体变化、社会冲突和社会生态学方面的研究。

第二次世界大战结束以后，西美尔的思想在西方社会学界重新受到重视，有大量研究西美尔的著作，西美尔的声望日隆。研究者认为，这主要因为，虽然西美尔没有创造出完整的社会学体系，但他对现代资本主义社会的许多研究是有相当深度的。当代西方社会学许多理论观点，都可在西美尔那里发现最早的阐述，例如符号互动理论、结构功能主义方法，特别是社会冲突理论。当代冲突论的主要人物科塞的代表作《社会冲突的功能》，其中的主要概念和命题大都是从西美尔那里发展而来的。西美尔的著述和一生命运，正像他在自己去世前的日记中所写的："我所留下的那份遗产就像一张已兑换的支票，钱给分掉了，于是每个人把他分得的那一部分投入符合他禀性的那个事业中去，但是他却忘了他应该为这份遗产做些什么。"学界注意到，这种情况现在已有了改变。①

关于西美尔学说的历史地位，将其放到社会学史中可以看到，该学说之所以被归结称之为"形式社会学（formal sociology)"，原因在于，其作为19世纪末形成的关于社会学的一种思潮并形成一个重要派别，很大特点在于，主张社会学对社会现象的研究可以集中研究社会交往关系的形式，而忽略其内容。形成这一主张或传统的主要代表人物，曾有德国社会学家F. 腾尼斯，后在G. 西美尔那里集大成，进而L. Von维泽本着这种精神对此延伸提出关系社会学。

有文献这样综述：在西美尔之前的费迪南德·腾尼斯（1855—1936）是德国社会学的创始人之一。在西方社会学史上，他以围绕"公社"和"社会"两个概念建立起来的社会学体系而著称。腾尼斯提出"社区"（又译共同体）和"社会"两

① 贾春增主编：《外国社会学史》，中国人民大学出版社2008年第3版，第76～85页。

个概念，认为“社区”是通过血缘、邻里、朋友关系建立起来的人群组合。它由其成员的嗜好、习惯、道德规范、审美价值等本质意志所决定。成员依靠共同的群体意识来保持其亲密的自然关系，而不计较个人的利益。“社会”是靠人的理性权衡即选择意志建立起来的人群组合。它的成员各有其目的，由人的选择意志所决定。“社会”成员因利益不同而决定其分工的差异，他们虽然相互依赖，但由于各自的利益冲突而丧失了自然的亲密关系。腾尼斯对“社区”与“社会”的关于社会结构一般形式的分析，树立了社会形式（理想类型）研究的范例。

到西美尔，则进而认为，社会学应该脱离社会关系的具体内容，专门研究社会关系的形式或人类交往的形式。社会关系产生于一定的社会条件，社会条件虽有不同，但形式却具有共同性，统治、顺从、竞争、交换、模仿、冲突、协作、分工、隔离、联合、接触、反抗，以及派别的形成、社团的持续、社会分化与整合等都可以看成是社会关系的一般形式。事物的形式与内容结合的密切程度有所不同，人的行为的形式，如交换、个人爱好、模仿等同内容结合密切，变化较快；经济组织与政治活动的形式，与内容结合程度较低，其固定性较强，变化较慢；结合最不密切的是仪式形式如节日，经常脱离其原来内容而称为一种抽象形式。

后来维泽提出了关系社会学。他认为，社会学是研究人与人之间关系的科学，人与人之间的交互行为构成社会关系与社会结构。关系社会学着重于关系的变化，认为社会关系不是社会有机体论所想象的实体或有机整体，而是在时间、空间中变化发展的。变化的过程由人与人之间的联合、接近、适应、同化、调和、分离、竞争、反对和冲突等关系形成；这种人与人的关系的变化也受到人的外在条件的制约。关系社会学考虑到人的行为与外界条件的关系，比较注重实际的社会关系，在一定程度上完善了形式社会学的理论。

形式社会学对以后社会学各学派重视研究人际关系和群体之间关系产生了重要影响。当代的形式社会学已转化为群体网络关系分析的学说，并借用数理统计知识建立起各种严格定量操作的形式模型。[①]

学界之人往往这样评论：西美尔形式社会学的思想在社会学发展史上占有一定的位置。他从方法论和研究对象角度上对社会学作出了有启发性的界定，对社会学研究专门化起到积极的推动作用。但形式社会学的具体研究却很少被后来的社会学家所继承。后来的社会学家之所以对齐美尔形式社会学的兴趣不大，主要原因是因为西美尔对于形式的特别强调，走到了他所提出的形式类型在很大程度上脱离了这些形式关系所具有的社会的、经济的和政治的内容。因为很显然，西美尔的形式社会学虽然论及了形式和内容两个方面，但他在更多的情况下并不把人们的相互作用看作是社会的实在，而仅仅看成是一种社会过程，是“某种发挥作用的、使个体不断感受的东西”[②]。由本书的视角看过去，西美尔毕竟将目光关注到了人的行为形式，这是区分了逻辑行为和非逻辑行为的人的社会行为形式，这为后来的社会学更突出地关注社会行为形式开了先河。所以他的社会交往形式理论被许多人认为是社会学社会行为理论及结构功能主义和符号互动主义的先驱。

（三）涂尔干：“一切行为方式”即“社会事实”。

埃米尔·涂尔干（Emile Durkheim，又有人译迪尔凯姆或

---

① 参见《中国大百科全书（社会学）》，中国大百科全书出版社 1991 年版，第 444～445 页。

② ［德］G. 西美尔：《社会学基本问题：个人与社会》，柏林、莱比锡，1917 年版，第 16 页。

迪尔克姆、杜尔克姆，1858—1917)，生于法国孚日省埃皮纳尔一个小城镇的犹太教士家庭，曾一度改信天主教。他青年时代关注道德和社会整合，提倡实证科学。1879—1882 年，涂尔干就学并毕业于巴黎高等师范学校哲学系，深受历史学家库朗热和哲学家布特鲁的思想影响。1882—1887 年，执教于省立中学期间，曾赴德国留学一年，修习教育学，哲学，伦理学，熟悉腾尼斯、西美尔的社会学说和冯特的实验心理学，并深受启发和影响。1887—1902 年，执教于波尔多大学，并在那里筹建了法国第一个教育学和社会学体系，是法国任命的第一位社会学教授。其 1898 年创办《社会学年鉴》，1902 年后执教于巴黎大学，并使社会学终于在这个法国最负盛名的教育机构中得以公开地建立。1917 年 11 月 15 日，涂尔干在饱受老年丧子的痛苦中逝世于巴黎。

涂尔干著作主要有：《社会分工论》(1893)、《社会学方法的准则》(1895)、《自杀论》(1897)、《宗教生活的基本形式》(1912)、《道德教育》(1902—1906)、《原始分类》(1903 与莫斯合著)、《社会主义》(1928)、《社会学和哲学》(论文集，1898—1911) 等。

涂尔干毕生致力于将社会学建设成为一门完整严密的实证科学，他认为，要实现社会学科学化的目标，首先应当确立社会学的独特研究对象和相应的研究方法。

涂尔干认为，能否具有仅仅为社会学所研究的特殊对象，是其成为一门独立学科所必备的基本条件。他指出，社会学的研究对象是社会事实（或社会现象)。

何谓社会事实？涂尔干强调，即“行为方式”。他说明道：“一切行为方式，不论它是固定的还是不固定的，凡是能从外部给予个人以约束的，或者换一句话说，普遍存在于该社会各处并具有其固有存在的，不管其在个人身上的表现如何，都叫作社会事实。”[①] 在涂尔干看来，阐释和完善对社会现象即社会事实进行科学研究的程序和方法，是确立社会学这门学科所做的一项重要工作。涂尔干在这方面的工作成果集中反映在《社会学研究方法论》一书中。涂尔干在此书中明确指出，在他那个时代人们对社会现象尚缺乏真正科学的认知态度和研究方法。“人们仍然不习惯科学地看待社会现象。……社会学者仍然习惯按照以往的方法去处理各种问题，对社会学应该遵循的基本方法没有展开充分的讨论”[②]。

涂尔干强调，社会学是以社会现象作为研究对象的科学，因此，“在讨论什么方法适用于研究社会现象以前，必须首先明确哪些现象才是我们所称的‘社会现象’”[③]，即“社会事实”。

首先，涂尔干指出，人们通常将社会现象一词用来表示社会中所发生的一切现象；按照这种说法，所有关于人类的事情都可以称得上是社会现象；如果这样来理解社会现象，那么社会学就不可能有其专门的研究对象和目的，它的研究领域就会跟生物学和心理学等学科相混淆。涂尔干认为，在社会中其实存在着一种确定的团体现象，“这些现象不同于有机体的现象，后者是通过某些形态和动作表现而存在的。它们也不同于心理的现象，心理现象只存在于个人意识之中和通过个人意识表现出来。总而言之，这些现象具有一种新的性质，只有用‘社会的’一词可以表明这种性质和它的含义。因为个人不可能有

① ［法］迪尔凯姆：《社会学方法的准则》，耿玉明译，商务印书馆 1995 年版，第 34 页。

② ［法］涂尔干：《社会学研究方法论》，胡伟译，华夏出版社 1988 年版，法文第一版序言第 1 页。

③ ［法］涂尔干：《社会学研究方法论》，胡伟译，华夏出版社 1988 年版，法文第二版序言第 4～5 页。

'非有机体'和'非心理'的现象，只有社会才具有这种现象"[①]。

其次，社会现象是独立于个人的特殊现象。这样，作为社会现象的社会事实对个人具有约束力。社会事实"不仅存在于个人意识之外，而且具有一种必须服从的，带有强制性的力量，它们凭着这种力量强加于人，而不管个人是否愿意接受"[②]。当个人把社会事实内化为个人自己的意愿时，这个人往往不会感到这种强制性；但是，一旦个人不愿接受社会事实的引导而严重地违反它，那么其强制性将会正式地（如逮捕）或非正式地（如舆论谴责）表现出来。涂尔干说，这来自于它的集体性："它之所以是普遍的，是因为它是集体的。"[③] 涂尔干区分了两种类型的社会事实：一是属于行为方式的生理学事实，如集体意识；二是属于集体存在方式的形态学（或解剖学）事实，如社会基本要素的数量和性质、这些要素的结合方式和联结程度、人口的地区分布、住房和交通道路的格局等。涂尔干强调，"构成社会现象的是集体性信仰、倾向和守则。那些名义上为集体的而实际上仍然属于个人性质的形式，也不能称为社会现象"[④]。每个人都会有思想，但每个人的思想总合起来却并非就成为社会现象。只有当某种思想经过许多人的共同加工，成为一种集体思想时，它才能够成为社会现象。社会既然是由无数个人组

① ［法］涂尔干：《社会学研究方法论》，胡伟译，华夏出版社 1988 年版，法文第二版序言第 4～5 页。

② ［法］迪尔凯姆：《社会学方法的准则》，耿玉明译，商务印书馆 1995 年版，第 34 页。

③ ［法］迪尔凯姆：《社会学方法的准则》，耿玉明译，商务印书馆 1995 年版，第 30 页。

④ ［法］涂尔干：《社会学研究方法论》，胡伟译，华夏出版社 1988 年版，法文第二版序言第 7 页。

成的，正如在自然界中由不同原子组成物质但这又具有与组成它的那些原子完全不同的性质一样，“构成社会的这种特殊综合产生了与个人意识现象完全不同的新现象”。[①]

进而，涂尔干通过对社会分工、自杀现象、宗教现象以及教育现象的具体研究，为现代社会学提供了诸多经典性的研究范例，推动了相关领域中社会学研究的开展。

涂尔干把由劳动分工状况所决定的功能（或职能）关系视为全部社会关系的基础。涂尔干从功（职）能关系角度出发将现代社会理解为工业社会，侧重于从劳动分工的发展所引起的功（职）能关系转型这个方面来对现代性进行描述、诊断和分析。这一从社会的功（职）能关系出发来描述和分析社会结构和社会变迁过程的做法，实际上也成为日后西方主流社会学的基本理论视角。涂尔干在《社会分工论》一书中对劳动分工的发展及其所引发的社会转型过程的研究，涉及社会学理论，也涉及经济社会学、法律社会学、伦理社会学、劳动社会学、越轨社会学、社团研究等不同领域，因此，它在为社会学提供经典理论体系的同时，也推动了相关分支社会学科的形成和发展。

美国约翰·J. 麦休尼斯主编的《社会学》（第 11 版）这样认为，对涂尔干来说，社会变迁的关键是不断扩张的劳动分工，或者专门化的经济活动。韦伯认为现代社会专门化是为了变得更加有效率，而涂尔干则如此理解，即现代社会的成员为了他们日常所需的商品和服务依靠其他成千上万的人，而且大多数是陌生人。作为现代社会的成员，我们现在越来越依赖于那些我们越来越不信任的人。为什么我们会依赖那些我们根本就不熟悉而且信仰也和我们不同的人呢？涂尔干的答案是“因为我

① ［法］涂尔干：《社会学研究方法论》，胡伟译，华夏出版社 1988 年版，法文第二版序言第 6 页。

们离开他们就无法生存"。因此社会不是依靠普遍一致的道德，而是更大程度地依赖于功能性的相互依赖，里面包含了我们可能所称的"涂尔干困境"：现代社会更大的个人自由空间和科技力量是以社会道德败坏和失范现象不断增加为代价的。涂尔干担心社会的走向，而涂尔干又是乐观的。他看到，与小镇相比，大而匿名的社会给人们更多的自由和隐私。失范仍然是一个危险，但是涂尔干希望能制定法律和道德标准来规范人们的行为。①

涂尔干在《自杀论》一书中所作的研究不仅推动了自杀或越轨社会学的形成和发展，而且在运用统计数据来对社会现象进行定量分析方面也为人们提供了一个经典的研究范例。

《自杀论》是涂尔干著名的作品之一。在某种程度上可以说，这本书是涂尔干运用他自己在《社会学研究方法论》一书中所阐释的科学研究方法来研究一个具有重要道德意涵的社会问题的典型范例，涂尔干对社会现实的道德关怀和他对社会学研究方法的科学主张，在这本书中得到了很好的结合。

在涂尔干自己看来，他一生的社会科学研究活动围绕着运用科学的研究程序和方法来对当时西方发达国家中出现的社会危机进行研究，以发现产生这些危机的原因并找出能够有效地消除这些危机的办法。自杀率的普遍上升是19世纪西方国家社会危机的重要表征之一。运用科学方法对自杀现象进行深入、具体的描述和分析，探讨防范自杀现象的有效措施，是他进入其研究课题的有效切入点之一。涂尔干认为，通过对这样一个具体问题的研究，不仅可以对这一具体问题本身的产生原因和解决措施有所发现，"甚至还可能提出一些有关欧洲社会现今正

① ［美］约翰·J. 麦休尼斯：《社会学》（第11版），风笑天等译，中国人民大学2009年版，第132页。

经历着的全面的失调现象的原因，同时还可能开出救治的药方。人们不会相信一种普遍的现象只能通过总体概括加以解释。它可能与某些特殊的原因有关，而这些原因只有通过对能够表现他们特征的现象进行悉心研究才可能确定。如今存在的自杀正是我们普遍的精神痛楚传播的方式之一；因此，它将帮助我们了解它”[①]。这是涂尔干研究自杀现象的一个重要动机。再就是，涂尔干之所以研究自杀现象，是要通过具体分析自杀现象，来贯彻和验证他的方法论原则，为社会学家考察社会事实提供一个标准的实证研究范例。他说：“集中地研究这一题目，我们可以发现真正的规律，从而表明社会学比其他思辨的论证更具有揭示事物本质的可能性。”[②]

人们通常将自杀定义为行为者自身完成的主动或被动的死亡行为。涂尔干认为，根据这一界定，自杀似乎纯属个人行为，对它的揭示可由心理学来完成。涂尔干强调，这一定义不能有效地将自杀与一般死亡区分开来，因为行动者的自我受害致死，并没有排除那些由幻觉所导致的死亡。他指出，一种行为不能仅仅以其结果来定义，还应注意行为者的动机。由此原则，涂尔干将自杀定义为：“任何一桩直接或间接导源于受害者自身主动或被动的行为，且受害者知道这一行为的后果的死亡事件。”[③]涂尔干认为：“如果我们不是将自杀看作与其他事物无关的、孤立的、可以单独加以研究的事件，而是将一定时期内发生在一定社会中的自杀现象作为一个整体来研究，那么自杀并不再显示孤立的个人现象，就其本质来说，它具有社会性质，是一种

① ［法］涂尔干：《自杀论》，钟旭辉等译，浙江人民出版社1989年版，第3页。

② ［法］迪尔凯姆：《自杀论》，冯韵文译，商务印书馆1996年版，第3页。

③ ［法］迪尔凯姆：《自杀论》，冯韵文译，商务印书馆1996年版，第9页。

社会现象。"[①]

按照涂尔干的定义，一件死亡事件是否属于自杀事件，要看它是否符合以下要点：①死亡是否导源于死者本身的行为。只有导源于死者本身行为的死亡才属于自杀行为。这里所谓"死者本身的行为"，可以是主动的（例如为了殉道而跳海），也可以是被动的（例如为了避免破产而跳楼）；对死亡这一结果的作用可以是直接的（殉道者自己直接跳海），也可以是间接的（殉道者故意犯下叛教大罪后被处死）。②死者在实施导致自己最终死亡的行为时是否明确知道自己行为的这一后果。只有死者在实施时明确知道会导致自己死亡的那些行为才属于自杀行为。因此，如果"某人从很高的窗户上跳下去，自己还以为是在一层楼"，由此导致的死亡就不能叫自杀。同样，动物的一些表面上看类似自杀的行为实际上也不属于真正的自杀，因为动物根本没有能力知道自己行为的后果。

涂尔干认为，从表面上看，自杀是一种个体行为，它的发生取决于个体性因素，因而人们往往认为它只属于心理学的研究范畴，试图用性格、脾气、经历和个人生活史来解释自杀行为；然而，如果不是孤立地来考察单个的自杀者，"而是将一定时期发生在一定社会中的自杀现象作为一个整体来研究，我们会发现这个整体并不是一些孤立事件的简单集合，相反它本身就是一个自成一体的新事物，有着自己的整体性，自己的个性，甚至于自己的本质特征。而就其本质来说，它具有社会性质"[②]。为了更好地揭示自杀现象的这种社会性质，涂尔干提出了自杀率的概念。所谓自杀率，是按照上述标准被确定为自杀死亡的

① ［法］迪尔凯姆：《自杀论》，冯韵文译，商务印书馆1996年版，第14页。

② ［法］涂尔干：《自杀论》，钟旭辉等译，浙江人民出版社1989年版，第8页。

人数占其所属的统计群人口（一国或一地区总人口、性别总人口、某年龄段人口等）的比例。涂尔干指出：“在不同的历史时期，每个社会都有特定的自杀倾向，这种倾向的烈度是由自愿死亡的总数与各个年龄段及不同性别的人口之比来衡量，我们把这种数据称为所研究社会的典型的自杀率。它一般按10万或100万人口的比率来统计。”① 在涂尔干看来，社会学家的任务就是在自杀率变化与社会环境之间建立起联系，把自杀与自杀率区分开来。不过，二者之间的联系亦很重要，一般来说，在总人口基本不变的情况下，自杀人数越多，社会自杀率就越高，反之亦然。社会学家主要研究作为社会现象的自杀，即社会自杀率的变化。

在涂尔干看来，每一社会群体的自杀行为的倾向既不是由个人的“生理一心理”构成，也不是由外界物理环境的状况来解释，它取决于社会因素。引起自杀行为的社会因素是多方面的。如何确定某一社会因素同自杀行为的实际关系，这是先要解决的问题。涂尔干认为自杀行为有各种不同的社会类型，适当地区分这些类型是寻找自杀行为具体原因的前提。“我们不直接按照其原始记录的特点来划分，而是通过造成它们的原因来划分。我们无需询问它们为何不同，只需首先找出造成自杀的社会条件，然后根据其异同将这些条件划分成不同的类别。由此，我们可以肯定地说某一特殊的自杀类型将与这些类别中的某一种相吻合。”② 这样，预先确定自杀的原因和条件又成了划分自杀类型的前提，陷入两难的矛盾境地。涂尔干认为解决这一矛盾的关键，在于要理解作为分类前提的原因和作为分类研究结果所得的实际原因的本质差别。对于分类前提原因的确定，

① ［法］迪尔凯姆：《自杀论》，冯韵文译，商务印书馆1996年版，第16页。

② ［法］迪尔凯姆：《自杀论》，冯韵文译，商务印书馆1996年版，第121页。

可借助于统计法的帮助，找出与不同自杀相关的社会现象，然后以这种相关联系为基础对自杀作出分类。涂尔干特别提醒人们注意，这种预先设定的原因仅仅是为便于研究分类而用，不能代替实际原因的探索。根据上述原则，涂尔干将由社会原因所导致的自杀分为利己型自杀、利他型自杀、动乱型自杀和宿命型自杀等四种类型。

涂尔干认为，利己型自杀的主要社会原因是低度的社会整合及由此而来的个人主义膨胀。涂尔干分别从集体意识和社会组织结构两方面入手分析了利己型自杀的原因。在集体意识方面，他分析了宗教的作用，列举了在新教、天主教和犹太教的不同影响下自杀率的变化。在自杀者中，新教徒所占比例明显高于天主教徒和犹太教徒，他认为这种自杀现象的不同表现与宗教所提供的社会团结力量的大小有关。天主教和犹太教教义和仪式具有古老的传统体系，拥有比新教更高的维系集体精神的力量。因此，天主教和犹太教宗教团体具有较强的团结性和较高的整合度，其自杀率也较低。相反，新教批判古老的传统信仰体系，把对神的信仰建立在肯定个人存在意义的基础上，从而突出强调了个人的独立自由精神，这种个人主义精神势必会损害整个社会的团结，易于导致自杀的增多。[①] 此外，涂尔干以家庭为例来说明社会组织对于个人独立性的影响是导致利己型自杀的另一重要原因。他指出，统计数字表明，已婚者与未婚者和鳏寡者相比，前者的自杀率高于后者，在已婚者中，没有孩子的夫妇比有孩子的夫妇有更高的自杀率。这说明家庭组织能加强人们社会团结的纽带，从而抑制利己型自杀率的增长。

涂尔干指出，与利己型自杀不同，利他型自杀并非由个人

---

① ［法］迪尔凯姆：《自杀论》，冯韵文译，商务印书馆 1996 年版，第 123～143 页。

对社会的疏离所造成的，而是在社会组织高度聚合和社会整合力量过强的状态下产生的，它是个人对集体的牺牲。这种自杀类型主要存在于集体意识强烈的低级社会和现代社会的军队中。例如，军队中那种崇尚荣誉、勇于为集体献身的军事精神，促进了利他型自杀的产生。由于利他型自杀对社会影响不大，因而不构成自杀研究的主要课题。①

涂尔干将由社会失范导致的自杀称为动乱型自杀（或失范型自杀）。对这种自杀的原因分析，可从社会结构和社会组织两方面着手。他提出，人们能够生活仅仅是由于他的需要与满足需要的手段是和谐一致的。而社会经济危机会破坏这种和谐，出现价值迷失的社会失范状态。它威胁个人的生存，使个人无法实现自我，从而导致自杀的增多。除了社会失序之外，个人生活秩序的破坏也会导致动乱型自杀。例如由离婚引起的家庭秩序的破坏，亦会促使人走上自绝的道路。②

涂尔干把与动乱型自杀相对应的称为宿命型自杀，这种自杀之所以会发生，乃是集体力量对个人的超强控制以及个人无法忍受“过多的限制”所造成的“自杀者多是被严律苛法无情断送前途、压制情欲的人们，如年轻的丈夫、无子女的妻子等”。③

最后，涂尔干概括了自杀的一般社会原因。他强调自杀同自然环境和个人的生理心理联系较少，它主要为社会整合、道德秩序等社会事实所决定，与社会的集体性倾向相呼应。当社

---

① ［法］迪尔凯姆：《自杀论》，冯韵文译，商务印书馆1996年版，第194～219页。

② ［法］迪尔凯姆：《自杀论》，冯韵文译，商务印书馆1996年版，第220～258页。

③ ［法］迪尔凯姆：《自杀论》，冯韵文译，商务印书馆1996年版，第259页。

会整合度较低时，利己型和失范型自杀率就高；当社会整合度过高时，在某些条件下，利他型和宿命型自杀率就高。换句话说，利己型和失范型自杀率与社会整合程度成反比关系，利他型和宿命型自杀率与社会整合成正比关系。①

涂尔干指出，自杀现象和稳定的自杀率是社会的正常状态，只有迅速多变的自杀率才是社会反常状态的反映。他提出了预防自杀的措施，认为镇压手段和教育对预防利己型自杀的效果有限。只有加强集体的统一性，使个人被置于集体的保护之下，才能有效地预防利己自杀。而具有这种功能的集体既不是政治团体（它远离个人），也不是宗教团体（其社会化是通过剥夺思想自由的形式进行的），只可能是职业团体，因为它是联系个人和社会的桥梁，能为个人的生活和安全提供保护，形成一种类似于集体意识的职业道德，从而限制因失去社会支持和生活目标而造成的自杀。②

人们分析说，自杀虽然是个人行为，却具有一种无可否认的社会性质。无论是何种类型的自杀，本质上都是由于某种社会原因（与个人主义的兴盛相随的社会整合不足、与利他主义相随的社会整合过度、与社会进步相随的秩序瓦解等）而造成的。各种各样的个人因素顶多只是直接促发自杀行为的导火索，而非影响自杀率的根本因素。由于上述几种社会因素事实上也是各种社会自身存在的一些必要条件（例如个人主义的兴盛和社会控制程度的相对降低是现代社会的必要条件，利他主义的强化和高度的社会整合是传统社会的必要条件等），因此，在任

① ［美］约翰逊：《社会学理论》，南开大学社会学系译，国际文化出版公司1988年版，第241页。

② 侯钧生主编：《西方社会学理论教程》，南开大学出版社2010年版，第50、52～55页。

何时候就总是会有一定数量的自杀现象存在，一定程度的自杀率是社会的正常现象。

涂尔干又指出，欧洲主要国家中存在的高自杀率是一种不正常的现象。它在50年的时间内就在不同国家里增长了三四倍甚至5倍。如此迅猛发展的自杀现象不能不说是一种病态现象，它不是源于正在形成的文明本身，而是源于一种伴随文明脚步但又不是文明发展之必要条件的病态状况。这种病态的自杀现象和正常程度上的自杀不一样，它对文明社会构成了一种日益严重的威胁，必须采取一些有效措施来医治这一痼疾。

那么，怎样才能消除这样一些不正常的自杀现象呢？涂尔干根据前面对自杀行为原因的分析，指出单纯依靠加重惩罚或加强人格教育等措施都不会有太大的效果。涂尔干认为，19世纪欧洲主要国家中自杀率的变态上升主要是由于个人主义过度发展、社会整合程度过度降低导致利己型自杀过度增加所致。因此，要消除这种不正常的自杀现象，关键的措施就是要在新的社会条件下重建新的社会整合。他说："利己型自杀源自这样的事实：社会并非一切都完美无缺、协调一致，社会并不是在每一个领域都能把其成员统一起来。如果利己型自杀过度增加的话，那就是因为这种自杀所赖以产生的思想状态超出了某种限度的缘故，那是由于社会已经混乱，完全逃脱它控制的人太多的缘故。因此，防治这一病根的唯一方法是恢复社会组织的统一性，使它能把个人紧密地团结在自己的周围，使个人产生依恋集体的感情"；"这样，个人就不会在他自己本身中去寻找行动的目标。……生活才会恢复意义"。①

什么样的团体才适于完成这样一项重建社会整合的任务呢？

① ［法］涂尔干：《自杀论》，钟旭辉等译，浙江人民出版社1999年版，导言第325页。

涂尔干认为，首先，它不能是国家这样一种政治团体。因为，"在今天"的"现代化国家里"，政治团体严重脱离个人，因而无法对个人产生强烈和持续影响"。其次，也不能是某种宗教团体。因为宗教的作用全在于它对教徒的高度控制力，而宗教在今天已经多数没有这种力量了。再次，也不能是家庭。因为今天的家庭结构已经发生了很大的变化，刚形成就由于子女的离开而发生破裂，最后往往只由夫妻二人组成，因而不再能起到传统家庭的那种整合作用。涂尔干认为，在现代社会条件下，唯一能够担当重建社会整合作用的团体就是职业团体。[①]

在社会学界，涂尔干的自杀论被认为是社会学实证研究的典范，他对自杀的分析揭示了自杀现象的社会原因，推动了对越轨行为的社会学研究。尽管后人对其所使用的统计资料的价值和所确定的相关关系的有效性以及他对社会学与心理学的评判有所质疑，[②] 但《自杀论》仍不失为社会学研究的重要之作。

在涂尔干的著述中，特别是在其后期著作中，关于宗教及宗教崇拜之起源与功能的探讨占有十分重要的位置。

涂尔干认为，宗教崇拜的对象是社会，来源于集体意识，是象征性符号的表达。既然所崇拜的对象是集体意识使它成为崇拜对象；那么宗教的功能是创造和保持社会的凝聚力，因为其象征性符号使社会团结的集体意识成为每个人的共识，这起到一种规范社会、整合社会、维持和加强社会团结的作用。从这一观点看宗教，那么就得认为即使社会文化达到高级阶段，宗教系统的功能仍然需要，那时是否称其为宗教只是一种语义

① 杨善华、谢立中主编：《西方社会学理论》（上卷），北京大学出版社 2005 年版，第 151～152 页。

② ［法］雷蒙·阿隆：《社会学主要思潮》，葛志强等等译，华夏出版社 2000 年版，第 231 页。

上的问题。

涂尔干认为，从原始宗教就包含着宗教生活最具特征的要素，研究它“可以发现一般宗教的构成要素”[①]。涂尔干指出，对自然和神灵的崇拜只是宗教的表现形式，宗教的根本特征和真实本质在于它将世界区分为神圣事物和世俗事物。神圣事物成为崇拜对象，作为象征性的符号表达，被赋予禁忌性和权威性，是人们爱和理想的寄托，因此，它是强制（禁忌）、尊重（权威）和爱的来源。神圣事物体现集体的力量、它把集体意识灌输到个人意识中去。很显然，社会具备这种神圣性。相反，世俗事物则与人们的日常生活联在一起，相对于神圣事物而言，它是卑下的、现实的和个人的。神圣事物和世俗事物相互独立，二者之间有不可逾越的界限，要超越这一界限必须举行一定的仪式活动，如成丁礼、出家仪式等。在涂尔干那里，宗教区分神圣世界和世俗世界实际上是规定社会和个人的关系，宗教的神圣性就其本质而言就是社会力量的体现。[②]

涂尔干将神圣性视为宗教的根本属性，把与神圣事物有关的信仰和仪式视为宗教的第一构成要素。宗教信仰表达了神圣事物的性质、神圣事物之间及其与凡俗事物之间的关系，仪式则规定了人们在神圣事物面前应该具有怎样的行为举止。“当一定数量的神圣事物确定了它们相互之间的并列关系或从属关系，并以此形成了某种统一体，形成了某个不被其他任何同类体系所包含的体系的时候，这些信仰的总体及其相应的仪式便构成

① ［法］涂尔干：《宗教生活的基本形式》，渠东译，上海人民出版社 1999 年版，第 8 页。

② ［法］涂尔干：《宗教生活的基本形式》，渠东译，上海人民出版社 1999 年版，第 54 页。

了一种宗教。"[①]

涂尔干强调，关于宗教的根本特征在于把全部事物区分为"神圣事物"和"凡俗事物"两大类并以绝对异质性来看待它们之间关系的这种观点，对于我们以何种方式来探讨宗教的根源与功能问题具有重要的引导作用。"假如我们认为，只要赋予神圣事物以更为强大的力量，我们就可以借此将神圣事物与其他事物区分开来，那么，人们如何想象这些力量的问题就变得非常简单了：我们只需要解答，究竟是些什么样的力，可以借助其超乎寻常的能量，将人类的想象力强劲地激发出来，使人足以产生宗教情感就够了"。像泰勒、斯宾塞或缪勒一类的学者，要么以原始人在梦幻中的奇异经历、要么以大自然在原始人面前展现出来的奇异力量来解释宗教情感的产生。泰勒、斯宾塞等人认为，宗教起源于原始人对梦魂曲解的"泛灵论"，起源于人们将自然现象无意识人格化的"自然崇拜论"。[②] 涂尔干指出，人和自然现象本身并不具有神圣性，宗教的神圣性信仰来源于群体的生活，无论是个人内在的心理活动还是外在的自然力量，都不能单独成为宗教产生的基础；对于宗教的起源和宗教的本质，应注重从社会现象中寻找解释。

涂尔干指出："正如我们试图证明的那样，如果神圣事物不同于凡俗事物，如果神圣事物在性质上不同于凡俗事物，如果两者具有截然不同的本质，那么问题就要复杂得多。我们必须首先试问，究竟是什么东西能够使人们把这个世界看成是两个

① ［法］涂尔干：《宗教生活的基本形式》，渠东译，上海人民出版社 1999 年版，第 47 页。

② ［法］涂尔干：《宗教生活的基本形式》，渠东译，上海人民出版社 1999 年版，第 60～86 页。

迥然有别、水火不容的世界。”[①] 涂尔干认为，在人类个体的感性经验（无论是梦幻经历还是对自然力量的诧异）中，根本不存在任何可以使人们产生如此激烈的二元观念的东西，“当一个人出现在自己的梦中时，他只不过是一个人而已。就像我们的感官感觉到的那样，尽管自然力量非常之强，但它也只不过是自然力量。”[②] 人类和自然本身都不具有任何神圣性。既然如此，我们就需要到人类个体和物质世界以外去探寻神圣事物与凡俗事物这种二元对立观念的起源。涂尔干认为，这种人类个体和物质世界以外的世界就是社会。神圣事物与凡俗事物的区分以及与此相应的宗教情感正是根源于人们的社会生活。

涂尔干以图腾崇拜的起源为例来说明这一点。之所以以图腾崇拜为例，是因为涂尔干认为图腾崇拜是人类社会最初普遍形成的一种最基本的宗教形式，在图腾崇拜中包含着宗教各种基本形式的萌芽，通过对图腾崇拜之起源和功能的分析，就可以了解宗教起源和功能的一般情况。[③]

涂尔干讲到澳大利亚阿兰达（Arunta）部落的图腾信仰。他认为，正是阿兰达人的氏族组织形式和外婚制形式决定了他们独特的图腾信仰；反过来，这种图腾信仰又影响了他们的氏族组织和外婚制形式。在原始社会中，人们在共同劳动和共同欢庆活动中，逐渐形成了强烈的集体意识，原始图腾和原始宗教就是从这种集体生活和集体意识中产生的。他在考察中发现，原始部落的图腾制度“不是关于动物、人或者图像的宗教，而

① ［法］涂尔干：《宗教生活的基本形式》，渠东译，上海人民出版社 1999 年版，第 46～47 页。

② ［法］涂尔干：《宗教生活的基本形式》，渠东译，上海人民出版社 1999 年版，第 113 页。

③ 杨善华、谢立中主编：《西方社会学理论》（上卷），北京大学出版社 2005 年版，第 154 页。

是关于一种匿名和非人格的力量的宗教"，"个人死亡，世代交替，而这种非人格的力量却总是真实、鲜活、始终如一的。从宽泛的意义上讲，它是每种图腾所信仰的那个神，但它是非人格的神，没有名字或历史，普遍存在于这个世界上，散布在数不胜数的事物中"[①]。涂尔干认为原始图腾崇拜中所崇拜的这种非人格的抽象力量就是氏族社会本身。概而言之，任何宗教信仰对象，任何神，实质上都不过是统治人的社会力量的化身。宗教意识产生的真实根源是社会环境，所谓"神"不过是社会力量的象征。

图腾崇拜与当时氏族的特定社会组织形式有着密切的联系。图腾一词本是美洲阿尔冈昆部落的奥杰布韦人所使用，指称该氏族用来作为名字的那种事物，后来被人类学家延伸于所有氏族用来作为本氏族名字的那种事物。在绝大多数情况下，作为图腾的对象要么属于动物界，要么属于植物界，只要很少一部分属于非生命体（日、月、云、雨、火等）。图腾不仅是一个名称，人们还往往使之以一种有形的标记形式出现，被雕刻在木制品或墙上，甚至被文印在人身上或简单地描画在地上，用来作为一个氏族群体的符号或徽章。对原始人来说，这类被雕刻或描画出来的图腾形象具有一种神圣的意味，总是被当作一种典型的圣物而用于宗教仪典当中，成为人们膜拜的神圣事物的象征。但是图腾形象并不是唯一的圣物，被认为具有同样神圣属性的还包括了与图腾有关的其他事物。首当其冲者便是图腾物种的动植物和氏族的成员。作为一种膜拜的对象和圣俗之分的象征，图腾及其相关的信仰和仪式后来便具有了宗教的含义。作为一种原始的信仰体系或宗教制度，图腾制度还往往为人们

① ［法］涂尔干：《宗教生活的基本形式》，渠东译，上海人民出版社 1999 年版，第 263 页。

提供一套整体的宇宙观。按照这套宇宙观，不仅本部落的成员，而且“宇宙中的每件事物都是部落的一部分，都是部落的构成要素。这就是说，每件事物都像人一样，是部落的正规成员，在社会组织的整个格局中都有一个确定的位置”。[①] 这套宇宙观为人类提供了一套最早的分类体系，使得人们能够借助于它去理解全部的生活与世界。

涂尔干指出，在图腾制度中，最重要的圣物是图腾形象，其次是氏族用来命名的动植物，然后是氏族的成员。“既然所有这些事物都是神圣的，只是程度不同而已，那么，它们的宗教性质就不可能来自于那些能够把它们相互加以区分的个别属性……只能来自于某种共同的本原，某种由图腾标记、氏族成员和图腾物种中的每个个体所共同分享的本原。事实上，膜拜所针对的就是这一共同的本原。换言之，图腾制度不是关于动物、人或者图像的宗教，而是关于一种匿名的和非人格的力的宗教”。这种外力见诸所有这些事物，但又不与其中任何一个相混同；它独立于它所化身的对象，既先于该事物又不会随之死亡；它把生命力赋予过去、今天和未来的所有事物，是一种没有名字和历史的、非人格化的、本原性的神。这种本原性的神的观念不可能出自于图腾事物本身在人们心中所能引发的感觉。它只能来自于其他东西。图腾首先是一个符号，是对另外某种东西的有形表达。那么它表达的究竟是什么呢？涂尔干认为，它所表达的东西不是别的，正是氏族社会。图腾既是本原神的外在形式，同时也是氏族的标志，这表明它们二者根本上可能就是一回事。“如果群体与神性是两个不同的实体，那么群体的标记又怎么能够成为这种准神的象征呢？因此，氏族的神、图

① ［法］涂尔干：《宗教生活的基本形式》，渠东译，上海人民出版社 1999 年版，第 189 页。

腾本原，都只能是氏族本身而不可能是别的东西。是氏族被人格化了，并被以图腾动植物的可见形式表现在了人们的想象中"。仔细地考察与图腾制度相联系的宇宙观或分类系统就会看到，它们实际上就是以社会组织为原型的。其中胞族是类别（纲）的原型，氏族则是物种的原型。"正是因为人们组织起来了，他们才能去组织事物，因为在划分事物时，他们仅限于在他们自己所形成的群体中安置这些事物。如果这些不同类别的事物不仅仅逐个排列着，而且还依据一个统一的计划进行了安排，那是因为他们借以融合的社会群体是统一的，并且通过他们的联合，形成了一个有机体——部落。这些最初的逻辑系统的统一性只不过是社会统一性的翻版"。[①]

涂尔干认为，人们在生活中感受到并在图腾制度中加以膜拜的那种本源性的"力"不是别的什么东西，首先是社会对人们所具有的那种强制力。这种强制力不是一种建立在个体对社会的绝对权威自觉遵从之上的道德性压力。这种强大的道德性压力使人感觉到"在人的外部存在着一种或几种他们所依赖的力量，这力量不仅是道德的，而且还很有效力"。当人们尚没有能力来理解他们感受到的这种力量是来自于社会时，就只好创造出他们觉得与之有关的力量的观念来。此外，人们从社会中感受到的也不仅仅是一种强制力，而且还有一种激发力，一种只要加以服从或依赖就能够加强自身的力量。这使之感受到"这种力必定是与我们融会贯通，并在我们内部组织其自身的。于是它就成为我们存在的一个不可或缺的部分，并且因此受到了推崇和显扬"。这些"既专横又助人，既威严又仁慈"的外部力量使人们体验到一种与那些简单可见的对象有所不同的存在，

① ［法］涂尔干：《宗教生活的基本形式》，渠东译，上海人民出版社 1999 年版，第 252～253、276、192 页。

使人们感觉到有两种不同的现实，“它们之间隔着一条鸿沟，一边是凡俗事物的世界，而一边则属于神圣事物”。这才是宗教情感的真正来源。[①]

涂尔干还指出，虽然在日常生活中人们就能感受到上述力量，但社会对人们的这种强制力与激发力往往在群体集会之时或一些非常时期显得格外明显。图腾崇拜在一定程度上就是氏族社会的成员定期聚会所激发出来的结果。许多氏族社会的生活往往周期性地分成分散谋食和集体欢腾两个时期。在分散谋食时期，生活往往非常乏味。但一到集体欢腾时期，人们便进入一种普遍亢奋状态。熙熙攘攘的人群、狂放激烈的场面、热情愉悦的气氛都使人感觉到仿佛进入了另一个世界。“这样的体验，而且是每天重复，长达几个星期的体验，怎么可能不使他深信确实存在着两个异质的、无法相互比较的世界呢？”[②]

在涂尔干看来，图腾崇拜（以及一般宗教）的社会性质，不仅表现在它起源于社会生活，而且还表现在它也同时维持和再造着社会生活。图腾崇拜对社会生活的这种维持和再造作用非常明显地表现在各种膜拜仪式中。涂尔干描述了三种类型的图腾膜拜仪式：以各种禁忌仪式为主要内容的消极膜拜，以祭祀、祷告、模仿和纪念等活动为主要内容的积极膜拜，以及以哀悼活动等为主要内容的禳解仪式。这些膜拜仪式中的绝大部分实际上都有一个共同的作用，这就是定期地维持和再造人们的社会生活。“膜拜的作用确实是定期地再造一种精神存在，这种存在不仅依赖于我们，而且我们也赖以存在于它。而的确有

① ［法］涂尔干：《宗教生活的基本形式》，渠东译，上海人民出版社 1999 年版，第 279、280、283 页。

② ［法］涂尔干：《宗教生活的基本形式》，渠东译，上海人民出版社 1999 年版，第 209 页。

这种存在：它就是社会"。"不管宗教仪典的重要性是多么小，它都能使群体诉诸行动，能使群体集合起来。所以说，宗教仪典的首要作用就是使个体聚集起来，加深个体之间的关系，使彼此更加亲密"。在日常生活时期，人们由于分散劳作，社会情感虽然从来没有完全消失但却有逐渐枯竭的可能，从而威胁到社会的整体存在。在宗教庆典时期，情况则不一样。"在这个时候，他们的思想全部集中在了共同信仰和共同传统之上，集中在了对伟大祖先的追忆之上，集中在了集体理想之上——而他们就是这个理想的化身；简言之，他们完全倾注于社会事物。……每个人意识的视野中所见到的都是社会，社会支配和引导着一切行为；这等于说，社会比其凡俗时期要更为有力，更加主动，也更趋真实。所以，也就是在这个时刻，人们感受到有某种外在于他们的东西再次获得了新生，有某种力量又被赋予了生机，有某种生命又被重新唤醒了。这种振奋不是想象，所有个体都从中受益。因为每个人内心所激起的社会存在的火花，都必然会参与到这种集体更新的过程中来"。因此，"仪式对我们道德生活的良性运作是必须的，就像维持我们物质生活的食物一样。只有通过仪式，群体才能得到巩固并维持下去"；"仪式首先是社会群体定期重新巩固自身的手段"。①

涂尔干把对图腾崇拜的考察当作对原始宗教的考察，他以这种考察表明：宗教是一种特殊的社会情况。一方面，宗教本质上是社会的集体再现，宗教情感本质上就是社会情感，宗教信仰本质上就是对社会的信仰，宗教信仰所提供的宇宙观和分类图式本质上就是社会组织在整个世界范围内的延伸和扩展；另一方面宗教同时也是社会的再造剂，通过它的仪式性活动，

① ［法］涂尔干：《宗教生活的基本形式》，渠东译，上海人民出版社 1999 年版，第 456、457、502、507 页。

宗教定期地强化和确认着社会成员的集体情感和集体意识，使社会不断获得和维持其统一性。只要人们不断维持社会的存在，就必定要不断维持宗教的存在。因此，涂尔干坚信，宗教并非注定要消亡，它只是要不断地改变自己的内容和形式而已。随着科学的兴起，传统宗教正在逐渐衰亡下去，但与新形势相适应的新宗教必会逐渐产生和发展出来。当代社会中人们茫然无措、焦躁不安的状态在一定程度上正是因为“过去的神已经变得越来越老朽了，或者说已经寿终正寝了，而其他的神还没有降生”。这正是孔德晚年努力要创造出一个“人道教”的重要原因。但这种茫然状态不会永远持续下去，“总有一天，新的观念将会涌现出来，人们也将会发现新的程式来引导人性”。虽然我们不知道这种新信仰的具体内容和形式最终将会是什么样的（其实现代人对自由、科学、民主或对民族、国家、社会本身，以及对各种乌托邦理想的信仰和崇拜在某种意义上都是一些新的宗教形式），但我们却可以推想它必定依然包括以下两方面的内容：首先，它依然要有一整套定期举行的仪式性活动（如国庆庆典、总统就职庆典、重大历史事件的纪念性庆典等庆典活动和各种政治性、学术性、娱乐性的群众集会等）；其次，它依然要有一套完整的理论或教义。“人们不会毫无理由地举行仪典，也不会在毫无理解的情况下接受信仰。为了发展自身，或者仅仅为了维持自身，宗教必须证实自身，换言之，它必须形成一种理论”。这种新的宗教理论应该具备以下特征：一方面它必须要与现代科学相协调，从各门现代科学中吸取养料（“凡是科学否定的，他就不能肯定；凡是科学肯定的，他就不能否定”）；另一方面又必然要在某些方面超越现代科学，因为不管科学知识有多么重要，“它们始终是很不够的，因为信仰首先是对行动的激发；而科学，不论它能够把事物推进多远，都无法与信仰相提并论。科学是片段的、不完整的；它虽然在不断进步，却很缓慢，而且永无止境；可是生活却等不及了。因此，注定要用来维持人类的生存和行动的理论总是要超出科学，过早地完成"。① 在涂尔干看来，只有在这样一些新型宗教的作用下，现代社会才有可能正常地维持自己的存在和秩序。这是涂尔干晚年提出来的一个后来得到人们广泛注意的重要观点。②

涂尔干还强调把宗教与巫术区别开来，因为"和宗教一样，巫术也是由信仰和仪式构成的"。完整的宗教定义还须考虑宗教的另一构成要素——教会，涂尔干将教会理解为由具有共同信仰的和仪式的人所结合而成的道德共同体。宗教有教会，而巫术则没有。如果将教会纳入宗教定义，就可以将宗教和巫术区分开来。他说："教会作为宗教的第二个要素，不仅应在宗教定义上占有一席之地，而且同信仰和仪式一样不可或缺；这充分说明，宗教观念与教会观念是不可分离的，宗教明显是集体的事物。"③

根据上述对宗教及其构成要素的分析，涂尔干把宗教界定为："宗教是一种与神圣事物有关的信仰和仪轨所组成的统一体系，这些信仰和仪轨将所有信奉它们的人结合在一个被称之为'教会'的道德共同体之内。"④

涂尔干基于这样的论证，宗教的对象不是具体事物，而是抽象力量的象征；因此，独创性地将宗教看作一种符号系统。

① ［法］涂尔干：《宗教生活的基本形式》，渠东译，上海人民出版社 1999 年版，第 562～563、566～567 页。

② 杨善华、谢立中主编：《西方社会学理论》（上卷），北京大学出版社 2005 年版，第 154～158 页。

③ ［法］涂尔干：《宗教生活的基本形式》，渠东译，上海人民出版社 1999 年版，第 54 页。

④ ［法］涂尔干：《宗教生活的基本形式》，渠东译，上海人民出版社 1999 年版，第 54 页。

他认为，这种符号系统以超现实的神圣世界为象征，反映世俗世界的力量和规范，保存和传播社会文化，对人类思维和个性发展具有重大影响；通过对这种符号系统的考察，可以发现一定历史时代社会生活和集体意识的原始风貌。

涂尔干认为宗教和社会之间存在一种紧密的相互依赖关系。他的《宗教生活的基本形式》一书对宗教的功能分析不同于早期《社会分工》对宗教作用的说明，表现出涂尔干前后期研究倾向的变化。在早期著作中，他强调宗教、集体意识等社会事实对个人的外在强制作用，而在《宗教生活的基本形式》中，重点则转移到了个人实际创造和内化社会事实（规范、价值等）的过程，承认社会其实也可以从个人的内部发挥他们的控制作用，认为宗教能将人们的活动置于一种神圣的意义体系中，把集体意识内化于个人意识中，使人们感到对社会规范的服从不是强迫性的，而是自觉自愿的，从而加强了集识意识的社会整合功能。

涂尔干认为，宗教的主要成分并不在于它的教义部分，而主要在于它的集体仪式活动。宗教仪式与宗教信仰、宗教教义一样是集体意识神圣性的体现，它以一种共同的目标把人们团结在统一的社会活动中，并持续地加强着信仰、情感和道德责任，从而促进社会的整合。涂尔干把宗教仪式划分为消极膜拜和积极膜拜两种形式。前者有禁忌、苦行仪式、哀悼仪式等，其目的是严格地划清神圣与世俗的界限，防止神圣事物为世俗所亵渎，使人以放弃私利、自杀为代价去接近神圣事物。后者如祭祀仪式、模仿仪式、纪念仪式等，其任务在于促使信徒参加神圣的世界。涂尔干强调，不论是消极仪式还是积极仪式，它们都具有如下社会功能：惩罚越轨行为、强制人们遵守社会规范；促使社会统一、加强社会整合；保存和传播社会文化；建立幸福的愉快感。总之，宗教信仰和仪式一起，共同构成社会团结的力量。[①]

涂尔干在对原始宗教的研究中，不仅揭示宗教的社会整合功能，而且论及宗教意识的形成对人类思维能力发展的促进作用。涂尔干指出，宗教通过对神圣世界的想象和对神秘教义的理解，提供了抽象思维萌发的可能性。作为这种抽象思维发展的结果，便是概念、分类乃至科学理论的产生。"当人们系统地分析原始的宗教信仰时，会很自然地发现某些主要范畴（即概念）。它们既产生于宗教，又从属于宗教，它们是宗教思想的产物"。[②]

涂尔干在《宗教生活的基本形式》一书的导言、第 2 卷第 7 章和结论部分，阐述了他的知识社会学观点。他指出，不仅宗教而且知识也依赖并反映它的社会基础，正如宗教是社会力量的体现一样，知识中的概念、分类甚至科学理论也是以社会生活为基础而形成和发展的。

按照涂尔干对知识起源的社会学分析，很显然，宗教和科学思想都会为它们出现于其中的社会结构所制约，并且反映社会结构类型。涂尔干的这种观点反映了他的基本理论预设，即相对个人而言，社会处于优先地位。[③] 涂尔干在《原始分类》和《宗教生活的基本形式》等书当中对图腾崇拜以及宗教的起源和功能所作的分析，不仅推动了宗教社会学、知识社会学和文化社会学的形成和发展，而且也被人们看作是运用个案分析方法来对社会现象进行研究的经典范例。另外，涂尔干在《教育思

---

① 参见［法］涂尔干：《宗教生活的基本形式》，渠东译，上海人民出版社 1999 年版，第 3 页。

② ［法］涂尔干：《宗教生活的基本形式》，渠东译，上海人民出版社 1999 年版，第 10 页。

③ 参见侯钧生主编：《西方社会学理论教程》，南开大学出版社 2010 年版，第 57～61 页。

想的演进》和《道德教育》等书中所作的研究，则推动了教育社会学和历史社会学的形成和发展。一些专家认为，在这些领域当中，涂尔干的工作事实上具有一种里程碑式的意义。

（四）韦伯："理解行为"。

马克斯·韦伯（Marx. Weber，1864—1920）生于德国图林根的爱尔福特市，1882 年全家移居柏林。1886 年他进入海德堡大学主修法律兼治历史、经济、哲学和神学，学习之余喜欢狂饮、击剑和格斗等。1889 年以《中世纪商业社会史》获柏林大学法学博士学位，1891 年以论文《罗马农业史及其对公法和私法的意义》获柏林大学法律系教职。1894 年韦伯任弗赖堡大学政治经济学教授，1896 年改任海德堡大学国民经济学讲座教授。1898 年夏，由于患精神分裂症，不得不中断教学生涯。韦伯因病离开大学教职达 20 年有余，但其学术活动并未停止。1919 年韦伯获得慕尼黑大学的教职，重新开始他在大学中的教学生涯。毕生治学的韦伯十分关心政治，也自信能成为一位学者型政治家，但他始终没能在政治上一显身手。1920 年 6 月 14 日，韦伯因患急性肺炎在慕尼黑家中猝然去世，终年 56 岁。韦伯去世后，其未竟之作《经济与社会》在 1921、1922 年间印行，引起西方各国哲学、社会科学界的轰动。韦伯各个时期发表的论文，也在他去世后分类结集付印，如《宗教社会学论文集》3 卷（1922）、《科学理论论文集》（1922）、《社会学和社会政策论文集》（1924）等。①

韦伯在《社会学的基本概念》一书中对社会学下了这样的定义："旨在对社会行动作出解释性理解，以获得对这一行动的

① 侯钧生主编：《西方社会学理论教程》，南开大学出版社 2010 年版，第 112～113 页。

原因、进程和结果的解释的科学。"① 根据这个定义，韦伯将人类的社会行为作为社会学的研究对象。而且，韦伯把自己的社会学叫作"理解的社会学"，即"理解社会行为的社会学"。可见，韦伯强调了两个主题词：理解、行为。

1. 关于对社会行为的理解。

因为理解社会学的对象是社会行为，所以"社会行为"这一范畴在韦伯那里获得了最重要的意义。韦伯对社会行为下了这样的定义：社会行为应该是这样的行为，"行动者以他主观所认为的意义而与他人的行为相关，即以过去的、现在的或将来所期待的他人的行为为取向（如对过去所受侵犯进行的报复，对现在受到的侵犯进行抵御以及为防止未来遭受侵犯采取的防卫措施）"。按韦伯的看法，定义中提到的他人可以是一个人，也可以是许多人；可以是熟人，也可以说完全陌生的人。② 因此，根据韦伯对社会行为所下的定义，某一行为可以被称之为社会行为是因为它具备了以下条件：（1）行为者赋予其行动以主观意义，即行为者有行动的动机；（2）行为者主观意识到自己的行动与他人的联系。为此，韦伯举例，个人静身养性的宗教行为和孤寂的祈祷不是社会行动，而两个相向骑自行车的人试图躲避对方的行为或者在相撞之后互相谩骂、殴打或者平心静气的协商的行为是"社会行为"。因为在他们的行为动机中包含了以他人行为为取向的考虑。③

于是韦伯对社会行为作了如下的分类：①目的合理型的行

① ［德］马克斯·韦伯：《经济与社会》（上卷），林荣远译，商务印书馆1997年版，第40页。

② 参见［德］马克斯·韦伯：《经济与社会》（上卷），林荣远译，商务印书馆1997年版，第54页。

③ 参见［德］马克斯·韦伯：《经济与社会》（上卷），林荣远译，商务印书馆1967年版，第54页。

为；②价值合理型的行为；③情感型的或情绪型的行为；④传统型的行为。

目的合理型的行为是把对外界对象以及他人行为的期待作为达到目的的手段，并以最为有效的途径达到目的和取得成效（以目的、手段和附带的后果来作为自己行为的取向，并将手段与目的，也把目的和附带后果乃至将各种可能的目的相比较、作出合乎理性的权衡，这样的行为可称之为目的合理型的行为）。价值合理型的行为则表现为对纯粹自身行为本身的绝对价值所持的自觉信仰，无论这种价值是表现在伦理上、美学上、宗教上还是表现在其他方面。这种行为的特点是它并不考虑有无现实的成效（比如，无视可以预见的后果，将行为与他对义务、尊严、美、宗教训示等相联系以坚持或实现自己的某种信念）。第三类行为是指由于现实的情感冲动和感情状态而引起的行为。最后一类行为是指由习惯进行的行为。[①]

需要指出的是，韦伯自认为他这里的分类是根据他自己所创导的“理想类型”（又称为理念型）的方法作出的，并不具备有统计学的那种分类的特征。按韦伯的说法，这样的分类并没有包罗所有的行为，它只是“概念上是纯粹的类型”，而现实的社会行为“或多或少地接近它们，或者更常见的则是来自这些类型的混合”[②]。因此，现实中的行为只是近似地与上述四种纯粹类型相符合。[③]

有学者评论说，韦伯把对社会行为进行解释性理解作为社

① ［德］马克斯·韦伯：《经济与社会》（上卷），林荣远译，商务印书馆 1997 年版，第 56～57 页。

② ［德］马克斯·韦伯：《经济与社会》（上卷），林荣远译，商务印书馆 1997 年版，第 57 页。

③ 杨善华、谢立中主编：《西方社会学理论》（上卷），北京大学出版社 2005 年版，第 180～181 页。

会学的任务；既然这样，那么用自然科学中的实证方法来研究社会学则无异于方枘圆凿，因此研究社会学的方法就别无他途，只能是解释性理解。

那什么是理解呢？韦伯认为，从确定性角度看，理解的确定性的基础有二：一是理性的方法（如逻辑和数学）。关于理性的理解具有高度的确定性，韦伯讲："当某人在推理或论证中应用 2×2＝4 或者应用毕达哥拉斯定理时，或者当某人根据我们已经接受的思维模式正确地推出一种推理的逻辑序列时，我们对其意义具有完全清晰明白的理解。"① 二是重新体验。如狄尔泰所言："理解就是再现你中之我。"于此要通过同情地参与并能恰当地把握行为发生的情感环境，从而获得理解。这种理解是对别人心灵感觉的精神体验，是对别人的行为和动机的有效把握。显然"重新体验性"对理解的确定性非常重要，但并不是唯一的必要条件，韦伯举例说，"要理解恺撒不必成为恺撒"。

韦伯把理解分成两类：第一类是直接观察理解，即通过对社会行为的观察就能理解其意义。如对语言、行动、非理性的情绪反应（如惊叫、愤怒等）。第二类是解释性理解，即根据动机来把握行动者赋予行动的意义。解释性理解是对动机的理性理解，它把社会行为置于可理解和更加内在的意义背景之中。如果说直接观察理解仅仅知道社会行为"是什么"或"干什么"，那么解释性理解就是要寻求社会行为的"为什么"。例如对樵夫砍柴，直接观察理解仅能理解樵夫的行为是砍柴，而解释性理解则要寻求砍柴的动机，或为挣钱？或为自用？

社会行为是需要理解而且可以理解的，然而仅有理解是不够的。韦伯认为，任何解释都试图获得清晰性和确定性，但无

① ［德］马克斯·韦伯：《社会科学方法论》，杨富斌译，华夏出版社 1999 年版，第 37 页。

论这种解释多么清楚和确定，它都终究是一种主观形式，所以不能认为这种解决就具有因果效力，而只能把它当作一种特定的假设。因此，对社会行为的解释“通过与具体的事件进程相比较而证实主观的解释是必不可少的”。[①] 这里韦伯看到了解释性理解方法的局限性和因果分析方法的重要性。实际上韦伯一直试图把解释性理解方法和因果说明结合起来，使两者相互补充、相得益彰，从而形成一种尽可能客观、科学的社会分析模式。韦伯的这种努力与狄尔泰、李凯尔特等人在社会历史领域拒绝因果分析的倾向在方法论上是不同的。

韦伯的思想脉络是：社会是由行为者组成的系统，行动者的社会行为是有意义的，其意义是可以理解的。但仅有理解是不够的，对社会的理解必须伴有经验上的验证才是有价值的。这种经验上的验证要寻找某一社会现象背后的具体因果关系。韦伯将上述主观解释和具体的验证概括为“主观恰当性”（subjective adequate）和“因果恰当性”（adequate causes）两个命题。主观恰当性（或称在意义层次上是合适的）是对具体社会行动的过程和动机的理解，是表示对行动者的主观精神状态及其特定目的的认识程度。因果恰当性“是一种事件的先后顺序，其程度是按照经验的规则存在着一种机会：它总是以同样的方式在实际进行着。”[②] 这里所说的“机会”是一种概率。可见，在韦伯那里，因果恰当性是指在从主观点出发所作的理解结果与从客观观点出发所作的观察结果之间存在着统计规律上的相符。

① ［德］马克斯·韦伯：《社会科学方法论》，杨富斌译，华夏出版社 1999 年版，第 43 页。

② ［德］马克斯·韦柏：《经济与社会》（上卷）。林宗远译，商务印书馆 1997 年版，第 45 页。

在《文化科学逻辑的批判研究》一文中，韦伯在与历史学家梅耶（Edurd Meyer，1855—1930）的争论中进一步阐明了他的方法论观点。他认为，社会科学的研究对象蕴含着文化价值，具有特殊性和独立性。因此社会科学中没有规律可言，只有具体的因果关系，规律具有必然性，具体的因果关系具有"客观可能性"（objective possibility）。韦伯认为，客观可能性和因果恰当性在理解基础上是统一的，因果恰当性是客观可能性中的因果恰当性。没有客观可能性，因果分析就变成了线性的因果决定关系；没有因果恰当性，客观可能性的分析就没有着落，社会学的研究也就失去意义。

综上所述，韦伯在建立其方法论体系时，既考虑到社会科学研究对象的独特性和主观性，又考虑到社会科学作为科学对客观性、确定性的追求。一些学者评述，韦伯通过对主观恰当性、因果恰当性和客观可能性理论的构建，在认识论上是提倡因果多元论，使社会科学摆脱线性单一的因果关系框架，把社会科学和自然科学区别开来。这样，他在强调理解的同时又为其理解社会学提供了客观基础，为社会学的科学之地位设置了一道"确定性"防线。

1904 年，韦伯发表《社会学和社会政策的"客观性"》一文；1914 年，在"社会政策学会"的一次会议上，韦伯就新历史学派在经济领域推行伦理价值判断的观点发表《"价值中立"在社会学和经济学中的意义》一文。上述两篇文章都围绕着一个基本问题，即在什么意义上说与社会和文化现象相关的那些学科中也存在一般的"客观有效真理"。韦伯的意思是，在涉及主观意义的专业学科（如社会学）中，客观研究如何在逻辑上是可能的。为解决这个问题，韦伯创造性地提出了两个解决方案，即“价值中立”和“理想类型”。[①]

韦伯认为，研究者应该区分社会学研究中存在的价值相关性和价值中立性。这种价值相关性首先体现在研究选题上。选择研究题目是由研究者的价值取向决定的。不管是对社会科学家还是对自然科学家，都一样。但这并不能使社会科学丧失客观性。一个陈述的真和假与价值观念有关，但在逻辑上并不是一回事。与价值观念相关的是课题的选择，而不是对现象所作的解释。

韦伯讲，价值中立性的第一个含义是，一旦社会科学家根据自己的价值观念选定了研究课题，就会停止使用自己的或他人的价值观念，遵从他所发现的资料之导引。而且，无论研究的结果对他有利还是不利，他不能把自己的观念强加于资料。也就是说，他必须严格地以客观和中立的态度来从事研究，目的是保证研究的客观性和科学性。从这个意义上说，从事研究的人应该作为科学家而受科学精神的支配。

韦伯讲，价值中立的第二个含义是，要区分“事实领域”和“价值领域”。事实与价值观念是两个领域，“忠实的陈述”与“应该的陈述”，是有区别的。也就是说，不应混淆事实判断和价值判断，研究需要发现事实。因此，一种经验性的科学绝不能劝导任何人应该做什么，尽管有时候它会帮助人们搞清楚自己能够或希望做什么。所以，作为科学家可以估量行为的可能后果，但不能作出价值判断（即“应该做什么”）。这就是一个科学研究者和政治家或普通公民的区别。人们说，作出事实

① 侯钧生主编：《西方社会学理论教程》，南开大学出版社 2010 年第 3 版，第 114～116 页。

领域和价值领域的区分是韦伯对社会科学的一大贡献。①

对于"理解"，韦伯为了避免陷入德国人文学派和历史学派的个体化和特殊化的研究方法，提出了一个关键性概念，即理想类型（ideal type）（或称理念型）。韦伯认为没有一种科学系统能够重视全部具体现实，也没有任何概念工具能完全顾及无限多样的具体现象。全部科学都包含抽象，也包含选择。然而社会科学家在挑选概念工具时很容易陷入一种困境。如果他的概念具有很高的概括性，他就容易丢掉现象的特征；如果他的概念过于狭窄，则无法包容相关的现象。而他的理想类型就是要避免陷入这样进退两难的困境。韦伯的理想类型具有这样的特点：一方面，它作为理智上构造的概念工具，具有高度的概括性，抽象性，因而不同于经验事实；另一方面，作为考察现实的概念工具，又是在对繁多的经验进行整理之后，突出了经验事实中具有共性的或规律性的东西，使之成为典型的形式。他解释说，在所有情况下……它离开现实，并服务于认识现实，其形式是通过表明一种历史现象接近这些概念中的一个或若干个的程度，可以对这种现象进行归纳。②

因此，韦伯认为，一种理想类型就是一种分析结构，它在研究者手中就像有了一个尺度，使他在具体情况下确定相同与相异。它提供了比较研究的基本方法。席尔斯、弗希在其著作《马克斯·韦伯论社会科学研究方法》中对之概括说："通过片面强调一个或几个观点，通过综合许多散乱的、不连贯的时有

① 参见［美］刘易斯·科瑟：《社会学思想名家》，石人译，中国社会科学出版社 1990 年版，第 245 页。参见贾春增主编：《外国社会学史》，中国人民大学出版社 2000 年版，第 104 页。参见杨善华、谢中立主编：《西方社会学理论》（上卷），北京大学出版社 2005 年版，第 178 页。

② 参见［德］马克斯·韦伯：《经济与社会》（上卷），林荣远译，商务印书馆 1997 年版，第 52 页。

时无的具体的个别现象（这些现象由片面强调的观点归纳为统一的分析结构），就可以得到理想类型。”在韦伯看来，理想类型不是指道德理想，也不是指平均状态。理想类型包含着强调典型行动过程的意思。韦伯的许多理想类型都指的是总体，而不是个人的社会行为，但总体中的社会关系总是建立在行为者从事预期的社会行动这种可能性上的。理想类型永远不会对应于具体的现实，而总是有所偏离。它是由现实的某些因素构成的一个逻辑上准确而连贯的整体，这种整体在现实中是找不到的。理想类型使人们能够作出对象的假设，其中包括产生现象的原因和现象造成的结果。[①] 因此，从理想类型的角度看，现实中的各种事实和过程都可以看作是某种程度上的“偏差”。只有通过这种认识方法，才能更好地获得对现实的认识。用韦伯的话来说，“正是由于它的实际进程与理想类型进程的差距，更易于认识它的真正动机”[②]。所以，韦伯建构理想类型的主要目的，是与他关于理解社会学的研究，主旨是一致的。即通过对现实社会行动的过程和结果与作为理想类型的社会行动的比较而获得对行动者赋予行动的主观意义的理解和解释。从而也避免了执着于新康德主义的学者如狄尔泰那种充满强烈的主观主义色彩的内省方法。

当然，韦伯构想理想类型的目的还不仅在此。他根据抽象化程序的不同构想了三种类型。第一种理想类型来自历史性的具体特点，如“西方城市”“新教徒的伦理观”“现代资本主义”等，指的是仅出现于特定历史时期和特定的文化区域的现象。

① 参见［美］刘易斯·科瑟：《社会学思想名家》，石人译，中国社会科学出版社1990年版，第246页。

② 参见［德］马克斯·韦伯：《经济与社会》（上卷），林荣远译，商务印书馆1997年版，第53页。

第二种理想类型包括社会现实的现象因素，如"官僚制""封建主义"等，它们可能存在于多种历史的和文化的背景之下。第三种理想类型则是"一种具体行动的合理化设想"。例如，经济理论中的所有命题都属于这种范畴。它们指的是如果人们单单受到经济动机的推动并且假设它们是纯粹的"经济人"，它们就会照此行动的那样的行动方式。①

总之，人们肯定，韦伯关于理想类型的思想具有重要的方法论意义，这是韦伯用以进行历史的和社会的比较研究的根据，是他比较社会学的方法论基础。

韦伯还特别提出"目的—工具合理性"和"价值合理性"这两个概念，以进一步阐明奉行"目的—工具合理性"行动具有什么样的伦理意义，亦即对目的合理性的"存在是什么"的认识怎样影响到人的实践的价值判断，促使作为实践主体的人能成为"自由的人格"，这使韦伯社会学所要阐发的理论指向，更显出其实践意义。

韦伯认为，一切以伦理为取向的行为，都可由两种准则归并，其一是责任伦理（ethic of responsibility），另一是信念伦理（ethic of conviction）。他说："这两种准则从根本上互异，同时又有着不可消解的冲突。两种行动的考虑基点，一个在于'信念'一个在于'责任'。这不意味着信念伦理就不负责任，也不是说责任伦理无视心情和信念。不过，一个人是按照信念伦理的准则行为——在宗教上的说法，就是'基督徒的行为是正当的，后果则委诸上帝'；或者是按照责任伦理的准则行为——行动者对自己行动'可预见'的后果负有责任。其间有着深刻的对立。"在这两种准则的区分中，韦伯着眼于行为本身的价值和

① 参见［美］刘易斯·科瑟：《社会学思想名家》，石人译，中国社会科学出版社1990年版，第246页。

行为的可预见后果（后果并不就等于目的）之间的不同意义。信念伦理主张，一个行为的伦理价值在于行为者的心情、意向、信念的价值，它使行为者有理由拒绝对后果负责，而将责任推诿于上帝或上帝所容许的邪恶。责任伦理认为，一个行为的伦理价值只能在于行为的后果，他要求行为者义无反顾地对后果承担责任，并以后果的善补偿或抵消未达成此后果所使用手段的不善或可能产生的副作用。信念伦理属于主观的价值认定，行为者只把保持信念的纯洁性视为责任；责任伦理则要求对客观世界及其规律的认识，行为者要审时度势作出选择，因为他要对行为后果负责。

在韦伯看来，作为实践行为的伦理准则，责任伦理与此岸性相联系，信念伦理则与彼岸性相通。当完成某个行为时，如果想到实现的目的所需的手段以及可能出现的其他次要的结果，就要认真思考最初的目的，这是以对某一行为产生的后果负责的前提。这种目的合理性的判断只有出于责任伦理的立场，才会摆脱单纯的功利性和方便性，这是首要的。反言之，只要站在责任伦理立场思考问题，就无法排除对目的合理性关联的认识，因为责任伦理是把行为所涉及的一切归于责任才能成立，亦即行为的一切归结为责任是由于目的合理性才被认识。因此，责任伦理的意识愈强，就愈要求对目的合理性关系的充分彻底认识。这是一种在世界中（入世）思考的伦理，是在行为者对事物的奉献中达成的，它把善恶的准则放在行为后果上，要求“此岸性”和对行为意义的内在“一贯性”认识为前提，反之，信念伦理把善恶准则放在主观信念、意向上，凡符合信念的行为即为善，相反则为恶，至于行为所造成的后果要由彼岸的绝对者——上帝去负责。从信念伦理出发，对目的和手段的理性关联的考虑，凡不合主观价值判断的不仅无用，而且应该加以排斥。这是一种在世界外（出世）思考的伦理，是在行为者对主观心情、意图信仰的奉献中达成的，这属于彼岸性的思考，并不要求以对行为意义的内在一贯性认识为前提。[①]

韦伯将宗教分成神秘主义与禁欲主义两大类，并用信念伦理与责任伦理去考察这两类宗教。他认为，禁欲主义者将世俗工作视为神的召唤或天职（calling），世俗的一切作为都是为了荣耀神的恩宠。对他来说，救赎是最重要的事也是既定目的，一事当先，首先必须通过算计根据最小恶或最大善的原则作出决定。所有这一切，构成禁欲主义者一种有系统的生活方式和研究方法的思想物质，使他倾向于责任伦理。相反，神秘主义是一种知识分子的精神式救赎论，它视人为神的"容器"，致力于通过冥想达到一种与神合一的"拥有"状态。神秘主义者以纯精神式的内在态度看世界，显然地存在一种逃避世界的倾向，人虽然在世界中行为，却漠视世界，救赎不是"通过"或"在"行为本身中去进行。韦伯认为，这表明神秘主义缺乏一种有系统的生活方式和讲究方法的思想方式，在指导人们行为的伦理准则上，趋近于信念伦理。[②]

韦伯在回应别人对《新教伦理与资本主义精神》批评进行答辩时曾指出：①该文的中心旨趣并不在资本主义得以扩张的理由，而在于探讨在宗教与经济因素共同作用下的现代处境中"人类的发展"的问题。②该文的内容，主要欲证明现代的"职业观"有其宗教伦理的根蒂。③该文点明现代资本主义早已无需源自宗教的精神支持，"职业"与人和中心内在伦理核心（the inner echical core of personality）不再具有主观上的统一性。

---

① 苏国勋：《理性化及其限制——韦伯思想引论》，上海人民出版社 1988 年版，第 74～76 页。

② 苏国勋：《理性化及其限制——韦伯思想引论》，上海人民出版社 1988 年版，第 79～80 页。

在韦伯的著作中，提到职业人（the vocational man）一词，一些学者认为这几乎可以等同于他所理解的“现代人”。然而，资本主义在制度层面上不断理性化的结果，使得职业人成为社会分工“事理上之必然”，而其中宗教的根蒂也已萎缩。“清教徒渴求为职业人，我们现在却被迫为职业人”这句话道尽了生长在资本主义“钢铁时代”中的个人的渺小和无奈。因此，对韦伯而言，现代文明受到资本主义洗礼后，展现在个人面前的生活世界，是一个解除魔咒（disenchantment）的、世俗功利主义笼罩一切的世界。理性的计算、科技工具的运用以及计划性的社会变迁无一不扩大了官僚化（bureaucratization）的影响范围，乃至现代的经济、政治、社会组织无不趋向于“形式理性”的运作原则。在此意义下，个人除了注定要背上“职业人”的硬壳之外，还在时时面对组织内部秩序的要求与宰制（官僚支配实际上只肯造就一批顺服适用的“秩序人”）。因此，韦伯在阐述“现代性”的物质时，并未局限于表彰人类理性的成就，反而刻意以悲观的语气，反讽一批“没有精神的专家，没有感情的享乐者”或许会成为代表“现代”的最后的人物。这批身受“职业人”与“秩序人”双重压力的个人表面上看都拥有了传统社会均未想象的自由选择的机会，实际上却越来越像资本主义这部大机器中的小零件，在严密组织的官僚科层体制里循规蹈矩地运转，这就是理性中的非理性成分。因此，韦伯提出了一个著名论点，即现代西方世界的一个最基本和最明显的现实就是“形式的合理性和实质的非理性”。实际上这就是“理性化导致了非理性的生活方式”。这是韦伯对现代西方社会各个领域中充斥的大量异化现象的概括。造成这一现实的原因是由于把合理性这一手段当作终极目的来追逐的做法。每一个过分的理性化要求都会不可避免地导致非理性或不合理现象的产生；

非理性与合理性共存，前者与后者相对立并表现为后者的结果。[①]

2. 关于合法统治的理想类型。

韦伯从社会行为合理化的基本假定出发，采用理想类型这一分析方式对现实存在的具有合法性的形式进行了深入分析。通过对这些合法统治形式组织制度典型特征的分析，韦伯揭示了西方社会组织制度的合理化趋势。

在韦伯看来，统治指的是在一个特定人群中，某些具体的命令（或者说所有的命令）被遵从的机会。这样一种机会的出现往往与特定的利益关系联系在一起，而且要借助一定的权力和影响。但从根本上讲，还要解决一个统治的"合法性"问题。韦伯称："习俗和利害关系，如同结合的纯粹情绪的动机或纯粹价值合乎理性的动机一样，不可能构成一个可靠的统治的基础。除了这些因素外，一般还要加上另一个因素：对合法性的信仰。"[②] 因此，现实中任何形式的统治首先要面临着一个合法性的认同问题，即要取得人们对合法性的认可。韦伯将实际具有合法性的统治划分为三类型，即传统型统治、魅力型统治和法理型统治。

（1）关于传统型统治。

在韦伯看来，传统类型统治建立在人们对传统的神圣性信奉的基础上，这种统治类型主要存在于前现代社会。他说："如果一种统治的合法性是建立在遗传下来的（'历来就存在的'）制度和统治权力的神圣的基础上，并且也被相信是这样的，那

---

① 杨善华、谢中立主编：《西方社会学理论》（上卷），北京大学出版社 2005 年版，第 178，181～182、188～189、190～191 页。

② ［德］马克斯·韦伯：《经济与社会》（上卷），林荣远译，商务印书馆 1997 年版，第 239 页。

么这种统治就是传统的。”[①] 在传统型统治中，统治者是依照传统遗传下来的规则确定的，统治者具有终身的权力，而且可以将这种权力不断传给自己的后裔。人们对统治者的服从是由于传统赋予他们的固有尊严。在这里，统治者不是上司，而是主子。统治者与其他成员的关系不是事务上的职务职责，而是奴仆的个人忠诚。人们所服从的不是章程，而是有传统所决定的统治者所任命的人。

从传统型统治的组织情况看，它主要具有以下特征：①缺乏按照事物规则确立的、固定的“权限”。在传统型统治下，权限的最初来源主要是由统治者任意专断下达的任务，这些任务得以持久并最终被作为传统确立下来。在一些事务性的管理中，则是通过统治者对受委托者（最初往往是统治者的家臣）全权委托来确立的。在传统型统治下，对问题的决定权在于统治者本人。或者主要根据传统进行安排，或者完全由统治者本人随意决定，不管他出现在哪里，所有受委托者都要为他让路。②缺乏固定的、合理的等级制度。在传统型统治下，对问题权在于统治者本人。或者主要根据传统进行安排，或者完全由统治者本人随意决定，不管他出现在哪里，所有的受委托者都要为他让路。③没有自由的和相应的规定，用以确定官员的任免与晋升。家臣和宠信往往是按纯粹世袭的方式招募来的。如果是采用非世袭的方式招募来的吃俸禄者，统治者在形式上可以自由酌情调遣他们。官员的升迁是依赖统治者的随意决定的恩惠。④缺乏专业的业务培训。最初，统治者的一切家臣和宠信都缺乏合理的培训作为基本的任职资格。一旦获得必要的培训（如能读会写）成为官员的任职条件，也就会动摇官员招募的世

① ［德］马克斯·韦伯：《经济与社会》（上卷），林荣远译，商务印书馆1997年版，第251页。

袭制度，从而从等级上限制统治者的权力。⑤官员没有固定的薪金和用货币支付的薪金。最初，家臣和宠信的吃穿，都由统治者本人家中供应。当这些官员的吃穿同统治者家庭分开后，他们所获得的俸禄的种类和规模很容易固定下来。

韦伯由"理想类型"分析了历史上出现的四种传统型统治：老人政治和原始家长制是人类历史上较早出现的两种传统型统治。前者由老年人来实施统治，后者则一般根据继承的规则确定某个人来实施统治。两者的共同特征是统治者没有个人的行政管理班子，因此，统治者在很大程度上取决于成员们的服从意愿，所以成员之间是"同志"关系，而不是"臣仆"关系。成员们仅仅依据传统服从统治者，统治者也要严格地受传统的约束。后来出现了世袭制。在这种统治下，统治者拥有纯粹的个人行政班子和军队作为统治工具，这时统治权力成为统治者个人固有的权力，成员之间的关系也由"同志"变成了"臣仆"，晚近出现的是封建制。在这种统治下，统治者以采邑和俸禄来供养行政管理班子，并通过契约等形式来对相互之间的权利和义务加以限定，这使得统治者的统治权力较世袭制更为稳固。在韦伯看来，无论是哪种传统型统治，都阻碍着合理性的发展。

（2）关于魅力型统治。

在韦伯看来，魅力型统治是与传统型统治，尤其是家长制和世袭制截然相反的统治类型。它建立在对具有超凡品质和特殊魅力的领袖人物的崇拜和信赖的基础之上。韦伯称，"'魅力'应该叫作一个人的被视为非凡的品质。因此，他被视为天分过人，具有超自然的或者超人的，或者非凡的、任何其他人无法企及的力量或素质，或者被视为神灵差遣的，或者被视为楷模，因此也被视为‘领袖’”[①]。这样的领袖可能是预言家，可能是精通医术或法学的智者，可能是狩猎的首领或战争英雄。

从韦伯的分析中，可以看出他认为魅力型统治具有以下几个特征：①领袖人物的魅力能否被认可取决于被统治者，而且这种认可要经受实际考验。先天具有魅力并不能成为统治合法化的原因。②领袖人物的魅力要经受持久的考验。“倘若实际考验不能持久，则表明受魅力的恩宠者被他的上帝所遗弃，或者丧失他的魔力或英雄的力量。倘若他长久未能取得成就，尤其是他的领导没有带给被统治者以幸福安康，那么他的魅力型权威的机会就会消失。”[②] ③魅力型统治的统治团体是一种感情共同体。它的行政管理班子不是根据等级观点而选择的官员，而是按魅力品质来选择的，与“领袖”相对应的是“亲信”。既没有“任命”与“罢免”，也不存在“资历”与“升迁”；没有职务与权限，也没有薪金与俸禄。④魅力型统治是一种非经济性的典型政权。纯粹的魅力型统治鄙视和谴责传统的或者合理的经济行为，即通过有的放矢的、持续的经济活动获得正常的收入，魅力型统治需求满足的典型形式，一方面依靠资助或者托钵乞讨，另一方面是掳掠、暴力榨取或者和平欺诈。⑤在受传统约束的时代，魅力是巨大的革命力量。在理性主义时代，几乎整个行为的取向都被传统和魅力所瓜分。

在韦伯看来，魅力型统治是一种严格地与个人，即与个人的魅力品质联系在一起的社会统治形式，因而它所确立的社会关系也是短暂的。当追随者们在思想上和物质上要求共同体长

① ［德］马克斯·韦伯：《经济与社会》（上卷），林荣远译，商务印书馆 1997 年版，第 269 页。

② ［德］马克斯·韦伯：《经济与社会》（上卷），林荣远译，商务印书馆 1997 年版，第 270 页。

久存在下去，并期望将这种社会关系长久地得以维持的时候，魅力型统治的性质便会大大改变。最终，由于魅力代表人物的缺位，特别是其接班人的产生方式，可能会使整个社会关系的性质发生根本的改变。韦伯分析了魅力型统治在接班上可能出现的六种解决方式。他认为无论哪一种方式都不可能使魅力型统治得以延续，而不可避免地走向传统化和理性化。韦伯将这一过程称之为"魅力的平凡化"。魅力平凡化的结果是魅力型统治转向传统型统治或治理型统治，或者成为二者的混合形式。

（3）关于法理型统治。

韦伯将建立在遵守正式制定的法律基础上的统治称为法理型统治，他将法理型统治视为行政管理的现代形式。他分析了法理型统治类型所具有的一般特征：①在法理型统治下，行政事务的运作要持续地受到规则的约束。"行政管理就是在法律规则限制之内，并且根据一些得到团体制度的许可的甚至没有违忤团体制度的、可以普遍表明的原则、合理维护团体制度所规定的利益。"[①] ②在法理型统治下，行政事务的运作是在一定的权限内进行的出现了"机构"这种按章办理的运作单位。权限意味着根据效益原则进行的功能分工，根据分工获得所需要的命令的权力，并且对所允许的强制手段和使用强制手段的前提条件作出明确规定。③法理型统治具有固定的职务等级。任何机构都有固定的监督和检查制度，下级机构都有权向上级机构投诉或提出异议。而接受投诉的机关必须对投诉的内容作出回应，通过不予受理，要给出具体的解决办法。④法理型统治有明确的议事规则。这些议事规则可能是技术性的规则，也可能是准则。为了应用规则并达到完全合理，就必须有专业的培训。

① ［德］马克斯·韦伯：《经济与社会》（上卷），林荣远译，商务印书馆 1997 年版，第 243 页。

在正常情况下，只有证明接受专业培训者成绩合格，才有资格参加行政管理班子，才能被任命为官员。⑤在法理型统治下，行政管理班子同行政管理资源产生资源完全分开。行政官员对这些资源只有使用权，没有占有权，而且他们对这些物质的使用要受到严格的监督与约束。行政机关的财富与官员的私人财富是完全分开的。⑥在理想情况下，不存在任职人员对职务的任何意义的私人占有。由职务所规定的权力，不允许被作为谋取个人利益的手段，而只是用来保障其履行职务所赋予的职责。⑦法理型统治拥有行政管理档案制度。即使是口头讨论也都用文字的形式固定下来。档案与官员们的持续运作结合起来，使得“办公机关”这一现代团体行为的核心得以产生。

在韦伯看来，法理性统治可以具有极为不同的形式，而借助于科层制所进行的统治是最纯粹的法理型统治类型。这里的科层制是官僚制的同义语。

韦伯将科层制视为法理型统治的特殊形式，这是他所认为的人类组织的合理形式。在这种统治形式下，组织按照合理性的原则来设计和分工以便有效地实现组织目标。官员们的职务等级是按照集权体系所安排的固定有序的体系，并且有着与职务相对应的严格的权限规定。组织运转依靠的是没有人情味的职责、规定和准则，具有非人格化的特征。官员的任命与提升所依据的主要是业绩。在韦伯看来，所有这一切都保证了组织目标的有效实现。

韦伯对科层制的组织特征进行了深入剖析。在这种统治形式下，统治者地位的获得，或者是依据占有，或者依据选举，或者依据继承接班的指派。但无论来自哪种形式，统治者的统治权力都有合法的权限。在这种统治形式下的行政管理班子，是由单个的官员组成的，并呈现出以下特征：①官员们个人是自由的，仅仅在事务上具有服从官职的义务。②官员们处于固定的等级制度之中。③官员们拥有固定的职务权限。④官员们根据契约受命，即建立在自由选择之上。这是现代科层制的本质。⑤官员们根据专业业务资格任命。在最合理的情况下，通过考试获得的、通过证书确认的专业业务资格。⑥官员们获得固定的货币薪金作为报酬，大多数有权领取养老金。薪金的标准首先依据官阶等级原则，同时也依据与职位相对应的责任。另外，也会考虑到身份地位的因素。⑦官员们把他们的职位视为唯一的或主要的职业。⑧官员们可看清自己的前程。官员职务的升迁依据年资或政绩，或者二者兼而有之，取决于上司的评价。⑨官员们在工作中完全同行政资源分开，个人不得将职务占为己有。⑩官员们要接受严格的、统一的职务纪律和监督。

韦伯认为，科层制是迄今为止最为合理的统治形式，而且是未来社会和组织中统治形式的合理发展方向。他对科层制的优点大加赞赏，对其作用也大加肯定。在韦伯看来，科层制所采用的建立在集权力和档案制度基础上的行政管理，精确、稳定、纪律严明，无论对统治者还是有关人员来讲，科层制"从纯粹技术上看可以达到最高的完善在所有这些意义上是实施统治形式上最合理的形式"。[①]

在韦伯看来，科层制已经渗透到现代社会的各种组织行为之中，并对每个现代人的生活不可避免地产生影响。国家、教会、军队、政党、经济企业、利益集团、协会、基金会等等，这些现代的组织和团体的发展一般都是与科层制的发展和不断增强相一致的。"人们一刻也不能忘记，所有持续的工作都是由官员们在办公机关里完成的。我们的整个日常生活都纳入到这

① ［德］马克斯·韦伯：《经济与社会》（上卷），林荣远译，商务印书馆 1997 年版，第 248 页。

个框架之内。”[①] 在韦伯看来，不仅资本主义在其当时的发展阶段需要科层制，而且社会主义要达到同样的技术效率，也同样需要科层制这种组织形式。

韦伯认为，科层制意味着根据知识进行统治，这是它所固有的特别合理的基本性质。受生产的现代技术和经济的制约，专业知识越来越具有不可或缺性。面统治者为了进行有效的统治，也倾向于通过公务知识来进一步维护其地位、强化其权力。整个统治的科层化“大大促进向着理性的‘求实性’、向着‘职业化’和‘专家化’发展”[②]。韦伯认为，从科层制的长远发展看，专家在贯彻其意志方面，往往比非专家的政府官员们占有更多的优势。

在韦伯看来，科层制所具有的集权特征，并不妨碍民主精神在其中的孕育。科层制为了能从专业业务上最有资格的人当中招募人才，倾向于等级拉平化。“因为社会拉平化排除了由于对行政管理物资和行政管理权力的占有而掌权的等级的统治者，并且为了‘平等’之故，也排除了依仗财产也能够担任‘荣誉的’或者‘次要职业的’行政管理职位的人，使科层制成为前进中的‘群众民主’的不可分割的影子。”[③]

韦伯在对科层制予以肯定的同时，也意识到其弊端。例如，他指出，科层制所实现的效率是以忽视人的精神与情感为代价的，科层制越是彻底非人格化，也就越容易背离人的价值与尊严；在这种统治形式下，服从不仅导致人们的创造力和责任心

① ［德］马克斯·韦伯：《经济与社会》（上卷），林荣远译，商务印书馆 1997 年版，第 248 页。

② ［德］马克斯·韦伯：《经济与社会》（上卷），林荣远译，商务印书馆 1997 年版，第 320 页。

③ ［德］马克斯·韦伯：《经济与社会》（上卷），林荣远译，商务印书馆 1997 年版，第 251 页。

缺失，而且容易滋长官员的独断专行和妄自尊大。

3. 关于新教伦理与资本主义精神。

韦伯有一本重要著作，即《新教伦理与资本主义精神》。韦伯认为，分析近代资本主义必须把握两个方面：一是经济形态，二是观念形态。韦伯在这本书中，分析的重点是观念形态。

在《新教伦理与资本主义精神》中，韦伯试图解释"为什么近代形态的资本主义仅仅出现在西方，而没有在其他文明中出现"？在韦伯看来，科学、艺术、史学、建筑、法律、政治组织等方面在西方得到合乎理性的发展绝不是偶然的，而是有其物质支撑和精神动力的。在资本主义的产生和发展的问题上，韦伯反对"对利润最大限度的追求是资本主义发展的动力"的理论解释。他认为，对利润的追求以及对金钱的贪欲实际上在任何形式的社会中都普遍地存在，并不是现代资本主义特有现象，"自从有了人，就有了对黄金的贪欲"，所以"获利的欲望，对营利、金钱（并且是最大可能数额的金钱）的追求，这本身与资本主义并不相干"。[①] 相反，资本主义的出现抑制和缓和了人们的贪欲和对财富的非理性追求，而且不择手段地追求利润往往成为理性资本主义出现的障碍。例如，中国、印度及其他文明中追求利润的现象也普遍存在，但并没有出现现代意义上的理性资本主义。

韦伯特别强调了理性资本主义在发展过程中的两个重要因素：第一是企业和家庭、公有财产和私有财产在法律上的分离；第二个是合乎理性的簿记方式。这两个因素又与资本主义劳动组织方式密切相关，于是韦伯进一步把问题具体化，集中力量探讨以自由劳动组织为特征的理性资本主义的起源。

① ［德］马克斯·韦伯：《新教伦理与资本主义精神》，于晓等译，生活·读书·新知三联书店1997年版，第7页。

《新教伦理与资本主义精神》就是通过自由劳动智力型组织、法律、行政机构、理性主义等中介变量，层层分析，阐述宗教伦理这种神秘的力量如何产生了有利于资本主义经济制度的社会精神气质（ethos），论证新教伦理与资本主义精神之间的亲和性（affinity）。

韦伯对“资本主义精神”这一概念，并没有用属加种差的方法给出一个公式化的定义，他运用个体主义方法论引用富兰克林的话对资本主义精神作了具体的历史的说明。富兰克林告诫人们：时间就是金钱；信用就是金钱；金钱具有滋生繁衍性；经济上要量入为出，精于计算；生活上要节俭诚实，与人为善等。这虽然不是资本主义精神特有的全部，却是在资本主义精神中所具有的。韦伯是在论述资本主义和前资本主义的区别中把握资本主义精神的。

首先，他认为这种区别表现在劳动者身上，资本主义和前资本主义两种条件下的劳动者在赚钱的欲望上并无不同，所不同的是前资本主义的劳动者缺乏劳动的自觉性，这一点正是资本主义发展的主要障碍之一。韦伯举例说，某个人按每英亩1马克的价钱收割了2.5英亩地，从而挣得2.5马克。现在，工价提高到每收割1英亩得1.25马克。本来他可以轻而易举地收割3英亩地，从而挣得3.75马克。但他并不这样做；他只收割2英亩，这样他仍然可以挣得他已经习惯得到的2.5马克。[①] 在此类劳动者看来“挣得多一些并不比干得少一些来得那么诱人”。既然提高单位工资难以刺激人们的获利欲望，那么相反的办法即降低工资就成为雇主的常用办法，但降低工资在需要高度专注和创新精神的劳动中也难以奏效。与上述情况形成鲜明

① ［德］马克斯·韦伯：《新教伦理与资本主义精神》，于晓等译，生活·读书·新知三联书店1987年版，第42页。

对照的是，资本主义条件下的劳动者却有着高度的自觉性和责任性，他们把劳动当作一种绝对的自身目的，当作一项天职来从事。这种天职观正是"资产阶级文化的社会伦理中最具代表性的东西，而且在某种意义上说，它是资产阶级文化的根本基础"①。

其次，韦伯讲，前资本主义与资本主义的区别还表现在企业家身上。在韦伯看来，前资本主义的企业家趋向于利用各种政治机会和非理性活动如垄断权、法律特权和高利贷等手段来追求经济的成功，他们在生活和经营的诸方面如生活方式、工作量、利润率、调节劳资关系的方法、顾客群以及吸引新顾客的方法均表现出传统的和非理性的特点。而资本主义条件下的企业家是在"冷酷无情的生活环境中成长起来的人，既精打细算又敢作敢为。最重要的是，所有这些人都有节制有度，讲究信用，精明强干，全心全意地投身于事业中，并且固守着严格的资本主义观点和原则"②。他们具有确定不移且高度发展的伦理品质，以及洞若观火的远见和卓越的行动能力，在顾客和工人中赢得了不可缺少的信任。他们是为了事业才生存，而不是为了生存而经营事业。

进而，韦伯对与新教伦理相关的一些论题进行了分析。

关于路德的职业观。"职业（Beruf）"一词是发起欧洲宗教改革的德国马丁·路德所造的一个词，曾在本质上属于新教。路德把拉丁文《圣经》译为德文时，把拉丁文 Vocatio（圣召）译为 Beruf。"圣召"指听从上帝的召唤，因此，对 Beruf 不能简

① ［德］马克斯·韦伯：《新教伦理与资本主义精神》，于晓等译，生活·读书·新知三联书店 1987 年版，第 38 页。

② ［德］马克斯·韦伯：《新教伦理与资本主义精神》，于晓等译，生活·读书·新知三联书店 1987 年版，第 50 页。

单地译为 profession（职业），它是同“上帝安排的工作”这个含义联系在一起的。由此强调，人必须把 Beruf 看作自己的目的，看作生活的功能，看作之所以必须承担而不容懈怠地去圆满完成的义务之原因。这成为体现资本主义精神的一个重要方面。这告诉人们，职业是人们终生的任务，是在一种确定的工作领域中个人自身价值的体现。路德给世俗活动应有的位置，他认为修道士的生活不仅毫无价值，而且放弃现世的义务是自私的，是逃避世俗责任。敬业尽职的世俗活动是人的本分，是上帝的要求。

关于加尔文教的恩宠论和预定论。加尔文教的全部教义在于上帝而不在于个人，上帝不是为了人类而存在，人类是为了上帝而存在，一切造物都服务于上帝的荣耀。在耕地里的劳作，在市场上的成功，在生意圈中的活跃，似乎都成为受到上帝恩宠的最确切的证据。于是，加尔文教徒在一种“天职”中勤奋地劳作，力求通过日常事务的成功找到解脱被罚入地狱的恐惧的途径。

关于清教徒的禁欲主义。清教也把劳动作为人生追求的目标，把浪费时间当作最大的罪恶。它认为唯有劳动而非悠闲方可增添上帝的荣耀。人生短促，时光无价，虚掷一寸光阴即是丧失一寸为上帝之荣耀而效劳的宝贵时光。劳动既是人生的目的，也是禁欲的途径，任何游手好闲及无节制的人生享乐都是禁欲主义的仇敌。

上述新教伦理摒弃了基督教的古老箴言“同尘世分离”，也摒弃了出世的禁欲主义、苦行主义，而代之以诚实、信用、守时、谦卑、勤奋、节俭等入世的禁欲主义德行。对新教徒来说，经济活动是一种严谨的“服役”，一种“成圣”的劳动，他们的财富是为了荣耀上帝，而不是为了自用。人只不过是上帝的工具而已。新教教派的共同特征是信奉新教的天职观和入世的禁欲主义伦理观。新教徒通过其天职观和禁欲主义伦理把履行世俗职业的义务尊崇为一个人道德行为的最高形式，从而使日常世俗行为具有了宗教意义，即宗教伦理与世俗伦理有了某种"亲和性"。于是新教徒把通过工作追求财富当作自己的天职，把职业视为荣耀上帝的重要体现。正是这种"天职"观念使工人和企业家在复杂的经济行为中获得了共同的伦理基础和精神动力，成为塑造资本主义精神的关键因素。

韦伯注意到，财富曾经是荣耀上帝的见证，但曾几何时却变成了新教伦理的掘墓者。新教徒在为上帝增添荣耀的勤勉劳作中创造了财富，但随着财富的增长，人们对现世的一切热爱随之增强，对享受的欲望随之膨胀，"寻求上帝的天国的狂热开始逐渐地转变为冷静的经济德性；宗教的要求慢慢枯死，让位于世俗的功利主义"[①]。财富这个"身外之物"逐渐异化为奴役人们的一只"铁的牢笼"。[②]

（五）马尔库塞：由人的行为说开，论总体性的革命。

马尔库塞（Herbert Marcuse，1898—1979）是20世纪很有影响的思想家，是法兰克福学派的重要代表人物。可以说，马尔库塞的理论建树是由人的行为视角说开而建构其社会学体系的。当然，马尔库塞不是一般地诉诸行为进行其理论建构，而是由"革命"行为来展开其社会学理论的。

1. 马尔库塞的思想演进或理论活动，一些研究者对之归结为三个时期。

---

① ［德］马克斯·韦伯：《新教伦理与资本主义精神》，于晓等译，生活·读书·新知三联书店1987年版，第138页。

② 侯钧生主编：《西方社会学理论教程》，南开大学出版社2010年版，第122～133页。

（1）早年思想时期。

1898 年 7 月 19 日，马尔库塞出生于德国柏林的一个犹太商人家庭。富裕的家庭条件使他过着德国上层生活。当时的社会政治运动对其政治态度和思想观念产生了最初影响。1916 年，马尔库塞在文科中学毕业后，在柏林应征参军入伍。从此时到 20 世纪 30 年代初期，马尔库塞接受了当时诸多思想并触及其来源，在对理想与现实矛盾的思考中，形成了他自己的基本观点，为以后的理论发展奠定了基础。

马尔库塞服兵役时，曾因视力不佳被留于在柏林驻守的部队。当时正值第一次世界大战后期，德军在战争中节节败退，损失惨重。德国在军事上、政治上和经济上陷入了严重危机。在柏林服兵役期间，马尔库塞目睹了战争给社会造成的巨大创伤，了解到人民群众在现存社会中所遭受的艰难困苦。为了理解现存社会种种问题产生的根源，马尔库塞开始研读马克思的著作，试图通过理解马克思对资本主义制度所作的分析批判而认识当时的社会。在这种形势下，反对战争的群众运动在德国迅速兴起，后发展成为以士兵和工人为主力的社会主义革命。马尔库塞投身于正在蓬勃兴起的社会主义革命，并作为战争和社会的反对者而参加了德国社会民主党。然而，德国社会民主党成为战争的拥护者。使马尔库塞在政治上受到教育的是德国 1918 年的“四月革命”。这次革命声势浩大，很快推翻了德国威廉二世的统治，并在全国各地建立了工兵代表苏维埃。马尔库塞为此欢欣鼓舞，迅速投身其间，在柏林郊区参加了士兵委员会。他寄予很大希望，以为革命将取得彻底胜利。然而，革命果实被右派社会民主党人艾伯特窃取，他们同反动势力勾结在一起，疯狂镇压革命左派。罗莎·卢森堡（Rosa Luxemburg）和李卜克内西（Wilhelm Liebknecht）等人领导工人和士兵奋起反抗，马尔库塞坚决支持左派的斗争，积极参加左派的各种活动。可是左派最终失败，卢森堡和李卜克内西等人惨遭杀害。对此马尔库塞十分气愤，毅然退出社会民主党。德国 1918 年"四月革命"的失败使年轻的马尔库塞陷入无尽的苦恼之中。理想和现实在马尔库塞那里尖锐对立，促使马尔库塞继续寻找解决这种对立的途径。

1919 年，马尔库塞进入柏林洪堡大学，学习了两年传统课程之后转到弗莱堡大学。在弗莱堡大学期间，马尔库塞主修德国文学，同时学习哲学和政治经济学。1922 年，马尔库塞在文学教授怀特考卜的指导下完成了题为《德国艺术家的小说》的博士论文，获弗莱堡大学哲学博士学位。1922 年，马尔库塞返回柏林。在一家出版发行商行中从事了六年书目研究和编撰工作。1927 年，马尔库塞重新进行学术研究。这期间，马尔库塞用很大精力研究胡塞尔的现象学和海德格尔的存在主义。在胡塞尔和海德格尔之间，马尔库塞更赞成海德格尔，他认为海德格尔的存在主义作为把现象学和存在主义结合在一起的现象学，是一种关心人、关心社会现实的哲学，比胡塞尔的现象学更有意义。

与此同时，卢卡奇（Georg Lukacs）和柯尔施（Karl Korsch）关于马克思主义的观点对马尔库塞产生影响。1923 年，卢卡奇发表了《历史与阶级意识》，书中强调总体性是辩证法的核心，主张搞经济、政治、文化并举的总体性革命，要求重视无产阶级的主体地位，启发无产阶级的主体意识，动员无产阶级自觉起来革命。马尔库塞十分赞成卢卡奇的观点，认为卢卡奇的马克思主义比第二国际正统马克思主义和第三国际教条的马克思主义要高明得多。在卢卡奇发表《历史与阶级意识》的同年，柯尔施发表了《马克思主义和哲学》。柯尔施强调马克思主义的实践性，反对理论与实践相脱离，这对马尔库塞也有很大影响。马尔库塞像卢卡奇和柯尔施一样，认为在当时的情势下，当务之急是坚持理论与实践相结合，把马克思主义重建为指导革命实践的有效方法和批判现实的锐利武器。

（2）由法兰克福到美国，工业文明批判时期。

马尔库塞的这个时期，从 20 世纪 30 年代初期开始，到 20 世纪 40 年代末期。在此期间，马尔库塞与法兰克福学派其他成员并肩战斗，在批判法西斯主义的斗争中深化了早期形成的基本理论观点。

1932 年初，德国纳粹掌握了政权，希特勒疯狂推行反犹太主义政策，残酷地迫害进步知识分子。马尔库塞作为犹太人和进步知识分子，势必要受到法西斯的威胁。同时，弗莱堡大学的情况对马尔库塞也越来越不利。1933 年 5 月，海德格尔被任命为弗莱堡大学校长，他在校长就职演说中，赞美希特勒上台执政是一次“庄严而伟大的破晓”。马尔库塞对此十分气愤。在此形势下，马尔库塞认识到在弗莱堡大学谋取职位的希望已经无法实现，并且他也不愿再同海德格尔一起共事。因此，马尔库塞决定离开弗莱堡。

1933 年，马尔库塞经胡塞尔介绍进入法兰克福社会研究所，从此，马尔库塞成为法兰克福学派的成员。不久，为了躲避法西斯的迫害，马尔库塞从日内瓦转到巴黎。1934 年 7 月，又从巴黎转到纽约。纽约哥伦比亚大学设有法兰克福社会研究所的一个分所，马尔库塞在那里工作了 6 年。在这个时期，马尔库塞出版了重要著作《理性和革命》。这部著作围绕着“理性”全面考察了黑格尔哲学，论述了马克思理论与黑格尔哲学之间的关系，批判了以孔德为代表的实证主义思潮。这部著作可以看作是马尔库塞在 20 世纪 30 年代理论研究的总结。1940 年，马尔库塞加入了美国国籍。1942 年马尔库塞离开纽约前往华盛顿工作，先后在战争情报局和战略服务处任职。战后，法兰克福学派其他成员回到联邦德国，马尔库塞仍然留在美国，成为美国国务院中欧部主要政治分析家。有人根据这段经历指责马尔库塞乐于充当美国政府的情报工作人员。马尔库塞辩解说：这是因为夫人索菲患病在身，他不得不留在华盛顿工作，他并不愿意从事这类工作，并且他所做的事情仅仅是为反法西新战争服务的，而不是为其他政治目的服务的情报工作。

马尔库塞在美国政府任职近10年时间，此期间马尔库塞仅仅发表了一些书评，学术研究几乎中断了。直到1950年，马尔库塞才开始在华盛顿精神病院开设了一系列关于精神分析理论的讲座。这些讲座的讲稿后来被编辑为《爱欲与文明》，于1950年出版。在《爱欲与文明》中，马尔库塞把弗洛伊德的精神分析理论和马克思的某些观点综合起来，深入揭示工业文明对本能的压抑，论述了本能压抑形成的社会历史根源，并把本能革命作为人类全面解放的一项伟大任务明确地提了出来。同时他还对"本能革命"的根据、途径作了认真探讨。

1951年，马尔库塞的夫人索菲逝世，他离开了华盛顿，先后在哥伦比亚大学俄国研究所和哈佛大学俄国研究中心工作。1952—1953年，马尔库塞在哥伦比亚大学完成了苏联马克思主义政治原则的研究。1954—1955年，马尔库塞在哈佛大学完成了苏联马克思主义伦理规范的研究。这两项研究成果后来被编辑为《苏联的马克思主义》。20世纪50年代冷战日趋激烈，麦卡锡主义在美国掀起反马克思主义浪潮，哥伦比亚大学俄国研究所和哈佛大学俄国研究中心是这个浪潮的中心。马尔库塞在这样的环境中著述的《苏联的马克思主义》，虽然对斯大林为代表的教条主义进行了很多批判，但是他仍然认为苏联的社会主义是有希望的。人们认为，这在当时反马克思主义的白色恐怖下，是难能可贵的。不仅如此，马尔库塞还在哥伦比亚大学公开讲授马克思主义，在哈佛大学他因宣传马克思主义理论而成为远近闻名的"校园马克思主义者"。

1954—1956 年，马尔库塞在布兰代斯大学任哲学和政治经济学教授。在这一时期，马尔库塞的学术成果丰富，发表了大量的论文和著作。其中重要的著作，除上面提到的《爱欲与文明》和《苏联的马克思主义》以外，还有批判“工业文明”的代表作《单向度的人》。这三本书的内容被认为构成了马尔库塞在战后对“当代工业文明”的全面批判。其批判的焦点在于当代工业文明对人性的压抑，批判的方式主要是精神分析和意识形态分析，批判的现实根据是当代工业社会对于人性压抑的不合理现存，批判的理论根据是他早期形成的、在法兰克福学派时期进一步完善的“辩证理性论”。马尔库塞对工业文明的批判是他在理论上最引人注目的内容，正是这些批判使他的理论越出了学术圈子，直接接触了社会现实，扩大了他本人和法兰克福学派的影响，并为 20 世纪 60 年代中期发生的欧美青年学生造反运动提供了理论根据。

从 20 世纪 50 年代初期开始，到 20 世纪 60 年代中期。此期间，马尔库塞对工业文明全面展开了批判。

(3) 新左派和理论总结时期。

这个时期从 20 世纪 60 年代中期到马尔库塞 1979 年逝世。此期间，马尔库塞亲自投身于新左派的革命斗争，并对新左派运动和自己的一生进行了总结。

1965 年，马尔库塞从布兰代斯大学转到加州大学任教。20 世纪 60 年代中期，欧美爆发了一场来势凶猛的新左派运动，激进的青年学生既反对斯大林的社会主义，也反对资本主义制度，他们在民主、自由、解放等口号下，向现存社会发起了猛烈攻击。1968 年，学生造反运动达到了高潮。青年们拥护马尔库塞，马尔库塞也十分关心青年造反运动。马尔库塞坚定地站在青年学生一边，热情地支持青年学生与压抑人性的不合理现状作斗争。他密切关注青年造反运动的动向，对学生们提出了许多中肯的批评意见，他反对学生们极端的盲目行动，反对学生们贬斥理论的非理性主义，反对学生们脱离工人阶级和基本群众的"左"倾错误。马尔库塞积极指导学生运动，力图把学生造反运动引入新的轨道。

马尔库塞对青年学生造反运动的支持，引起了右翼分子和当局的恼怒，他们常常以各种手段威胁、恫吓马尔库塞，甚至有人企图暗杀他。为了马尔库塞的安全，青年学生自动昼夜为他站岗、警备。在这种恐怖的气氛中，马尔库塞毫不畏惧，他仍然大胆地给青年学生们宣讲新社会主义的总体革命理论。马尔库塞对总体革命的性质、目的、途径等一系列重大问题，进行了深入探讨，阐发了包括本能革命、自然革命和文化革命在内、涉及人的总体存在的革命理论。总体革命理论被认为是马尔库塞一生理论研究和对现实批判的总结，总体革命理论涵盖了他先前的基本观点，明确了他一生所追求的目标。

马尔库塞这一时期的理论著作很多是从美学方面展开的论述，这些仿佛是向早期博士论文注重美学理论倾向的回归。当然，后期的美学理论比前期的美学理论丰富得多。人们认为，这一时期发表的《论解放》《反革命和暴乱》《美学的向度》等著作，把美学理论同总体革命理论融汇在一起，使马尔库塞的理论更富有弹性、理想性和超越性。1979 年，马尔库塞应邀赴联邦德国讲学，次年 7 月 29 日逝世于联邦德国。

2. 马尔库塞的整个理论活动，总起来说，是围绕"总体革命"展开的。

马尔库塞讲到"自然革命""本能革命""文化革命"。

(1) 自然革命。

马尔库塞把"自然革命"看作是新社会主义革命的一个基本方面。所谓"自然革命"，实际上是从人的行为说，要在人与自然之间建立一种新关系。他指出："解放最终和什么问题有关，自然的根本变化将成为社会根本变化的主要组成部分。”①人与自然的关系是人类生存和发展中最基本的关系，人用自己的感性力量，通过自己的行为，直接与外部自然发生关系，取得维持人类存在最基本的物质生活条件。只有在这种关系基础上，人类才能从事政治、文化等其他方面的社会活动。人们指出，这是马克思早已阐述的历史唯物主义基本观点，是马尔库塞在阐述劳动本体论时坚持的观点。马尔库塞把人与自然之间形成的新关系——自然革命，看作新社会主义革命的一个基本方面，显示了他关于劳动是人类基本存在方式，是决定社会生活其他方面基础的观点，是前后一致的。

马尔库塞讲到，自然革命包括人的自然解放与物的自然解放。马克思在《1844年经济学哲学手稿》中把人的感性存在看作是人的自然方面，包括人的肉体存在和感受功能。物的自然指作为劳动对象的外部自然。人的自然解放是要把人的感性存在从社会压抑中解放出来，马尔库塞在这里主要指人的感受性—感觉能力的解放，即形成一种新的感受力（new sensibility）。新感受力的形成既是自然解放的重要内容，也是外部自然解放的前提条件。因为外部自然本身并无所谓解放的问题，它的解放无非是解除人对它的侵犯和破坏。人对自然的危害是在科学认识指导下的生产实践造成的，被压抑了的感受力是危害自然的认识和实践的基础，要改变对自然的不正确认识和破坏性实践，首先必须改变人的感受力。所以，新感受力的形成是实现外部自然解放的前提条件。

马尔库塞指出：“在一个异化劳动为基础的社会中，人的感受力是迟钝的：人们只是从形式和功能上感知事物，而且有这

① ［美］马尔库塞：《爱欲与文明》，黄勇、薛民译，上海译文出版社1987年版，第59页。

样形式和功能的事物是由现存社会预先给定的、制造的和使用的，人们只是感知社会规定和限制的存在变化的可能性。"① 他认为，迟钝的感受力只能按资本主义社会所规定的形式和功能感受周围的事物，这完全是一种消极的、顺应的感受力。以它来感知外部自然，也只能得出扭曲的、不真实的反映，本来与人类和谐相处的外部自然，变成了人类任意征服、掠夺的敌人。这种迟钝的、被扭曲的感受力是社会压抑的产物，但是它感受不到社会对它的压抑，只有在反抗社会压抑的革命中才能使它改变，进而形成新的感受力。

马尔库塞指出："具有总体性的政治抗议在这方面恰恰激活了基本的有机因素，即反抗抑制性理性命令的人的感受力。"② 他认为从总体上反抗资本主义压抑的各种政治活动是对资本主义不合理社会秩序的有力冲击，人们在这种政治活动中可以受到震动，把社会的变化内化到自己的感受机能中，形成反抗压抑性统治的新感受力。在社会变革中形成的新感受力，不是简单的心理现象，而是社会革命的产物。由于新感受力把社会变化内化为个体需要，它完成了社会革命和个体解放的统一，成为二者的中介。

同时，马尔库塞还认为新感受力与政治活动是一种互为因果的关系。因为新感受力是不受压抑的感受力，所以它能按照事物的真实面目去反映它的对象，它能辨别真与假、善与恶、愉快与痛苦，进而作出适合自己本能要求的选择。向那恶与黑暗作斗争。所以，新感受力又是政治斗争的前提。反过来，政

① ［美］马尔库塞：《爱欲与文明》，黄勇、薛民译，上海译文出版社 1987 年版，第 71 页。

② ［美］马尔库塞：《现代美学析疑》，绿原译，文化艺术出版社 1987 年版，第 53 页。

治斗争又能激发更新的感受力形成和发展。这种相互作用，不断地产生新感受力，同时推动政治斗争向前发展。

马尔库塞认为，新感受力的形成还依赖于理性的引导。在他看来，感觉的解放和革命实践同时发生，作为实践性的感觉解放固然是革命意识形成的基础，但它如果不在革命意识或革命理论的指导下，新的感受力仍然是盲目的。就普通群众的新感受力形成而言，需要首先接受一种革命的理论，借助理论教育，在群众中树立革命意识，然后形成的新感受力才是理智与稳固的。马尔库塞这里所指的理论即被批判的社会理论，它将坚持理性的原则，以其批判现实的辩证法，来提高群众的思维能力和对自由与解放追求的积极性。

马尔库塞认为，新感受力不再按照现存秩序所规定的事物的形式和功能去感受，而是直接感受事物的真实存在与本性，形成未加扭曲的真实的感觉。同时，由于排除了感受过程的压抑性因素，感受力将与主体的真实需求相联系。异化的社会现实与个体真实需求是对立的，因此，与主体真实需求相联系的感受力对现实必然采取主动的、激进的批判态度，它将在实现理性原则的过程中积极地感受现存秩序的不合理性，进而用理性原则去取代它。

马尔库塞强调，新感受力的形成引起社会的彻底变化，“彻底的社会变化将包含有自然的彻底变化在内”。自然是历史的客体，当新感受力引起社会彻底变化之后，这种变化不可避免地要进入人与自然的关系中，引起自然的变化。并且，尽管马尔库塞所阐述的新感受力已经与生物学意义上的低级感受机能不同，也不是我们一般意义上的机械反映能力，它是一种和理性原则一起来的批判的、超越的感受机能和基本存在，但是新感受力仍然与外部自然发生着直接联系，它仍然在人的感性存在与外部自然的接触中发挥着直接作用。所以，新感受力的形成本身就能引起人与自然关系的变化。这种变化表现在认识和实践两个方面。

马尔库塞认为，自然与人的对立是社会压抑造成的。新感受力冲破现实压抑，真实地感受自然现象的本性。人离不开自然；人不能任意地攻击和掠夺自然，而应当尊重自然；自然受到一定程度的破坏之后，将对人回以报复，人应当保护自然。在这个意义上，马尔库塞认为自然具有主体性。同时，外部自然只有进入人的活动范围内，成为主体（人）的活动对象和环境，才能成为客体。外部自然的独立自主性（主体性）和相对于主体（人）而存在的客体性，形成"主体—客体"的统一体。以新感觉为基础形成的新认识来指导实践，实践发生了质的变化。解放了的感觉将和在它们的基础上发展起来的自然科学一起，确保"对自然的人道占有"。

(2) 本能革命。

许多研究者指出，马尔库塞理论研究的显著成就之一，是把弗洛伊德精神分析理论同马克思主义理论、法兰克福学派的社会批判理论相结合，提出了从人的深层本能出发，进行彻底革命。马尔库塞的这些理论成就集中在《爱欲与文明》一书中。

弗洛伊德的精神分析理论揭示了人的无意识领域（the domain of unconscious）的秘密，为人们的自我意识提供了一个崭新的视野。弗洛伊德通过性本能（sex instinct）的考察，发现人的本能具有强烈的冲动作用，如果不对其加以限制，它将成为导致社会秩序紊乱的破坏力量。因此，以往的文明乃是一种压抑性文明。弗洛伊德认为，植根于无意识深层的本能，是受指向满足个体欲望和幸福的快乐原则（pleasure principle）支配的，快乐原则是无拘束地释放个体本能冲动、未加修饰地满足本能需求的规律，它在无意识领域占有统治地位，因而，快乐原则在更深层次上体现了人的本性。但是，由于现实生活条件的匮乏（scarcity），无限制的个体本能需求不可能都得到充分满足，必须限制个体的本能冲动，否则，现实社会将进入毁灭性的动乱。人类文明是在不断地寻求稳定秩序中发展起来的，维护社会稳定的秩序即是压抑本能的现实原则（reallty principle）。现实原则限制了个体本能的任意发展，这是人类文明发展的必然要求，过去是这样，未来也依然如此。由此而言，弗洛伊德的精神分析最终得出了人类文明压抑性不可逆转的保守结论。

马尔库塞认为，弗洛伊德精神分析理论的结论虽然是保守的，表现了对现存文明中压抑人性的社会秩序的顺应，但是，精神分析理论却含有一股反抗现存秩序、寻求人的自由与解放的不可抗拒的暗流（hidden trend）。马尔库塞从个体压抑（individual repression）和属系压抑（phylogenetic repression）两个层次上探讨了精神分析理论的暗流。

马尔库塞通过考察弗洛伊德关于个体本能结构的理论，明确肯定了弗洛伊德的爱欲（eros）一元论。在马尔库塞看来，弗洛伊德早期理论中的性欲本能和自我保存本能（self-preservation instincts）之间是对抗的关系，“性本能最初不过是和自我（或自我保存）本能并驾齐驱的一种（或不如说一组）特定的本能，它有其特有的起源、目标和目的”①。由于弗洛伊德把性本能和自我保存本能对立起来，性本能就被看作仅有破坏作用的特殊本能。因此，弗洛伊德早期理论坚持要对性欲本能进行限制。只是到了后期，弗洛伊德才发现自我保存本能也具有性欲性质（libidinal nature），自我保存本能与性欲本能具有统一性。这样，弗洛伊德把性欲本能与自我保存本能统一为生命本能（life insinct），生命本能即爱欲。爱欲促使人追求多方面的满

① ［美］马尔库塞：《爱欲与文明》，黄勇、薛民译，上海译文出版社 1987 年版，第 12 页。

足，使人得到生命延续和多方面发展，"爱欲是保存一切生命的巨大的统一力量"[①]。马尔库塞十分重视弗洛伊德的爱欲理论，他指出："我们将看到，这种认为在主要的本能结构中不可能发现任何非爱欲的东西的观点，这种性欲一元论的观点，正是真理的标志。"[②]

有研究者指出，马尔库塞如此重视爱欲论，其原因在于"爱欲既有破坏性，又有建设性"。爱欲包含性欲于自身，并且性欲在爱欲中起基础作用。性欲对现实原则的反抗作用和对现存秩序的破坏作用，在爱欲中不可避免地要表现出来。所以，爱欲保留了对压抑人性的现实的反抗，它是蕴藏在本能深层中的破坏压抑性文明的巨大力量。同时，由于爱欲包含了自我保存本能，它是对生命的积极肯定，它能避免对生命自身的损害，而且它与符合人们健康发展的社会关系也不冲突。因此，爱欲也有建设性的一面，利用它对个体多方面欲望的追求和对生命机体的自我肯定，可以建设一种非压抑性文明。

在肯定了爱欲理论之后，马尔库塞接着考察了弗洛伊德后期的心理结构理论。弗洛伊德后期把心理结构划分为本我（id）、自我（ego）和超我（suprego）。其中本我是最古老、最根本的无意识领域，是主要的本能领域，本我按照快乐原则使本能需要得到满足，任何现实原则对它都没有约束。在外部世界的影响下，一部分本我逐渐发展为自我。自我是本我和外部世界的中介，它的功能有两方面：一方面，自我用其表面细小的意识部分接触、观察外部现实，使自己与现实相适应；另一方面，

① ［美］马尔库塞：《爱欲与文明》，黄勇、薛民译，上海译文出版社1987年版，第15页。

② ［美］马尔库塞：《爱欲与文明》，黄勇、薛民译，上海译文出版社1987年版，第16页。

“自我的主要功能是协调、改变、组织和控制本我的本能冲动，以使其与现实的冲突降到最低限度”①。自我通过对外界的适应和对本我的节制，保证了个体本能的满足，避免了本能对个体的破坏。由于外部压抑的强大，自我不得不持续地抑制本我的快乐原则，现实原则则发挥出越来越大的作用。在自我的发展过程中，出现了另一个心理实验，即超我。超我产生于婴儿对父母的长期依赖，父母对婴儿的一系列约束受到社会文化的影响，所以，超我体现了社会现实的要求，代表了现实原则对个体的压抑。

马尔库塞强调，超我对自我的压抑是现实原则的心力内投(introjection)，“一开始由父母、接着由其他社会机构强加于个体的外在约束被心力内投于自我，从而变成了他的‘良心’”。“这些压抑不久就仿佛成了无意识的和自然的东西，而且大部分负罪感也仍是无意识的”②。这就是说，个体压抑来自于社会现实，但它可以内投于个体心理结构，作为超我沉入心理底层，控制自我、本我，使有意识的社会压抑变为无意识的本能压抑。这样，马尔库塞就从个体心理结构的分析中揭示了本能压抑的社会历史性。

马尔库塞分析弗洛伊德个体结构理论的一个重要结论是：本能压抑是外部社会压抑的心理内投，不是本能结构固有的，而寻求个体幸福、自由的本能冲动才是内在的本性。既然是内在本性，它就一定要不屈不挠地反抗外来压抑，这种革命要求永远不会止息。并且，本我永远不曾忘记原始的快乐满足，“本

① ［美］马尔库塞：《爱欲与文明》，黄勇、薛民译，上海译文出版社1987年版，第18页。

② ［美］马尔库塞：《爱欲与文明》，黄勇、薛民译，上海译文出版社1987年版，第19页。

我把对这一状态的记忆痕迹贯彻到每一个即将来临的未来：它把过去投射到将来"①。这就是说，本我具有一种超越现实、指向理想未来的作用，它把无压抑的原始记忆作为反抗现实、建设未来的理想模式，以此来引导本能革命的发生与发展。

马尔库塞用"文明辩证法"（dialectic of civilization）对"压抑文明的命运"加以解析。文明的辩证法即压抑性文明发展的内在矛盾、道路和结局。

马尔库塞通过对弗洛伊德压抑文明的理论考察，得出结论：压抑性文明既是对爱欲的利用，又是对爱欲的限制。压抑性文明一方面利用了爱欲中自我保存的本能，使种种规范和戒律在集体与社会中实施，形成社会秩序，使个体在社会闲置中顺从地生存下去。另一方面，爱欲中的性本能冲动被升华（sublimation）为"工作本能"（work instinct），成为建设压抑性文明的工具，性欲本能的这种利用实质上是对它的扭曲和限制。压抑性文明只有对爱欲采取这种手段才能维持自身的存在与发展。但是，对性欲本能的限制却导致了一种可怕的结果。

马尔库塞指出，生命过程是作为爱欲的生命本能和作为死欲（thanatos）的死亡本能（death instinc）相互斗争的过程。当压抑性文明限制力比多能量、扭曲性本能时，爱欲的力量就遭到了削弱，因为爱欲是以性欲为基础的。当爱欲被削弱时，死欲或死亡本能的力量就会相对加强。死亡本能的加强将导致巨大破坏力量的爆发，压抑性文明不可逃脱地要受到毁灭性的攻击。所以，限制性本能、减弱爱欲力量势必危及文明自身。"为了使这种对日益扩大的攻击进行卓有成效的防御，就必须加强性本能，因为唯有强大的爱欲才能有效地'约束'破坏本能。

① ［美］马尔库塞：《爱欲与文明》，黄勇、薛民译，上海译文出版社 1987 年版，第 20 页。

但这恰恰是发达文明所无法做到的，因为文明的存在正是依赖于对爱欲的广泛的、强化的管制和控制。”① 并且，性本能如果不能得到压抑，在快乐原则的指导下，它也会释放出强大的破坏压抑性文明的力量。因此，压抑性文明面临进退维谷的境地。

马尔库塞又看到，压抑性文明还是得到了逐步发展，特别是在科学技术的作用下，当代工业社会的压抑性文明以更大规模和更快的速度发展着。在文明的发展过程中，“压抑的必然性及由此而来的受苦的必然性，与文明的成熟，与所获得的对自然和社会的理性支配的程度发生同步的变化”②。也就是说，人对自然与社会支配的程度越高，文明越先进，压抑与苦难的程度也越深。这是因为，文明发展程度越高，文明对爱欲本能限制和利用得越多，爱欲中反抗现实原则的能量也就越大，文明必须增强对爱欲的压抑才能保存自身。另一方面，虽然现代科学技术把人的破坏本能转向自然，在征服自然过程中使破坏本能升华为推进文明的工作能量，“但是破坏性依然是一种破坏性，尽管已向外转移了，因此它的对象在大多数场合下都受到了真正的、剧烈的攻击，并因此而变得面目全非。……自然遭到了真正的‘侵犯’”③。破坏性并没有因为向自然转移而取消对社会的攻击性，因为死亡本能破坏性的真正目标不是自然物质，而是生命本身。因此，为了维持社会秩序和现存文明的发展，必须压抑死亡本能的破坏性。所以，无论就爱欲生命本能而言，还是就死欲或死亡本能而言，文明的压抑性只能增大不能缩小。

---

① ［美］马尔库塞：《爱欲与文明》，黄勇、薛民译，上海译文出版社 1987 年版，第 56 页。

② ［美］马尔库塞：《爱欲与文明》，黄勇、薛民译，上海译文出版社 1987 年版，第 62 页。

③ ［美］马尔库塞：《爱欲与文明》，黄勇、薛民译，上海译文出版社 1987 年版，第 61 页。

马尔库塞进而揭示，在当代工业社会的异化劳动中，文明的压抑随着技术进步和自动化程度提高而发生了变化，原来以父亲、暴君个体形象出现的压抑变成了社会管理组织的压抑，原来以人出面的压抑变成了自动流水线、机器化生产的压抑。压抑以技术与设备的形式变得更加严格、更加残酷了。本能对自由与幸福的追求与社会压抑更加尖锐地对立起来，"强大的社会凝聚力和管理的权力已足以使整个社会免受直接的攻击，但要根除积聚起来的攻击性就力不从心了"[①]。向压抑性文明的全面进攻必然要发生，压抑性文明必将灭亡。总之，压抑性文明由其内在矛盾所决定，必然要导致自身否定的结果，本能的革命力量最终将结束它的历史。

马尔库塞通过对弗洛伊德理论的考察，又得出结论：一种非压抑性文明的建立完全是可能的。他认为，弗洛伊德把压抑性文明看作是不可逆转的必然性，其根据在于，社会物质生活条件的缺乏引起了残酷的生存斗争，并由此决定了压抑性的现实原则的合理性。"弗洛伊德一直认为不可能彻底解放快乐原则，这就意味着他假定，缺乏与统治一样是永恒的，但这种假定的前提是很有疑问的。"[②] 发展到今天的文明已经在很大程度上解决了物质条件缺乏的问题，为逃避饥饿与贫穷的生存斗争在先进国家中已不存在，某些落后国家和地区的贫困不是当今财富缺乏所造成的，而是资源利用不合理和财富分配不均所致，这是控制社会的现实原则的罪过。面对这种现实，操作原则对个体与社会统治的不合理性已经变得越来越明显，它在逐渐失

① ［美］马尔库塞：《爱欲与文明》，黄勇、薛民译，上海译文出版社 1987 年版，第 71 页。

② ［美］马尔库塞：《爱欲与文明》，黄勇、薛民译，上海译文出版社 1987 年版，第 96 页。

去存在的根据。并且，现实原则或操作原则本身也是历史的产物，它也必然要随着历史条件的变化而变化。

马尔库塞指出，尽管经过长期的历史发展，现实原则的压抑已经深深地内化于个体的本能结构之中，但是个体本能仍然保留了反抗现实原则的强大原动力，这是不可遏止的动力，它必然要通过人的本能与意识的各个方面表现出来。进行解放本能的革命，释放本能的革命力量，将导致压抑性文明的彻底摧毁，无压抑性文明将在人类历史中出现。马尔库塞分别从幻想（phantasy）的革命功能、本能革命的根据、审美意识（aesthetic consciousness）的意义、爱欲的解放几个方面论述了本能革命的途径和可能性。

马尔库塞在《爱欲与文明》中说，“人的历史就是人被压抑的历史”，“一种压抑性的本能组织是文明中现实原则的一切历史形式的基础”。[①] 马尔库塞认同弗洛伊德“本能压抑”之说，认为人的被压抑就是人的异化，他由此角度对人的异化进行阐明。但是，马尔库塞认为，弗洛伊德的本能理论没有作出生理因素和社会因素之间关系的区分。所以马尔库塞这样表述：“弗洛伊德的术语没有在本能的变迁与社会历史变迁之间作出恰当的区分。”[②] 这就有可能导致本能压抑的永恒化，进而导致弗洛伊德对人类文明前景的悲观主义态度。由此，马尔库塞提出，“对他的这些术语，现在必须配以相应的表示特定的社会——历史区分的术语”，[③] 这个“特定的社会—历史区分的术语”就是

① ［美］马尔库塞：《爱欲与文明》，黄勇、薛敏译，上海译文出版社 1987 年版，第 21 页。

② ［美］马尔库塞：《爱欲与文明》，黄勇、薛敏译，上海译文出版社 1987 年版，第 21 页。

③ ［美］马尔库塞：《爱欲与文明》，黄勇、薛敏译，上海译文出版社 1987 年版，第 21 页。

"基本压抑"和"额外压抑"，以及"操作原则"。马尔库塞认为，所谓"基本压抑"，指的是"为使人类在文明中永久生存下去而对文明所做的必要'变更'"。[①] 换句话说，这种压抑是建立在生命有机体本身所固有的缺乏和缺陷之上的，是为维持人类的生存和文明的建立所不得不实施的压抑；原始人就是在这种压抑的基础上，才逐渐摆脱野蛮状态进入文明的。而"额外压抑"则是指"产生于特定统治结构的附加控制"，"为特定的统治利益而维持的特定社会条件的结果"。[②] 所以，额外压抑是在一定的历史阶段上产生的，受统治阶级特殊利益支配的过多的压抑。在马尔库塞看来，尽管"在文明史上，基本压抑和额外压抑总是不可分割地错综复杂地交叉在一起"，[③] 但是从总体上说，在前现代时期，主要是基本压抑阶段，因为那时候生产力水平相对低下，人们的生活资料缺乏，因此对人实施的压抑主要是基本压抑，而到了现代社会，则主要是额外压抑阶段，因为现代生活物质丰富，人们不再为生活资料缺乏而担忧，因而所实施的主要是为维护统治阶级的利益而强加的压抑。

在马尔库塞看来，如果说"额外压抑"是现代文明压抑的特征，那么支配这一现代文明的现实原则则在"操作原则"这个术语中得到了体现。所谓操作原则就是指"现实原则的现行

---

① ［美］马尔库塞：《爱欲与文明》，黄勇、薛敏译，上海译文出版社1987年版，第21页。

② ［美］马尔库塞：《爱欲与文明》，黄勇、薛敏译，上海译文出版社1987年版，第23、62页。

③ ［美］马尔库塞：《爱欲与文明》，黄勇、薛敏译，上海译文出版社1987年版，第23页。

历史形式”，[①] 换句话说，操作原则实际上就是资本文明的现实原则——它利用科学技术的新成果，以技术合理性的要求确立人们精神的、行为主义的模式，以竞争性的经济原则规范人们的行动方向，从而在人们的社会生活中，占据了每一个角落，甚至使个人的思想和行为、个人所具有的各种机能一体化，从而使人的异化达到了无以复加的地步。

马尔库塞强调，“正是文明本身给现代人造成这种创伤，因而只有一种新的文明才能治愈这种创伤”[②]。在后来《单向度的人》一书中，马尔库塞引用本雅明的话说，“只是因为有了那些不抱希望的人，希望才赐予我们”[③]。对于马尔库塞来说，这种非压抑性文明实际上就是本能的革命，这个“本能的革命”具体说来就是“爱欲解放”。“爱欲”是弗洛伊德后期理论中与死亡本能相对的生命本能，它是人的肌体对普遍快乐的一种追求，“是保存一切生命的巨大的统一力量”[④]。爱欲的解放意味着使人的整个身心都获得全面的持久的快乐，它不同于单纯追求异性肉欲快感的性欲，而是把性欲转变为爱欲。“随着性欲转变为爱欲，生命本能也发展了自己的感性秩序，而理性就其为保护和丰富生命本能而理解和组织必然性而言，也变得感性化了”[⑤]。对这种变得感性化了的理性，马尔库塞称之为“感性的理性”

① ［美］马尔库塞：《爱欲与文明》，黄勇、薛敏译，上海译文出版社 1987 年版，第 21 页。

② ［美］马尔库塞：《爱欲与文明》，黄勇、薛敏译，上海译文出版社 1987 年版，第 136 页。

③ ［美］马尔库塞：《单向度的人》，刘继译，上海译文出版社 1989 年版，第 231 页。

④ ［美］马尔库塞：《爱欲与文明》，黄勇、薛敏译，上海译文出版社 1987 年版，第 15 页。

⑤ ［美］马尔库塞：《爱欲与文明》，黄勇、薛敏译，上海译文出版社 1987 年版，第 164～165 页。

或"满足的合理性"，也就是他所称的"新感性"。论述这种"新感性"，成为马尔库塞思想的主要着力点。

(3) 文化革命。

马尔库塞把文化革命定义为精神领域里的革命，它与作为物质领域里的自然革命一起，构成了新社会主义革命的两个基本方面。文化革命的矛头指向传统文化，他指出，西方人提到文化革命，往往把它理解为思想意识的发展先于社会基础的发展，认为它是一种文化艺术和风俗习惯等方面的发展走在了社会结构和政治变化之前。然而，他所强调的文化革命有自身的特殊含义。他说："激进左派在一种新的意义上把文化革命的目标指向整个传统文化的总体性超越，指向物质需要的彼岸的整个领域。"① 可见，马尔库塞所说的文化革命不是一般意义上走在经济和政治发展之前的文化艺术和风俗习惯的发展，而是对传统文化的彻底改造，它是整个思想文化领域里的深刻革命，它的突出特点是总体性和超越性。

马尔库塞认为，文化革命要以艺术的形式，利用艺术的力量，开展一场艺术性超越的思想意识革命，文化革命也可以说是一场艺术大革命。为什么艺术在文化革命中占有这么高的地位呢？

首先，马尔库塞认为艺术是意识的最高产物，文化革命是思想意识中的革命。所以，艺术必然在文化革命中居于最高地位。他说："艺术所着想的世界在任何时候、任何地方都不仅仅是日常现实中的既存世界，但也不是仅由幻想、幻象等构成的世界。既有现实中所有的一切，男男女女的行动、思想、感情

① ［美］马尔库塞：《反革命和造反》，载任译，商务印书馆1972年版，第79页。

和梦想，他们的潜能和自然的潜能，无不被容纳于艺术的世界中。”[①] 在马尔库塞看来，艺术是以感性和理性、形象与逻辑等多种意识形式进行的意识活动。在艺术中，主体与客体、现实与潜能、感性活动与理性活动等方面都达到了高度统一。这是其他任何一种思维或意识形式都达不到的境界，也是科学和哲学所达不到的境界。科学仅仅能够告诉人们面对的对象是什么、为什么，人们虽然能够通过科学把握确定的对象，但仅仅是顺应地把握；哲学虽然能超越现实去把握对象但是过于抽象。只有艺术才能既告诉我们对象是什么，又能告诉我们对象应当是什么；既能反映对象的本质，又能表达主体的价值评价；既能概括事物的普遍性，又能表现事物的具体形象。所以，艺术是真善美的统一，把艺术放在文化革命首位，这是由艺术在文化领域中的居高临下的地位和艺术认识的总体性所决定的。

其次，马尔库塞认为艺术有将意识与无意识、理智与本能联结起来的作用。他指出：“不仅在个体层次上，而且在属的历史的层次上，艺术也许都是最显而易见的‘被压抑物的回归’。艺术想象形成了对没有成功的解放、被抛弃的诺言的无意识记忆。”[②] 艺术以期创造性的形象，勾画出一个快乐、美满的世界，或者描写出一个悲惨、不行的情境。前者可以引起人们对前压抑时期快乐状态的向往，引发个体本能远处快乐经验的回忆；后者可以加强人们对现实苦难与困境的体验，促使本能无意识领域产生更强烈的反抗现实冲动。这是喜剧和悲剧两种殊途同归的效应，它们都能把被压抑性的现实原则割裂开、对立起来

① ［美］马尔库塞：《现代美学析疑》，绿原译，上海文艺出版社 1987 年版，第 35 页。

② ［美］马尔库塞：《爱欲与文明》，黄勇、薛民译，上海译文出版社 1987 年版，第 104 页。

的无意识与意识、本能与理智重新统一起来。艺术能够从意识的最高层次返回到无意识的深层中去，进而解放人的本能，将性欲转化为爱欲。"本能摆脱了压抑性理性的暴政、走向自由的、持久的生存关系，就是说，它们将产生一种新的现实原则。"[①] 艺术的这种作用导致了意识最高层与心理最底层的两极相通。

再次，马尔库塞认为艺术是对现实的否定和超越，是"第二次异化"。他说："艺术的异化使艺术的作品，使艺术世界成了某种根本不现实的东西，它创造了一个不存在的世界、一个表面世界、一个现象世界、一个幻想世界。但是，在把现实转变为幻想之中，而且也只有在这种转变中，才显现出艺术的破坏性真理。"[②] 马尔库塞认为，现实世界是一个异化的世界，艺术的任务在于颠覆这个世界。艺术要将异化的现实翻转过来，所以艺术创造了一个实质上与现实世界相对立的艺术世界，艺术世界作为一个高于现实世界的理想境界是对现实压抑的否定，所以艺术世界是异化世界的异化，是第二次异化。"在这个世界中，每一句话、每一种颜色、每种声音都是'新的'，不同的，都和感知与理解、感性确定性与理性的为人熟悉的总体决裂了，而人与自然就是被禁锢在这个总体中的。"[③] 这就是说，艺术为人们展现了一个与现实完全不同的全新世界，是一个自由、解放、幸福的世界，它引导人们憎恨现实压抑任性的世界，号召人们反抗陈旧的、腐朽的世界，鼓舞人们为着美好的未来而战

① ［美］马尔库塞：《爱欲与文明》，黄勇、薛民译，上海译文出版社 1987 年版，第 144 页。

② ［美］马尔库塞：《反革命和造反》，载任译，商务印书馆 1972 年版，第 98 页。

③ ［美］马尔库塞：《反革命和造反》，载任译，商务印书馆 1972 年版，第 98 页。

斗。不过，马尔库塞没有夸大艺术的超越功能，他说：“艺术不能代表革命，它只能用另一种媒介，即美学的形式来表示革命，在这种形式中，政治内容成了理论政治学（metapolitical），并由艺术的内在必然性所规定的，每一次革命的目标（安逸和自由的世界）都表现在一种完全非统治的媒介里，受着美的法则，即和谐的法则的支配。”[①] 可见，马尔库塞认为艺术还不是革命的实际冲动，它只能以美的形式表达革命的理想与要求，它对现实不合理性的超越仅仅是思想意识中的超越，现实实践的超越还有待于把艺术的超越引入现实生活中去。

最后，马尔库塞清醒地认识到艺术影响的广泛性。他认为文化革命必须在大众中展开，它的最终目的是要形成一种改变人的感觉和思想，同传统文化完全相反的全社会的新文化。哲学和科学都不能胜任这个任务，只有艺术以它形象与逻辑统一的形式可以直接影响全体社会成员，进而完成这一宏伟的任务。马尔库塞探讨了艺术对社会能够产生广泛影响的机制，他说：“对艺术的政治潜力的强调是这一激进主义的特征，主要表达了这一种需要：有效地沟通对现存现实的控诉和追求解放的目标，人们力图找到新的沟通形式，它们可以打破已有的语言和想象对人们精神和肉体的压抑性统治，现有的语言和想象早已经变成统治、教训和欺骗的工具。”[②] 艺术是最有效的沟通或传播形式，因为艺术用来传播的工具是语言和想象，并且是这二者的统一。艺术的语言和想象可以对人的思维、感性、本能产生总体性的影响。并且，艺术语言和想象的统一可以塑造出表现普

① ［美］马尔库塞：《反革命和造反》，载任译，商务印书馆 1972 年版，第 103～104 页。

② ［美］马尔库塞：《反革命和造反》，载任译，商务印书馆 1972 年版，第 79 页。

遍性的特殊形象，它可以直接作用于经常停留在感性认识水平上的广大群众，并能以最容易接受的形式——源于生活又高于生活的艺术表现——有效地把革命的理论和美好的理想传播给普通大众。因此，艺术影响的广泛性是不容置疑的，文化革命只有以艺术为中心才能影响到全体社会成员，最普遍地唤醒群众，实现自由与解放的目的。

马尔库塞虽然认为文化革命要通过艺术形式表现出来，但是他没有把文化革命归结艺术活动。从广义上讲，他弘扬辩证理论、批判实证主义、批判压抑性意识形态、主张重建人类文明等等，这些都在他的文化革命范围之内。

在文化艺术领域，马尔库塞揭示了极权专制对反抗社会压抑的忧患意识（unhappy consciousness）的征服。马尔库塞认为，新极权统治对社会文化的控制直接表现为高层文化（higher culture）被现实排斥。高层文化"在功能的意识和年代顺序的意识上曾是一种前技术文化"，是赞美人道主义、自主性人格，带有悲剧色彩和浪漫主义色彩的文化，是资产阶级启蒙时期代表着进步方向、超越不合理现实的文化。因此，高层文化是具有否定性的文化。随着技术理性与政治理性联合起来对社会进行极权统治，这种否定性文化逃脱不了被清除的下场，否则，它们将与现有社会发生异化，形成对现有秩序的威胁。

在马尔库塞看来，艺术的遭遇代表了高层文化的命运。艺术与现实的分化本来是艺术的本质，"艺术异化是对异化的存在有意识的超越，是'更高层次的'或间接的异化"①。这就是说，现存社会是：异化的社会，艺术要完成对异化社会的超越，就只有以同异化现实相对立的形式表现自己，所以，艺术是异化

① ［美］马尔库塞：《单向度的人》，刘继译，上海译文出版社 1989 年版，第 55 页。

的异化。“文学艺术本质上是异化，支持并维护矛盾，即对这个被分割的世界、失败的可能性、未实现的希望及被背叛了的承诺等的忧患意识。”[①] 艺术的忧患意识来自于现有世界的悲观，当艺术表达脱离现存的支离破碎的世界中的种种罪恶时，它只有以悲惨的形式表现人生的真实面目，才能以自身的忧患意识唤起生活于困苦之中的个体的忧患，爆发反抗现存秩序压迫的斗争。所以艺术的忧患意识乃是一种对现存秩序有直接威胁的对立因素，新极权统治以艺术的商品化而消除了艺术中的忧患意识。“异化作品被纳入了这个社会，并作为对占优势的事态进行粉饰和心理分析的部分知识而流传。这样，它们就变成了商品性的东西被出售，并给人安慰，或使人兴奋。”[②] 艺术的商品化使艺术从与现实对立的高层降入与现实合流的低层，艺术不再是社会不合理的否定因素，而是作为现实罪恶的肯定因素。艺术失去了理想的超越性，作为能与其他商品相交换的商品，它恭维着压迫，赞扬着剥削，屈服于极权，掩饰着丑恶，艺术的意识不再是忧患的意识，而是一种肯定罪恶现实的“幸福意识”（happy consciousness）。“幸福意识，即相信现实的就是合理的并且相信这个制度终会不负所望的信念，反映了一种新型的顺从主义，这种顺从主义是已转化为社会行为的技术合理化的一个方面。”[③] “幸福意识”使艺术完全放弃了对社会压抑的反抗，艺术不再是异化社会的异化，而是异化社会的同化了。

马尔库塞顺便提到了新极权统治对本能中反抗因素的取消。

---

① ［美］马尔库塞：《单向度的人》，刘继译，上海译文出版社 1989 年版，第 61 页。

② ［美］马尔库塞：《单向度的人》，刘继译，上海译文出版社 1989 年版，第 56 页。

③ ［美］马尔库塞：《单向度的人》，刘继译，上海译文出版社 1989 年版，第 77 页。

现代技术一方面给人们带来丰富的物质享受，另一方面把人同自然隔绝起来。人同自然的分离导致了人的爱欲本能的萎缩，爱欲不仅是人对自身及自己产品的爱，而且也是对人的自然环境的爱，爱欲的多元性使人对现实的单面性产生对立意识，进而爆发反抗现实压抑的力量。现代技术把人限制在人化环境中，人的欲望不能越出自身创造的环境，失去对自然的泛爱，性欲被限制在狭隘的直接的性行为中。马尔库塞以在草地上谈恋爱和在汽车里谈恋爱、在郊外散步和在曼哈顿大街上散步的不同来说明这种情况的产生："在前者的情况下，环境分担并引起亢奋，而且是力比多赋予爱欲特征。这样，力比多便越出直接的性感应区，这是一个不受压抑的升华过程。与此相对，机械化的环境却阻止了力比多自我超越。由于在扩大满足爱欲的领域方面受到强制，力比多超越狭隘性行为的能力和'多样化'变得越来越少，而狭隘的性行为则得到加强。"狭隘的性行为是一种仅仅追求肉欲满足的性行为，它缩小了爱欲的关注范围，爱欲不在作为对人和自然的多元性爱的本能而同异化社会相抗衡，而是仅仅作为性欲实现低层次本能的放纵。于是，新极权控制从本能领域中派出了一切反抗因素。

马尔库塞甚至把他构想的新理性称为艺术理性。在马尔库塞看来，已经确立的资产阶级理性是生活资料匮乏、生存斗争的产物。这种理性支配着人类发展技术，提高社会生产力。在生活资料匮乏状态逐渐被解决，生产斗争趋于减缓的新形势下，原有的理性原则将失去它存在的基础，它已经丧失了不容置疑的正当性。旧的理性原则追究世界的普遍本质，轻视特殊现象；崇尚概念思维，贬低感性印象；提倡征服自然，无视人与环境的关系；专注控制社会，虚化个体解放；以理智压抑本能，以现存的实然性取代理想的应然性。凡此种种，都是对人生存在与本质的片面性反映。欲克服旧理性原则的片面性，应当到艺术理性中去寻求。艺术以其形象思维表达个别感性现象，在追求个性解放和本能欲望的满足时，注意人与环境的和谐，艺术始终以超越的形式指向人类理想未来，形成对异化现存的否定。

马尔库塞认为，艺术的原则是总体性的原则，它反映了人生现状复杂的矛盾关系，它不像科学那样狭隘地专注于自然功利，也不像哲学那样在思辨中冥想，它力求感性与理智、理想与现实、社会与自然的和谐统一。立足于人的总体性本质，在人生现存的总体性矛盾关系中追求人的全面发展、真正自由和彻底解放，最终建立一个真善美统一的新社会，这就是艺术理性的基本原则和奋斗目标。不过，艺术理性并不排斥哲学和科学，它将实现艺术、哲学和科学三者的统一，即把艺术、哲学和科学中的基本原则综合起来，形成一种总体性的新理性原则。

马尔库塞认为："实现这一统一性的可能性首先在于，艺术、科学、哲学三者之间存在着本质联系（在统治和匮乏的领域内）。这种联系是对现实的和可能的、表面的和本质的真理之间的不一致的意识表现，是试图理解和掌握这种不一致的尝试。"① 这就是说，艺术、科学、哲学都是人类对于现实事物的意识反应，所不同的只不过是它们分别把握了现实事物的不同方面。在人类试图理解自然与社会之初，艺术、科学、哲学并没有发生分化，它们是作为笼统的意识对现实进行总体性的认识。只是到了后来，随着社会实践的发展，人类意识不断分化，艺术、科学、哲学分别作为自己特定的认识对象的社会意识形式而出现：科学专心于对自然的征服和改造；哲学关注于普遍性的抽象思维，为把握世界的一般本质而探索；艺术则专门以形象歌颂世间的真善美、抨击人性的假丑恶。这三种社会意识

① ［美］马尔库塞：《单向度的人》，刘继译，上海译文出版社1989年版，第111页。

形式的分化与独立，使它们自身以特殊形式得到了充分发展，三者之间的差异也越来越大。但是，这并没有取消三者在本质上的共同性，它们仍然是对现存事物的意识反应。所以，它们始终是同类事物，它们在一定的历史条件中分化，也一定能在适当的历史条件中重新统一。

在马尔库塞那里，由自然革命、本能革命、文化革命，分别从感性存在、本能结构、思想意识三个方面对新社会主义革命进行了构想。他强调，这三个方面构成人的整体存在，新社会主义从这三个方面展开，不仅使自身呈现总体性，而且也将由此而完成塑造新人的任务，一种在思想意识、感性存在和本能结构等方面都发生彻底变化的新人，必将以新的精神、新的力量沿着新的道路去创造一个新的世界。

3. 由"辩证法的否定性"立论、论证。

(1) 在马尔库塞的理论中，"革命"行为内在着这样的规定性：革命具有否定性，这是"辩证法的否定性"。马尔库塞将此称作"辩证理论"，即"否定的辩证法"，这外显于自然革命、本能革命、文化革命。马尔库塞对之以"新社会主义革命"概言之。

马尔库塞在论述"辩证法的否定性"时强调了它的总体性、推动性和超越性。马尔库塞认为，社会历史中矛盾的解决是通过矛盾诸因素的相互作用来实现的，否定成为解决社会矛盾的内在动力，推动着社会的发展变化，所以否定是社会现实的推动性原则。马尔库塞把社会看作普遍联系的总体和过程，他指出："每一个单独的事实和条件都淹没在这个过程中，以致它的意义只能在这个它从属的整体中才能被理解。"[①] 马尔库塞认为，

① ［美］马尔库塞：《理性和革命》，程志民等译，重庆出版社 1993 年版，第 27 页。

现存社会的总体性表现为总体性的异化，总体性异化只有进行总体性的否定才能将之克服。诸多研究者指出，马尔库塞所理解的辩证法的否定性是一种超越现实的否定性，它要把现实中的不合理因素排除掉，而且还要建立一个符合人的本质、利于人的全面发展的理想世界。

有学者注意到，有人不理解马尔库塞讲的否定观，认为他所主张的是一种虚无主义的、悲观失望的否定观。一位学者曾引用马尔库塞的两句话来证明他的否定观是虚无的、悲观的："在经验和理论的基础上，辩证的概念宣布它是无希望的。""批判的社会理论并不拥有能够在同其未来的裂口之间架起桥梁来的概念：不抱任何希望，也不显出人和成效，它始终是否定的"。[①] 有研究者说明道：其实，马尔库塞的前一句话意在指出："辩证法"既不是实证主义者在经验事实中进行消极证明的工具，也不是僵化的理论体系，它是一种动态的、批判的思维方法，它的功能在于超越经验事实和批判僵化理论，否则，"辩证法的否定性"是无效的。马尔库塞的后一句话是在概括了当代资本主义世界的普遍异化之后说的，意指全面异化的现实不能靠一些局部修补的改良来解救，现实与未来的鸿沟无法通过架桥式的调和方法来沟通，唯一的办法是全面否定异化现实，然后才能实现理想的未来。"可见，以这两句话为根据来证明马尔库塞否定观的虚无主义和悲观主义，是难以成立的。就马尔库塞的整体观点来看，他所主张的辩证法的否定观，是一种积极的、革命的否定观。"[②]

① ［美］马尔库塞：《单向度的人》，刘继译，上海译文出版社 1989 年版，第 253～257 页。

② 刘少杰主编：《当代国外社会学理论》，中国人民大学出版社 2009 年版，第 39 页。

马尔库塞提出，"辩证理性"的形成有其历史根据。人类理性最初作为自我控制的心理机能，起源于原始社会的生存斗争之中。在人类原初之时，人们自在地、快乐地生存着，没有剥削和压抑，大家都按满足本能需求的快乐原则支配自己的行为。然而，这种快乐状态很快被罩上了一层阴影。人的本能需求不断膨胀，而生活资料匮乏，为了保存自己，个体之间因争夺生活资料而相互厮杀。残酷的生产斗争使种族面临灭绝的危险，只有限制个体本能欲望，控制群体间的冲突，提高征服自然的能力，才能维持个体的生存和种族的繁衍。于是，人类形成了控制自身、供给资源的现实规则。"随着现实原则的确立，他变成了一个有机的自我。他追求有用的而且是在不危及自身生命环境的前提下所能获得的勇气。在现实原则的指导下，人类发展了理性功能：学会了'检验'现实，区分好坏、真假、利弊，人类获得了注意、记忆和判断等机能，成了一个有意识的思想主体，并且做到了与外部强加于他的合理性步调一致。"① 可见，马尔库塞强调，在原始社会的生产斗争中，理性已经作为主体的心理机制，在人类认识活动、价值评价乃至实践活动中发挥其支配作用了。

马尔库塞论证道：人类理性的理论表达开始于古希腊哲学。在古希腊哲学中，理性首先被看作区分事物真伪的认识机能。理性通过对事物的批判认识而得出真理，真理表示存在的真实状况，它区别于事物的直接显现。"理性＝真理＝现实的公式把主观世界和客观世界结合成一个对立面的统一体，在这个公式中理性是颠覆的力量，是'否定的力量'它作为理论理性和实践理性而确定人和事物的真理——即确定人和事物在其中显露

① ［美］马尔库塞：《爱欲与文明》，黄勇、薛民译，上海译文出版社 1987 年版，第 5 页。

出其本来面目的条件。”[①] 马尔库塞认为因为理性通过对存在的现象进行批判性认识而后获得存在的本质——真理，所以，它既体现了对存在的虚幻现象的否定，也体现了对存在的真实本质的肯定。在这个意义上，古希腊哲学建立了一种双向度的辩证理性。辩证理性追求真善美的统一，他所承认的真理包含了对事物本质的把握、依据主体需要对事物价值的评价和超越现实的理想设定。因此，马尔库塞把古希腊哲学中的辩证理性看作是认识论、伦理学和理想追求的统一。

在马尔库塞看来，古希腊哲学中的“辩证理性”最充分地体现在柏拉图的“辩证逻辑”中。马尔库塞认为，柏拉图的辩证逻辑表达了一种动态、开放的概念分析方法，存在和非存在、一和多、运动和静止等范畴都处于运动变化之中；柏拉图的辩证逻辑发展是对现实进程和事物本身的反应，辩证逻辑的发展虽然是理念法则的变化，但它能够把握理念所分离出来的现象，因此，辩证逻辑体现了对现实的把握，思维和现实是统一的。当然，柏拉图的辩证逻辑与现实的统一是矛盾的统一，是否定性的统一。“辩证思想和既定现实之间是矛盾的而不是一致的；真正的判断不是从现实的角度，而是从展望现实覆灭的角度来判断这种现实的。”[②] 柏拉图辩证逻辑的终极目的是追求现实与理想、真与美的最高统一——善，所以柏拉图的辩证逻辑包含了主体的价值评价，它不仅要揭示对象是什么，而且还要指出对象应当是什么，是实然性与应然性的统一。

马尔库塞注意到，在古希腊哲学中，还有一种排除应然性、

① ［美］马尔库塞：《单向度的人》，刘继译，上海译文出版社 1989 年版，第 111 页。

② ［美］马尔库塞：《单向度的人》，刘继译，上海译文出版社 1989 年版，第 119 页。

非批判的逻辑——形式逻辑，马尔库塞认为，由亚里士多德创立的"形式逻辑"在"辩证逻辑"的演化中形成。辩证逻辑因其对现实的超越性而高于现实，它同现实的矛盾使其与现实保持一定的距离，因此，深刻的"辩证逻辑""必然也是先验的和抽象的"，"由于哲学的批判按照属于根本不同的思想和存在至于的可能性来定义其概念，它发现自己受到与之相分离的现实的阻碍，并进而去构造一个从经验的偶然性中净化出来的理性王国"①。这样，先验的、抽象的理性王国被区分为关于存在的本质的本体论和关于抽象思维形式的认识论，后者即形式逻辑。"对既定现实的批判被规定为一般思维形式和思想对象、规定思想同客体间的关系的那些命题所取代。思想的主体成了主观性的纯粹而又普遍的形式，一切特殊之处都从这种形式中被清除了出去。"② 亚里士多德的"形式逻辑"就这样形成了，它与柏拉图的"辩证逻辑"形成了鲜明的对照。

马尔库塞由以下几点揭示了他所理解的亚里士多德形式逻辑与柏拉图辩证逻辑的对立：首先，形式逻辑以完全脱离现实的纯形式为对象。"在这种形式逻辑中，思想对它的对象漠不关心。无论对象是精神的还是物质的，也无论它们是属于社会的还是自然的，反正它们已成为同一组织、计算和推论的普遍规则的附属物。"③ 而辩证逻辑则关注现实，并力图达到与现实的具体统一。其次，形式逻辑是排除否定性因素的肯定性思维，它简单地承认事物的现象，而不是透过现象去追究事物的本质，

① ［美］马尔库塞：《单向度的人》，刘继译，上海译文出版社 1989 年版，第 122 页。

② ［美］马尔库塞：《单向度的人》，刘继译，上海译文出版社 1989 年版，第 122 页。

③ ［美］马尔库塞：《单向度的人》，刘继译，上海译文出版社 1989 年版，第 123 页。

它排除“实然”和“应然”之间的张力，排除价值评价，试图就形式而论形式，实质是对现实不合理性的认可。而辩证逻辑是与不合理现实作斗争的否定性和批判性思维。再次，形式逻辑充当了社会统治的工具。“形式逻辑自身的理想，是在发展普遍的控制和技术、精神工具和物质工具的过程中的一个历史事件。”① 而辩证逻辑却提供了批判现实的方法。总之，在马尔库塞看来，辩证逻辑和形式逻辑是两种对立的思维方式和思想原则，它们分别表达了古希腊哲学中的辩证理性和工具理性。

马尔库塞认为，亚里士多德的“工具理性”后来演化为近代自然科学的科学理性。近代自然科学把现存无批判地接受下来，然后进行定量分析，排除了主体对事物的价值评价，一切都按无人性的自然科学规律去解释，这就是科学理性和科学的合理性。“科学的合理性作为本质上的中立的东西出现，自然（包括人）要争取什么，只是在运动的普遍规律——物理、化学和生物——的范围才具有科学的合理性。”② 科学理性抛开对事物应然性和主体自由的追求，对压抑任性的现存没有任何否定性。自然科学由此而成为征服自然、掠夺自然的工具，亚里士多德的工具理性在其中得到了进一步的发展。

马尔库塞注意到，与自然科学对亚里士多德工具理性的继承相对立，黑格尔使柏拉图的辩证理性在近代得到了深入发展。马尔库塞在《理性和革命》一书中，对黑格尔的理性概念和理性原则进行了透彻的阐述。马尔库塞把黑格尔哲学看作法国资产阶级大革命的理论表达。黑格尔站在德国资产阶级的立场上，

① ［美］马尔库塞：《单向度的人》，刘继译，上海译文出版社 1989 年版，第 123 页。

② ［美］马尔库塞：《单向度的人》，刘继译，上海译文出版社 1989 年版，第 132 页。

认为法国资产阶级大革命推翻了封建专制，把个体从极权专制下解放出来，因此它是人生的解放，是人类理性在现存社会中的实现。黑格尔以理性概念为核心，建构了一个庞大的哲学体系。以此来表达法国资产阶级大革命的精神和他对民主、自由、公正、平等、和谐的追求。因此，黑格尔的理性原则比柏拉图的理性原则表现了更为强烈的否定性：它是对未来理想世界的追求，它以现实中不存在的自由、平等、民主、幸福等理性原则为标准来衡量既存现实，形成理想对现存的否定。否定性是黑格尔理性原则的突出特点。它与科学理性对现存的肯定性截然相反。

马尔库塞认为，黑格尔的理性原则追求自由、否定现实的不合理性，是革命的理性。但是，这种理性的否定性和革命性仅仅发生在精神领域，回避了现实斗争。并且，因为黑格尔站在软弱的德国资产阶级立场上，他的理性原则一遇到现实斗争，就会变得保守起来。黑格尔的理性原则没有超出时代的限制，它只不过是近代资产阶级理性中比较富有革命性、批判性的一种理性原则罢了。

为了对"资产阶级理性"有更清楚的认识，马尔库塞对"资产阶级理性"作了全面概括。他把 17 世纪以来的"资产阶级理性"概括为五个方面的基本内容或基本观点：

第一，世界是合乎理性的，所以人类能够以理性为中介去认识世界的本质，并按照自己的需求去改造它，而且，认识世界和改造世界是人类至高无上的权利，任何人不应当放弃它。

第二，现存世界不存在不可更改的前定秩序，自然和社会可以按照理性原则加以组织和控制。只有按照理性原则把自然与社会统一起来，才能实行有效的控制，人的多方面才能方能得到有效的发挥。

第三，理性包括普遍性。理性郑重地宣布，人是按照概念知识引导自己行为的能思维的主体。只有以概念作为工具，主体思维才能洞察世界的偶然性和隐蔽的机制，进而把握制约个别对象的普遍必然性的法则。

第四，在理性面前人人都是平等的，并且都是自由的，因为，用思维从自然和社会的多样性中概括出普遍本质，这是每一个人都具备的相同的能力，所以人作为思维主体，相互之间是平等的。

第五，资产阶级理性在商品经济发展中转变为科学技术的合理性。商品生产以其神奇的能力，促进资产阶级千方百计把科学转化为生产技术，而科学技术为资本主义社会创造了巨大的生产力，带来了空前的物质财富。

总之，在马尔库塞看来，近代资产阶级理性是当时历史条件的产物，它体现了资产阶级以人性反对神性、以科学反对宗教的革命要求，体现了资产阶级认识自然、开发资源、向自然索取财富、发展商品经济的进步主张，理性充当了资产阶级政治、经济、科学、文化等各方面的社会实践的根据。在这个意义上，资产阶级理性原则的历史功绩不可抹杀。然而，随着资产阶级在征服自然、控制社会的实践中取得越来越大的成就，也随着资产阶级社会地位的变化，资产阶级理性的革命性被维护自身统治地位的保守性取代，理性变成了控制社会、征服自然、压抑个性的工具。因此，资产阶级理性的正当性应当受到重新审查。

马尔库塞指认理性是人类的自我意识，认为它应当及时地对人类的境遇做出反应，并正确地把握人生现实的真实本质。当代社会中大的境遇是全面的社会异化，资产阶级理性不仅不对之加以批判，反而以科学技术的原则和方法将之加以掩盖，起到了保护现存不合理性的消极作用。因此，马尔库塞把当代资产阶级理性宣判为片面的、压抑人性的理性，它的现存内容是违背了它的初创原则的不合理性，必须用一种把人从全面异化状态下解放出来为己任，以人的总体本质为根据的新理性来支配人类的思维活动和实践活动。

（2）动态的历史"辩证法"。

马尔库塞强调，确定的历史总体性是由主体的实践活动创造和构成的，因此，把事物放到历史总体性中去考察，也就是把事物放到主体实践活动中考察。他指出："辩证法就其实质而言乃是一种历史的方法，辩证原则不是可以等同地应用到任何主题的一般原则。"[①] 所谓历史的方法，即把分析的对象纳入特定的历史条件中考察，而不应就对象的孤立状态开展分析。因为世界上一切事物都是在特定的历史条件中普遍联系着的，脱离了总体联系的对象是抽象的。所以，孤立地研究某一事物只能得出抽象的认识，不能把握总体联系的事物本质。正是根据对理性原则的这种重新规定，马尔库塞对研究社会问题的方法作出了明确界定，即应当用历史的"辩证的"方法来研究社会问题。而这并不是说"辩证法"仅仅能够用来分析历史事件，在马尔库塞看来，所有事物都可以进行"辩证分析"，但是对事物进行"辩证分析"的实质是把对象同特定历史条件联系起来，否则就不是"辩证分析"。这样，马尔库塞突出了将"辩证法"归结为主体在特定的历史条件中和实践活动中分析事物矛盾关系的思维方法。

与把"辩证法"定性为"历史辩证法"相关，马尔库塞认为"辩证法"在形态上应当是动态的。马尔库塞多次强调，社会历史是发展变化的，作为观察、理解社会历史的观点和方法

---

① ［美］马尔库塞：《理性和革命》，程志民等译，重庆出版社 1993 年版，第 314 页。

也必须是动态的，它必须适应社会历史的发展而不断地以新概念、新术语去批判新的现实。马尔库塞指出：在黑格尔那里，由于当时反动的社会政治条件所限制，“辩证法”只能以思辨哲学的概念运动表现其革命内容；在马克思那里，由于资本主义工业的发展，无产阶级对资产阶级斗争的加剧，各种社会矛盾以经济利益冲突的形式直接表现出来，“辩证法”的革命内容通过对资本主义经济事实的批判表现出来。在当代，辩证法则应当在更广泛、更深入的程度上关心人的存在和发展，应当不断地吸收各种学术流派的积极成果，努力深化自己的观点，提高矛盾分析方法的妥当性。正是如此，马尔库塞的辩证法理论同存在主义、弗洛伊德的精神分析等理论中的积极因素融会在一起，呈现了崭新的形式和丰富的内容。

马尔库塞强调“辩证法的动态性”是有可取之处的。这里，“辩证法”的动态性首先指“辩证法”概念内涵和外延的变动，其次是指“辩证法”体系不能被封闭，应当不断吸收新内容、表现为新形式。马尔库塞的论述力求向人们表明，自古希腊以来，“辩证法”所运用的许多基本概念都被沿用下来，但是其内涵与外延始终处于动态之中。当社会发展变化时，人的认识不断丰富，“辩证法”的一些基本概念的内涵不断充实，其外延也不断更改，这是“辩证法”比较稳定的发展。但“辩证法”如果仅仅丰富和深化原有的基本概念，则远不能满足对发展变化的社会现实进行批判的需要。有研究者指出，弗洛伊德对心理底层的分析，为考察人们、的社会活动开辟了一个新的层面和路径，马尔库塞用弗洛伊德精神分析的概念对社会历史与实践进行“辩证分析”，使“辩证法”理论焕然一新，这是辩证法体系开放性的具体表现。

马尔库塞认为，“动态的辩证法”不应有固定的理论体系，否则只能造成“辩证法”的僵化。在马尔库塞看来，“辩证法”

与意识形态不同，意识形态作为官方统治人们的工具，它需要有稳定的理论内容和固定的理论形式，尤其是在集权专制国家更是如此。正是官方意识形态的凝固性才使其得以发挥禁锢人的思想的保守作用，而"辩证法的动态性"则使其可以发挥解放人的思想的积极作用。作为无产阶级和人民群众认识现实和批判现实的思想武器，辩证法不需要固定不变的理论体系。每一时代的"辩证法理论"都是对它所存在的那个时代的基本矛盾关系的概括，也是把握这种矛盾关系的方法。"辩证法"是时代的产物，它将随时代的变化而变化，随时代的发展而发展。"辩证法"一旦被固定为某种不变的理论体系，它就失掉其动态性，不能跟上时代的发展变化，成为落后于社会实践的僵化教条。关于这一点，马尔库塞在批判斯大林的"教条主义辩证法体系"时作了更细致的阐述。

(3) 单向度的社会及单向度的人。

20 世纪 60 年代，马尔库塞基于对"革命"的理论解析，在 1964 年出版了《单向度的人》。这本书对以美国为代表的资本主义工业文明即对被视为是工业文明的工业社会进行批判。同时，马尔库塞在书中一再表示出其批判对象包括苏联在内。《单向度的人》一书的主题是：当代工业社会极权主义以其新的形式压制了社会中的反对派和各种反对因素；在这里，政治、经济、思想、文化等各个方面的否定因素、批判因素全被工业社会同化了。马尔库塞指出，现在工业社会是仅存肯定因素或保守因素的单向度（one dimension）社会；必须揭穿单向度社会的种种压抑性因素，用辩证的否定思维取代消极顺应的实证主义思维，开展新的社会革命。马尔库塞通过对工业社会各个层面的批判和对未来革命的展望而展开了他的主题。

马尔库塞分析了当代工业社会在政治、经济、社会结构、文化艺术、语言文字中的同化与整合趋势，认为技术理性与政治理性结合成为社会控制的新形式，政治领域和信息传递领域都处于封闭之中，批判的不幸意识被保守的幸福意识所取代，甚至连人的本能也仅仅存在肯定的顺应性，社会任何领域中的全部否定因素都被取消了，社会变成了一个没有反抗意识的被压抑的社会。马尔库塞认为，技术理性与政治理性的统一是当代先进工业社会统治的最基本的特征。现代科学技术在工业生产上的广泛应用，迅速提高了社会生产力，这一方面为社会创造了巨大的物质财富，极大地改善了社会成员的物质生活水平，但同时也全面而且深刻地加强了社会控制，导致了空前的极权主义统治。

马尔库塞深入地揭示了新集权主义对社会政治、文化艺术和语言交流领域的全面控制。在政治领域，马尔库塞揭示了极权主义对社会变革因素的遏制。这种遏制的突出表现是劳动阶级与发达工业社会的通话，即无产阶级和劳动群众放弃了对资本主义社会的反抗，站到与资本主义社会相同的立场，成为资本主义社会的肯定因素。马尔库塞认为，造成这种通话的原因有四点：

第一，“机械化不断地降低在劳动中所耗费的体力的数量和强度”[①]。马克思所说的在艰苦的条件下从事繁重的体力劳动，受到残酷剥削的无产阶级已经不复在，劳动者的处境有了极大的改善。

第二，“在重要的工业机构中，‘蓝领’工作队伍朝着与‘白领’成分有关的方向转化：非生产性的工人的数量增加”。这意味着科学技术的发展导致了社会结构的变化。蓝领工人从事简单的劳动，有相对的“职业自主权”，对社会有反抗的自主

① ［美］马尔库塞：《单向度的人》，刘继译，上海译文出版社 1989 年版，第 24 页。

能力；白领工人是自动化生产的产物，他们只有依附于现代技术装备才能工作，所以，他们丧失了"职业自主权"，他们缺乏对社会控制的反抗性。因此蓝领工人的减少，白领工人的增加，削弱了劳动队伍对社会控制的反抗。

第三，"劳动特点和生产工具的这些变化改变了劳动者的态度和意识"，自动化装备减轻了劳动强度，改变了体力劳动方式，而且劳动者在企业的发展中获得更多利益，劳动者把自己的利益与企业的利益统一起来，因此，劳资关系成为在利益一致的基础上的关系。

第四，"工人阶级似乎不再与已确立的社会相矛盾"。劳资关系的和解导致工人阶级与整个社会控制的妥协。基于这些原因，先进工业社会中无产阶级和劳动群众与资本主义世界同化了，他们成为资本主义统治的拥护者而不是反抗者。

这样，新极权控制从社会的内在矛盾上消除了它的否定方面，社会变革因素在根本上被遏制了。马尔库塞认为，社会变革因素的遏制在苏联也同样存在，苏联的国有制经济中的工业化和官僚专制使社会控制十分严密，对立否定的因素被更加严格地压制。马尔库塞还指出，在低度发展国家向工业化发展过程中，对社会变革因素的遏制会更加严厉，"那些国家强制进行的发展将产生出一个全面管理的时期，而其暴烈程度和严厉程度更甚于建立在自由主义时代成就之上的那些发达社会所经受的管理"。由此而言，无论在资本主义国家、社会主义国家，还是在低度发展的落后国家，现代工业的发展必然要导致对社会变革因素的控制，这是技术理性与政治理性相结合的产物。

在语言交流领域，马尔库塞深入批判了极权社会把语言僵化为操作性的管理工具。在他看来，作为社会交往的媒介，语言应是社会成员认识事物、评价对象、思考真理、否定邪恶的思想工具。极权社会为了维护自身的稳定，通过社会宣传、官方认同等途径，把语言的批判性思维功能弱化，使语言仅仅成为社会控制的操作性工具。“社会宣传机构塑造了单向度行为表达自身的交流领域。该领域的语言是同一性和一致性的证明，是有步骤地鼓励肯定性思考和行动的说明，是步调一致地攻击超越性批判观念的证明。”①

马尔库塞揭示了语言被僵化为控制社会操作工具的几个特征：

第一，功能化特征。“把事物的名称视为同时是对它们的作用方式的表示，把属性和过程的名称视为被用于察觉或产生它们的那些仪器的象征。这就是势必会‘使事物与其功能相等同’的技术理由。”② 简言之，语言的功能化就是在语言指称事物时，片面强调事物的功用和操作方法。语言表达事物的功用和操作方法本是应当的，但是如果语言在指称事物时仅仅表达事物的功用和操作，那就是语言的片面化。如果说，语言作为思想的工具，那么当它指称事物时，不仅应当揭示事物的功用和操作，而且还应当揭示事物的本质和价值。马尔库塞认为，前者仅仅是对事物现状的认定，而后者则是对事物的深层思考。

第二，仪式化的特征。这里说到的马尔库塞所谓的仪式化，是指抽出语言的具体内容，把一些词语仅仅作为形式利用。马尔库塞认为：“‘自由’、‘平等’、‘民主’、‘和平’之类的名词，分析起来暗含着一组特殊的属性；当讲到或写出这类名词时，它们的属性就会出现。”③ 然而，无论在东方还是在西方，这些

① ［美］马尔库塞：《单向度的人》，刘继译，上海译文出版社 1989 年版，第 78 页。

② ［美］马尔库塞：《单向度的人》，刘继译，上海译文出版社 1989 年版，第 79 页。

③ ［美］马尔库塞：《单向度的人》，刘继译，上海译文出版社 1989 年版，第 80 页。

名词的特殊内容在官方宣传中被抛弃了，它们仅仅成为装潢门面和掩人耳目的点缀而已。"仪式化的概念被赋予了对矛盾的免疫力"。[①] 因为语言一旦与它的特殊内容相分离，它便同社会现实相脱离，它不接触社会现实，也就不表达现实的矛盾。马尔库塞指出："话语的极权主义的仪式化在冒充辩证语言的地方倒是显得更加鲜明。"[②] 马尔库塞特别讲到，斯大林讲的辩证法，是出于极权专制的需要，把辩证法命题和马克思主义的其他命题及理论完全形式化，作为控制社会的工具；在斯大林的话语和文章中，辩证法名词完全失去了它的本来意义，斯大林是语言仪式化的典型代表。

第三，封闭化特征。马尔库塞这里所谓的封闭化是指："名词以一种专横的、极权主义的方式统治着句子，句子则变成一个有待接受的陈述——它拒绝对其被编辑和断言的意义进行证明、限制和否定。"[③] 封闭化与仪式化联系在一起，它们都是官方宣传的工具，并被推行到公众舆论中。由于封闭性语言一经被陈述就必须被认可，而无须揭示和证明，更不能被否定，所以它只能导致思想禁锢和行为管制。马尔库塞指出："封闭的语言不能进行证明和解释——它传达决断、宣判和命令。"所以，封闭的语言是极权统治的有效工具。马尔库塞把诸如 NATO（北大西洋公约组织）、UN（联合国）等缩略语也看作封闭化的语言。他指出："缩略语可以有助于压抑那些不愉快的问题，NATO 不会使人联想到'北大西洋公约组织'所指的东西，即

① ［美］马尔库塞：《单向度的人》，刘继译，上海译文出版社 1989 年版，第 81 页。

② ［美］马尔库塞：《单向度的人》，刘继译，上海译文出版社 1989 年版，第 92 页。

③ ［美］马尔库塞：《单向度的人》，刘继译，上海译文出版社 1989 年版，第 80 页。

在北大西洋国家中缔结一项条约"，"UN 避免了对'联合'一词的过分强调"[①]。"缩略语指称的是那种、也只是那种通过删除超越性含义的方式而制度化的东西。它的意义是被固定、被篡改和被掺进其他成分的东西。"[②]

第四，形象化特征。马尔库塞说："这种语言往往把各种形象强加于人，并与各种概念的发展和表达相冲突。以其直接性和坦率性为手段，它阻挠人们用概念进行思考，因为它阻挠思考。"[③] 他认为，形象化语言是单纯强调直接具体性而非间接抽象性的语言，因为它附着于那些显现于人的可见的具体事物，排除同类事物的共同特征的概括，所以，它不能通过现象把握事物的本质，不能看穿事物的虚假合理性而认识到它的不合理性，因此，形象化语言是限制人们进行超越具体事物直接性的语言，是取消批判性思维的语言。

马尔库塞认为，当代工业社会的单向度性，不仅表现在政治、文化和语言交流等领域，而且表现在哲学思想领域。单向度的哲学思想为极权社会对社会各个层面的控制作了理论上和方法上的论证，并且作为表达技术理性的思维方式，取消了被统治阶级对极权统治的反抗。所以，必须彻底批判单向度的哲学思想。马尔库塞由批判单向度，从另一方面对语言分析哲学进行了批判。这主要是针对广义上的语言分析哲学（the phi1oso-phy of linguistic analysis）。马尔库塞强调，虽然广义的语言分析哲学包括众多流派，但它们有三个共同的基本特点：

---

① ［美］马尔库塞：《单向度的人》，刘继译，上海译文出版社 1989 年版，第 86 页。

② ［美］马尔库塞：《单向度的人》，刘继译，上海译文出版社 1989 年版，第 87 页。

③ ［美］马尔库塞：《单向度的人》，刘继译，上海译文出版社 1989 年版，第 87 页。

第一，注意逻辑分析。语言分析哲学认为当代哲学的任务不再像传统哲学那样去获得知识，而在于对具体科学的概念、命题和方法进行逻辑分析，所以，应当拒斥无意义的形而上学思辨，充分发挥逻辑分析的实际效用。语言分析哲学家们大部分都是著名的现代逻辑学家，他们把逻辑分析看作适用于所有领域的普遍的思维方式。第二，崇尚科学方法。语言分析哲学家受近代以来自然科学所取得的巨大成就的诱惑，认为实证的自然科学研究方法是超越社会特殊利益集团的主观目的、价值追求和政治控制的纯客观性方法，应当用定量分析、客观分析、中立原则的科学方法取代形而上学思辨。第三，把语言分析作为哲学的主要任务。语言分析哲学家们把逻辑分析和科学方法都应用到对语言的考察与治疗上。他们认为，语言与世界有同质关系，对语言的考察与治疗可以提供正确认识世界的桥梁。

马尔库塞认为，正是语言分析哲学的这些基本特点，使它丧失了哲学思想的双向度性质，成为当代工业社会实行极权控制的工具。因为在马尔库塞看来，所谓思想的双向度性是指思想既要有对客体进行事实性认识的一面，又要有按照主体利益对客体进行价值评价的一面，既要有对事物积极因素肯定的一面，又要有对事物消极因素进行否定的一面。简言之，双向度的思想是在各种对立统一的"辩证关系"中把握对象的观点或理论。语言分析哲学之所以成为单向度的思想，其原因在于它排除了主体的价值评价、情感体验、利益追求以及主体的实践内容，偏执于排斥主体性因素的逻辑分析、科学方法和语言分析。语言分析哲学是一种反对辩证理性和辩证思维的新实证主义哲学，它的功能在于消除对极权社会的反抗力量，维护极权专制的不合理统治。马尔库塞主张，对于语言分析哲学这一20世纪中期英国和美国等英语国家中最时髦的思潮，为了清除它消极而广泛的影响，必须对之彻底批判。

针对分析哲学的特点，马尔库塞分析了科学方法的定量分析、客观性原则和中立性原则，进一步揭示了分析哲学的失误。

首先，马尔库塞考察了定量分析方法。定量分析追求客体的数量精确性，排斥主体的目的性和价值评价，把主体的目的和价值评价看作不能计量的形而上学观念，以便达到对客体的绝对准确性、无偏见的分析。在马尔库塞看来，这种纯粹的定量分析是达不到的，任何一个科学家在进行排除价值评价的定量分析时，他实际上都抱有一定的目的进行着价值追求，因为没有一个人能生活在价值世界之外。人的生活就是持续的主体与客体的相互作用过程，主体只有将客体不断地内化到主体之中才能保持自身的生命过程。所以，主体的活动都是为了满足自身需要、实现自身利益而进行的追求价值的活动，在这种活动中，主体时时都在进行着价值选择、价值评价和价值获得。科学的定量分析活动同样摆脱不了这一规定。

其次，马尔库塞考察了科学方法的客观性原则。所谓客观性原则几乎是近代以来各门具体科学都标榜的、排除主体因素的基本原则。它要求科学研究要按照事实的本来面目去观察、实验、思考，尽可能地追求无主体因素干扰的纯粹客观性结论。马尔库塞认为，完全排除主体因素的客观性原则是不可能实现的；事物一旦成为科学的研究对象，它便同主体发生了复杂的联系，事物在主体的特定历史情境中成为主体的研究对象，主体按照业已形成的概念框架、思维方式和思维方法去观察和分析客体。特别是在有精确的数学分析和逻辑分析的当代科学中，对客体的把握就更加依赖于主体因素，尤其是依赖于主体的思维能力和思维水平。有不同的思维能力、达到不同思维水平的主体，对同一客体的认识是不同的。

再次，马尔库塞考察了科学方法的中立性原则。分析哲学认为，由于科学方法坚持定量分析和客观性分析两个基本原则，并且科学理论又与它的应用互相区别，各自独立，所以，科学方法超越了社会现实，对现存的社会统治持中立态度。马尔库塞指出：科学在它一开始发生时，就把自己的使命与征服自然联系在一起，科学向来是人类从自然中获取利益的工具。正因为如此，科学要转化为生产技术，否则，科学将完成不了它的使命。生产技术决定了生产力水平，生产力的水平又决定了生产关系的变化，并进一步决定了社会总体的发展、变化。在这样一种传递性的作用过程中，科学把自己的原则——征服或控制对象，转移到整个社会领域，科学理性、技术理性和政治理性达成统一。所以，科学方法的中立性是不可能的幻想。而且，正是科学方法试图以对哪个利益集团都有平等的利用机会的纯形式出现，它才更容易被居于统治地位的社会集团有效地利用。①

（六）帕森斯、默顿：社会行为的结构功能。

1. 塔尔科特·帕森斯（T. Parsons，1902—1979）出生于美国的科罗拉多州斯普林斯的一个中产阶级家庭。1920 年进入安姆赫斯特学院，主修生物学，准备将来从医。在三年级时，受经济学家汉姆敦教授影响，改学社会学。1924 年，帕森斯转学于英国伦敦经济学院，认识了在那里执教的马林诺夫斯基，对功能学派的研究发生兴趣。一年后，又转到德国海德堡大学，接触到韦伯和马克思的理论。韦伯的《新教伦理与资本主义精神》一书给他留下了深刻印象，他将韦伯的一些重要思想吸收到自己后来发展的理论之中。几年以后，他又将这部名著译成英文出版。1927 年，帕森斯获得海德堡大学的哲学博士学位。他的博士论文《最近德国文献里的资本主义概念》，主要是研究

① 参见刘少杰主编：《当代国外社会科学》，中国人民大学出版社 2009 年版，第 27～31、40～44、52～54、56～59、61～63 页。

韦伯、桑巴特和马克思关于资本主义的思想。1927 年，帕森斯受聘于哈佛大学，在经济系担任讲师。1931 年，他转到刚刚创建的由索罗金任系主任的社会学系，1936 年升任助理教授。1939 年升任副教授。1942 年升为正教授。随后接任哈佛大学社会学系系主任职务。1946 年，帕森斯在吸收了一些相近学科的基础上组建了社会关系系。直到 1956 年，他一直担任该系的第一任主任。帕森斯将近半个世纪的漫长教学生涯都是在哈佛大学度过的。1973 年，他从哈佛退休。其后曾在宾夕法尼亚大学、芝加哥大学、哥伦比亚大学、剑桥大学、加州大学伯克利分校担任客座教授，讲授社会学理论。1979 年 5 月，帕森斯病逝于原联邦德国的慕尼黑。帕森斯曾于 1942 年担任过美国东部社会学会主席，1949 年担任过美国社会学会主席。帕森斯的社会学理论不仅在美国，而且在加拿大，在西欧和北欧国家以及日本、澳大利亚和新西兰等国家和地区都有很大影响。

1937 年，帕森斯出版了《社会行为的结构》一书，这不仅是他个人学术生涯的重大转折点，同时也是美国社会学中芝加哥学派的衰落、功能学派崛起的历史转折点，帕森斯因此而蜚声于学术界。

许多研究者往往将帕森斯的全部理论研究活动，分为以社会行为理论为中心的早期阶段和以社会系统理论为中心的后期阶段。帕森斯的分析层次和研究重点在这两个阶段虽然有所不同，但应该看到，他后期关心的论题不过是其早期关心论题的延伸。在帕森斯后期理论中有许多得到充分发挥的概念或观点都可溯源于早期理论。

（1）帕森斯像韦伯一样，把对社会行为的研究作为全部理论研究的出发点。

帕森斯认为，行为主义把行为定义为对刺激的反应，忽视了主体意识在这一过程中的作用，从而抹煞了人与动物的区别。

帕森斯认为，人的行为的最基本特征是具有意志性和目标导向，也就是说，人的行为是主体朝向目标的动作。由于帕森斯强调人的行为的目的性、意志性和主体性，他的行为理论又被称为"自觉行为理论"。

帕森斯深入考察了构成行为的各个要素，认为任何行为单元都可以分解为以下要素：第一个要素是行为的目标，即行为者希望达到的预期状态。第二个要素，帕森斯称之为状态，即行为者置身其中、影响其实现目标的那些环境要素。状态要素又可以进一步区分为：①手段，指环境状态中行为者可以控制和利用的那些促成其实现目标的工具性要素。实现同一目标可以有多种不同的手段。②条件，指状态中行为者无法控制和改变的那些阻碍其实现目标的客观要素。条件不仅仅指自然物质条件，同时也包括社会条件。行动单元的第三个要素是规范取向。所谓规范是指行为者在确立目标、选择手段、克服障碍时所遵循的社会标准。合乎规范的范围就叫作规范取向。

帕森斯强调，对"行为"作上述理解，这被许多学者认为给研究提供了一个完整的概念框架和唯一正确的理论立场。也就是说，研究行为，必须对上述要素同时予以关注，而以往研究行为的各派学说的共同缺陷就在于片面地强调某些要素而忽略了其他要素。

帕森斯对以往的各个理论进行了分类，声称自己的社会行为模型是通过对这些流派的批评而实现的某种综合。这些流派可以区分为实证主义的与理想主义的两大类型。

在帕森斯看来，实证主义流派仅仅把行为同一定的环境状态相联系，并假设状态对行动具有某种决定关系，因此对行为进行自然科学式的研究，即通过揭示这种决定关系来解释和预测行为的基本取向，这是可能的。按帕森斯对行为的理解，实证主义流派忽视了构成和影响行为的一个极为重要的因素，即规范取向。

实证主义流派内部对行为的理解也不尽相同，帕森斯将其区分为功利主义和反理性主义两个分支。

功利主义在古典经济学理论中有典型表现。古典经济学集中讨论特定行为目标与手段之间的关系，强调对各种可能手段进行选择的合理性标准，以便有助于达到目标。因此功利主义的全部理论都建立在“理性的经纪人”的基础上，他们的行为有个共同的基本特征：以最小的代价获取最大利益，这类行为都要经过理性审慎，要对于利弊加以权衡。帕森斯认为，功利主义的行动模型并不能概括全部行动，而仅仅是一种“经济人”的理性行为。

在对功利主义提出批评时，帕森斯指出，关于行为的最终目标的来源及其性质的问题，已经超出合理行为模型的解释范围，也就是说，功利主义在回答行动最终目标的问题时，暗中引进了无法加以证明的某种假设，即人们的最终目标都统一于特定的经济价值，因而具有某种自然的一致性，即使最终目标存在着某种差异，这种差异也是微不足道的，在研究中可以忽略不计。

帕森斯认为，合理性标准只能用于、评判和权衡次级目标或手段型目标，而无法判定最终目标。如果对不同的目标根据理性判断排出优劣等次，那就意味着这些目标都不过是达到某一更高层次目标的可供选择的次级目标；对于高层次目标来说，它们都是手段。由此得出的结论是：一个能够解释最终目标的行为理论是包括非理性因素的。

帕森斯认为，行为的最终目标来源于社会文化的价值观念体系。价值观念成为一群人共同的信仰，它构成文化传统的核心。价值观念包含非理性因素，这不仅不能用理性对之作出判断，而且它本身还构成整个理性判断的基础和背景。在行为理论中引进价值观念，就能圆满地解释最终行为目标的一致或差异。尽管功利主义存在问题，但它强调行为具有目标导向以及肯定行为者具有一定选择自由，这些观点被帕森斯所接受，并将其作为基本要素吸收到自己的行为理论之中。

由帕森斯的见解来讲，与实证主义的功利主义这一分支所主张的理性行为模型不同，实证主义的反理性主义这一分支的主张，更接近自然主义的立场。这一分支把行为者的主观过程完全排除在研究范围之外，把行为过程视为一种类似于物理过程的现象。这里强调着行为发生于其中的情境状态，这包括其所讲的各种物质环境和生物遗传因素等，试图从中发现决定行为的原因，行为主义就属于这一分支。这种立场显然与帕森斯的自觉行为理论大相径庭。虽然帕森斯不同意这其中的环境决定论，而他承认并充分关注环境因素对人们选择行为时所发生的重要影响。

如果说，帕森斯不满意实证主义行为模型的主要原因，在于其程度不同地忽视了文化价值观念或主观因素在行为过程中的租用，没有把规范取向作为影响行为过程的独立变量；那么，理想主义传统则恰恰相反，其缺陷在于，其过于强调价值规范的作用，以致忽略了其他有关因素。

在帕森斯看来，理想主义传统在德国表现得最为典型。这一传统把时代精神、共同理想和一股价值作为理解行为的出发点，强调对某一社会所出现的特定行为的理解必须以对该社会文化价值的认识为前提，换句话说，行为只有表现了该社会的文化价值才获得了可供理解的意义。与实证主义传统不同，理想主义传统否认对行为进行自然科学式的因果解释的可能，而强调对包含在行为之中的文化价值和主体意志的理解。

帕森斯将理想主义传统中关于价值规范是影响行为的独立变量的观点概括为规范取向要素，吸收到自己的行为理论之中，而他又同时批评了理想主义的不足，即：忽视了状态要素对表达文化价值的影响，而在这种影响下，行为在克服障碍的过程中曲折地表现特定的理想或价值。

帕森斯认为自己建立的一般行为理论的分析框架综合了实证主义和理想主义的正确观点。这在于：从一般行为理论的立场上看，状态背景和规范取向是影响行为的两个同等重要的独立因素：在行为过程中，人们在确定目标和采取达到目标的手段时，有一定的选择自由，但这种自由受到两方面的制约，社会文化中的价值规范因素对这种选择进行引导和调节，状态背景则为行为提供机会或障碍。

帕森斯列举出四位古典理论家来支持自己的立场。他声称，一般行为理论的概念框架并非自己的独创，而是继承了四位古典理论家的思想。这四位理论家是英国的马歇尔、意大利的帕累托、法国的涂尔干以及德国的韦伯。

帕森斯对上述四位理论家的观点作了总结：尽管他们各自的理论出发点不同，但他们都承认规范取向和共有价值对行为的重要影响。社会价值规范成为各派理论立场的汇聚点。帕森斯认为，这种带一致性的价值规范之所以得到特别强调，是因为它构成了社会秩序的基础。正因如此，价值规范对行为的调整，成为帕森斯一般行为理论的核心论点，这一论点成为贯穿于他后来发展起来的全部理论之中的一条主线。

(2) 帕森斯于1951年出版的《社会系统》以及同年出版的与希尔斯合著的《行为的一般理论》，对行为理论作了进一步发展，这两部著作的主题就是阐述社会价值体系是如何通过影响行为者的主观取向而导致行为者之间的相互依赖和相互结合的。

帕森斯将其社会学研究视角充分瞄向关于行为系统与社会系统关系的研究。帕森斯认为，行为理论的分析重点不是各个单位行为而是行为系统，因为任何单位行为都是在特定的行为系统之中发生的。行为系统指行为者与其状态之间发生的某种稳定的相互关系。

帕森斯把一般行为系统区分为四个附属系统，即文化系统、社会系统、人格系统、行为有机体；各个附属系统按其所在的等级层次同其他附属系统进行信息和能量的交换，从而发生控制和制约的关系。

帕森斯把分析重点放在社会系统上。社会系统是整个行为系统中的一个附属系统，它受到文化系统（价值取向和规范模式）的控制和人格系统（角色）的制约。因此，它的核心是制度化的角色关系。确切地说，社会系统是由行为者同其状态中的其他行为者之间稳定的制度化的角色关系构成的。通常所说的"社会"是社会系统中的一种特定类型。这是指对环境具有较高程度的自给自足性的社会系统。除了社会之外，社会系统还包括那些在其环境中自给自足程度不那么高的二人组合关系、小群体、家庭及各类组织等。

帕森斯对社会系统的分析，首先从结构分析入手。他认为，社会结构的核心概念是"自我"和"他人"，这两个概念分别表示在行为过程中发生互相关系的不同角色。社会系统依赖于角色之间在权利和义务关系上的互补性。这里，权利指的是对互动对象的特定行为的某种期待，义务则指满足对方期待的行为。互补性关系意味着互动双方权利和义务达到某种程度的一致性，即"自我"的权利恰恰是"他人"所承担的义务，"自我"的义务又是"他人"的权利。正是这种权利和义务的互补性关系使得互动能够持续进行下去，从而维持着社会系统的稳定。帕森斯写道："社会系统的既成状态，就是两个或两个以上单独行为者的互补性相互作用过程，在这一过程中，双方中每一方都对另一方的期待表现出自己的顺应性。”[①]

帕森斯把行为者所处的地位和承担的角色看成社会结构的最基本单位，也就是说，社会结构指的是各个地位一角色之间的稳定的制度化关系。

有研究者分析到，既然帕森斯行为概念的基本特征是受价值规范调节的主观取向，那么，社会结构——各个行为单位主观取向的某种程度的协调——必然与价值规范相联系。实际上，在帕森斯看来，维持角色之间权利义务的互补性关系的先决条件是承担角色的行为者对同一组价值规范有共同的理解。任何社会系统总以制度化的价值体系为其特征。对于社会系统的稳定来说，维持某种制度化的价值体系成为一项最基本的前提。于是，有两个原因可能使社会结构发生偏离，一是承担角色的本领不是与生俱来的，因此新成员的加入有可能使原有结构发生偏离；二是人们并不一定完全按照角色期待去做。这两种偏离有可能造成社会结构的解体，因此，社会系统需要两种机制对可能出现的偏离进行调整，这就是：第一，社会化机制，负责向新成员传授和灌输社会价值观念和道德规范，使他们掌握承担角色的本领；第二，社会监督机制，对越轨行为实行监督和制裁，维持正常的社会结构。这两种机制的实质是维护一种统一的价值体系。帕森斯始终认为，一个社会，只有价值观念一致时，社会秩序才趋向于稳定。

模式变量理论被认为是帕森斯用来区分行为者在互动过程中主观取向的类型学工具，在对社会系统的分析中，它又独特地充当了描述社会关系、区分社会结构的类型学工具。因此，通过这一理论，两个层次的现象——行为者的主观取向同社会

---

① T. Parsons *The Social System*. Glencoe, 1951, P. 204.

系统的结构类型——沟通起来。正是由此，帕森斯理论的分析重点由社会行为转变到社会系统。

在帕森斯看来，正因为模式变量可以用来区分社会结构类型，所以很容易将它同滕尼斯的社会关系类型——公社和社会——联系起来，即认为模式变量是描述"公社—社会"类型的具体变量。这是对滕尼斯类型学的发展和深化。模式变量与"公社—社会"类型的对应关系是：公社的特殊性、扩散性、情感性、先赋性、公益性；社会的普遍性、专一性、中立性、自获性、私利性。公社与社会的各项一一对应。

帕森斯认为，行为者在与其他行为者的互动过程中，必定要面临五个方面的抉择，即要解决必定出现的五个问题，这五个方面可能的抉择被概括在五对范畴之中。正是这些可供抉择的五对范畴成为被帕森斯所称的"模式变量"。帕森斯所讲的模式变量的五对范畴是：普遍性与特殊性；扩散性与专一性；情感性与中立性；先赋性与自获性；私利性与公益性。在帕森斯看来，这模式变量，不仅可以用来确定行为者的主观取向，而且，由于行为总是在特定的系统之中发生，因此也可以把它们作为刻画系统的结构特征——制度化的角色关系——的基本变量。

第一，普遍性与特殊性。这一抉择涉及互动过程中特定行为标准的适用范围。区分这对范畴的决定性因素是行动者在互动过程中所遵循的规范性标准是否受团体界限的影响。在这一抉择中选择了普遍性，意味着行为者在同任何其他人的互动中都遵循同样的规范性标准；而选择特殊性则意味着行为者因人而异地改变自己的行为标准。例如医生和病人之间的关系就是普遍性的例子，母子关系则反映了特殊性。

第二，扩散性与专一性。这一抉择涉及互动双方权利义务的宽窄和清晰程度。如果相互之间的义务是狭窄的并被明确限定，就意味着选择了专一性，其特征是提出要求的一方有证明这项要求的义务。相反，如果双方全部人格投入到互动关系之中，互相给予或取得的满足是广泛的和不受限定的，那么这类互动选择了扩散性一端，其特征是被要求一方有义务解释这一要求无法满足的理由，朋友关系和雇佣关系可以作为扩散性与专一性的例子。

第三，情感性与中立性。这一抉择要解决的是互动关系中是否包含着感情因素。如果双方在互动中投入或获得了感情，则关系处于情感性一边；相反，如果互动双方以理智相对待，避免在相互关系中掺进感情因素，则关系处于中立性一边。作为例证，情感性可以举家庭成员之间的关系为例，中立性则可以举律师和委托人之间的关系为例。

第四，先赋性与自获性（或品质与成就）。这一抉择涉及行动者之间作为相互对待基础的识别标准的性质。先赋的识别标准着眼于对方是“谁”，即对方的先天品质及其身份背景；自获性标准则主要根据对方“做什么”，即对方的表现和成就，来识别和评价对方。家庭关系与医生病人关系可以作为这对范畴的实例。

第五，公益性与私利性。这一抉择及互动中优先考虑的是哪一方的利益。私利性意味着将自身利益置于优先地位，而公益性则是将对方或整个集体的利益放在优先地位。例如，商业关系主要受私利性支配，而公众福利事业则要优先考虑他人或集体利益。

在帕森斯看来，任何一种制度化的社会关系都是上述五种抉择的某种组合。但这并不意味着各个行为者在特定的情景状态下，处理具体的人际关系时可以临时或随意地作出抉择。帕森斯认为，特定的社会关系所包含的模式变量组合是既成的和稳定的，它是由社会文化中价值规范预先规定好的。换句话说，模式变量的某种组合不是在个体行动者偶然的随意抉择基础上建立起来的，而是社会文化系统中价值规范的制度化结晶。正是这种制度化的价值规范支撑着社会关系结构。帕森斯以他的表述强调，行为者在进入某种社会关系时，不仅不能随意改变这种关系结构，而且必须预先通过社会化过程将价值规范内化在自己的人格系统中，即了解各种角色关系中社会文化对五对变量所作的抉择，以便根据具体情景随时调整自己的主观取向。只有合乎规范取向的行动，才能保持互动关系的平衡，使互动过程得以持续进行，使行动者顺利地达到目标。由此可见，模式变量是规范取向在互动系统中的具体表现。

帕森斯认为，五种抉择的组合构成了所有可能的社会关系。这五种变量是相互独立的，因此，任意五种抉择的自由组合都可以构成某种独特的关系类型，所有的角色关系都可以用模式变量来描述和说明。这意味着，从理论来说，可以得到32种不同的组合，即32种不同的关系类型。与"公社"和"社会"相对应的不过是其中的两个极端类型，除此以外，模式变量还可以分析处于这两个极端类型之间的所有复杂的结构类型。

尽管模式变量在帕森斯理论中的主要用途是划分和描述社会关系的一般结构类型，但帕森斯坚持它也为文化层次和人格层次上的分析和比较提供了分类学依据。在文化层次上，可以用模式变量对不同社会的价值取向作出区别，为跨文化比较提供基础；在人格层次上，它可以用来区分不同的需求倾向，从而推动对各种人格类型的研究。

此外，在帕森斯那里，模式变量还发挥了推动其理论发展的独特作用。由模式变量的分类学万花筒提供了变幻无穷的组合类型，为这些类型命名并对之进行说明，往往能形成新概念或触发新思路，因而成为帕森斯在发展理论时乐于使用的方法。可以说，在某种意义上模式变量充当了帕森斯理论的催化剂。

他的成熟理论——对社会系统所作的结构功能分析——在某种程度上就是对模式变量的某种组合加以引申的产物。

帕森斯是沿着以下路径对社会作出结构功能分析的：

一是实现从模式变量向结构功能分析的过渡。帕森斯指出，模式变量揭示了各种制度化社会关系的特征，但有待于进一步解释的是，为什么某种互动关系以特定的变量组合为特征？或者，为什么各种特殊的关系结构采取了不同的变量组合？这些问题导致帕森斯的分析重点从社会结构转向功能，确切地说，帕森斯因此而将结构分析同功能分析结合起来，发展了以结构功能主义命名的宏观理论和分析方法。

在帕森斯看来，社会系统乃至整个行为系统都面临着一些大致相同的基本功能要求，满足这些要求是系统生存的先决条件，而这些要求是通过系统的内容结构得到满足的，因此结构分析必须同功能分析结合起来。结构功能分析的基本任务包括识别系统的基本功能要求以及分析各种基本功能是如何满足这些功能要求的。结构功能分析也正是因此而得名。

在帕森斯的概念体系中，社会结构与社会制度是等值的。"制度可以称为复杂的模式化的角色整合，这种整合在相应的社会系统中具有战略性结构的意义。"[①] 在这个意义上，结构不是具有实体性的具体的社会组织，而是制约着特定类型角色互动的抽象规范模式。

帕森斯区分并考察了现代社会中各种稳定的制度。在这些制度中所包含的模式变量组合各不相同。一些变量经常地同另一些特定变量结合在一起。例如在职业制度中，往往可以发现普遍性、专一性、中立性等变量的特定组合；而在亲属制度中，

① T. Parsons *The Social System*. Glencoe, 1951, P. 81.

强调的却是特殊性、扩散性、情感性等变量。这暗示着：各个模式变量之间并非完全独立，而是存在着某种内在联系，这种内在相关性将各个特定变量组合在一起。经过分析可以发现，只有在扮演单一角色或角色接触面很狭窄的情况下（专一性），才有可能实行一种一视同仁的标准（普遍性）；相反，如果同时扮演多种角色或角色接触面很宽（扩散性），那么最可能的选择是根据同对象的特殊关系而决定自己的态度（特殊性）。根据上述考察，帕森斯修改了自己关于各对模式变量具有独立性以及各个范畴可以任意组合成某种特定结构类型的看法，深入分析了各个范畴之间的内在联系，详细地考察了基于这种联系的各种基本的组合类型。他认为，社会结构的最基本类型是同它们所必须满足的系统功能要求相联系的，这样，帕森斯的理论重点就由通过模式变量所作的结构分析转向了功能结构分析。

二是把握行为系统的普遍功能要求：AGIL。帕森斯强调，行为系统的基本制度化结构是由这一系统必须满足的功能要求决定的，帕森斯提出四个基本范畴来概括这些功能要求。这就是：适应（A）、达鹄（G）、整合（I）、维模（L）。在帕森斯力求高度概括的理论框架中，强调这四项要求是任何行为系统（包括社会系统）都必须满足的。

在帕森斯这里，适应（adaptation），指系统必然同环境发生一定关系，为了能够存在下去，系统必须拥有从外部环境中获取所需资源的手段，或者说，系统必须具有通过操纵某些手段来控制环境状态的能力。达鹄（goal attainment），这里讲，系统的目标是指某种期望状态，任何行为系统都具有目标导向，系统必须有能力确定自己的目标次序和调动系统内部的能量以集中实现系统目标。整合（integration），强调任何行为系统都由各个部分组成，为了使系统作为一个整体有效地发挥功能，必须将各个部分联系在一起，使各个部分之间协调一致，不致出现游离、脱节和断裂。维模（latency pattern maintenance），又叫潜在模式的维持。这是指，在系统运行过程暂时中断即互动中止时期，原有的运行模式必须完整地保存下来，以保证系统重新开始运行时能恢复互动关系。系统必须拥有特定机制经常维护处于潜在状态的模式。

帕森斯提出的这四个基本概念，为研究行为系统提供了一个功能分析框架。可以说，在帕森斯那里，对行为系统进行功能分析就是集中考察这四项功能需求是如何得到满足的。因为，根据AGIL分析框架，那些在较高层次的系统中特定地满足某项功能需求的结构部分都是该系统的功能性子系统；所以，每个系统都可以相应地划分为四个子系统：行为有机体、人格系统、文化系统、社会系统。最一般的行为系统是通过这四个子系统来满足其功能需求的。这里，行为有机体的生物特性决定着系统适应问题的性质，并为满足适应性功能需求提供基本能量。人格系统包括个体的动机、欲望和目标，行为系统的达鹄要求的满足正是在聚合和调节个体目标的基础上实现的。文化系统中所包含和保持的价值规范为整个行为系统提供着基本模式，从而实现维模功能。社会系统是由各个行为单位通过制度化关系联结而成的，因此满足着行为系统的整合要求。

这样，在帕森斯看来，一般行为系统的各个相对独立的子系统本身也可以看作是一个独立系统，因而也面临着同样四项必须满足的功能要求。而且，当这一子系统达到一定规模时，其内部也会分化出相互区别和相互独立的更低层次的子系统。尽管分析的层次可以有所不同，因而对各个系统层次的具体解释也可以有巨大差异，但AGIL却可以作为适用于各个层次行为系统的功能分析框架。

三是对社会所作出功能分析。在帕森斯的范畴体系中，社会是一种具有较高程度自给自足性的社会系统。在1956年出版的帕森斯与斯默尔塞合著的《经济与社会》一书中，集中分析了社会的主要制度模式及其相互关系。

此分析认为，在社会中，与某项功能需求有关的行为类型构成了社会的子系统。社会的四个子系统是分别满足四项功能需求的四类制度性结构。功能分析的任务首先是揭示出这四类制度性结构的特征。社会要想存在下去，必须适应环境。在社会中，满足适应这一功能要求的是经济制度。只有通过经济活动（生产、分配），社会环境中的自然资源才能转化为满足成员各种需求的产品。达鹄涉及目标决策和目标实施。为了实施目标必须有能力将人力和物力组织起来，集中于实现目标的行动。在社会中承担这一功能的制度结构是政体。政体不仅包括政府机构，同时还包括一切行使权力或权威的行为类型。整合意味着社会内部各个成员或组织之间维持着某种最低限度的团结与合作，避免分裂性冲突。为此必须形成某种制度性结构以加强社会团结，并对可能出现的冲突进行调解。承担这一功能的社会制度主要是法律，此外宗教的某些部分也与整合功能有关。维模涉及保存和传递社会基本价值规范，使之不受社会成员更替的影响。社会中执行维模功能的制度主要是家庭和教育以及宗教制度的某些部分。这些制度共同承担着保存、传递文化的任务，社会成员的社会化过程正是通过这些制度完成的。

帕森斯在分析中又认为，除了指出在社会中承担四种功能的主要制度性结构以外，对社会进行结构功能分析的再一个任务是揭示各个子系统之间的关系。帕森斯将这种关系称作子系统的边界关系。帕森斯强调，一个系统的运行状况是否稳定，不仅取决于它是否具备满足一般功能需求的子系统，而且还取决于这些子系统之间是否存在曾跨越边界的对流式交换关系。如果一个子系统的输出恰恰满足了其他子系统的需要，而且它本身的需要又能通过来自其他子系统的输入得到满足，那就意味着它与其他子系统之间存在着对流式交换的边界关系。

帕森斯由分析进而指出，分析社会的各个子系统之间的关系，就必须了解各个子系统用来同其他子系统进行交换的媒介。帕森斯对各个子系统的交换媒介作了说明：承担适应功能的子系统输出的一般交换媒介是货币；承担达鹄功能的子系统输出的交换媒介是权力；整合子系统输出的交换媒介是影响或赞同；最后，维模子系统输出的交换媒介是价值承担和声望。可以举出属于适应子系统的经济制度与属于维模子系统的家庭制度之间的边界关系为例来说明这种交换过程。经济子系统通过支付工资为家庭提供了各种消费品和服务，使得家庭在社会中得以生存；同时，家庭作为社会价值的主要承担者又为经济系统提供具有参与经济活动的积极动机的合格劳动者，为经济活动的顺利进行提供了必要条件。因此，对于一个社会来说，维持其内部各个子系统之间边界关系的最低限度的平衡是至关重要的。

(3) 帕森斯基于以上的分析综合阐发了他的社会变迁思想。

20 世纪 60 年代由于社会动乱不断发生，以社会系统的均衡状态为理论核心的结构功能主义遭到激烈的批评。其中最主要的批评意见是：结构功能主义过分注重社会系统的稳定和秩序，只强调均衡，看不到冲突，无法解释社会变革现象。作为对这一批评的反应，帕森斯在 1966 年出版的《社会：进化与比较的观点》和 1971 年出版的《现代社会体系》两本书中，对社会进化和变迁问题作了集中考察。他晚期的理论研究试图向人们表明，结构功能主义可以运用于分析社会变迁和冲突现象。

帕森斯的社会进化理论的关键性概念是结构分化和子系统之间的边界关系。由于 AGIL 框架为研究各个不同类型的社会系统提供了统一的分析工具，因此，它同时为各类研究提供了广泛比较（横向的和纵向的）的基础。在这种比较中，同一层次的社会系统内部的结构分化程度成为确定它们在现代化序列中所占位置的排序标准。

在帕森斯那里，结构分化意味着承担着多种功能的单一结构类型转化为各自承担单一功能的多种结构类型。在人际互动的微观层次上，这一过程体现为角色分化；在整个社会的宏观层次上，则体现为制度性结构类型的分化。帕森斯举亲属关系为例来说明这种结构分化过程。原始社会的主要结构类型是由血缘纽带将人们联系在一起的扩大式家庭制度，这承担着经济、政治、宗教、社会化等一系列基本功能。在现代社会中，各种分化出来的制度性结构分别承担了其中的一部分基本功能，职业机构承担了经济功能，教育机构承担了社会化功能等，使得家庭由多功能制度类型转变为专门化制度类型。

帕森斯指出，在社会的某一子系统内部也可以发现更进一步的结构分化过程，现代社会经济子系统内部往往又分化为承担适应功能的银行制度，承担达鹄功能的生产制度，承担整合功能的管理制度和市场机制，以及承担维模功能的各种激励表彰制度等。此外，像政治子系统中的三权分立等都可以作为结构分化的例子。

帕森斯认为，专门化结构能够更有效地实现它们所承担的功能，因此，结构分化的层次是社会现代化程度的重要指标，社会进化就是通过内部结构不断分化实现的。这一观点吸收了斯宾塞和涂尔干的某些思想。但是，一方面，结构分化本身又会带来子系统之间边界关系的复杂化；另一方面，各个子系统内部结构分化的速度和水平往往不一致，从而经常打破原有边界关系的平衡，造成子系统之间关系的紧张和紊乱。上述情况增加了社会整合的困难。帕森斯认为，由社会结构分化带来的系统内部关系的紧张、不平衡和紊乱是社会变革的原因。而有些紊乱可以通过系统内部机制的调节而得到恢复，在这种情况下不会出现整个社会的动荡，出现的仅仅是社会内部结构保持基本不变的情况下个别结构的调整，这是社会内部的变革。工业化社会中家庭结构所发生的由传统大家庭向核心家庭的转变就是一个例子。

帕森斯又看到，另一种情况是，当子系统之间的不平衡出现得非常突然和剧烈，超出了社会调节机制的控制范围，原有的社会结构无法继续维持下去，这时就会出现全面的社会变革。帕森斯用自己的结构功能主义变迁思想重新阐述了韦伯在《新教伦理与资本主义精神》一书中所描述的社会变迁过程。资本主义的产生这一具有历史意义的社会变革，主要是由于宗教改革改变了维模子系统中的基本价值观念，从而破坏了维模子系统同其他三个子系统之间边界关系的平衡，正是在重新恢复边界关系平衡的过程中，资本主义的经济制度、政治制度和法律制度同时发展起来了。

帕森斯提醒人们注意到，并非任何边界关系的不平衡都能引起社会进化。社会进化意味着社会整体适应能力的增强。在结合整个人类社会的进化历程深入分析结构分化的具体内容时，帕森斯提出了“进化共相”的概念。“进化共相”是用来概括各个社会在进化历程中必定出现的一些普遍的制度性特征，这包括：①分层结构；②政治结构的文化合法性；③科层制；④市场机制；⑤普遍性法则；⑥民主体制。

在《现代社会体系》中，帕森斯将所有进化过程概括为更抽象的演化形态，这些形态分别与系统的结构功能相对应：适应性增长与分化相对应；价值概括化与容纳相对应。因而形成以下的情况：第一，适应性增长过程集中反映在经济活动效率的提高上。新技术、新工艺的采用增强了整个社会的适应能力。第二，分化过程与达鹄子系统相联系。社会结构的分化同时表现为目标的分化，整个社会的分化过程与各个制度化结构分别确立专门化目标并提高实现目标的能力相联系，各种组织的出现反映了这一过程。第三，发展着容纳过程，反映了社会进化中为了使结构分化不至于导致系统的分裂，系统整合要求在不断地提高。民主化制度的建立是这一过程的集中表现。第四，价值概括化为高度分化的现代社会提供着抽象的模式和统一的基础。随着分化程度提高而来的抽象的共有价值代替各种特殊规范的趋势，是维模子系统在进化中所发生的最显著变化。

总起来看，帕森斯坚持一种社会进化趋同论，把现代化理解为西方化，把当代美国置于社会进化的顶端，这一立场遭到了许多人的批评。值得指出的是，帕森斯在研究社会变迁时采取的研究方法和理论概念具有一定特色，它避开了传统因果决定论方法的不足，强调系统内部各个部分之间的相互作用和相互依存，强调子系统之间的边界关系，从而为社会学和历史学的研究提供了一个新颖的角度。

帕森斯毕生致力于发展一种可以包容一切社会现象和统一所有理论的宏观理论。然而在 20 世纪 60 年代以后，攻击结构功能主义的声浪不断高涨，迫使那些即使仍然坚持结构功能主义立场的社会学家也不得不对这一理论进行反思和加以限制。其中，帕森斯的学生默顿就是一个突出的代表。他揭示了结构功能主义的弱点，并通过对传统功能分析方法的反思和批评发展功能主义。[①]

2. 默顿（1910—）是美国当代很有影响的社会学家。1936 年他在哈佛大学获得博士学位。自 40 年代起，他一直在哥伦比亚大学工作，后成为哥伦比亚大学社会学系的荣誉退休教授。默顿具有渊博的古典理论知识，深受韦伯、涂尔干和托马斯等人的影响。默顿非常重视理论研究与经验研究的结合。他在哥

① 贾春增主编：《外国社会学史》，中国人民大学出版社 2008 年版，第 183～197 页。

伦比亚大学与拉扎斯菲尔德合作，承担了这所大学应用社会学研究所的大量项目。他提倡一种超出于工作假设之上而又能进行有限度理论探讨的“中级理论”。他关于“社会结构与失范”“科层制人格”“参考群体”理论等都是其所谓中级理论的范例。尽管他没有提出统一的理论，但他那种与帕森斯形成鲜明对照的条理分明的研究风格却为他赢得了很高的声誉。默顿关于功能分析理论的范式完善了功能分析方法，将结构功能主义推进到一个新阶段，同时也使他成为当代结构功能学派最主要的代表人物。默顿最著名的著作是1949年出版、1957年修订的《社会理论和社会结构》。

同帕森斯一样，默顿由制度化行为模式对社会结构进行功能分析，并且将此确定为社会学研究的基本任务。而在对功能概念的理解上，两人之间有很大分歧。在帕森斯的理论体系中，功能概念由于为社会系统内制度化结构提供了合理存在的依据，而占据着核心地位。通过功能概念，帕森斯为社会描绘了一幅以均衡、和谐为特征的图景。

默顿与帕森斯不同，对他来说，“功能”并不是用来构造宏观理论的基本概念，而是要由此提出一种对社会现象进行理论分析的方法，运用这一方法的最终目的不是对现实作出抽象的、带有倾向性的说明，而是发展一种既可以解释经验材料又可以被经验材料检验的理论，即他所提倡的那种“中级理论”。

默顿认为，以往的功能主义理论引进了一些含糊不清、未经验证的假设，使用了一些未经定义的不准确的概念、术语，造成了极大混乱。这种情况妨碍了功能分析发展为一种最有成效的研究方法。因此，要发展一种成熟的功能分析方法必须首先对功能分析取向作出研究，要找到产生混乱的根源，对功能分析的基本概念及其暗含的假设作一番清理。

默顿对早期功能分析中三条“流行的假设”提出质疑。这三条假设即英国人类学中功能学派所坚持的"功能统一性""功能普遍性"和"功能不可缺少性"。默顿认为，这三条假设是毫无根据的，经不起事实的检验。

功能统一性假设认为，社会系统的各个部分在运行中是协调一致和相互促进的，不会产生不可调解的持久冲突。默顿指出，事实常常与这一假设相反。在一个社会中，某种风俗或制度，可能促进某个群体的凝聚或整合，可认为其对这一群体发挥了特定功能。但对另一群体来说，这些风俗或制度却可能起到某种分裂作用，从而改变了其功能性质。例如，当宗教制度促进了宗教群体的内部团结时，很可能助长了各个宗教群体之间、宗教群体与社会其他部分之间的紧张和冲突。因此，功能性质决不能靠超验的推理来解决，更不能根据未经经验的假设来断定，这是一个需要在特定范围内借助经验才能加以确定的问题。如果不确定被分析群体的界限，盲目坚持功能统一性假设，势必过分扩大分析对象的功能，而忽略它在助长社会冲突方面可能起到的作用。

功能普遍性假设认为，所有标准化的社会形式或文化形式都有积极的功能。默顿指出，进行功能分析的社会学家不能预先假定，任何标准化行为模式都有利于系统生存，都实现了系统的功能要求。因为经验表明，有些标准化行为模式会产生减少系统的适应或协调的后果，或者，它们产生的后果同涉及系统的生存毫不相关。因此，具体文化项目的功能性质不能从功能普遍性假设中先验地推导出来，而有待于经验调查。

功能不可缺少性假设认为，在一种文明类型中，任何风俗、观念和信仰都满足一些重要的功能，都有一定要完成的职责，在整体运行中起着不可缺少的作用。默顿认为，这个假设本身是含糊不清的，这里把两个互相联系而又有所区别的观点搅在一起：第一，其中假定有些功能是任何社会或群体为了维持生存都必须设法加以满足的，即功能需求的不可缺少性，实际上这是功能先决条件的概念。第二，其中假定某些文化形式对满足社会功能要求来说是不可缺少的，即结构不可缺少性。必须从这两个方面对这条假设进行考察。

在第一个问题上，默顿不愿像帕森斯那样先验地假设所有系统都具有同样的一些普遍功能需求，尽管他有保留地承认就某个社会系统而言，存在着必须满足的特殊功能先决条件。在具体处理上，他比帕森斯慎重得多。他认为功能需求不能随意确定，在将某种功能需求纳入理论以前，必须用经验加以检验。在第二个问题上，默顿认为，没有什么证据支持某一文化项目对于满足特定功能需求来说是必不可少的这一观点。恰恰相反，经验表明，即使功能需求已经确定，也可以通过不止一个文化项目加以满足。换句话说，尽管有些社会系统具有大体相同的功能需求，但它们用来满足功能需求的具体项目却可能迥然有别。

默顿告诫人们：不可缺少的功能需求与满足功能需求的特定文化项目的不可缺少性是两个问题。在研究中，要注意区分功能需求与承担功能的项目这两个概念。过去人们在进行功能分析时往往不注意区别这两个概念，因而很容易犯逻辑错误。最常见的逻辑错误便是用必不可少的功能需求来证明某项制度性结构的合理性和必要性。

默顿指出，上述三条假设根本否定了社会中存在着不平衡和冲突，因此否定了社会变革的可能性。正因为有了这三条假设，以往的功能分析（包括英国人类学和帕森斯的结构功能主义）往往只注重研究那些促进系统稳定或维持现存结构的机制。这三条假设，限制了功能分析的发展，是导致功能主义蒙受保守性罪名的重要根源。改造功能分析方法的出路就是彻底抛弃这些先验的假设，将功能分析同经验研究结合起来。

除了对上述三条假设进行清算以外，默顿还注意揭示引起混乱的另一个根源，这就是在以往的功能分析中，“主观动机”与“客观后果”这两个概念之间的区别没有得到应有的强调，往往只从主观动机的角度考察功能问题。默顿在这一问题上继承了涂尔干的观点，坚持二者之间具有显著区别的立场，主张把功能分析重点放在客观社会后果上。他认为，社会学家在进行功能分析时，首先关心的不是引起某一行动的主观动机，而是这一行动导致的客观社会后果。他认为，不论这种客观的社会后果是否增强了社会系统的生存能力，都与个人的主观动机和个人目标无关。

默顿指出，仅仅了解个体行为的主观动机，尽管有助于我们认识行为过程，但对认识整个社会系统的运行来说具有有限的意义。个体运行的后果是一种集合现象，这种集合现象往往具有鲜为人知的或始料未及的性质，这些性质构成了今后个体行为所必须适应的环境状态。也就是说，人们虽然生活在由他们的行动所创造的世界中，但却常常感到世界具有超出自己控制之外的、不容选择的强制性。因此功能分析的重要任务之一就是发现各种行动后果的集合性质，从而揭示建立在这种集合性质基础上的各种基本制度之间的关系。而这些基本制度，在默顿看来，与大多数人的那种世俗的主观动机没有多大关系。

通过这种对以往功能主义理论缺陷的揭示和批判，默顿建立起他的用以指导经验研究的功能分析范式。

默顿的功能分析范式被认为是对功能分析方法的完善，这里包括一组精确的概念和研究方案，这些概念和方案揭示了在进行功能分析时应牢记的而为以往功能主义者所忽略的最重要的方面和应解决的主要问题，并能在经验研究中发挥指导作用。默顿强调，范式本身不是一个完整的理论，但它为提出严谨的、可以由经验材料加以检验的理论打下了基础。

在默顿的功能分析范式中，影响最大的有这样一些概念：功能分析的项目和机制，显功能与潜功能，正功能与反功能，功能接受者，功能替代物，结构制约性等。

关于“功能分析的项目和机制”，默顿论述道，功能分析的第一步是明确对之进行功能分析的项目是什么。人们可以对许多社会现象进行功能分析，例如社会文化模式、角色关系、科层组织结构等等，但在一项具体研究中必须确定自己的研究对象，确定了项目，才可以进一步确定分析它的那些“可观察后果”。在项目和客观后果之间，研究者还要识别一种被称为“机制”的中介变项，项目正是通过机制而产生特定的客观后果的。默顿指出，早期的功能分析在这一问题上是含糊不清的，没有明确确定项目，没有认识到功能分析就是对项目的可观察后果的分析。

关于“显功能与潜功能”，默顿将各种可观察后果区分为显功能和潜功能，这一区别与他所坚持的动机与后果的区别相联系。默顿指出：“显功能是有助于系统的调整和适应的客观后果，这种调整和适应是系统中参与者所预料所认识的；与潜功能相关的是没有被预料也没有被认识的客观后果。”① 默顿认为，过去的研究重点集中于显功能分析，这种对潜功能的忽视损害了功能分析方法。他列举了许多经验研究中发现的实例说明潜功能的存在以及对之进行分析的重要性，并开列了研究潜功能的五点方案，即回答下面五个问题：第一，潜功能是怎样发挥作用的？是否依参与者的意识而改变其作用方式？第二，对参与者来说，功能潜在性意味着什么？参与者所不了解的是机制还是后果？第三，为什么参与者不了解这一后果？第四，潜功

① ［美］R. K. 默顿：《社会理论和社会结构》，生活·读书·新知三联书店 2001 年版，第 105 页。

能是对谁而言的？是部分参与者还是全体参与者？第五，我们所分析的是哪一个后果？是直接后果还是间接后果？默顿认为，可以通过对这个问题的回答推动潜功能分析的深化。他把潜功能分析列为功能分析方法中最重要的环节之一。

关于"正功能与反功能"，默顿特别提出反功能的概念。他告诫功能主义者不应假定所有制度化行动模式都具有促进系统调适的后果，被分析的项目很可能具有减少系统调适的后果，即反功能。默顿第一个在功能分析方案中明确引进反功能的概念，从而大大拓宽了功能分析领域。过去人们只研究制度的积极方面（整合、均衡），而忽略了它的消极方面（紊乱、问题、干扰）。实际上，社会只是在一定时期而非所有时期保持平衡状态，反功能概念明确地重申了过去所忽略的方面，把人们的注意力引向探求社会变革的原因。默顿指出，对反功能的研究应当放在历史的（时间的）框架中进行，任何项目都可能有连续性的多重后果，对这些后果进行观察应当引进时间的维度。反功能可能在短期内暴露，也可能是某种长期的后果。研究者认为，反功能概念的提出，推翻了以往功能分析中暗含的功能普遍性假设。

关于"显功能—潜功能"，这与"正功能—反功能"的交叉分类构成了功能分析的四个最重要的基本取向（显—正功能，潜—正功能，显—反功能，潜—反功能），对任何项目都可以按照这四个取向进行分析。特别是第四个组合——潜—反功能，应当引起高度的重视，这一分析取向可以引导功能分析考察社会问题和社会变迁现象。一项社会制度除了显现在外的正功能以外，常常会附带产生一些没有意料到的副作用，这种潜在后果可能导致系统的紧张和紊乱，它们积累到一定程度就被确定为社会问题，就有可能威胁到原有的结构；为了消除这些威胁，就得建立新的补偿结构，从而刺激社会努力变革，导致社会结构的变迁。

关于“功能接受者”，默顿指出，在分析某一项目的某一特定后果时，要注意划清它在其中发生影响的系统范围和受它影响的群体界线。因为对不同群体或系统来说，同一后果可能有不同的功能性质，一个群体可能是该后果的功能受益者，而同时另外的群体却可能是该后果的受害者。特别是在不同群体和组织存在着利益冲突同时资源又相对缺乏的情况下，区别功能接受者尤为重要。引进功能接受者概念，会使功能分析出现新的取向，即引导功能分析对社会中存在的利益冲突、阶级矛盾进行深入研究。这一研究取向推翻了功能统一性假设，使得原来那种在任何情况下都把整个社会作为某一功能的统一接受者的观点，或者按照项目对全社会统一功能需求所作的贡献而对之进行评价的做法，变得不切实际、站不住脚了。

关于“功能替代物”，虽然默顿并没有一般地否认系统的功能先决条件的存在，而是主张在接受以前对之进行慎重的经验检验，但他坚持认为，即使承认了某种功能需求，也不能因此而断言实现这些需求的特定项目是必需的。在这一问题上，他提出了“功能替代”或“功能选择”的概念。默顿指出，鉴于不能用满足某项功能需求来定义特定项目（这会犯定义项与被定义项外延不符的逻辑错误，如用促进整合来定义宗教），坚持特定结构是实现系统功能要求的唯一项目是毫无根据的。在多数情况下，总是存在着可供选择的功能替代物，跨文化研究可能清楚地证实这一点。有学界评论者就此指出，由于提出了功能替代物的概念，系统的功能需求和对特殊结构的需求这两个概念被清楚地区别开来，从而推翻了以往功能分析中“功能不可缺少性”假设。

关于“结构制约性”，默顿讲到“功能不可缺少性”假设，但立即带来这样的问题：一个社会中可供选择的替代项目范围有多大？为什么一个特定社会恰恰选择了某一项目而非其他项目去实现特定的功能需求？为了回答这些问题，默顿提出了"结构制约性"概念：社会结构的既成状态，即各个结构要素之间的关系，产生了一种结构制约力量，它规定着一个社会的结构变异度即功能替代的可能范围，同时决定着对各替代项目的选择。但是，默顿强调说，人们不能仅仅根据"结构制约性"进行先验的推导，这一概念只是提供了指导经验研究的总原则，对具体社会的功能选择现象的解释必须依赖于细致的经验研究。许多社会学家指出：结构制约性的观点已经不是用功能来解释结构，而是把结构作为解释功能选择的原因，从而使默顿离开了功能主义的基本立场。

有研究者总结道，归结起来，默顿的功能分析可规定为下述步骤：第一，功能分析的重点是制度化行动模式（即结构）的客观后果；第二，要充分认识这种客观后果的多重性，特别注意那些出乎参与者意识之外的潜在后果；第三，结合时间要素，根据特定后果与相应系统之间的关系对这一后果进行功能评价，即确定其功能性质，并通过反功能考察社会问题和变迁现象；第四，必须清楚地界定某一后果所涉及的系统范围和群体范围，认识到对不同群体来说，特定后果的功能性质发生变化的可能性；第五，认清在不同类型社会中功能替代的可能性，并通过对"结构制约因素"的考察解释这种替代过程。

人们评论说，默顿的功能分析范式提出了许多新的概念和新的观察角度，使传统的功能分析方法从一团模糊的取向变成了可以用来指导经验研究的精确的概念范畴体系。以后的功能分析论者大都接受了默顿的范式，从而把功利主义推进到一个新的研究阶段。

学界认为，默顿的范式在一定程度上改变了功能主义的基本性质，过去的功能理论大多以论证系统的稳定、秩序、均衡、整合为目的，往往流于抽象和空想；而新的范式则作为指导经验研究的工具，引导人们对现实社会结构的客观后果进行功能认识、作出功能评价。

社会学史家这样讲，结构功能主义在美国社会学界经历了崛起、鼎盛和衰落的三部曲。尽管在20世纪60年代，结构功能主义开始走下坡路，但它仍然经常成为社会学界争论的中心。如果一个学说的重要性不以赞成人数的多少，而以引起争论的范围和受到学术界关注的程度作为评定标准的话，结构功能主义可谓是最有影响的社会学理论之一。在美国，即使是反对者，也必是大量引证结构功能主义的观点和概念；甚至在一个时期，批评结构功能主义进入授予社会学高级学衔的升级仪式。一些学者指出，由此可见，这一学说抓住了当代社会学的重要问题。从社会学理论发展史的角度看，现代美国社会学中许多有影响的学派，都是在对结构功能主义的弱点或缺陷所作的批判中发展起来的，如乔治·霍曼斯对结构功能主义的态度就经历过由皈依到叛逆的转变；60年代崛起的冲突理论也是从对结构功能主义的批判中发展起来的。因此，结构功能主义被认为起到了承前启后的作用，成为联系古典理论和现代理论的枢纽。①

（七）科尔曼：理性行为理论。

理性行为理论是20世纪80年代兴起的西方社会学理论学派，这一学派在西方社会学研究（特别是经验研究）中有很广泛的影响。理性行为理论借鉴和扩展了经济学的“理性选择理论”，不仅用于解释人们的经济行为，而且还试图解释更广泛的社会行为。美国的社会学家科尔曼和社会经济学家贝克尔是这

① 贾春增：《外国社会学史》，中国人民大学出版社2008年第三版，第183～203页。本书这部分对此中的论述，在略加文字调整和引述修改中，基本上原文载入。

一理论学派的主要代表人物。科尔曼在 1990 年出版的《社会理论的基础》为这一学派的理论建立了较系统的体系。

科尔曼（J. Coleman，1927—1995）1949 年在美国普度（Purdue）大学获化学工程学士学位，1955 年在美国哥伦比亚大学获社会学博士学位。他在研究生期间的指导教师有拉扎菲尔德和默顿。毕业后，他在芝加哥大学任教。20 世纪 60 年代他创建了霍普金斯大学社会关系学系，任系主任和社会学教授。1973 年至 1995 年他返回芝加哥大学任教。

1. 论理性行为。

科尔曼创建理性行为理论，其在方法论上主要针对当时社会学的"整体方法论"和"结构功能主义"。科尔曼认为，尽管社会科学的主要任务是解释社会系统的行为，而不是解释个体的行为，但系统行为是间接地来源于众多的个人行为。他指出，对社会系统的解释有两种模式：一种是整体方法论，另一种是个体方法论，他主张采用后者。因为以往的整体方法论是侧重"对不同系统的同一行为进行样本分析或是对一个系统在特定时期内的不同行为进行分析"[①]，如对各个国家的自杀率与政治变迁进行因素分析，或对某国的社会经济发展进行动态分析。这种整体方法论由于忽视社会系统的内部层次、特别是忽视个人行为层次而缺乏解释力，并因此受到各种微观社会学派的攻击。

科尔曼所主张的个体方法论是用系统的不同组成部分（如个人、群体、组织、制度）的行为来解释系统的行为，他称之为"系统行为的内部分析"。这种个体方法论不同于心理学和某些行为科学的个体方法论，即不是仅仅依据个人动机和倾向来解释社会现象和人类行为，而是要考虑由个人到系统的多个层

① J. S. Coleman，*Foundation of social Theory*，Cambridge：Belknap Press of Harvard University Press 1990，P. 2.

次，然后根据所要解答的具体问题来选择令人满意的解释层次。因为社会系统水平的现象虽然与个人行为有关联，“但是这种现象既非凭借个人意愿产生，也不能依据个人行为进行预测”。[①]

另外，结构功能理论是在系统行为的层次上应用社会目的论或功能论进行解释，这容易导致循环论证和宿命论。而理性行为理论是建立在个人行为具有目的性这一基础上，但它对于系统行为的解释并非仅仅以个人目的为原因，因而避开了目的论或功能论的循环论证。另一方面，以个人理性行为为基础的多层次解释是既考虑到个人行为的原因是要满足个人的利益，又考虑到个人在人际交往中，在群体、组织、制度中的行为，是受到个人理性行为制约的，并在种种制约下选择适当的行为方案，这就避开了宿命论和唯意志论两个极端。

理性行为理论以“理性人”为出发点，这不同于帕森斯社会行为理论的“社会人”假设，也不同于韦伯科层理论的“组织人”假设。科尔曼认为，“社会人”假设把社会规范作为理论的起点，人是社会系统中已被社会化了的元素，他只是被动地按照规范行为；同样，“组织人”假设是侧重对组织结构和角色分工的分析，个人只是像机器似地履行他的岗位职责，这种假设忽视了组织中的个人动机和利益结构。科尔曼也不赞同某些文化人类学和文化心理学的理论假设，这些理论是用人类的文化观或价值观来直接解释社会现象和社会变迁，而忽视了从人的观念到系统行为之间的社会组织、社会制度等重要元素。[②]

理性行为理论是以“理性”（rationality）这一概念为基础

---

① J. S. Coleman，*Foundation of social Theory*，Cambridge：Belknap Press of Harvard University Press 1990，P. 6.

② J. S. Coleman，*Foundation of social Theory*，Cambridge：Belknap Press of Harvard University Press 1990，P. 11.

解释广义上具有目的性的行为，这一假设是指"对于行为者而言，不同的行为（在某些情况下是不同的商品）有不同的'效益'，而行为者的行为原则可以表述为最大限度地获取效益"①，行为者是依据这一原则在不同的行为或事物之间进行有目的的选择。"理性"（或有目的性）与"效益"并不局限于狭窄的经济含义，这就是"理性人"假设不同于"经济人"假设。因为在现实生活中，人们的理性行为不仅仅是追求经济效益，而且还包括社会的（如团结）、文化的（如道德规范）、情感的（如友谊）、政治的（如权威）等目的。理性行为是为达到一定目的而通过人际交往或社会交换所表现出来的社会性行为，这种行为需要理性地考虑（或计算）对其目的有影响的各种因素。但是判断理性与非理性不能以局外人的标准，而是要用行为者的眼光来衡量。②

理性行为理论既不企图涵盖也不排斥其他理论视角。科尔曼指出，他之所以选择"最大限度获取效益"的行为假设，一是为了提高理论的预测能力，二是有利于保持理论的简捷。这样就有可能像经济学分析那样建立数学模型，并使用这些模型进行定量研究。他认为，以合理性为基础的社会理论试图解释大部分社会行为，但是这种假设并不是说所有的人类行为都是有目的的行为，所有有目的的行为都是为了最大限度地获取效益。

在理论形式上，科尔曼和贝克尔都借用了经济学的理性选择模型和均衡分析方法，但两者有很大不同。贝克尔是直接应

---

① J. S. Coleman，*Foundation of social Theory*，Cambridge：Belknap Press of Harvard University Press 1990，P. 15.

② J. S. Coleman，*Foundation of social Theory*，Cambridge：Belknap Press of Harvard University Press 1990，PP. 15—20.

用一般均衡分析和“理性预期”的理论来研究人口、家庭、婚姻、利他主义等等社会行为[①]，科尔曼则是从社会学角度扩展了理性选择模型，并在分析方法上借鉴了交易费用分析、产权（或法规）分析和博弈均衡分析。在以往的理论中，社会学和经济学关于“人”及其行为的假设和研究侧重点是不同的。经济学认为，人是依据个人稳定的利益偏好在各种行为中作出选择的，社会学则认为，人的行为是受社会环境和社会结构的制约的。因此有人形象地说：“经济学是研究人为什么要选择某种行为，而社会学则研究人为什么无法选择某种行为。”20 世纪 80 年代在社会学和经济学的理论研究中，都出现了试图将个人与结构（或产权）结合起来以解释社会行为的发展趋势。科尔曼的理论正是要研究人的理性行为是如何受到社会结构制约的，在结构的限制中人们又是如何选择行为方式的。作为社会学家，科尔曼不是直接套用经济学的理论模型，而是将社会学的各种理论（如权威理论、社会关系理论、组织理论和社会规范理论等等）引入到理性选择模型中，以此扩展为一个新的理论模型；作为经验研究专家，科尔曼并不停留在抽象的理论层次，而是致力于发展一种实证性的分析框架和数学模型。

科尔曼的理性行为理论有三个主要目标：①提供一种以个人理性为基础的社会行为理论，并以此将社会科学的微观理论和宏观理论结合起来。②建立各种数学模型，以说明社会系统中微观与宏观相互过渡的各种途径，从而以演绎性、形式化的理论预测和解释社会系统的行为。③深入、全面地分析各种形式的社会行为，特别是在现代社会中占有重要地位的法人行为。

由科尔曼的见解说来，社会科学理论都要对人的行为和社

---

① 参见［美］G. S. 贝克尔：《人类行为的经济分析》，王业宇、陈琪译，上海三联书店 1995 年版。

会系统的行为作出解释，由此形成了各种微观理论和宏观理论。科尔曼认为，目前各门社会科学（包括经济学、社会学、政治学等）普遍存在的主要缺陷之一是微观理论与宏观理论的联系十分脆弱，未能解决微观到宏观或宏观到微观的转变问题。他以社会学的经典著作《新教伦理与资本主义精神》为例来说明如何解决这一问题。韦伯在其著作中提出了一个宏观社会命题：新教的宗教价值观促进了资本主义经济组织的形成。尽管韦伯认识到经济系统的变化离不开人的行为，但在他的理论中却未能说明人们的价值观如果影响他们的经济行为，众多个人的行为又是如何形成资本主义宏观体制的。科尔曼指出，韦伯的理论解释只停留在系统水平上，如果要将宏观水平与微观水平联系起来，就要对韦伯的命题进行修正而形成社会理论的命题结构。修正的方法是将这一命题分为三个命题：①新教教义改变了某些个人的价值观念。②在微观上，这些改变了价值观的个人采取了一定的经济行为。③这些个人的经济行为有助于资本主义经济组织的形成或者说有助于新教教义宏观上作用的资本主义体制。

科尔曼认为，任何以个人行为为基础，阐述系统行为的理论都由三个部分组成，它们与社会理论命题结构中的三类命题相对应。这三个部分的理论作用分别是：①说明宏观到微观的转变。这类命题由表达社会特征的自变量和表达个人特征的因变量组成。②说明微观水平的个人行为或人际互动。这类命题由表达个人特征的因变量和自变量组成。③说明微观到宏观的转变。这类命题由表达个人特征的自变量和表达社会特征的因变量组成。这样，理论体系的起点和终点都在宏观水平，而在推理过程中却降到了个人水平。

科尔曼的以他百万字的理论著作沿着上述行为结构展开。全书分为 5 编、34 章。第一编介绍基本的行为和关系；第二编分析交换行为的几种形式，并对社会规范和社会资本进行讨论；第三编分析法人行为；第四编讨论现代社会与法人行为的问题；第五编建立了分析各种社会行为的数学模型。

与他的侧重“宏观—微观”联系的主旨相适应，科尔曼的理论概念主要在两个分析层次上展开：一个是基本行为层次；另一个是系统行为层次。基本行为是指两个行为者相互依赖的行为，与这一层次相联系的基本概念是：行为者、资源、行为者的利益、简单社会关系（包括权威关系、信任关系等）。系统行为包括三方或更多的行为者，与此相联系的基本概念有：复杂关系（如权威结构、信任结构），社会规范和社会资本、法人行为。

科尔曼对“理性行为理论”给出一个的分析框架。这一框架可同时用于对基本行为和系统行为进行分析和预测。科尔曼认为，任何行为系统都包含以下几个主要概念。一是“个人利益”，这里指个人需求及其满足程度。二是“控制分布”，这里指每个行为者所控制的资源和权利及其分布。这两个概念说明行为者与资源的关系，它们是微观水平的概念。三是“资源价值”，这取决于有实力的行为者在相互资源中具有的利益。四是“行为者的实力”。这存在于被行为者控制的有价值的资源之中。三和四这两个概念是宏观水平的概念，它们说明行为者和资源在整体行为系统中的特征。最后是“事件的结果”。这指交换行为（或互动）所形成的社会安排（如某种社会关系或制度等等）。①

科尔曼举出简单的例子加以说明。例如，在男女恋爱中，双方是交换他们的感情资源，行为者对于双方的感情需求越高，

① I. S. Colemman，*Foundation of Social Theory*. Cambridge：Belknap Press of Harvard University Press 1990，PP. 141－146.

则对方感情的价值就越高。反之，获利（需求）较少的一方具有较强的实力，由于他（或她）掌握着较高价值的感情，因此在此种交换中起主要控制作用，并能使事件的结果按自己的意愿发展（如建立恋人关系或朋友关系或一般关系）。又如，在分析利益群体的冲突和争议时，根据不同群体与所争议问题的相关利益以及它们对资源的分别控制，就可以预测争论的结局。总之，在这一因果理论框架中，如果已知利益和资源控制在事件中的分布，就可以计算出每个行为者的实力和每一事件的价值，进而可推论出在均衡状态下，每个行为者对这一事件的控制程度以及事件的结果。同样，如果已知交换前和交换后资源控制的均衡分布，那么就可以推论出每个行为者的实力和他所控制的资源的价值，以及行为者在每一种资源中的利益。在科尔曼的书中，他首先建立了对简单行为进行两种因果分析的数学模型和计算公式。

在基本行为分析模型的基础上，科尔曼发展了对各种复杂的系统行为（包括权威系统、信任系统和法人行为）进行分析的数学模型。在他看来，这些模型是对经济学的均衡分析模型的扩展，因为社会系统行为并不局限于经济行为，社会交换虽然包含经济交换，但它并不等同于经济交换。这种不同表现在几个方面：①许多社会交换不是在相互竞争的市场结构中进行的，而是在各种信任结构和权威结构中进行的，因此交换的制度与结构背景不同。②在许多社会交换中，所涉及的资源不是私人控制的物品，而是不可分割或不可转让的公用物品，因此交换对此资源的控制权不同于纯粹的经济交换。③在理想的社会交换系统中，由于社会规范和社会资本的作用，不存在坐享其成的问题，也就是说，系统中的交易成本为零。通过上述界定，科尔曼建立了一个与经济学理想竞争市场模型相对应的

“理想社会系统”模型。[①]

科尔曼指出，理想的社会行为系统的关键是通过共识达到交换的均衡，即由共识建立的法规（或社会规范与社会资本）能够降低交易费用，使交换行为得以稳定进行。共识是在社会交往中建立的。这种社会交往系统称为行为的外部系统，但共识又接连着行为者的内部系统，即行为者将法规或社会规范加以内化。“每一行为者均有一与外部行为系统部分一致的内部行为系统。行为者的行为基本上以利益为起源，但同时也源于上述内部系统。一种行为之所以出现，是依据赞同不同事件后果的利益，对于相应事件的价值所作的判断。形成行为内在系统的基础是行为者建立的法规。在这一法规中，行为者观察到各种行为者拥有的权力、资源和利益。”[②]

通过上述分析，科尔曼揭示了由个人动机到社会交换、由基本行为到系统行为的内在逻辑关系，指出了由微观到宏观、宏观到微观转变的途径和机制，提供了在个人理性选择上分析各种形式的社会行为的理想模型。他指出，在不同的交换行为中，“行为者自身行为的控制权或者由行为者本人掌握，或者由其他人掌握（行为者把控制权转让给这些人）。其结果，行为者有时依据自身利益行为，有时根据特定的他人利益行事，有时又按照规范采取行为。合理性不仅存在于依据本人利益采取的行为，而且存在于建立内在法规的行为中。因为根据内部行为系统采取的行为能使行为者最大限度地提高生存能力”[③]。

---

① I. S. Colemman，*Foundation of Social Theory*. Cambridge：Belknap Press of Harvard University Press 1990，PP. 795－797.

② I. S. Colemman，*Foundation of Social Theory*. Cambridge：Belknap Press of Harvard University Press 1990，P. 1075.

③ I. S. Colemman，*Foundation of Social Theory*. Cambridge：Belknap Press of Harvard University Press 1990，P. 1075.

科尔曼讲社会的系统行为层次必涉及社会规范。此时，他强调，由两个行为者的简单关系会发展到多个行为者的复杂关系，这标志着由微观互动到宏观结构的转变，因为复杂关系不仅涉及超出两个人面对面互动的关系，而且还形成了一定的社会结构（如权威结构、市场结构等），进而形成权威系统。科尔曼认为，由复杂关系形成的社会结构表明了系统行为的三个方面：微观互动、微观到宏观（结构）的转变、宏观结构对微观互动的影响。①

在科尔曼看来，就权威系统而言，任何社会都会从简单权威关系发展出各种权威结构，这一方面是社会管理的需要，另一方面是由于只有通过权威结构，才能提供行为者所需要的各种公共产品（如法律、安全保障等）。与简单的权威关系相比，系统行为中复杂的权威结构是由三种角色构成的：支配者（也称权威委托人）、代理人、被支配者。支配者将自己掌握的某些权利委托给代理人，由他们具体行使权威，如国家领导人授予各级行政官员一定的职权，企业主给各级经理一定的共同利益，也有各自的特殊利益。因此，如何对代理人进行有效监控和激励是现代组织理论所要解决的主要问题，这在韦伯的科层组织理论中是被忽视的。委托人、代理人、被支配者这三种角色的复杂关系和微观互动形成了社会的权威系统（如科层组织、等级制度、法规体系）和系统行为（如行政管理、收入分配），这是微观到宏观的转变。作为宏观结构的系统行为，其结构又对行为者有反馈作用，行为者根据这些结构作出判断（如目标是否实现、分配是否公正、权利和利益是否受损等），并依据这些认识调整自己的行为或改变相互关系，这是宏观到微观的转变。

---

① I. S. Colemman，*Foundation of Social Theory*. Cambridge：Belknap Press of Harvard University Press 1990，P. 167.

在科尔曼看来，社会的信任系统是由简单的信任关系发展起来的。在市场、金融、教育、文化、科技、政治、社会生活等领域中都存在着信任结构，即由许多复杂的信任关系联结起来的网络。这种信任结构是由三种角色构成的：委托人、中介人、受托人，他们组成了一条信任链，委托人信任中介人，中介人信任受托人。例如，储户—银行—借贷人，用人单位—职业介绍所—求职者，选民—人民代表—候选官员，歌星—经纪人—晚会组织者。中介人需要担保受托人的履约能力。中介人分为三种类型：①顾问（或推荐人），他提供受托人的信息和他本人的判断，但不承担责任，如职业介绍所。②保证人，他需要承担受托人违约的责任，赔偿委托人的损失，如银行。③承办人，他具体经手将委托人的资源转给受托人，如歌星经纪人。除了单向的信任链之外，还存在着相互信任的结构，即相互委托自己的资源，这种结构可增强互赖关系，减少违约的可能性。①

在科尔曼看来，以往的许多社会理论（特别是帕森斯的“社会行为理论”）都假定：社会规范是既定的，个人通过社会化将其内化并依据规范行为。而理性行为理论的基本假设是：个人的利益偏好是既定的，行为者根据利益最大化的原则行为。科尔曼认为，社会规范是在微观互动过程中形成的宏观建构，它伴随着各种赏罚措施又影响着人们的行为，因此规范是与利益考虑结合在一起的。理性行为理论要研究规范是怎样产生的，它在众多行为者的互动中是怎样维持的，即规范的微观基础问

① I. S. Colemman, *Foundation of Social Theory*. Cambridge: Belknap Press of Harvard University Press 1990, PP. 192—202.

题。[①] 因此，科尔曼特别注重讨论了以下命题：

关于社会规范的产生及类型。科尔曼论证说，社会规范是通过社会共识形成的、非正式的有关行为权利的规定。如"不能再公共餐馆吸烟""参加晚会要穿礼服"等等。规范不同于法规，它不具有正式性和法律强制性，但有些规范通过立法可转变为法规。各种规范都是针对某种（或某类）行为制定的，这种行为成为焦点行为（如吸烟、穿着打扮）。规范的产生是由于焦点行为具有外在性，即行为的结构对其他人有影响，例如在公共场所吸烟会影响其他人的健康，损害他人的利益。有些行为的外在影响是使其他人获益，如助人为乐的行为。因此，有关规范是鼓励这些焦点行为。科尔曼认为："利益为规范提供了基础，即接受外在影响的人们产生了对规范的需求。"[②] 受焦点行为外在性影响的其他人称为"规范的受益者"，受规范所限制或鼓励的行为者称为"目标行为者"。规范可分为几种类型：①共同性规范，即规范的受益者和目标行为者都能从规范的实施中获益，如"要礼貌待人"。②分离性规范，即对目标行为者的限制，使他的利益受损，但使"有关他人"获益，如禁烟的规范。③惯例性规范，即对长期形成的习惯和行为方式的规定，如在许多国家，驾车"要靠右行驶"（而在英国和澳大利亚的惯例是"靠左行驶"）。规范还可分为指令性规范和禁止性规范，前者不限制某种行为而是提倡某种行为（如"要尊敬老人"），后者是限制某种行为（如"不同随地吐痰"）。

关于有效规范的实现。科尔曼指出，规范的制定并不一定

---

① I. S. Colemman，*Foundation of Social Theory*. Cambridge：Belknap Press of Harvard University Press 1990，PP. 265—268.

② I. S. Colemman，*Foundation of Social Theory*. Cambridge：Belknap Press of Harvard University Press 1990，P. 276.

能保证它的实现，它的实现必须有其他手段来保证。如果行为者不服从规范，就需要对他实行惩罚，只有这样规范才能行之有效。科尔曼认为，有效的惩罚措施依赖于“有关他人”之间的社会关系，这些关系结构可以从两个方面保证惩罚的有效性：第一，受影响的其他人采取联合行为对行为者施加压力，如社会舆论。第二，“有关他人”之间建立利益结构，共同承担实施惩罚的费用（如游说行政和立法部门）。规范是一种公共物品。如果说规范的建立是一级公共物品，那么规范的实施则是二级公共物品。规范的实施涉及惩罚问题，实施惩罚要付出一定代价，如果有关他人都不愿意付出代价，那么规范就形同虚设。例如，见义勇为是要冒一定风险的，如果不能得到充分的补偿或奖励，那么就没有人去惩罚违反规范的行为者。科尔曼认为，奖励不足就会产生坐享其成（或“搭便车”）的现象，即大家都等待其他人采取行为而自己从中受益；奖励充分不仅是实施有效规范的必要条件，而且还会产生热情奉献的现象，即热心公益事业或为集体利益冒风险。有效的奖励措施也依赖于有关他人的社会关系结构。[①] 但规范的实现并不都依靠外在的赏罚措施，例如在无人监督的情况下，许多人都自觉地遵守规范。这就涉及“规范的内化”问题，即个人建立了内在的赏罚系统，它规定哪些行为会受到自我谴责，哪些行为会得到奖励（或自我满足）。“规范的内化”（或社会化）是怎样实现的？科尔曼承认，由于理性行为理论以个人利益是既定的为前提，因此它无法在微观层次上说明个人利益是如何产生和变化的（这涉及个

① I. S. Colemman，*Foundation of Social Theory*. Cambridge：Belknap Press of Harvard University Press 1990，PP. 300－305.

人心理和意识的层次），这是理性行为理论的缺陷[①]。但在宏观层次上，理性行为理论可说明在什么条件下，行为者试图使他人内化规范（如父母对子女）。内化或社会化是通过思想教育和文化熏陶使个人与社会（他人、父母、团体、企业、社区、国家等）实现认同，使个人利益与社会利益一致。这相当于塑造或改变个人的利益结构。这种内化工作是要付出一定代价的，因此只有当外在惩罚系统失效或代价更高时，社会行为者才会投资于内在惩罚系统。

关于社会交换系统。在科尔曼看来，任何行为系统都是某种社会交换系统，社会系统和社会结构是通过人们的交往和交换行为形成的，它反过来又对人们的行为有制约作用。因此，对人的行为有决定性影响有两个：一是个人的利益和价值偏好，另一个是结构制约。结构可分为三种类型：市场结构、权威结构、信任结构。在不同的结构中，对行为的制约机制是不同的，经济机制在市场结构中发挥着主导作用，而在权威结构和信任结构中，权力（或实力）、社会规范和社会资本都发挥着重要作用。这三种结构的共同特征是，它们反映了行为者的资源和权利的分布状态，行为者据此制定了交往或交换的法规（规范）和制度；同时，行为者也可以改变资源和权利的分布状态，并改变现有的法规和制度。

关于资本的三种基本形式。科尔曼在《社会理论的基础》一书中认为，资本有三种基本的形式，即物质资本、人力资本以及社会资本。物质资本存在于工具、机器和其他生产设备之中，本是通过改造物质材料形成的；人力资本是通过改变人，向人们传授技能，使其按照新的方式行为而形成的；而社会资

---

① I. S. Colemman，*Foundation of Social Theory*. Cambridge：Belknap Press of Harvard University Press 1990，P. 321.

本的形成，依赖人与人之间的关系按照有利于行为的方式而改变。在科尔曼那里，对社会资本作了这样的解释："社会资本的形成，依赖于人与人之间的关系按照有利于行动的方式而改变。物质资本是有形的，可见的物质是其存在形式；人力资本肉眼看不见，它存在于个人掌握的技能和知识中；社会资本基本上是无形的，它表现为人与人的关系。"[①] 科尔曼讲到，在复杂的行为系统中，人们建立了各种社会关系，并形成了各种人际关系网络，这种关系为个人提供了新的资源，即社会资本。原初的社会资本是由家庭、村社提供的，它使个人在遇到困难或需要帮助时可以得到必要的社会支持，包括物质支持和感情支持。可见，社会资本是一种表现为相互关心、相互信赖关系的无形资本或公共物品，这种资本很难通过市场交换来提供。创造社会资本的条件是，需要在较稳定、封闭的社会网络中通过较长期的互动形成道德观、文化观的共识。与其他形式的资本（如物质资本、人力资本）不同，社会资本的特征是：①社会资本存在于人际关系的结构中，由结构的各个要素所组成，它不依赖于独立的个人。②社会资本只为结构内部的个人行为提供便利，它具有不可转让性。社会资本的主要形式是相互信任关系（可相互提供资源），其他的形式还有：共享的信息网络、有效的社会规范、权威关系以及合作性的社会组织（可提供公共物品）。[②]

科尔曼对社会资本的认识表现出他对功能主义的理解，他指出："社会资本的定义由其功能而来……其共同特征有两个：

---

① ［美］J. 科尔曼：《社会理论的基础》，邓方译，社会科学文献出版社 1999 年版，第 356 页。

② I. S. Colemman，*Foundation of Social Theory*. Cambridge：Belknap Press of Harvard University Press 1990，PP. 333－345.

它们由构成社会结构的各个要素所组成；它们为结构内部的个人行动提供便利。和其他形式的资本一样，社会资本是生产性的，是否拥有社会资本，决定了人们是否可以实现某些既定目标。"[①] 科尔曼以一些实例来论证只有在某种社会关系中获得了某种支持，社会资本对于行为者来说才真正地产生了利益和作用。[②]

2. 论社会行为的"两大类"。

科尔曼强调，理性行为理论所要解释的社会行为不是那些不具有目的性的感情行为和不具有社会性的私人行为。科尔曼区分了社会行为的各种类型，以便分别对它们进行分析并建立数学模型。他将社会行为分为两大类：①交换行为；②法人行为和规范性行为。前者如企业的销售行为，后者如教徒们去教堂祈祷；它们都涉及对许多人产生外部影响的集体行为。

(1) 论交换行为。

科尔曼指出，交换行为涉及行为者之间交换资源或权利，这种交换不会对其他人造成外部影响。交换行为可划分为三小类：①市场交换。这里的市场包括经济的、政治的、社会的市场。②权威关系中的交换。指行为者把自控自身行为的权利转让给另一行为者，如球员服从教练的行为。③信任关系中的交换。指行为者单方转让自己的资源或权利给另一行为者，如将自己的资金委托给另一个人购买股票。科尔曼对以上三种类型展开了说明。

一是关于市场中的交换。

---

① ［美］J. 科尔曼：《社会理论的基础》，邓方译，社会科学文献出版社 1999 年版，第 354 页。

② 参见［美］J. 科尔曼：《社会理论的基础》，邓方译，社会科学文献出版社 1999 年版，第354～356 页。

科尔曼对社会行为者的定义借鉴了经济学中“具有目的性的理性人”的观点。他认为，行为者都有一定的利益偏好，并且都试图控制能满足自己利益的资源。“资源”的种类很多，如财富、物品、事件、信息、技能、特长、感情等等。行为者与资源之间是控制关系与利益关系。“行为者仅仅通过两种关系与资源（间接地与其他人）建立联系，即控制资源和获利于资源。行为者只有一个行为原则：最大限度地实现个人利益。”①

科尔曼讲，行为者的利益是由一定的需要和偏好构成的，包括物质的、精神的、社会的需要和偏好。科尔曼对利益并没有下精确的定义。他区分了两种自我的利益：①客体自我。这涉及人的感受和满足程度，并由此形成了人的行为动机。对客体自我的利益很难加以观测。②行为自我。这服务于客体自我，努力使之感到满意。就如同人手的行为抓到了一只苹果，使自我感到满意一样。行为自我的利益是可以观测的，它表现为获取对于事件控制所必需的资源数量。两种自我的关系可比喻为委托人与代理人的关系。② 在大多数情况下，行为者并不能控制能满足自己利益的所有资源，许多资源是由其他人控制着；同样，行为者也控制着其他人所需要的某些资源。这样，最基本的行为是两个行为者交换资源，以此来满足双方的利益，这也是人际互动或行为者相互依赖的起因。基本行为是任何行为系统的基础，两人的社会交换也是一些社会理论（如霍曼斯、布劳的“交换理论”）的基础，科尔曼正是以此为基点来扩展他的理性行为理论。

---

① I. S. Colemman, *Foundation of Social Theory*. Cambridge: Belknap Press of Harvard University Press 1990, P. 37.

② I. S. Colemman, *Foundation of Social Theory*. Cambridge: Belknap Press of Harvard University Press 1990, PP. 556-560.

科尔曼通过对行为者及其基本行为的定义，以经济学的理论结构引入过"社会均衡"和"社会最优状态"的概念。"社会均衡"是在多次交换过程中逐渐实现的。按经济学的理论来说，行为者之间的交换是使双方都获利而又不受损失，这些利益在交换之前是无法得到的；如果这些交换稳定在某种状态而不再改变交换形式或交换比率，那么社会就达到了某种均衡状态。由于不同的交换率，每个人的获利比率不同，所以社会均衡点可以有多个。"社会均衡"不是平均状态或理想状态，而是一种相对状态，即相对于不稳定、不均衡的交换而言。一般来说，处于均衡状态的交换比起交换之前的资源分配所达到的利益满足程度要高。"社会最优状态"是在一定系统中最佳的社会均衡状态，它与亚当·斯密的"看不见的手"相联系。古典经济学假设，个人追求自身利益最大化的行为会自动地（像被一只看不见的手所牵引）导向社会利益的最大化或社会最优状态。在社会系统中，最优状态有许多种，因为有各种不同的行为系统（或区域），每一系统都有自己的最优状态；在有些系统中，还存在着多个最优点（类似于经济学的"帕累托最优"）。科尔曼指出，引入这两个概念，一是为了对各种社会组织和社会状态进行衡量和评价，二是为了像经济学那样构造规范性的社会学理论。

科尔曼强调，市场交换必须以一定的社会秩序为前提，因为行为者对资源的控制并非是自然而然的或毫无疑义的。这就需要建立行为的权利结构。权利可分为"自由（处置）权"和"要求权"，权利结构规定每个行为者对何种资源有自由处置权或利用这些资源采取行为的权利。例如，规定奴隶主是否有用他的奴隶交换其他物品的权利，规定吸烟者是否有在公共场所吸烟的权利。通过对吸烟权的讨论，科尔曼指出："权利既依赖权力，又依赖他人的承认。"权力结构是由行为所涉及的所有人共同决定的。行为者可以依靠强力或影响力强制其他人承认他的要求，也可以依靠共识形成规范，使“有关他人”承认他的权利。在这两种情况下都涉及社会共识和权力分配。“社会的认可是权利存在、消失以及转让的前提条件。权利的实施必须以权力予以保证。”①

行为者之间除直接的交换关系、人际（情感、互助）关系外，重要的还在于其间有与行为有关的权威关系和信任关系，这些关系界于微观与宏观之间，由此可以说明众多行为者的基本行为是如何转变为系统行为的。

二是关于权威关系中的交换。

科尔曼对权威关系的定义是：如果行为者甲有权控制乙的某些行为，则行为者甲和乙之间存在着权威关系。也就是说，行为者乙将自己对某些资源或行为的控制权转让给行为者甲，从而建立了支配者与被支配者间的关系。权威关系可分为两种类型：①共同的权威关系。即被支配者转让控制权的前提是双方的利益是一致的；支配者行使权威能使被支配者获益。但支配者并不直接用自己的资源换取控制权，而是通过承诺使被支配者预期到未来的利益而转让控制权。如工会、政党领导人的权威。②分离的权威关系。在这种关系中，双方的利益并不一致。支配者行使权威是为了达到自己的目的，被支配者服从权威是为了直接获得某些补偿。这种关系类似于市场交换关系。不同的是，被支配者付出的不是物品，而是对自己的某些资源（如能力、时间）和行为的控制权。如企业领导人、行政长官与

① I. S. Colemman，*Foundation of Social Theory*. Cambridge：Belknap Press of Harvard University Press 1990，PP. 55－69.

雇员、下级之间的权威关系。①

在共同的权威关系中，就涉及如何监督支配者从而使其在必要的范围内为实现一致利益而行使权威。问题是由于被支配者未直接获得失去控制权的补偿或他对预期利益的估价较小而往往不服从权威。因此，共同的权威关系的维持与加强既取决于双方有较多的、一致的长远利益，也取决于双方对权威范围和一致利益的共识。在分离的权威关系中，主要问题是被支配者的消极行为（如怠工）会损害支配者的利益，要有效地监督被支配者的行为就需要建立监控系统和赏罚制度。另一问题是支配者会超范围地行使对被支配者的控制权，例如雇主对雇员的性骚扰。②

三是信任关系中的交换。

科尔曼强调，信任关系是不可缺少的。这其中，最简单的包括两个行为者：委托人与受托人，他们的行为目的都是使个人利益得到满足。信任关系是指委托人将自己的资源委托给受托人使用，以便得到比不存在委托关系时更大的利益。委托人在建立信任关系时要考虑三种因素：受托人确实可信的概率(P)、如果受托人不可靠所造成的损失（L)、受托人确实可信所得到的收益（G)。委托人的决定类似于经济学理论中风险条件下的决策模型。对受托人而言，由于他在接受信任时已经获得了利益（使用他人的资源），所以他在以后面临的选择是：违背诺言还是讲信用？对他的选择有影响的因素，一是他本人的道德观念，二是外在的社会结构。科尔曼指出："为了保护委托人

① I. S. Colemman，*Foundation of Social Theory*. Cambridge：Belknap Press of Harvard University Press 1990，P. 81.

② I. S. Colemman，*Foundation of Social Theory*. Cambridge：Belknap Press of Harvard University Press 1990，PP. 84—89.

的利益，还应该创造某种社会结构，在这种社会结构中，受托人只有恪守诺言才能获得好处。”① 这种社会结构的形式主要有较持久的互赖关系和内部联系密切的社会组织。经验研究表明，在两人的短暂联系中，受托人违约的概率更大。但在持久的互赖关系中，受托人一次违约所带来的利益远远小于他失去信任所造成的损失。同样，在联系密切、信息交流广泛的社会组织中，受托人如果违约，他也将失去其他组织成员的信任。

（2）论法人行为。

在科尔曼的分析框架中，法人行为（corporate action，又译为团体行为）也体现出微观与宏观的联系。大规模的社会系统是由各种社会组织构成的，如家庭、企业、学校、政党、行政部门、社会团体等等，在这些组织中又建立了规定各自权利与义务的法规、制度和权威结构。在现代法治社会，这些组织称为法人行为者（或法人），它们要对自己的行为负法律责任，正像个体行为者要对自己的行为负责一样。在科尔曼看来，要对现代社会的各种行为作出说明和解释，就必须分析法人行为，因为许多社会行为都表现为法人行为，而且大量的个人行为都与法人组织有关联。现代社会的基本行为方式不仅仅是个人与个人（也称为自然人）之间的交换和互动，而更多的是自然人与法人、法人与法人之间的交换。科尔曼对法人行为的分析主要是想回答以下几个问题：①法人组织是如何在个人理性选择的基础上形成的？②如何以同一个理论框架来解释和预测法人行为？③在现代社会，法人行为产生了哪些主要的社会问题？如何解决这些问题？

在传统的社会理论中，对社会秩序和社会规范（或社会契

① I. S. Colemman，*Foundation of Social Theory*. Cambridge：Belknap Press of Harvard University Press 1990，P. 121.

约）起源的认识都依据洛克的天赋人权和社会契约学说，即任何人都有其基本的权利，但是如果每个人都根据自己的权利各自追逐私利的话，社会就会陷入无休止的争斗中（如霍布斯所说的"一切人反对一切人的战争"）。因此，具有理性的人们共同制定了社会契约，他们放弃了自己的部分权利，把它转让给一个权威机构并建立了共同的法规，从而使得冲突得以避免，同时人们可以得到某些共同的利益。

科尔曼指出，在这一学说的基础上，西方的政治哲学又分为两种传统：自由主义和集体主义。自由主义认为，权威机构制定的社会政策、法规应当体现个人利益，因为社会效益的优化是建立在个人利益优化的基础上的（穆勒、帕累托、边沁代表了不同的自由主义理论）。集体主义以卢梭的理论为代表。卢梭认为，人们通过社会契约建立的社会组织代表了大多数人的最大利益，因此政策、法规应当首先考虑集体利益和共同意志，某些个人的私利是次要的。这两种传统反映了在政策、法规的制定依据上的分歧。

在社会决策方式和利益比较上，不同的自由主义理论也存在着分歧。帕累托和边沁主张集体应控制大部分决策权，但边沁以"最大多数人的最大幸福"为利益计算的依据，帕累托则将社会利益的最优状态定义为"在任何人的个人利益都不受损失的前提下社会效益的最大化"。与此相对，穆勒则主张个人应控制大部分决策权，只有当个人行为损害了他人利益（即产生了消极外部效应）时，才应当由集体（包括受影响的他人）控制决策权。因为，不管是集体主义政治学说还是自由主义的集体决策都要假设一个仁慈的、权能的君主来进行裁决和计算，这一方面是很难做到的，另一方面全能的君主也很可能会损害个人利益。上述分歧也延续到当代关于国家理论的争论（是建立强政府还是弱政府，是建立福利国家还是自由竞争国家）中，罗尔斯和诺齐克分别为这两种观点提供了道德原则。

在科尔曼看来，各种传统的理论观点都有一定的局限性。首先，它们都是规范性地讨论“应当”怎样建立法规，而不是实证性地分析行为者“实际上”是如何建立法规的。其次，它们所依据的天赋人权学说是有缺陷的，因为在历史上创建权威机构和形成法规时，各人的权利并非是平等的。实际上，法人的形式是多样的（如有些权利由集体掌握，有些权利由个人拥有），最优法规的形式也是多样的。在制定法规阶段，罗尔斯所提出的两个道德原则（“在人人平等的前提下使个人有最大限度的自由”，“只有在处境最差的人能得到一定利益时，某种程度的不平等才是被允许的”）以及诺齐克所提出的自由主义原则（“只有当法人行为能产生积极的外部影响和提供公共物品时，个人才可以将某些必需的权利转让给法人”）都是行为者所要考虑的，但是除了这些理想的原则之外，行为者还要根据实际情况考虑各种具体、可行的原则。因此，实证性的社会理论需要进一步深入分析在什么条件下，不同的行为者是怎样建立某种形式的最优法规的。①

科尔曼区分了三种形式的最优法规：①个人最优。这类似于帕累托最优，即每一行为者作为共同行为受益者所得到的利益，都明显大于他为共同行为所付出的代价。②效益最优。即法规所确定的权利分配能够使法人（及其所偏重的角色）的效益最大化。例如，在研究结构的行政人员和科技人员之间进行利益分配，法人是偏重经济效益还是政治效益会导致不同的最优法规，而法人的偏重则是部分地取决于既具有利益冲突又有共同利益的这两部分人的资源和实力。③影响力最优。在完全

① I. S. Colemman, *Foundation of Social Theory*. Cambridge: Belknap Press of Harvard University Press 1990, PP. 377－378.

处于利益对决状态的组织中，侧重于掌握资源价值（或实力）最大一方的权利分配是最优状态。例如，由农奴和领主构成的庄园制是偏重于领主利益的。①

在经验分析的基础上，科尔曼指出，尽管许多法人组织不是个人所能选择的（如家庭、国家），但是人们仍是像建立法人组织一样，根据自己现有的利益和资源来选择或协调与法人的（交换）关系，只要他们比不存在此种关系时获益更多，他们就会继续保持这种关系，并承认法人的合法性。反之，他们就会选择退出或消极怠工（或修改法规）。行为者从法人组织中获益并不意味着权利和利益的平等分配。有的人获益可能远多于其他人（如国王），这种分配（或交换）的结果取决于行为者的实力结构和他们所掌握资源的价值，以及由实力和资源分布所决定的法规。当实力和资源结构发生变化以后，法规也会发生相应的变化。例如，在由学生、家长和学校组成的教育系统中，近年来随着学生所掌握的资源的增多，家长和学校的权威相应减少，原有的一些不成文的法规（如家长和学校有权干涉学生的某些行为）也逐渐改变，其结果是学生比过去获得了更多的权利和利益。

科尔曼认为，法人和法规既产生于获取共同利益的社会契约，也产生于对利益冲突的协调，前者称为共同性法规，后者称为分离性法规。在制定法规时，有实力的行为者往往占据主导地位。他们能够创造一种权利分配系统（如宗法制度），其中，利益冲突中的优胜者（如家长、男人）主要充当法人行为的受益者，失败者（如子女、女人）主要充当目标行为者。但是，"被征服者拥有无法转让的资源，这是胜利者无法忽视的，

① I. S. Colemman, *Foundation of Social Theory*. Cambridge: Belknap Press of Harvard University Press 1990, PP. 384－386.

以这类资源为资本，失败者有可能推翻或修改既成的法规”。[1]

法人是通过自然人将其权利转让给一个共同的权威机构而形成的，法人行为的目的是为这些自然人获取共同利益，法人行为涉及由个人选择到社会选择的过程。所谓社会选择是依据众多个人的利益和意愿作出集体决策。但法人行为的实施不是由自然人各自行为，而是靠一套职位（或等级）结构执行的，这与自然人的行为不同。科尔曼对法人的分析主要包括以下几个方面：

一是自然人与法人。与规范性地讨论人的天赋权利不同，科尔曼是从历史的角度分析自然人和法人概念的产生与变化。他认为，在近代以前，依据罗马法，权利属于国家（依据其他法规和教规，有些权利还属于教会、村社、宗教），因此自然人（作为个体的人）是没有任何个人权利可言的，也没有多少选择的自由；他们都被固定在某种等级结构中（如奴隶、平民、贵族）。近代以来，随着社会分工的发展和启蒙思想的兴起，出现了公民的概念，对公民的基本权利在法律上进行了规定。同样，现代法人的概念也是在工业革命以后逐渐形成的。传统的国家、社团等法人团体逐渐获得了自主权，并成为新的固定活动单位，为一种全新的社会结构的出现提供了可能。现代法人的特征是：它由职位所组成，它拥有独立的权利和义务，有自己的利益和资源；在法律上，它可以在功能上替代自然人，并对自己的整体行为负法律责任。[2] 科尔曼认为，以个人理性为基础的社会行为研究，需要具体地、历史地分析各个行为者所掌握的资源和

---

① I. S. Colemman，*Foundation of Social Theory*. Cambridge：Belknap Press of Harvard University Press 1990，P. 389.

② I. S. Colemman，*Foundation of Social Theory*. Cambridge：Belknap Press of Harvard University Press 1990，PP. 583－594.

权利以及它们在行为系统中的分布。自然人与法人是现代社会的两种基本行为者，但两者有一定的区别：①法人行为是系统行为，它的行为基础不是个人动机和利益，而是在内部交换活动中形成的各种利益。[①] ②法人权利的所有者和行使者是不同的自然人，他们称为委托人和代理人，法人内部的权利转移有两个过程：一是众多自然人把自己的权利转交给法人，二是法人把集中起来的权利授予各个代理人。上述交换不同于自然人之间的交换。[②] ③对自然人进行社会控制的手段主要是社会规范，但这些手段对法人不适用。控制法人行为，使其履行社会责任的手段主要是加强外部管理、运用法律和税收政策。[③] 尽管有以上区别，法人行为仍可以用前面的分析框架进行定量研究，只不过某些限制条件需要改变或扩充。

二是现代法人的生存方式。法人的生存取决于它在补偿了行为中所付出的资源（或成本）之后能否得到共同利益。如果获益小于付出，那么法人就会解体或破产。科尔曼区分了法人维持其生存的三种方式：①互惠性生存；②独立生存；③总体生存。互惠性关系类似于市场中买卖双方的交换关系。法人的互惠性生存是指在构成法人的各种职位之间都存在着互惠性交换关系（如由农民、收购商、加工商组成的粮食企业）。独立生存是指职位之间不一定是互惠交换，但每个成员从法人组织中的报酬能使他获益，每个成员所作出的贡献都能使法人获益（如由行政人员、科技人员组成的研究机构，其中这两类人员之

① I. S. Colemman，*Foundation of Social Theory*. Cambridge：Belknap Press of Harvard University Press 1990，P. 1065.

② I. S. Colemman，*Foundation of Social Theory*. Cambridge：Belknap Press of Harvard University Press 1990，P. 507.

③ I. S. Colemman，*Foundation of Social Theory*. Cambridge：Belknap Press of Harvard University Press 1990，P. 632.

间的关系不是互惠性的，而是单向服务性的)。总体生存与独立生存相似，不同的是，有些成员不能使法人获益（如行政人员过多产生的“吃大锅饭”现象)。但是，只要其他成员作出的贡献在总体上大于法人付出的总报酬，那么法人组织就能得以维持。科尔曼指出，随着社会的复杂化和社会交往的扩展，法人组织的规模也不断增大。在大规模的法人系统中，总体生存方式逐渐占据主导地位，尤其是在福利国家和社会主义国家。总体生存的弊病是，由于报酬与贡献的不一致，每个成员的理性选择结果是尽量少作贡献，这会减少法人的总收益。①

三是法人行为的困境。在大规模的法人系统中，除了总体生存的弊病外，法人行为还产生了几种困境（dilemmas)，它们都是由于现代法人制度的不完善，使个人的理性选择行为导致了社会总体效益的减少。①囚徒困境。在博弈理论的分析中，两个同案的囚徒所面临着这样的情景：如果其中一人坦白，另一人不坦白，前者将被判刑一年，后者判刑十年。由于他们被分别监禁，无法沟通，都担心另一人坦白使自己被判十年。各自采取二人不合作的态度。大量实验表明，这种情境下，两个囚徒各自的理性选择结果都是坦白。在现代法人结构中，由于各自职位之间缺乏沟通和共识，个人依据理性选择原则很有可能采取相互不合作的行为，例如在金融危机时，股东和储户竞相抽回资金。② ②公共物品困境。法人行为的目的之一是提供公共物品或共同产品（如社会治安)。但有些法人产品会产生消极的外部效应（如环境污染)，这种产品也称为公共灾难。公共物

① I. S. Colemman，*Foundation of Social Theory*. Cambridge：Belknap Press of Harvard University Press 1990，PP. 465－475.

② I. S. Colemman，*Foundation of Social Theory*. Cambridge：Belknap Press of Harvard University Press 1990，PP. 222－224.

品困境是指某些成员缺乏动机为创造公共物品或消除公共灾难作出贡献，他们宁愿坐享其成。这种困境的产生一方面是由于公共物品的性质使它不能被私人占有，而只能共享（由此产生了"搭便车""损害公共财产"等现象），另一方面是由于随着法人系统规模的不断扩大，平均每个人在公共物品中蕴涵的利益和影响力越来越少，这使个人对公共事物越来越缺乏控制（由此产生了"参与动机减弱""政治冷淡"等现象）。此外，由于各个行为者将控制权转让给法人但又缺乏参与和监督，因此有可能使法人代理人利用公用权利为自己谋私利。并损害行为者的利益。坐享其成和损害公用利益（或他人利益）都是法人行为所造成的消极外部效应。[①]

（3）论现代社会结构。

在科尔曼看来，现代法人组织在一百多年来的发展中已经占据了社会的中心位置，并成为社会结构的重要组成部分。社会组织基础的变化产生了一系列新的社会问题。其中与法人组织有关的问题主要是社会资本的减少和组织方式的不完善。

社会资本最初是在初级群体（如家庭、邻里）中形成的，然后逐渐扩展到其他关系网络。科尔曼认为，在现代社会，由于各种人工创建的社会组织逐渐破坏了初级群体的关系网络，因此原始性社会资本受到严重侵蚀，而且又缺乏可以替代它的新型社会资本，这是当代社会面临的主要问题。[②]

近几十年来，法人组织方式的弊病越来越受到人们的重视。为克服这些弊病，科尔曼提出的建议是重建责任系统。具体地

---

① I. S. Colemman，*Foundation of Social Theory*. Cambridge：Belknap Press of Harvard University Press 1990，PP. 373－376，PP. 494－499.

② I. S. Colemman，*Foundation of Social Theory*. Cambridge：Belknap Press of Harvard University Press 1990，PP. 717－721.

说，就是尽可能以独立生存和互惠生存替代现有的总体生存方式（通过划小核算单位、授予特许权、采用滞后控制等手段），扩大参与决策的范围，改变现有的在权威或代理人和行为者之间的权利分配方式。[①]

概言之，科尔曼坚持了这样一些观点：①随着社会分工的发展和行为系统规模的扩大，行为者更有可能将自己的权利转让给某些行为实体以形成更多的法人组织。②人们从法人组织中获益越多，他们越有可能将法人的制度和权威结构合法化。③在大规模行为系统中，人们相互沟通的机会越少，他们越有可能采取个体理性行为，这种各自独立的行为比起相互合作的行为使自己获益更少（"囚徒困境"）。④从某种公共物品中获益的人数越多，平均每个人对公共物品作出贡献和获取收益的份额就越少，人们就越有可能不对公共物品的保护作出贡献（"公共物品困境"）。⑤社会生活越是被大规模法人组织的总体生存方式所决定，法人行为对人们的外部效应就越大，而且人们越无法控制这些效应。⑥在现代社会，初级群体越是被法人组织所取代，社会资本越是减少，法人行为所产生的消极外部效应也就越大。⑦法人组织通过分权和在小单位的直接交换中采取独立生存方式，就能够减少无控制的外部效应，能够更多地内化外部效应，并能创造出新的社会资本。⑧法人组织越多地让受其影响的有关他人（包括内部和外部的行为者）参与决策，就越能够内化外部效应。⑨总体生存方式越多地被独立生存方式所取代，现代社会就越能恢复其活力。

3. 理性行为理论的影响及对其评价。

（1）科尔曼的《社会理论的基础》发表以后在美国社会学

---

① I. S. Colemman, *Foundation of Social Theory*. Cambridge: Belknap Press of Harvard University Press 1990, PP. 469—472, PP. 722—726.

界产生了很大影响，评论界许多人称之为"继帕森斯的《社会行动的结构》（1937）发表以来又一部最重要的社会学理论著作"。丹尼尔·贝尔在评论中认为，"这本书是当前社会学和社会理论方面最重要的著作之一，它为社会学今后数十年的发展确立了新的研究方向"；默顿指出，"科尔曼教授在分析批判传统社会理论的基础上，创建了新的社会行为理论。他对法人行为者的分析是具有深远影响的新思维"。

人们通常认为，科尔曼的理性行为理论，贡献表现在三个方面：一是提供了一种将微观分析与宏观分析相结合的社会行为理论；二是借鉴经济学的理论和其他学科的成果，为建立一种分析性（规范性）的社会学理论打下了基础；三是开创了法人行为研究的新方向。

有人认为，在社会科学领域中，长期是在元理论和方法论层次进行综合研究，理论体系往往与个人行为（或其合力）无直接关系。科尔曼的理论则进入对社会上个人的行为加以分析，使宏观现象能够在基础层次上得到解释，从而使韦伯所倡导的，以理解个人有目的行为为基础的解释社会学，得到丰富和发展。

学术界这样评论：从理论论证上看，理性行为理论借鉴了经济学的均衡分析和理性选择模型，但它不是简单地套用这一模型，而是将其扩展到社会行为领域，并结合其他学科的成果，以解答社会科学领域中共同的前沿课题。社会科学各学科都要研究微观行为与宏观结构（即个人与社会）的关系问题，但各学科的理论视角有所不同。主流经济学的理论模型因其简捷性而在实证分析和解释能力这两方面优于其他学科，但在现实性和丰富性方面则有所不足。为了扩展其解释能力，经济学的均衡分析模型经历了从局部均衡分析到一般均衡分析、再到20世纪90年代的博弈均衡分析的发展。在博弈均衡分析中，需要考虑的因素已不仅仅是个人的利益偏好和资源分布（局部均衡分析的要素），也不仅仅是补充了社会选择与决策、组织与制度、法规或产权、交易费用等（一般均衡分析和新制度经济学的要素），而且要考虑行动者的知识结构，即由主体间性形成的共享知识或道德共识，由此而涉及众多的非经济因素，如规范、习俗、意识形态、权威、传统、文化等等。这些因素以往属于社会学、政治学、心理学、人类学关注的领域，因此经济学与其他学科在上述领域中产生了交汇，各学科从不同的角度，以不同的理论形式来解答共同的前沿课题。科尔曼对规范性行为、权威性行为和法人行为的分析就是从社会学角度提供的具有独创性的成果。不仅如此，科尔曼在建立分析性的理论框架和数学模型方面也进行了大量的开创性工作。

有研究者指出，科尔曼对社会行为理论的贡献更多地体现在他对法人行为的分析上，尽管他大量借鉴了社会学的交换理论、经济学的理性选择理论、法学的代理人理论以及有关学科的研究成果，但是将这些成果组织在一个理论框架中，并以社会学的理论视角来综合和发展对各种形式的社会行为（特别是法人行为）的认识，则是科尔曼的理论贡献。例如，他对法人和法规（包括制度、政策）形成的分析、关于法人权利的行使与分配（包括对代理人的监督）等问题的讨论，以及对法人组织方式的研究等等，都是当前理论界需要进一步深入探讨的课题，他的著作则为这些课题的研究奠定了基础。

社会学史上多数人认为，科尔曼的理论旨趣主要在于实证分析知识上，但他对法人行动的研究则既是分析性也是批判反思性的，如同韦伯对科层组织的研究。他认识到，社会科学的功能不仅仅是认识社会，而且也是为了重建社会。工业革命以来，社会的原始基础（家庭和社区）受到严重侵蚀，法人组织逐渐占据了主导地位；由于这种“人工创立”的社会组织产生了许多社会弊病，因此迫切需要改造与重建。科尔曼认为，以往的社会科学理论难以担负这一重任，"迄今为止，大多数社会理论家仅仅描述和解释上述社会变迁，重建社会所需要的理论基础尚未建立，因此，社会学家或从事于揭露现实弊端的对理论建设毫无价值的肤浅研究，或背离科学规律，服从意识形态的需要"。只有新社会科学理论才能知道新社会基础的创立，这种理论必须具有目的性和科学性。这是由于"创建社会组织不仅需要有关系统活动的知识，而且需要了解系统组成部分的活动是怎样结合在一起的"，这种理论还必须假设个人理性行为的结合能够影响系统行动。因此，新社会科学理论的基础必是理性行为理论。[①]

有学者说道，科尔曼对现代社会和大规模法人组织的批判与反思也许不如哈贝马斯和一些后现代主义理论家那样深刻，但他所指出的"社会资本的流失"与后者所称的"现代性危机"(或解体)，是发人深省的。作为实证理论家，科尔曼并不停留在对社会的批判上，他还运用自己的理性行动理论从反思社会学的角度对理论家的作用进行实证分析。他要解答的问题是：社会研究者是谁的代理人？他们提出的重建社会（或结构社会）的理论代表了谁的利益？社会理论是如何对社会现实产生影响的？

科尔曼对上述问题的回答是：①尽管在现代的政策研究和应用研究中，研究者主要是一些大规模法人组织（如国家、政府部门、公司、工会）的代理人，但他们的研究结论可以反映委托人和社会的共同利益，即研究者在指导委托人如何在社会中更好地实现自我利益的同时，又不使社会利益受到损失，如同律师依法辩护一样。另一方面，研究者利用学科研究的独立

① 汪丁丁：《在经济学与哲学之间》，中国社会出版社 1996 年版，第 10～15 页。

性可以部分地摆脱委托人的支配。②在学科理论研究中，研究者主要是社会的代理人，这是由于理论研究不直接涉及行动领域，且研究经费主要来源于社会（纳税人或公益捐款的基金会）。但这并不排除研究者具有个人的利益和价值偏好，这也是各种意识形态理论产生的原因。③新社会科学是由应用研究和理论研究这两个部分组成的，理论部分对社会现实的影响与力学在改造物质环境时所起的作用一样。④新的理论应当超越各学科的传统界限，而且应当是客观的、科学的，而不是主观的、肤浅的意识形态理论。科尔曼指出，社会理论家（包括社会学家、经济学家、政治学家、心理学家、哲学家和法学家）应当认识到，创造新社会科学既不是一种个人消遣，也不是个人主观偏好，“而是为创造一种具有生命力的社会结构提供基础，因为人们长期以来赖以生存的原始性结构已经消失”[①]。

社会学界有人评论说，上述对社会科学研究的分析从两个方面发展了社会学理论：一是在科学社会学和知识社会学方面，科尔曼通过将社会研究者置于现代法人组织的系统中来分析科学研究作为一种系统行动是如何影响社会系统的，以及社会研究者作为法人利益和社会利益的代理人是如何提供一种公共物品（客观知识）的。另一方面，科尔曼从社会批判理论的角度提出了重建社会的任务，这种批判是建立在对现代法人组织的客观分析之上的。但他指出，重建社会的方案是由社会系统中的所有行动者通过集体决策制定的，而不是由理论家制定的。社会理论家不能充当政策顾问或哲学先知的角色。他认为，社会系统“需要社会理论以指导拥有法定权利控制社会政策的人，使其行使权利时以理论知识为基础。如果设想社会系统依赖于

① ［美］J. 科尔曼：《社会理论的基础》，邓方译，社会科学文献出版社 1990 年版，第 675～695、714～717 页。

存在社会之外的顾问或哲学先知，那它的发展方向将如柏拉图或孔德所预料的，倒退至社会组织的原始形式"。[①]

科尔曼的理性行为理论发表以来也受到了许多来自社会学界和经济学界的批评。社会学家的批判主要是：①这种理论的经济学色彩太浓，且忽视了许多重要的非经济因素。②关于人的理性选择的假设是不现实的，因为人们的许多行动不是理性的或可选择的，而是情感性、习惯性和强制性的。经济学家的批判则认为其理论模型不简捷、概念界定不明确、数学推理不严谨，而且包含了过多的非个人选择因素（如规范、结构等）。这些批评有些是恰当的，有些是出于误解。赫克特指出，许多对理性选择假设的批评是对个人理性行动这一概念的误解，理性选择理论只是假设个人的行动具有目的性，这种目的（或价值取向）不一定是经济目的或自私自利的，它也可以包括利他主义、社会公平、爱国主义等价值观。另一方面，理性选择理论是关注众多个人的理性行动的社会后果，而不是某一个人的理性（或非理性）选择的结果。不可否认，科尔曼的理性行动理论有不足之处。例如，①缺乏与其他社会学理论的对话；②某些基本概念的界定和操作方法还不完善[②]；③数学模型的不完善；等等。

有人指出，理性选择理论有两种模型：纯（数学）模型和经济模型（thin modal and thick modal）。纯模型不考虑个体行为的具体意向，而只考虑价值偏好的一般形式和行动的基本方式。这种模型可适用于各种行为，它具有很强的解释力，但缺

---

① ［美］J. 科尔曼：《社会理论的基础》，邓方译，社会科学文献出版社 1990 年版，第 872 页。

② J. H. Goldthorpe, "The Quantitative Analysis of Large-scale Data and Rational Action Theoty", *Eur. Social.* Rev, 12：pp109—126.

乏实质内容，它类似于物理学和生物学的一般理论模型。[①] 经验模型包含丰富的经验内容，但它有很多限制条件，它只适用于某一类行动，因此很难发展成一个统一的形式化或数学化的模型，而只能采用命题或分类的形式。经验模型以韦伯的理论为代表。韦伯认为，人的理性行为有各种类型（如对财富、权力和声望的追求），每一类型有其特定的行为方式。也许在现阶段，当需要在理论模型的简捷化和形式化与模型的丰富性和适应性之间进行选择时，社会学更偏向于后者。目前许多以理性行为理论为指导的经验研究都是采用经验模型。

有学者讲到，尽管有上述局限性，但理性行为理论在未来社会学和社会科学的发展中仍具有很大潜力，这不仅是由于它在各学科交汇的共同领域中处于前沿位置，也不仅是由于它因内在逻辑性和一定的解释力而可广泛应用于社会学的各个领域，并且还由于它的理论框架可容纳当时各种社会学理论的洞见。例如，在综合微观与宏观、行为者与结构的各种理论中，埃默森的交换网络理论、柯林斯的微观结构理论、布迪厄的实践理论和社会资本理论，以及新经济社会学理论都与理性行为理论有一定的结合点。科尔曼关于法人行为和重建社会的观点与哈贝马斯的交往行为理论和吉登斯对现代性的分析也有许多相通之处。当然，不同的理论形式有不同的功能。在分工发达的现代社会，没有哪一种理论可以兼备各种功能或独占垄断地位。各种知识具有互补性，各个学科具有互补性，各种理论也具有互补性。不同理论之间的对话和交流可以相互启迪，并通过沟通而达到一定的共识。可以肯定，理性行为理论在沟通和启迪

① J. A. Ferejohn，"Rationality and interpretation"，In K R. Monroe (ed.), The Economic Approach to Politics：A Critical Reassessment of the Theory of Rational Action . New York：Harper Collins：1991，pp. 279—305.

各种理论洞见方面会发挥重要的作用。[①]

(2) 20世纪后期，社会学中的社会资本研究出现新局面。林南在社会资本研究中独树一帜，他从个体理性选择行为出发，在行为与结构的互动关系中，论述了人力资本、文化资本、社会资本，建立了具有鲜明特点的关于资本的理论。

关于"人力资本"。

林南（Nan Lin）主张从个体的目的行为出发研究资本，这首先表现在他对"人力资本"（human capital）理论的讨论中。关于人力资本的深入研究和系统阐述曾是由舒茨（Theodore W. Schultz）和贝克（Gary S. Becker）等学者作出的。人力资本理论论述的重点是劳动者如何通过接受教育和技术训练而掌握知识与技能，进而具备获取更多利益回报的能力，并且因为获取回报或利润而改变自己的社会地位。林南认为人力资本理论是对马克思的阶级资本理论的超越，是一种"新资本理论"（neo-capital theory）。林南概括了人力资本理论同马克思阶级资本理论的主要区别[②]：

首先，林南讲，马克思的阶级资本理论以商品的生产与交换为核心，而人力资本理论则以劳动者提升自己的知识、能力和社会地位为核心。他进一步的结论是，马克思的资本理论是关于"物理资本"（physical capital）的理论，而人力资本理论则认为资本是植根于劳动者自身的，因此它是一种人的资本（human capital）。更进一步的推论是，马克思的资本理论关注

① 此部分主要参见杨善华、谢中立主编：《西方社会学理论》（下卷），北京大学出版社2005年版，第1～25页。此中的文字有所修改，某些论述基本上原文载入。

② See Nan Lin, *Social Capital*, *A Theory of Social Structure and Action*, New York, Cambridge University Press, 2001, p. 8、p. 8、pp. 11－14.

的是物，是资本作为物理资源的客观性；而人力资本理论关注的则是人，是资本附着于人身上、作为人的生存能力与发展能力的主观性。

其次，林南讲，在马克思那里，劳动者仅仅是被剥削、被压迫的对象，而在人力资本理论中，劳动者是投资者，他们可以借助自己的知识与技术获取增值回报。因此，劳动者不再仅仅处于被剥削、被压迫的地位，他们具有了同资本家一样的获取回报的能力和期望，他们在商品生产和流通中不再是单纯对立的关系，他们可以为了对投资回报的共同追求而消解马克思所说的阶级对立关系。所以，在人力资本的论述中，资产阶级同劳动者之间的对立被淡化了。

再次，林南讲，在马克思那里，劳动者不仅完全处于被动的地位，而且他们的劳动能力和劳动活动都是一种商品，也就是说人的能力和人的活动都被物化了；在人力资本理论中恰恰相反，劳动者被看作是有目的、有选择能力的行动者。劳动者的目的性和选择行为受利益机制刺激，他们因为意识到知识和技术可以获得更多的回报，并且可以改变自己的社会地位，所以主动地追求知识与技能的训练，主动地以知识与技能为资本去开展投资活动。

最后，林南讲，阶级资本理论紧密地同商品生产与交换联系在一起，而人力资本理论则把资本的获得与投资同教育联系起来。在林南看来，这种变化是资本研究从生产与交换的宏观过程向劳动者自身能力的微观过程转向，这种转向是人力资本向阶级资本理论的两个重要挑战之一，另一个重要挑战是认为劳动者可以由自己的人力资本而变成资本家；这两个重要挑战都同重视教育在资本形成中的作用直接相关。在阶级资本理论中，教育是资本家控制劳动者和生产过程的工具，而在人力资本理论中，教育成为劳动者实现自己意志和利益的工具。

可见，林南认为人力资本理论改变了对资本存在的社会基础的认识，他说："我之所以把人力资本理论称为新资本理论，是因为它对生产与消费市场中的社会关系作了与阶级资本理论假定的基本结构根本不同的解释。"①

关于文化资本。

在林南认可的新资本理论中，还有一种保持马克思阶级分析立场的资本理论——布迪厄的文化资本（cultural capital）理论。布迪厄讨论的文化资本，是统治阶级通过教育向社会灌输的价值规范、象征意义，是体现了社会统治集团的意志和价值追求的系统，是统治阶级为了维护自己的统治地位而向社会成员进行的一种投资活动，其资本回报是权力地位的稳定。虽然文化资本的实现途径也是教育，并且灌输的对象也是劳动者为主体的社会成员，但是因为它体现的是统治阶级的利益和意志，反映了统治阶级对社会的控制，因此它的内容同人力资本有相似之处。布迪厄关于文化资本的分析原则同阶级资本理论一致的，都是一种阶级分析的视角。

文化资本理论也是社会资本理论的思想来源之一，在布迪厄那里文化资本同社会资本和经济资本都是资本的不同表现形式，三者可以相互转化，布迪厄关于文化资本的理解也直接关系到他对社会资本的解释。文化资本的这种解释影响到林南、科尔曼和普特南等人对社会资本的界定。他们都承认价值、规范和意义是社会资本的构成内容，就此而言，他们的社会资本理论都受到了布迪厄文化资本理论的直接影响。

关于社会资本。

对于社会资本概念的界定有许多分歧，而林南关于社会资

① Nan Lin, *Social Capital, A Theory of Social Structure and Action*, New York, Cambridge University Press, 2001, p. 14.

本的定义表达了他同科尔曼、普特南和布迪厄等人的共识。他说："社会资本是嵌入社会网络关系中的可以带来回报的资源投资。"① 联系林南等人的其他论述，对这个定义可以解释出三种基本含义：其一，社会资本植根于社会网络或社会关系之中，不能离开社会关系来谈论社会资本；其二，社会资本是一种可以增值的资源，这种资源不仅包含货币、财产等物质资本，而且也包含声望、信任、规范等文化资本，以及蕴涵在个人身体之中的知识与技术等人力资本；其三，社会资本不仅是嵌入在社会关系中的资源，而且是人们为了获取各种效益的投资活动。

有研究者指出，林南关于社会资本的这种界定，是在考察、分析和概括马克思以来的阶级资本、人力资本和文化资本等资本理论的基础上建立的，他汲取了这些资本理论中被他视为合理的因素。应当肯定，林南在资本理论的演化史中总结和概括社会资本理论是有真实根据的。事实上，阶级资本、人力资本、文化资本和社会资本不过是资本的不同表现形式，它们的共同本质是可以带来回报的资源投资。马克思、舒茨、贝克、布迪厄、科尔曼和普特南等人不过是从不同层面或不同角度看到了可以带来回报的不同形式的资本，这些资本在投资过程中的作用是伴随着商品生产和交换的发展而逐渐凸显出来的。

由林南的理论阐述，有关学者如此说明道：马克思所处的时代是商品经济初期，物质商品的生产与交换是这个时期的主要任务，并且当时物质生活资料仍然处于匮乏状态，所以无论是从物质商品的生产与交换看，还是从人们对物质生活资料的需求看，物质资本的投资与回报都是首要的。正是基于当时的这种现实，马克思论述了物质资本的投入与产出，同时由于物

① Nan Lin, *Social Capital*, *A Theory of Social Structure and Action*, New York, Cambridge University Press, 2001, p. 24—25.

质资本在资本积累初期都是掌握在资产阶级手里，马克思也就必定要从阶级对立的角度讨论物质资本了。

这方面的学说史研究者指出，人力资本理论的系统阐述是由舒茨和贝克等人在 20 世纪 60 年代完成的，而此时正是科学技术革命的时代。科学技术革命的突出贡献首先是改变了生产力的结构与性质，科学知识与技术成为生产力的主要力量，物质力量为主导的生产力变成了以知识力量为主导的生产力，知识与技术由此而成为可以带来超值回报的资本。劳动者可以超越阶级差别和贫穷限制去接受科学知识与操作技术的训练，由此形成了改变生存状态和社会地位的新型资本。人力资本理论正是在这个现实基础上建立起来的。

有研究者进而指出，文化资本理论与人力资本理论不仅在产生的时代大致相同，而且在论述内容上也有许多共同之处。二者的区别不过在于：人力资本考察的出发点是劳动者，而文化资本考察的出发点则是统治者。并且如前所述，劳动者在人力资本那里是作为个体被看待的，而统治者在文化资本那里则是被作为集团或被作为阶级看待的。但是这种区别掩盖不了二者都是对知识在社会生活中地位提升的反映：人力资本理论是对知识在工具理性行为中作用的反映；文化资本理论则是对知识在价值理性行为中作用的反映。

有研究者又指出，社会资本理论兴起于 20 世纪 80 年代，这时后工业社会在美国等西方发达国家已经有了充分的发展。丹尼尔·贝尔讲，后工业社会是一个为人服务、处理人际矛盾成为中心任务的社会[①]，是一个社会生活的方方面面都要被组织

① 参见［美］丹尼尔·贝尔：《后工业社会的来临》，高铦等译，新华出版社 1997 年版，第 138～139 页。

起来的社会。[①] 正是基于这种社会现实的变化，林南、科尔曼和普特南等人强调，应该在社会关系和社会群体活动中考察可以带来回报的资源，亦即社会资本。有论者更明确地说，社会资本理论是对后工业社会中人际关系和组织关系在社会生活中的地位空前提升的理论反映。

有研究者总结说，概言之，阶级资本理论对应于资本主义自由竞争时期，人力资本和文化资本对应于新技术革命时期，而社会资本理论则对应于后工业社会充分发展时期。在对不同形态的资本理论的历史考察中可以发现，布迪厄、科尔曼、普特南和林南等人建立的社会资本理论，不仅有其经济学和社会学对资本问题认识的理论思维展开的逻辑根据，而且也有其资本在商品经济或市场经济中发展或展开的现实基础。尤其应当看到，社会资本理论是在阶级资本、人力资本和文化资本等资本理论基础上的进一步发展，它承续了两百年来经济学和社会学对资本问题的丰富思考。[②]

有学者强调指出，林南把他的社会资本理论称为关于社会结构与行为的理论。这个称谓与他对社会学的学科性质或社会学的研究对象的理解是分不开的。林南在其代表作《社会资本》中开篇就指出："在我看来，社会学是对社会关系中的选择行为的研究。"[③] 这就意味着，社会学视野中的选择行为是在社会关系中展开的，而社会关系也就是社会结构，所以社会学研究社会资本问题，既要看到其中真实存在的个体理性选择行为，又

① 参见［美］丹尼尔·贝尔：《资本主义文化矛盾》，赵一凡等译，生活·读书·新知三联书店1989年版，第199页。

② 刘少杰主编：《当代国外社会学理论》，中国人民大学出版社2009年版，第340～341页。

③ Nan Lin，K. Cook，R. S. Burt，*Social Capital*：*Theory and Research*，NY：Aldine-de Gruyter，2001，p. 8.

要注意始终把个体的选择行为放到社会结构中考察，用林南的话来说，就是要坚持在结构与行动的互动关系中开展对社会资本的研究。

林南从个体行为出发研究社会资本，他把社会资本定义为："社会资本是个体为了在嵌入性资源中获取回报，通过工具行动和表达行动而在社会关系中的投资（investment)。"这个定义表现了鲜明的特点，强调了个体在社会资本形成与利用中的作用，林南如此概括："在这个观点基础上开展分析的核心是：（1）个体怎样在社会关系中投资；（2）个体怎样在社会关系中摄取嵌入性资源以便获取回报。"①

林南从个体行为出发研究社会资本，不仅同集体主义方法有了明显区别，而且还因此同经济学发生了直接联系。自亚当·斯密起，经济学就一直从个体的理性选择行为出发来研究人们的经济活动，当然也包括对资本的投入与运营的研究。并且，林南还一向把社会资本的研究同资源、回报、效益、选择等经济学始终关注的问题联系在一起，这就使社会资本的研究同经济学发生了更直接的联系。与林南的原则和视野不同，科尔曼、普特南和布迪厄坚持在团体活动或集体关系中考察社会资本，这表现了他们对传统社会学的"社会学主义"原则的坚持。应当说从社会层面上研究社会资本有其必然性与合理性，因为既然是社会资本，就不应当置社会因素于不顾。但是问题在于，不把集体团结、群体互助、社会交往和社会关系等与个体行为联系起来，仅仅研究这些社会现象本身，就会像社会唯名论所指责的那样，只能停留在空泛的概念推论中。如果对社会资本开展符合其本质特征的研究，那么就应当在集体或社会

---

① Nan Lin，K. Cook，R. S. Burt，*Social Capital：Theory and Research*，NY：Aldine-de Gruyter，2001，p. 8.

关系同个体选择行为的统一中开展研究。只有这样，才不仅能够把握社会资本在社会关系或社会结构中的展开形式，而且也能抓住通过个体选择行为得以实现的实质内容。应当肯定，林南在坚持个体选择行为这个出发点的同时，也顾及了对社会关系和社会结构因素的思考。换句话说，林南是在行动与结构的统一关系中研究社会资本问题的。

林南从个体行为出发研究社会资本，着意研究个体理性选择行为与社会结构的关系。林南先从微观层面出发，讨论理性选择行为问题。在林南看来，理性选择实质是行为者如何以最小的支付获得最大的收获，换句话说，理性选择遵循两个基本原则：失去最小，获得最大。这个原则不仅与社会资源直接联系，而且也是社会结构产生的根本原因。因为，当每个社会成员都按这样的原则支配自己的行为时，面临有限资源就有着激烈的争夺。这样，建立一定的社会秩序就成为人们不可回避的任务。当社会秩序形成后，社会生活也就有了结构化。

由此林南指出，可见，社会结构的根据内在于人们的理性选择行为之中，或者说社会结构同人们为了追逐利益的选择行为密不可分。同人们的理性选择行为或目的行为相比，社会结构似乎不具备主动性，而社会结构一旦形成后，对理性选择行为又具有不可摆脱的制约性。林南不仅看到了理性选择行为在社会结构面前的主动性，也看到了理性选择行为在社会结构面前的被动性，或者说是社会结构对个体行为的构造性。因此，林南由行为对结构的作用和结构对行为的制约两个方面开展论述，这一点同吉登斯论述社会结构的双向建构有共同之处。

在个体的选择行为与社会结构的互动关系中，林南还认为有必要揭示存在于其中的一系列中间层面的因素，否则将难以清楚地说明个体行为向社会结构的转化与社会结构对个体行为的制约。关于中间层面的因素，林南重点论述了组织、制度和社会网及其相互关系。这是当代西方社会学的热点，林南把自己的研究同这些问题直接联系起来，同这些学术热点展开对话，从社会资本研究的角度提出了许多新见解。

林南认为，"社会资本理论应当完成三个任务：第一，资源的价值怎样发生？有价值的资源是怎样被分布到社会之中，以及怎样成为嵌入性资源的？第二，个体行动怎样通过互动与社会网络有差异地取得结构化的嵌入性资源和机会结构？第三，通过什么样的行为过程能把这种社会资源动员起来？"[①] 从中可以看出，林南把他提出的任务归结为三点：资源、社会结构和个体行为。

资源是林南社会资本概念的基础。在林南的社会资本概念中，资源概念的外延十分丰富。就资源的归属而言，既包括个人的资源也包括集体的资源；就资源的存在形态而言，既包括土地、房屋、牲畜、汽车和货币等物质财产，也包括教育、会员、声望、荣誉、信任和组织头衔等象征性资源。这些资源分别在马克思、布迪厄、科尔曼和普特南等人的资本理论中已经被作为资本的内容而论述了。可见，林南关于社会资本中含有的资源的概念界定，是对其他资本理论中资源概念的兼容并包。

社会结构是林南研究社会资本的支架。林南认为，社会结构包含四个基本要素：地位（positions）、权威（authority）、规则（rules）和代理人（agents）。[②] Position 也可译为"位置"，但林南认为译为"地位"更恰当。因为林南使用 position 这个概念时，不仅含有职业位置的意思，而且还强调因为资源差别而

---

① Nan Lin, *Social Capital*, *A Theory of Social Structure and Action*, New York; Cambridge University Press, 2001, p. 1, 29.

② See Nan Lin, *Social Capital*, *A Theory of Social and Action*, New York, Cambridge University, 2001, p. 34.

在社会层级结构中的地位区别，所以他认为译为“地位”更合适。地位表现了个体行为者对资源的占有，或者说是嵌入社会网络中的资源通过个体聚结成的网结。权威体现了地位之间的关系，是控制与取得资源的权利。规则制约和引导在一定地位上的行为者或代理人怎样取得有价值的资源，它可以起到维持行为者在一定的秩序中获取有价值资源的作用。代理人是指占据着那些蕴涵着资源地位的人。

个体行为是林南研究社会资本的关注焦点。重视个体行为与林南把社会资本界定为取得回报的投资活动直接相关，因为，既然社会资本是投资活动，那么就一定要论及活动者。如前所述，最真实的活动者是个体，只有从个体及其活动出发，才能把握社会资本作为投资活动的实质。另外，个体及其行为也可以作为社会资本的资源。一方面，个体都是在一定社会地位、占有一定社会资源的行为者，社会资源通过个体的占有而形成各种资源的网结，因此，只有通过个体才能抓住这些资源的网结；另一方面，嵌入社会网络中的资源只有受到动员才能成为现实的社会资本，而能够动员社会资源的只有那些为了得到回报而积极努力的行为者。

通过对资源、社会结构和个体行为的论述，林南建立了研究社会资本问题的三个基点。这里的关系是，资源是投资活动的对象，社会结构是投资活动的场所，而个体及其行为则是投资者及其活动。于是，社会资本不仅仅是关系和集体，也不仅仅是在关系和集体中蕴涵的功能，而且还是面对资源争取回报的投资行动，是运动变化的投资过程。把社会资本解释为动态变化的投资过程，不仅是林南社会资本理论的一个特点，而且也是林南对社会资本研究的一种推进。这种推进的意义在于，社会资本不再是一种单纯的客观对象，更重要的是，它是一种实践。

在资源、社会结构和个体行为这三个基点之上，林南提出了四个理论假设（postulate）。①结构假设（the structural postulate）：有价值的资源嵌入由地位、权威、规则和职业（代理人）构成的社会结构之中；社会结构通常形成了层级性的金字塔，价值资源的分布、位置数量和权威水平、职业容量也呈金字塔状存在；在层级中所处的水平越高，资源越多，位置越少；权威越大，职位越少。②互动假设（the interaction postulate）：互动一般发生在资源和生活方式上具有相似或相近特点的行为者之间，即相似性原则。资源相似性越大，在互动中需要做出的努力越小。③网络假设（the network postulate）：在社会网络中，直接或间接的互动者拥有不同类型的资源。一些资源属于行为者个人，是个人拥有的资源或人力资本，但是这些资源大部分是嵌入同其他行为者直接或间接的联系之中，或嵌入某个行为者的职位及其相互联系之中。④行动假设（the action postulate）：在社会行为中，行为者受维持和获取资源的目的驱动，即社会资本的投资行为是一种目的行为。维持资源的行为可以称为表达性行为（expressive action），获得资源的行为可以称为工具性行为（instrumental action）。维持资源是行为的初级动机，表达行为是行为的初级形式。[①]

在这四个假设的基础上，林南又提出了七个命题（proposition）：①社会资本命题（the social capital proposition）：成功的行为在于积极地联结社会资本。②地位力量命题（the strength of position proposition）：出身地位越好，越有利于行为者获取或利用更好的社会资本。③强关系力量命题（the strength of strong tie proposition）：关系越强，社会资本越可能积极地影响

① See Nan Lin, *Social Capital*, *A Theory of Social Structure and Action*, New York, Cambridge University Press, 2001, p. 75.

表达性行为的成功。④弱关系力量命题（the strength of weak tie proposition）：关系越弱，行为者越有可能为了开展工具行动而获得更好的社会资本。⑤位置力量命题（the strength of location proposition）：个体离社会网络中的桥越近，他们越容易为开展工具性行为而获得更好的社会资本。⑥位置对地位的依赖性命题（the location by position proposition）：对于工具行为来说，靠近一个桥的位置的力量依靠不同桥的资源而定。⑦结构的不确定性命题（the structural contingency proposition）：对于那些处于层级结构顶部或者底部的行为者来说，网络化（关系和场所）的效果受到层级结构的限制。①

林南从个体行为出发研究社会资本，认真考察了“制度场”与“社会资本流”。

林南关于制度场（institutional field）的讨论是很有启发意义的。制度场是林南把社会资本放到一个开放的社会网络关系中考察而形成的一个新概念，他这样解释制度场：当组织和个体受到一组相似的制度支配时，可以称之为存在于某个制度场之中。在制度场中，行为者（包括个体、网络和组织）认可、支持、参与由社会制度指令的仪式与行为，按照社会制度的指令接受约束与动员。② 行为者和社会制度在这里都是复数，也就是说，一方面，不同的行为者及行为者的不同行为要素因为受制度的制约作用而开展了共同的行为；另一方面，制约行为者的制度是多种的，它们的共同作用结成了一个作用场。可见，林南在这里突出强调了制度场的共性。在此基础上，他还讨论

① See Nan Lin, *Social Capital*, *A Theory of Social Structure and Action*, New York, Cambridge University Press, 2001, p. 75－76.

② See Nan Lin, *Social Capital*, *A Theory of Social Structure and Action*, New York, Cambridge University Press, 2001, p. 187, pp. 189－191.

了制度场作为一种作用场可以超越特定时空的限制，并且可以用自己的特殊规则界定和结构化社会。

与制度场的论述相关，林南还讨论了资本流（capital flow）问题。[①] 资本流概念形象地揭示了社会资本的动态性，其基本含义是，因为社会资本存在于具有各种差异的社会位置、层级结构或不同的组织机构及各种制度关系之中，所以社会资本在形式、存量和能量等方面都是有差别的，它会因为行为者、社会结构和社会制度等各种因素的变化而发生转移、变迁或流动。

应当说，资本流是林南从个体行为和社会结构的差异性讨论中必然得出的一个概念。林南曾经论及个体占有和支配社会资本的程度与其人力资本状况是直接相联系的，并且个体的社会行为又是在层级结构中展开的，不同社会位置和不同社会层级上的资源或社会资本是不平等的，加上制度变迁和组织环境变化等因素，都必然使社会资本处于变化流动的状态。在流动变化中考察社会资本的意义在于，作为社会网络中的资源，它不是一成不变的，个体和组织可以利用社会资本的流动性，发挥人们对社会资本的建构和选择作用，获得新的或更多的社会资本，推进自己的上向流动。

林南讲，社会资本的流动必然要引起个体与组织的地位、声望和利益的变迁，社会制度也会在这种变迁中发生变化。于是，宏观层面的社会变化也将随之发生。在宏观层面上，林南重点讨论的是电脑网络（cybernetworks）、地球村（global village）与社会资本问题。在普特南提出美国人参与社会活动的热情下降导致社会资本下降的观点以后，很多学者把这种现象同电脑网络的作用联系起来，认为网络联系是人们不愿意参加集

---

① See Nan Lin, *Social Capital*, *A Theory of Social Structure and Action*, New York, Cambridge University Press, 2001, p. 187, pp. 189—191.

体活动进而导致美国社会资本下降的原因之一。林南不同意这种观点，他认为，电脑网络不是抑制了社会资本，而是在新的层面上为社会资本拓展了更大的空间。并且，电脑网络给社会生活带来的变化表现在社会制度、生活方式和交往方式各个方面，特别是它引起了人类社会在政治、经济和文化等方面的全球共振效应，人类社会的整体性联系更为紧密，地球村的现象不可否认地迅速出现，这是社会资本在更广阔空间上展开的明证，也是人类社会在宏观层面上的崭新变化。①

林南从个体选择行为出发研究社会资本，力图超越传统社会学的理论局限。从群体、组织、阶层、阶级和社会关系等所谓社会层面上开展社会学研究，而不去研究个体的心理与行为，这是迪尔凯姆在为社会学奠基时严格坚持的一个基本原则，并且是社会学区别于其他学科的一个尺度。② 然而如韦伯所论，这些所谓社会现象如果不同个体的社会行为联系起来，就不过是一些抽象的名词。③ 人们认为，林南从个体的选择行为出发研究社会资本，并非否认社会层面上的研究，而是试图使社会资本的研究建立在更真实、更具体的社会生活层面上。

最后许多人总是要提及的是，林南的社会资本理论有丰富的经验研究基础，他的很多经验研究是在中国开展的。可以说，林南对社会资本问题思考的广泛性和深刻性都与他对中国社会的研究直接相关。因为中国社会在文化传统、社会结构、生活方式和交往方式等方面同西方社会比有不同特点，这些不同特

---

① See Nan Lin，*Social Capital*，*A Theory of Social Structure and Action*，New York，Cambridge University Press，2001，p. 237－239.

② 参见［法］迪尔凯姆：《社会学方法的准则》，耿玉明译，商务印书馆 1995 年版。

③ 参见［德］马克斯·韦伯：《经济与社会》，林荣远译，商务印书馆 1997 年版，第 51 页。

点决定了社会资本在中国社会生活中的内容与形式比在西方社会中更复杂，地位与意义比在西方社会中更重要。面对中国社会开展社会资本研究，林南也就有了更为丰富、深刻的理论思考。①

(3) 评科尔曼等人的学说，延续到当代近期，不能不说到弗朗西斯·福山（Francis Fukuyama，1952—）。福山在批判新古典经济学与继承科尔曼（Coleman）以及涂尔干、韦伯、格兰诺维特（Granovetter）等社会学家的有关思想基础上创建了他的社会信任理论。福山的社会信任理论特别对"道德性社团"的社会信任展开了全面而系统的研究，包括这样几个基本论点：第一，社会信任基于共通的伦理规范；第二，社会信任是社会资本的一种特定形式；第三，社会信任在经济与社会生活中起着非常重要的作用等。福山的社会信任理论不仅反映了西方社会在由工业社会向信息社会转型过程中所发生的社会现实，而且展现了西方社会学信任研究的发展趋势。

福山，日裔美籍学者，哈佛大学政治学博士。他 1952 年出生于纽约的一个日本移民家庭，是家里的独生子。其祖父于 1905 年从日本移居美国，以免被征召入伍参加日俄战争。他的父亲出生于美国洛杉矶，母亲于 1949 年到达美国，一家人在纽约定居。他的父亲是一名公理会牧师，并获得了社会学博士学位，第二次世界大战后他作为一名传教士在土耳其度过了三年，教授英语。福山在纽约上了一所私立学校，后来进入康奈尔大学学习，在大学期间开始接触利奥·斯特劳斯（Leo Strauss）的思想。后获得康奈尔大学古代希腊与罗马的语言文学学位。他在哈佛大学获博士学位后，在兰德公司思想库和国务院工作，

① 以上大量资料和论述利用刘少杰主编：《当代国外社会学理论》，中国人民大学出版社 2009 年版，第十三章。

从事中东政策研究，并担任美国国务院政策规划司副司长。后来任约翰·霍普金斯大学高级国际关系学院（SAIS）教授、主管科研的院长，并讲授东亚经济与政治的课程。1986 年他与劳拉·霍姆格伦（Laura Holmgren）结婚。2003 年第一次来中国，在南京的中美文化研究中心讲学。福山任乔治·梅森大学公共关系政策学教授。1989 年，福山在《国家利益》杂志发表了著名文章《历史的终结》，此文是 1989 年他去芝加哥就西方衰落这个主题发表的一篇演讲稿。《历史的终结》的发表使他声名鹊起。后来他将这篇论文扩展为一本专著，并于 1992 年出版，这就是使他在国际学术界名声大振的《历史的终结与最后的人》。接着，福山于 1995 年、1998 年先后出版了《信任：社会美德与繁荣的创造》（以下简称《信任》）、《大分裂——人类本性与社会秩序的重建》（以下简称《大分裂》），在国际学术界又引起了不小的震动。2002 年、2006 年福山又陆续出版了《我们的后人类的未来：生物技术革命的影响》《十字路口的美国：民主、实力和新保守主义遗产》，立即引发了国际学术界的广泛关注和讨论。1989 年以后，福山还在众多著名的杂志上发表了一系列的论文与访谈录，如《重新审视亚洲》[①]《东线一切平静吗?》[②]《美国的混乱——福山访谈录》[③]《中国没必要遵循美国的民主模式——与国际知名政治学者谈世界文明冲突与中国民主》[④] 等。

20 世纪 70 年代，在西方经济学界兴起了一股对于信任问题

---

① 参见［美］福山：《重新审视亚洲》，《外交事务》2005 年第 1 期。

② 参见［美］福山：《东线一切平静吗?》，《华尔街日报》2005 年 3 月 1 日。

③ 参见《美国的混乱——福山访谈录》，《智力资本》，1999 年。

④ 参见［美］福山：《中国没必要遵循美国的民主模式——与国际知名政治学者谈世界文明〈中美与中国民主〉》，《商务周刊》2003 年 4 月 1 日。

研究的热潮。新古典经济学以"经济学帝国主义"的身份，以"理性选择理论"研究信任问题，如经济学家阿罗（Arrow）与赫西（Hirsch）对信任在经济生活中的作用进行了探讨。阿罗在《组织限度》中认为，信任是经济交换的有效的润滑剂。[①] 在《礼品与交换》中，他把经济落后与信任问题联系起来，认为可以用缺少相互信任来解释世界上的很多经济落后现象。[②] 赫西在《增长的社会限度》中则把信任看成是一种"公益"，认为它是许多经济交易达成的必要因素。[③] 学界评论认为，作为新时期经济社会学的主要代表人物的福山对于"经济学帝国主义"的这种扩张趋势，做出了及时而积极的回应。福山对新古典经济学进行了毫不留情的批判，并在此基础上对信任问题展开了全面而系统的研究。

新古典经济学的理论基石是"理性地追求最大效用的个体"，即"理性经济人"基本假定，这一假定包括：第一，在经济活动中，个人所追求的唯一目标是自身经济利益的最优化，即经济人主观上既不考虑社会利益，也不考虑自身的非经济利益；第二，个人所有的经济行为都是有意识的和理性的，不存在经验型和随机型的决策；第三，经济人拥有充分的经济信息，每个人都清楚地了解其所有经济活动的条件与后果，因此，经济中不存在任何不确定性，获取信息不需要支付任何成本；第四，各种生产资源可以自由地、不需要任何成本地在部门间、

---

① See K. J. Arrow, *The Limits of Organization*, NeW York, Norton, 1974.

② See K. J. Arrow, *Gifts and Exchanges*, In Phelps, ed., Altruism, 1975.

③ See Hirsch K. J. Fied, *Social Limits to Growth*, Cambridge Mass., Harvard University Press, 1978.

地区间流动。[①] 按照这种假定，“理性经济人”在从事经济活动中绝不受任何社会结构、社会关系的影响，他们只是为自己的经济利益而进行理性打算的“原子化”的个人，并且，他们总是不带任何感情地、孤独地行动。在竞争性市场中，作为交易双方，他们不是作为“完整的人”在进行交易，只是作为“交易者”而出现的。因此，经济活动中的社会关系对于市场运行来说只是障碍。

福山在《信任》一书中，从以下三个方面对新古典经济学的基石，即“理性经济人”这一基本假定展开了最为系统而细致的批判。

首先，福山指出，在许多情况下人们所追求的目标并不是个人的最大效用，甚至有时候与效用无关。按照“理性经济人”假定，人类以理性的方式追求尽可能多的、他们认为最有用的、最佳的利益，也就是说，人类理性地追求最大效用。然而，在大量情境之下，人们所追求的目标却不是个人的最大功利，例如，有些人放弃高薪隐居深山与自然为伍，有些人为抢救他人生命冒着生命危险冲入熊熊大火之中，有些人在沙场上奋力拼杀，甚至为国捐躯。人们往往追求的是一些与效用无关的目标，如有些征战，人们发动战争的动机与效用无关，人们可能仅仅为了认同、宗教、正义、威望、荣誉等而战。[②]

其次，福山又指出，在很多情况下人们追求效用并不都是出于理性的算计和决定。在福山看来，所谓理性，指的是人们在考虑所有可能的选择方案之后，选取长期而最具效用的方案。

---

① 参见厉以宁、章铮：《西方经济学基础知识》，中国经济出版社 1994 年版，第 3 页。

② 参见［美］弗朗西斯·福山：《信任：社会道德与繁荣的创造》，李婉容译，远方出版社 1998 年版，第 28 页。

若以此为标准，那么在现实生活中人们经常是不理性的，比如中国人、韩国人、意大利人对家庭的死忠，日本人收养非血亲后代的观念。法国人对建立面对面关系的抗拒，德国人对训练的强调，以及美国人在社交生活上讲究派别的个性等，这些行为或观念都不是出于理性的算计，而是与生俱来的民族习惯。①

再是，福山指出，个人理性地追求效用最大化的行为未必就是最有效率的行为。因为经济行为未必纯然是个人的活动，它还包括团体活动。由于社会团体成员之间存在共同的道德价值观，他们合作起来会更有效率。因此，最有效率的经济行为，未必就是理性地追求效用最大化的行为，最高的经济效率也未必是由理性追求利己行为来达成的，有时反而会通过由个体所组成的社会团体共同努力来达成。②

为此，福山批评新古典经济学有关社团形成的观点。新古典经济学认为，理性的个体经过理性算计之后，认为合作最符合其长期的效用最大化的实现，因而自愿同意遵守社会契约而组成社团。所以说，社团的组成仅需要自我利益以及契约等法律机制，任何人在任何时候只要在契约和自我利益的基础上就能组成社团。福山认为，新古典经济学的这种观点，过高估计了契约和自我利益的作用，而忽视了社团成员所依赖的文化背景以及在此基础上产生的社团成员之间的相互信任在社团形成过程中的作用。

福山在对新古典经济学的“理性经济人”基本假定进行批判的基础上，进一步指出了新古典经济学的致命弱点。福山认

① 参见［美］弗朗西斯·福山：《信任：社会道德与繁荣的创造》，李婉容译，远方出版社1998年版，第29页。

② 参见［美］弗朗西斯·福山：《信任：社会道德与繁荣的创造》，李婉容译，远方出版社1998年版，第30页。

为，由于文化因素无法吻合经济学界所概括出来的通用发展模式，因而新古典经济学家一向不太关心经济生活中的文化因素。新古典经济学由于对于文化因素的严重忽视而漏洞百出，不仅不能充分地解释政治生活，而且不能充分地解释经济生活。[①] 因此，对于文化因素在经济发展中的作用的忽视是新古典经济学的致命弱点。

人们注意到，福山的理论大量继承了以往许多社会学家的有关思想。

一是涂尔干有关契约中的非契约因素作用的思想。

涂尔干的《社会分工论》在批判与纠正主流经济学的自由功利主义经济秩序契约整合论的基础上，强调了非契约因素在契约中的作用。涂尔干认为解决“经济秩序何以可能”问题的方法，不应从宏观领域中去寻找，不应寄希望于霍布斯式的统治者，而应在交换与契约本身所处的微观领域中去寻找。

主流经济学认为，契约通常是两方或多方协议或意图的产物，它在总体上体现了协议各方的意愿和理性计算。涂尔干对此进行了批判，他认为：“起初一度罕见或完全消失的契约关系在社会分工发达的今天正在成倍地增加，这是千真万确的。但是，自由功利主义的传统没有看到：非契约关系也在同时发展。”[②] 也就是说，即使在市场和社会分工相当发达的时候，不只契约关系在不断地扩展，与此同时，非契约关系也在成长。

涂尔干对于主流经济学的自由功利主义的批判，正是基于对所有社会关系中的非契约因素的必然存在的强调。他指出，

---

① 参见［美］弗朗西斯·福山：《信任：社会道德与繁荣的创造》，李婉容译，远方出版社 1998 年版，第 26 页。

② E. Durkheim, *The Division of Labor in Society*, New York, Free Press, 1984, pp. 154—155.

任何有效的契约显然都有一个明确的协议，但签约各方所涉及的要素不能全部归结为他们所表达的意图。在契约中总有一些因素不能归结为个人的意图或协议，但它们本身对契约具有调节与限制作用。

二是韦伯有关新教伦理与资本主义发展关系的思想。

韦伯在《新教伦理与资本主义精神》中，研究了新教伦理与西方资本主义发展之间的关系，认为新教伦理作为一种精神力量促进了西方资本主义的产生与发展。学术界一般将韦伯从正反两个方面所证明的宗教伦理与资本主义之间关系的论述，合称为"韦伯命题"。在《儒教与道教》中，韦伯从信任的角度进一步探讨了"韦伯命题"，论述了普遍主义信任在经济秩序的扩展、资本主义的产生与发展中的作用。韦伯将信任划分为普遍主义信任与特殊主义信任两种类型。帕森斯与希尔斯在《关于行为的一般理论》中认为，普遍主义关系是"独立于行为者与对象在身份上的"关系；特殊主义关系则是指"凭借与行为者之属性的特殊关系而认定对象身上的价值的至上性"的关系。[①] 因此，韦伯所谓的普遍主义信任就是基于普遍主义关系的信任，所谓的特殊主义信任就是基于特殊主义关系的信任。韦伯认定中国社会的商业信任是一种特殊主义信任，因为中国社会的商业信任很明显是一种建立在亲戚关系或亲戚式的纯粹个人关系等特殊主义关系基础之上的信任，中国的儒教伦理所造就的特殊主义的商业信任，没能挣断宗族的纽带，使得它只能局限于血缘共同体内，因而不仅不能促进，反而阻碍了资本主义经济的产生与发展。而西方社会的商业信任是一种普遍主义信任，是一种建立在普遍主义关系基础之上的信任。西方的新

---

① See T. Parsons and E. Shils, *Toward a General Theory of Action*, Cambridge, Harvard University Press, 1951, p. 82.

教伦理品质所造就的普遍主义的商业信任，则挣断了宗族的纽带，适用于信仰和伦理生活方式共同体，它的一个明显优势就是使商业范围得以扩大，经济交易秩序得以扩展，大大突破了血缘共同体的限制，从而促进了资本主义经济的产生与发展。[①]韦伯因此得出结论：新教伦理作为一种精神力量促进了西方资本主义的产生与发展，而儒教伦理不仅不能像新教伦理那样促进资本主义首勺产生与发展，反而阻碍了中国资本主义的产生与发展。

三是格兰诺维特的“嵌入”思想。

格兰诺维特在《经济行动与社会结构：嵌入性问题》一文中，从波兰尼（Polanyi）提出的“嵌入”概念出发，就有关经济行动与社会结构的关系提出了富有创见性的“嵌入”理论。他以“嵌入”理论对新古典经济学进行了批判。

格兰诺维特认为，新古典经济学有关“理性经济人”的观点是一种“社会化不足”观点，因而“理性经济人”是一种“低度社会化人”。所谓“社会化不足”的观点，实质上主张经济活动是由不受任何社会结构、社会关系影响的“原子化”个人作出的决策与行为，“原子化”基于对自我利益的功利性追求，因而，这一观点预设了“社会性孤立”的个人。因此，个人当下的具体行动只是单个人做出的“原子”式的活动，而不是当下的社会结构、社会关系的产物。因此，这种观点把个人现时的决策和行动与个人当下所处的具体的社会情境分割开来，无视行为者当时所处的社会情境，无视行为往往发生于人与人之间的互动过程这一事实，因而无法说明个人经济行为与所处的社会现实之间的关系，无法解释行为者真实的行为状况。

---

① 参见［德］马克斯·韦伯：《儒教与道教》，王容芳译，商务印书馆 1997 年版，第 289 页。

格兰诺维特认为，他所主张的"嵌入"理论能避免新古典经济学"社会化不足"所带来的缺陷。"嵌入"理论认为，行为者不是脱离社会结构、社会关系，像"原子化"个人那样进行决策和行动的，而是嵌入具体的当下的社会结构、社会关系中作出符合自己主观目的的行为选择。因此，个人的经济行为在一定程度上是由个人所处于其中的社会结构与社会关系塑造的。格兰诺维特的"嵌入"理论为新时期经济社会学的研究奠定了坚实的理论基础。

格兰诺维特不仅以他的"嵌入"理论对新古典经济学进行了批判，而且在此基础上以他的"嵌入"理论解释和分析了经济生活中信任的产生以及信任与经济秩序、经济交易成本之间的关系，阐明了信任在维持经济秩序、降低经济交易成本中的作用，提出了所谓的"网络嵌入信任论"。他认为不是新制度经济学所谓的制度，也不是所谓的普遍道德，而是具体的人际关系和网络以及嵌入其中的经济行为者之间所产生的彼此的信任，有效地维持了经济的秩序，大大降低了经济的交易成本。

四是科尔曼的社会资本理论。

前已说到，科尔曼在《社会理论的基础》一书中认为，资本有三种基本的形式，即物质资本、人力资本以及社会资本。科尔曼从社会结构角度出发研究社会资本，认为社会资本的定义由其功能而来，它不是某种单独的实体，而是具有各种形式的不同实体。其共同特征有两个：它们由构成社会结构的各个要素所组成；它们为结构内部的个人行为提供便利。和其他形式的资本一样，社会资本是生产性的，是否拥有社会资本，决定了人们是否可能实现某些既定目标。与物质资本和人力资本一样，社会资本并非可以完全替代，只是对某些特殊的活动而言，它可以被替代。为某种行为提供便利条件的特定社会资本，对其他行为可能无用，甚至有害。与其他形式的资本不同，社会资本存在于人际关系的结构之中，它既不依附于独立的个人，也不存在于物质生产的过程之中[①]。很显然，科尔曼强调了社会资本的结构性及其公共产品性。因此，在他看来，所谓社会资本就是“一种潜藏于社会结构中便利于行为者的个人资源”，它包括信任关系、规范、权威关系、信息网络、多功能社会组织、有意创建的组织等多种形式，因而信任是社会资本的一种形式[②]。

科尔曼进一步认为，在市场经济中，信任是以社会资本的运作方式发挥作用的。作为社会资本特定形式的信任由期望和义务所构成。如果A为B做了某些事情，并且相信B日后会报答自己，A对B便有一种期望，B对A承担一种义务。[③] A使B对自己承担义务，是一种理性的行为。作为理性行为者A之所以使B对自己承担义务，必定是由于他们能够获得某种超越义务的利益。因为义务的创造相当于办理了某种保险，支付保险费代价极小，而领取的保险金价值很大。显然，这是有利可图的行为。因此，信任是由期望和义务所构成的。并且，有两个要素对于信任这种资本有重要影响：一是社会环境的可信任程度，即应尽的义务是否履行；二是个人担负义务的范围。

福山的社会信任理论主要集中在他所撰写的《信任》与《大分裂》这两部著作中。《大分裂》可以看成是《信任》的续篇，是《信任》研究主题的具体化与进一步拓展。在《信任》中，福山在批判新古典经济学与继承社会学家有关思想的基础

① 参见［美］J. 科尔曼：《社会理论的基础》，邓方译，社会科学文献出版社1999年版，第354页。

② 参见［美］J. 科尔曼：《社会理论的基础》，邓方译，社会科学文献出版社1999年版，第360页。

③ 参见［美］J. 科尔曼：《社会理论的基础》，邓方译，社会科学文献出版社1999年版，第358页。

上，从文化比较的角度主要研究了"道德性社团"的社会信任在经济与社会生活中的作用。在福山看来，由于信任基于社团成员共通的伦理规范，因而这种信任就是社团成员之间的相互信任，即社会信任。并且认为只有这种社会信任才具备社会资本的特点，也才能在经济与社会生活中发挥其独特的作用。在《大分裂》中，福山主要研究了"人对物"的信任，如人对机构、组织、制度等系统的信任，并具体分析了美国处于由工业化社会向信息化社会转型过程中所发生的包括信任下降在内的社会资本缺失所造成的"大分裂"的社会现象，从反面论证了社会信任作为社会资本的一种特定形式对于当今美国等西方发达国家的社会的健康发展所起的不可替代的独特而积极的作用。

社会学界认为，福山的社会信任研究的特点与贡献主要包括以下方面：

一是对韦伯的社会信任研究成果作了直接的继承与发扬。与韦伯一样，福山也是从文化比较角度开展社会信任研究，研究文化与经济的关系，研究文化的经济与社会功能。然而，福山与韦伯在这一主题的具体研究上存在很大的差异。

首先，研究的切入点不同。韦伯的切入点是合理资本主义的产生，他在"新教伦理"与"合理资本主义"之间建立了一种"理想型"因果联系之后，以此为依据，进行比较研究，来证明其他国家没有经过改革的"宗教"与"合理资本主义"之间不存在因果联系。韦伯认为，西方的基督教经过宗教改革而形成的新教有利于合理资本主义的产生，而由于中国的儒教与道教没有像西方的基督教那样经过宗教改革，因而不可能促成合理资本主义的产生。而福山的切入点则是经济成就差异，他从不同国家的经济成就差异切入来研究造成这种差异的文化根源，然后在经济与文化之间建立因果联系。当代法国学者佩雷菲特就是沿着福山的研究路径研究了信任品性、信任社会在经济发展中的作用。

其次，研究的范围与内容不同。韦伯仅局限于文化中的宗教因素，只对几大宗教影响下的国家进行比较研究，研究“宗教伦理”对于“合理资本主义”的阻碍与促进作用等，并且涉及的信任无论是“普遍主义信任”还是“特殊主义信任”都是一种人际信任。而福山理解的文化则要宽泛得多，不仅包括宗教，也包括伦理规范、道德、习俗等，因而比较研究的国家较多，包括美国、日本、德国、中国、韩国、法国、意大利等，涉及的内容多而具体，例如，一国的文化（他将社会信任作为一种文化特性）与一国的经济效率与效益、社会发展与繁荣以及健康的文明社会之间的关系等，并且认为作为社会资本特定形式的社会信任，不仅包括人际互信，而且包括人对系统的信任。

另外，研究的侧重点不同。韦伯侧重于宗教的功能，基于宗教伦理的社会信任的功能只是宗教功能的一种派生，因而他只是在“普遍主义信任”与“特殊主义信任”的区分的基础上，比较研究了信任的不同类型对于经济秩序扩展的不同作用；认为“普遍主义信任”有利于经济秩序的扩展，而“特殊主义信任”则阻碍了经济秩序的扩展。而福山则侧重于基于社团共通伦理规范的社会信任的具体而积极的经济与社会功能。他没有局限于韦伯的信任分类，而是以源于韦伯的社会信任程度的标准为依据，进行几个国家之间的经济成就的比较研究，并以此区分出了两种不同的社会类型，即高信任度社会与低信任度社会。

二是从新的角度对新古典经济学作出了一种具体而系统的批判。福山将社会信任作为社会资本的一种特定形式，认为文化是通过社会信任这种社会资本形式，以社会资本的运作方式对经济产生重要作用的；学界认为，这进一步强调了文化对于经济发展的重要性，从而切中了新古典经济学的要害，对新古典经济学进行了一次系统、深刻而彻底的批判，这是从经济社会学角度对新古典经济学的一次大清算，为当代纠正新古典经济学的偏谬提供了新的启示，从而为经济社会学在当代的研究与发展扫清了理论上的障碍。福山由此而阐发的社会信任理论也扩大了经济社会学研究的领域与主题，加深了人们对于文化与经济关系的认识与理解，从而为经济社会学在当代的研究与发展开阔了新的视野，展示了新的空间。

总之，福山的社会信任理论是在批判新古典经济学"理性经济人"基本假定以及继承涂尔干有关契约中的非契约因素作用的思想、韦伯有关新教伦理与资本主义发展关系的思想、格兰诺维特的"嵌入"思想以及科尔曼的社会资本理论等基础上创建起来的。与新古典经济学相反，福山强调了文化对于经济发展的重要性，并从文化与经济关系的角度，对"道德性社团"的社会信任展开了全面而系统的跨文化比较研究。他论述了"道德性社团"的社会信任基于社团内共通的伦理规范而产生，它是指社团内人与人之间的相互信任，即社团人际互信。"道德性社团"的社会信任作为社会资本的一种特定形式，指的是社团成员之间的普遍的相互信任的程度，这种形式的社会资本通常是经由宗教、传统、历史习惯等文化机制所建立起来的。"道德性社团"的社会信任以社会资本的运作方式在经济与社会生活中起着非常重要的作用：降低经济交易成本，提高经济效率与效益；促进经济与社会的繁荣与发展；促进文明社会的健康发展等。[①]

（八）哈贝马斯：交往行为理论。

哈贝马斯（Jürgen Habermas，1929—）的交往行为理论（the

① 刘少杰主编：《当代国外社会学理论》，中国人民大学出版社 2009 年版，第 270～273、276～278、287～289 页。

theory of communicative action）自提出以来，引起广泛讨论，成为西方学术界的显学。这被认为是哈贝马斯个人学术成果的标记。

1. 1929 年—1964 年。

哈贝马斯 1929 年 6 月出生于德国北莱茵威斯特法伦州的古马斯巴赫小镇，父亲是该镇的工商联合会会长。哈贝马斯少年时期在家乡读完小学和中学，那段时间正是法西斯主义在德国从盛极走向崩溃的历史时期。与阿多尔诺和马尔库塞等法兰克福学派犹太成员不同，哈贝马斯没有受到法西斯主义的直接迫害。虽然如此，哈贝马斯从青少年起就显示出崇尚理性、追求正义和自由的特点。他认识到，法西斯主义泛滥是人类一场严重灾难。

在哈贝马斯的学术道路上，可以说，很重要的，是由对于形成异化的资本主义物化的批判开始的。1949 年，哈贝马斯在戈庭根大学师从哈特曼，而真正影响他的思想的，除了哈特曼，还有卢卡奇。在大学期间，哈贝马斯认真研究了卢卡奇的理论。卢卡奇以西方新马克思主义理论家著称。他在《历史和阶级意识》中阐述的观点使哈贝马斯耳目一新。之前中学期间哈贝马斯就开始接触马克思主义的某些著作，对马克思主义的某些理论观点有一定了解。见到卢卡奇的理论著述后，哈贝马斯对卢卡奇主张从马克思早期的实践观点出发以“辩证理性”去批判资本主义社会物化现象等理论观点十分赞成。可见，像马尔库塞等人一样，哈贝马斯也是通过卢尔奇走上追求新马克思主义之路的。

在哈贝马斯还是学生的时代，海德格尔与纳粹之间暧昧关系所引发的哲学理论和政治利益的纠缠，就使他警觉到必须更清醒地对待思想所引发的政治效应，严格区分之间的理论和利益或意识形态的重叠。“海德格尔事件”强化了他对批判理性传统的坚持和努力，认为必须严防法西斯独裁主义的借尸还魂。哈贝马斯在阅读罗维特《从黑格尔到尼采》的思想史式诠释时，进入青年黑格尔学派理论，洞悉了康德到黑格尔特别包括谢林在内的哲学传统。1954年，在游学于苏黎世大学和戈庭根大学后，他写出《绝对和历史——论谢林思想中的内在冲突》为题的博士论文，内容主要是讨论谢林的"上帝观"。由此在波恩大学获得学位。

而后，哈贝马斯做了两年的报社记者，写作主要集中在有关工业社会学方面的评论。在这期间，哈贝马斯阅读了《启蒙的辩证法》等阿多尔诺（Theodor W. Adorno）所出版的论著，再结合到卢卡奇和柯尔施的物化理论上，进一步扩大成对理性化的思考。当阿多尔诺读了哈贝马斯在《水星》杂志上发表的有关工业和人类理性化等关系的文章，对哈贝马斯有所欣赏。经友人的引介，哈贝马斯于1955年走进了战后重建起来的法兰克福研究所，任阿多尔诺的助教三年。这期间对哈贝马斯后来的发展有关键的影响。在一次访谈中，哈贝马斯对这次际遇津津乐道："当我遇到阿多尔诺，看到他令人兴奋地谈论商品拜物教，并应用此概念到文化现象及日常生活时，这对我而言是一种震撼。"可见，他对阿多尔诺十分推崇与敬仰。

与阿多尔诺合作后，哈贝马斯在理论研究和实际调查方面大有收获，并在阿多尔诺的指导下阅读经典大师的作品，经常与之谈论关于涂尔干、黑格尔以及弗洛伊德等人的思想。在此期间哈贝马斯与阿多尔诺还合著了《大学生与政治》一书。此时，阿多尔诺以及霍克海默（Max Horkheimer）等人所形成的社会批判理论，他们由哲学、社会学和文学等多方面视野，对资本主义社会进行的分析，不仅使哈贝马斯对法兰克福学派的新马克思主义传统有了更具体的认识，而且也使他增强了理论介入现实、关注社会发展研究的兴趣。哈贝马斯这个时期的重要学术成果是他于1961年写完的博士后论文并作为教授资格论文的《公共领域的结构转型》。

《公共领域的结构转型》是哈贝马斯的第一本学术专著，书中讨论了欧洲公共领域的发展变化，揭示了资产阶级国家对公众社会的专制，造成了公共领域沟通渠道堵塞，以及生活世界被政治权力严重压制的社会异化。为了摆脱公共领域被扭曲，生活世界被吞噬的社会危机，哈贝马斯提出重构人们批判的价值观念，实行政治体制改革，开展健康交往，恢复公共领域的社会功能。这些在 20 世纪 60 年代阐述的思想观点，后来竟成为哈贝马斯在更深入层面上研究当代社会问题的理论基点。研究者认为，由《公共领域的结构转型》可以看出，此书的出版，标志着哈贝马斯刚刚展开学术生涯就明确了日后始终为之奋斗的理论追求：重建公共领域、寻求有效沟通，为人类找回失落的家园——生活世界。

哈贝马斯的这篇教授资格论文通过后，他被聘为海德堡大学副教授。他这期间主要的学术成果是 1963 年在离开海德堡返回法兰克福之前出版的论文集《理论与实践》。这部论文集中包括《古典政治学与哲学的关系》《社会学批判的课题与保守的课题》《判断论、理性与决断》《劳动与互动：黑格尔耶那精神哲学的评论》等 11 篇涉及哲学、社会学、政治学等领域的论文。顾名思义，这部论文集的核心论题是理论与实践的关系。在这部论文集中，哈贝马斯认为理论的生命力就在于关注现实，介入实践，推动社会向进步、合理的方向发展。然而，在从近代社会向现代社会发展过程中，理论与实践的关系受到了科学技术和工业规则扭曲，理论变成了限制实践的技术论证，转化成关于社会行为操作的规程设计。由此而产生的结果是：不仅理论的本性与功能发生了变化，而且实践也受到了愈加沉重的压抑。哈贝马斯的主张是：必须把理论的积极功能发挥出来，理论应当真实地面向实践，理解实践，在对实践消极因素的批判中，促进实践走向更合理的层面。哈贝马斯同马尔库塞等法兰克福学派成员一样，始终认为自己是从马克思出发的。应当说，马克思的早期著作《1844 年经济学哲学手稿》是法兰克福学派成员论述马克思理论的重要根据。哈贝马斯认为，贯穿在马克思早期著作中的基本观点是马克思的实践观。实践观是历史唯物主义的基础，它要求人们从主体与客体的"辩证关系"出发，在肯定主体创造选择和价值要求的前提下认识社会实践的发展变化。在哈贝马斯看来，马克思的实践观点被恩格斯及第二国际和共产国际的理论家和革命者忘记了。尤其是恩格斯在《反杜林论》和《自然辩证法》中的论述具有明显的实证论倾向，这掩盖了理论与实践的"辩证关系"，贬低了"主体"的能动性和创造性，导致了"革命意识"的弱化和对变化的实践的认识"迟钝"。

下面重点介绍哈贝马斯这时期的两本书，即《公共领域的结构转型》和《理论与实践》之中的主要内容。

(1)《公共领域的结构转型》作为哈贝马斯的第一本学术专著，充分体现了他的早期思想。

公共领域（offentlichkeit）的结构转型问题，不仅是哈贝马斯用"批判的辩证方法"研究社会问题的起点，而且也是贯穿于他从20世纪60年代以后的学术研究历程的主线之一；并且可以说，他后期关于交往行为和交往理性等方面的研究是这一研究的深化或展开。

受德国历史主义传统的影响，哈贝马斯把公共领域结构转型这个问题放到历史过程中考察，试图在历史条件的发展变化中更深入、更明晰地揭示公共领域的实质、结构、功能、意义。本着这个原则，虽然哈贝马斯的主要兴趣在于论述资产阶级公共领域，但是他还是首先考察了公共领域的其他历史形式，通过对古希腊和中世纪比较简单的公共领域形式的分析，使公共领域的缘起和基本要素清晰可见。

哈贝马斯认为，到近现代越来越模糊的公共领域，在古希腊时代是界限分明、形式清楚、功能明确的。他指出："在高度发达的希腊城邦里，自由民所共有的公共领域（koine）和每个人所特有的私人领域（idia）之间泾渭分明。公共生活（政治生活）在广场上进行，但并不固定；公共领域既建立在对谈（lexis）之上——对谈可以分别采取讨论和诉讼的形式，又建立在共同行动（实践）之上——这种实践可能是战争，也可能是竞技活动。”① 从哈贝马斯的论述可以看出，公共领域的原初形态具有如下特征：①公共领域同私人领域有明确界限；②公共领域的活动形式是对话和交往，在话语沟通中发挥舆论的作用；③公共领域涉及的公共事务主要是政治生活、军事活动和体育、武力竞技等，而生产劳动和经济活动则是以家庭为单位的私人领域里的事情。这些限定厘清了公共领域的界限、形式和功能，特别是说明了公共领域最初是与经济活动无关的，公共领域的结构转型实质上就是这些方面的发展变化。

哈贝马斯首先从“代表型公共领域”（reglementierte offentlichkeit）论起。他指出，这是古希腊“广场型公共领域”同近现代“资产阶级公共领域”的中间环节。同古希腊时期的公共领域相比，代表型公共领域的首要特点是公私界限趋向模糊。这里，哈贝马斯被认为是继承马克思的观点：把所有制的变化看作是社会结构变迁的根本因素之一。哈贝马斯指出：“封建领主所有权（以及由此派生出来的采邑所有权）作为一切统治权的总和，也可以说是管辖权；私人占有和公共主权这一对矛盾，封建制度并不具备。‘主权’有高低之分，‘特权’有大小之别，但不存在任何一种私法意义上的合法地位，能够确保私人进入

① ［德］哈贝马斯：《公共领域的结构转型》，曹卫东、刘北城等译，学林出版社 1999 年版，第 3 页。

公共领域。"[①] 哈贝马斯认为，由于封建领主制集经济、政治和文化统治权力于一身，公共领域和私人领域都被封建专制控制着，私人因其经济独立性的丧失而失去了私人性，私人领域随之而被消解。公共领域是以私人的自立性为前提的，如果私人因丧失经济自主权而失去自立性，那么公共领域也就不再存在。

因此，哈贝马斯指出，代表型公共领域是缺乏实际内容的，实质上是封建领主为实行专制统治而以公共的名义制造出来的形式或象征。哈贝马斯认为，从社会制度和实际生活过程来看，在封建领主统治下不存在公共领域，但是封建专制却需要假借普遍性的名义来行使，于是封建领主就在仪式或象征方面大做文章，各种"代表公众"的堂皇仪式不断被炮制出来，代表型公共领域由此而生。哈贝马斯说："代表型公共领域的出现和发展与个人的一些特殊标志是密切相关的：如权力象征物（徽章、武器）、生活习性（衣着、发型）、行为举止（问候形式、手势）以及修辞方式（称呼形式、整个正规用语），一言以蔽之，一整套关于'高贵'行为的繁文缛节。"[②] 可见，在哈贝马斯看来，代表型公共领域的作用不仅要显示它的代表性，而且更重要的是显示统治者的特权和社会的等级秩序。

哈贝马斯进而论述，经过文艺复兴运动，特别是到了英国工业革命时期，代表型公共领域随封建社会的分化而趋向瓦解。一个重大变化是宗教改革使宗教领域发生了分化，马丁·路德提出"在上帝面前人人平等""每个信徒都可以达到对上帝的信仰"，这些信条的确立使宗教信仰变成了私人行为，私人领域在宗教内部

① ［德］哈贝马斯：《公共领域的结构转型》，曹卫东、刘北城等译，学林出版社 1999 年版，第 5 页。

② ［德］哈贝马斯：《公共领域的结构转型》，曹卫东、刘北城等译，学林出版社 1999 年版，第 7 页。

产生了。但是教会仍然作为教徒共同活动场所或宗教事务管理机构而保存下来，所以宗教里还存有公共领域。另一个重大变化是公共财政和封建君主的私人财产的分离，“公共权力机关具体表现为官僚制度和军队（部分也表现为司法机关）”[①]。公共权力机关的确立是资产阶级公共领域形成的必要条件，没有这一极的确立，作为私人领域和公共权力领域中间地带的公共领域也不能产生。第三个重大变化，也是最根本的变化，是以私有制为基础的“市民社会”的产生，“劳动阶层一旦在城市企业和某些乡村阶层中扎下根来，就会发展成‘市民社会’；作为真正的私人自律领域，‘市民社会’和国家是对立的”[②]。

哈贝马斯具体论证说，市民社会最初的主体是手工业者、小商人、医生、教师和职员等社会阶层，这时市民社会的力量还不足以同公共权力领域对峙。随着资本主义经济的不断发展，资本家、小商人、银行家、出版商和制造商的队伍逐渐扩大，他们成为市民社会的中坚力量，他们有足够的经济实力和活动能量同公共权力抗衡，并且，他们有明确的共同目标——确立资本主义制度、发展资本主义经济，所以，“他们从一开始就是一个阅读群体”[③]。“在这个主要由重商主义政策激发并应运而生的阶层对立当中，政府当局引起了反应，从而使作为公共权力的抽象对立面的公众意识到自己是公共权力的对立面，意识到

① ［德］哈贝马斯：《公共领域的结构转型》，曹卫东、刘北城等译，学林出版社1999年版，第11页。

② ［德］哈贝马斯：《公共领域的结构转型》，曹卫东、刘北城等译，学林出版社1999年版，第11页。

③ ［德］哈贝马斯：《公共领域的结构转型》，曹卫东、刘北城等译，学林出版社1999年版，第22页。

自己是正在形成当中的资产阶级公共领域中的公众"[①]。资产阶级公众意识的形成是资产阶级公众领域形成的主观条件，而且这是一个至关重要的前提条件，因为没有这种自觉的公众意识，资产阶级公众领域中的言语对话、信息交流、舆论沟通也就不可能发生，如此一来，不仅资产阶级公共领域的作用不能发挥，而且它也无法存在下去。

关于资产阶级公共领域，哈贝马斯首先论述了它的性质、结构和运行机制。他指出："资产阶级公共领域首先可以理解为一个由私人集会而成的公众的领域；但私人随即就要求这一受上层控制的公共领域反对公共权力自身，以便就基本上已属于私人，但仍然具有公共性质的商品交换和社会劳动领域中的交换规则等问题同公共权力机关展开讨论。"[②] 这就是说：①资产阶级公共领域是私人领域同公共权力领域的中间地带；②在资产阶级公共领域中活动的人是有私有经济地位、从私人领域出发的自主的个人；③在资产阶级公共领域中，私人因共同的利益和目的而联系起来，并同公共权力机关发生矛盾；④矛盾的主要内容是商品交换和社会交往的一般规则问题，亦即从公共权力出发还是从私人利益出发确立和调整交换规则；⑤矛盾的展开形式是话语交流和观点论证。

哈贝马斯用矛盾分析的方法来说明资产阶级公共领域的性质，以使人们能够清楚地看到，资产阶级公共领域是资产阶级统治社会同资产阶级私人利益的对立统一体，这种公私对立的矛盾同古希腊广场型公共领域和中世纪代表型公共领域并无根本不同，其

---

① ［德］哈贝马斯：《公共领域的结构转型》，曹卫东、刘北城等译，学林出版社 1999 年版，第 22 页。

② ［德］哈贝马斯：《公共领域的结构转型》，曹卫东、刘北城等译，学林出版社 1999 年版，第 32 页。

区别不过在于：古希腊广场型公共领域因私有经济仅限于家庭内部，尚未实现社会化，私人在经济利益上没有多少共同要求，以致人们进入广场时讨论的话题仅限于政治和竞技等非经济层面；中世纪代表型公共领域以消除私人经济地位而在实质上瓦解了公私对立，但因统治的需要而发展了符号形式层面上的公共领域；资产阶级公共领域仿佛是回复古希腊广场型公共领域，但是它们有根本意义上的变化，即资产阶级以其社会化的私有制为基础，确立了私人的坚强地位和普遍联系，资产阶级成员（私人）同资产阶级的阶级统治（公共权力）形成尖锐的对立冲突，这种矛盾冲突既是资产阶级从普遍的私人利益出发，要求公共权力服从理性原则和法律标准的根据，也是资产阶级加强政治权力，抑制公共领域，导致公众领域结构转型的根源。

为了更具体地揭示资产阶级公共领域的性质，哈贝马斯对资产阶级公共领域的结构作了更为深入的分析。下图是他描绘资产阶级公共领域的结构图。

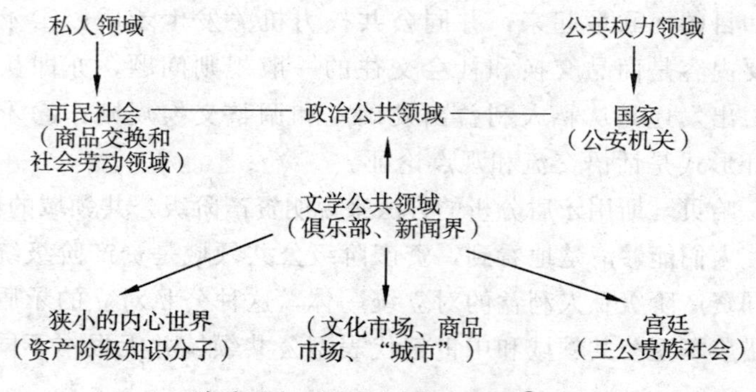

资产阶级公共领域的结构图①

① ［德］哈贝马斯：《公共领域的结构转型》，曹卫东、刘北城等译，学林出版社1999年版，第35页。

哈贝马斯试图以这个结构图告诉人们：国家和市民社会的分离是最基本的方面，正是在这个分离的基础上才有明确的私人领域和公共权力领域。因此，哈贝马斯把国家和市民社会的分离称为"基本路线"；资产阶级政治公共领域是私人领域（市民社会）同公共权力领域（国家机关）的中间地带，实质是二者相互作用的产物，其中包含着私人领域同公共权力领域的种种矛盾关系；资产阶级公共领域区分为政治公共领域和文学公共领域；文学公共领域通过俱乐部和新闻界表现出来，它的直接实现形式是城市中的文化市场和商品市场，它在私人领域中影响着资产阶级的内心世界，在公共权力领域影响着宫廷贵族社会。

哈贝马斯看到这时私人领域是马克思描述的以私有制为基础的、进行商品交换和社会化生产的市民社会。"商品交换打破了家庭经济的界限，就此而言，家庭小天地与社会再生产领域区别了开来：国家和社会的两极化过程在社会内部又重演了一遍。个人将商品所有者与一家之主、物主与'人'的角色完全结合起来。"① 这就意味着商品交换亦即市场经济，使资产阶级私人突破了家庭私有经济的限制，把私人所有的经济利益导入社会过程，依据社会化的资产阶级私利同国家权力对峙，不仅显示了资产阶级个人的经济地位，而且也形成了资产阶级的独立的人格，即资产阶级的主体性。

哈贝马斯认为资产阶级的文学公共领域是政治公共领域的基础。这一点同马克思的观点是不同的。马克思认为在经济基础之上产生了相应的政治结构，政治是经济的集中表现，政治直接与经济发生联系，而意识形态领域（文学或文化领域）同

① ［德］哈贝马斯：《公共领域的结构转型》，曹卫东、刘北城等译，学林出版社 1999 年版，第 33 页。

经济发生间接联系，政治对意识形态领域（文学或文化领域）具有制约作用。而哈贝马斯则讲："政治公共领域是从文学公共领域中产生出来的；它以公众舆论为媒介对国家和社会的需求加以调节。"[①] 有研究者指出，由此可见，哈贝马斯不是在一般意义上讨论政治领域和意识形态领域的关系问题，而是集中论述公共领域中的文学活动和政治活动之间的关系，特别是讨论二者发生的先后关系。

哈贝马斯认为，在文学公共领域基础上产生政治公共领域的根据是：从历史过程看，资产阶级在咖啡厅、俱乐部和音乐厅中批评封建专制，是在它取得政治权力之前，是通过各种具有文学、新闻色彩的文化交流逐渐形成或统一了的政治意识，进而凝聚成政治力量后，才去建立自己的政治公共领域；并且，文学性的言谈沟通也是中世纪遗留下来的代表型公共领域或宫廷贵族的政治公共领域向资产阶级政治公共领域转型的有效途径，"在与资产阶级知识分子相遇过程中，那种充满人文色彩的贵族社交遗产通过很快就会发展成为公开批评的愉快交谈而成为没落的宫廷公共领域向新兴的资产阶级公共领域过渡的桥梁"[②]。学者们指出，强调文学公共领域是政治公共领域产生的基础，是哈贝马斯把交往行为看作社会发展基本动力之一的观点的具体表现。

哈贝马斯讨论了制约资产阶级公共领域的运行机制及各种因素。哈贝马斯指出："公众在 17 世纪的法国指的是作为文学和艺术批评的接受者、消费者和批评者的读者、观众和听众；

---

① ［德］哈贝马斯：《公共领域的结构转型》，曹卫东、刘北城等译，学林出版社 1999 年版，第 35 页。

② ［德］哈贝马斯：《公共领域的结构转型》，曹卫东、刘北城等译，学林出版社 1999 年版，第 34 页。

说公众，人们首先想到的是宫廷臣仆，其次是坐在巴黎剧院包厢里的部分城市贵族以及部分资产阶级上流社会。"① 这些公众逐渐从艺术鉴赏、文学批评等交流活动上升到对政治时弊的批评，于是，从文学公共活动向政治公共活动的转变开始了，尽管这种转变是在咖啡厅、餐馆、沙龙、歌剧院中以消遣、娱乐等形式掩盖着，但是也逐渐引起了封建统治者的警觉。当局开始限制这些活动，于是资产阶级公众不得不转入地下，结成秘密团体，开展隐蔽的、但是具有明确政治目标的活动。这个过程不仅是政治公共领域的形成过程，也是资产阶级公共领域走向组织化的过程。在这个过程中，作为限制因素的不仅是封建统治的政治干涉，而且还表现为语言沟通的有效性、价值观念的改变、文化背景和心理结构的差异、活动场所的区别（亦即交往环境或沟通情境），以及经济利益和社会地位等等因素。因此，哈贝马斯试图在社会综合因素和总体性过程中来分析资产阶级公共领域的运行机制。不过，在诸多制约因素中，哈贝马斯最重视的是具有文学或文化色彩的语言沟通。

哈贝马斯强调，由于资本主义社会的公共领域是在突破各种政治的和文化的制约因素的限制下发展起来的，因此它就必然具有丰富的政治功能和文化功能。哈贝马斯以大量篇幅考察了他所总结的欧洲及其他各国资产阶级公共领域的政治功能和文化功能。概而言之，哈贝马斯认为在他所讲的不被扭曲的前提下，资产阶级公共领域的政治功能和文化功能是有益于社会发展的积极因素，应当重视和发挥它的这些功能。然而，资产阶级公共领域中的矛盾关系决定了它一定要发生变异，功能由积极转为消极的扭曲过程一定会发生。因为，"资产阶级公共领

① ［德］哈贝马斯：《公共领域的结构转型》，曹卫东、刘北城等译，学林出版社 1999 年版，第 36 页。

域是在国家和社会间的强力场中发展起来的"[①]，不仅国家和社会间始终存在各种不断变化的矛盾关系，而且社会自身也存在着尖锐对立的公私关系，种种矛盾以经济、政治和文化各种形式纵横交织地不断引起资产阶级公共领域发生变异，最终导致了公共领域的结构转型。

哈贝马斯指出，资产阶级公共领域的结构转型，主要是指存在的基础或发生前提的变化，亦即"国家与社会彻底分离"的变化。从19世纪初期开始，资产阶级公共领域的政治功能和文化功能越来越发达，资产阶级作为统治者也越来越清楚地在这个领域中看到它的阶级利益，更加明确地认识到公共领域对国家政权和社会秩序的重要作用。于是，资产阶级为了巩固自己的政权，维持经济，政治和文化各方的秩序，加强了国家对公共领域的干预。哈贝马斯说："长此以往，国家干预社会领域，与此相应，公共权限也向私人组织转移。公共权威覆盖到私人领域之上，与此同时，国家权力为社会权力所取代。社会的国家化与国家的社会化是同步进行的，正是这一辩证关系破坏了资产阶级公共领域的基础，亦即，国家和社会的分离。"[②]国家权力向公共领域入侵、扩张的结果，不仅导致了国家与社会界限的消解，而且还产生了一个消除公私区别的"重新政治化的社会领域"。这种新社会领域是国家与社会、公共权力领域与私人领域发生相互入侵的领域，造成这种结果的主要途径是社会组织化。资产阶级的社会组织化是在资产阶级国家权力的推动下展开的，资产阶级国家权力通过各种方式努力向协会、

① ［德］哈贝马斯：《公共领域的结构转型》，曹卫东、刘北城等译，学林出版社1999年版，第171页。

② ［德］哈贝马斯：《公共领域的结构转型》，曹卫东、刘北城等译，学林出版社1999年版，第171页。

行会、社会事务管理机构、私人事物协调组织和政党等方面渗透，加强了国家对社会生活控制的广度和力度。与此同时，各种社会团体，特别是政党也越来越积极地向国家权力伸手，把大批社会成员卷入干预国家政治权力的漩涡之中。"这时出现的是一个再政治化的社会领域，不论从社会学的角度，还是从法学的角度出发，它都无法归于公共领域的范畴之下。"[①] 虽然"再政治化领域"的出现是国家权力和公共领域相互介入的过程，导致的结果也是二者的同时变化，但是哈贝马斯真正关注的不是国家权力的社会化，而是公共领域或社会生活的国家化，亦即国家权力对公共领域的入侵。由于哈贝马斯认为公共领域是由私人汇聚而成的，资产阶级公共领域存在的前提和基础是私人的自主、自立、自由，所以，当公共领域被入侵，甚至被取消时，实质上也就是私人领域或具有主体性的私人交往领域被取消了，资产阶级私人的地位被否定了。学界认为，国家政治权力的极度膨胀和资产阶级私人（个人）自主地位的丧失，是哈贝马斯论述公共领域的结构转型时关注的根本问题。在自由资本主义时期，由私人汇聚而成的公共领域无论是政治功能还是文化功能，对国家政治权力都有积极的批评和推进作用，这种作用被哈贝马斯认为是促进社会秩序稳定和社会发展不可缺失的，而当资产阶级公共领域发生国家与社会、公共与私人相互介入的结构转型后，这个领域的积极作用也就荡然无存。哈贝马斯认为这种后果将会引起更为严重的后果，必须不仅明晰这种后果产生的根本原因，而且还要找到解决这种后果的有效方案。

哈贝马斯提出的方案是：限制国家权力对私人领域和公共领域的干预，国家应当恢复自由资本主义时期同社会保持一定

① ［德］哈贝马斯：《公共领域的结构转型》，曹卫东、刘北城等译，学林出版社 1999 年版，第 201 页。

程度分离的传统，允许公共领域在政治上和文化上的批判功能，并且由私人聚集而成的公众也应改变只知接受、顺应的精神状态，以积极的心态和“辩证思维”去面对社会异化，监督、批评国家权力的实施，促进政治生活的健康化和社会秩序的合理化。哈贝马斯还认为，实现这些主张的前提是：私人从自己的狭隘境地中重新走入公共领域，开展有效的交往行为，在对话沟通和理解中结成的社会关系。①

(2)《理论与实践》中收入的《劳动与互动：黑格尔耶拿时期精神哲学的评论》一文，是哈贝马斯思想历程中很重要的一篇文章。人们注意到，后来，哈贝马斯的思想框架离不开这篇论文对劳动与互动所作的区分：在重建韦伯的理性化命题时，渗透着工具目的理性与符号互动的区分；在批判马克思时，渗透着他所作的历史唯物论重建，这渗透于关于生产力与生产关系划分的论述；就沟通行为理论而言，在行为层次上对行为导向达成理解、以及在社会层次之上关于系统和生活世界的区分。哈贝马斯特别在黑格尔耶拿时期的作品中找到了他理论耕耘的历史起点和注脚。

有研究者对此又作出补充说明：哈贝马斯在《劳动与互动》一文中所解读的黑格尔并不同于人们一般熟悉的青年黑格尔之论，而是在他在解读中所作的“重建”。换言之，哈贝马斯采取了激进的诠释手段，解释黑格尔意味着批判黑格尔，而且是经由“批判/重建”黑格尔转过来“批判/重建”他的思想。

按哈贝马斯的讲法，耶拿手稿里面，黑格尔所说的精神，指的是精神的形成过程中的这样一种精神：当作一个有待解释的现象。哈贝马斯说：“精神是一个同等原始的中介所组成的有

---

① 刘少杰主编：《当代国外社会学理论》，中国人民大学出版社 2009 年版，第194～200 页。

机体：‘那些首先受制约的存在——作为中介的意识——是它（精神）作为语言、劳动工具以及家庭财产，或是作为第一步的单一存在物的存有，即记忆、劳动和家庭’。”[①] 换言之，精神不是那先在的假定，反之，“借由符号表现、劳动和互动之间的关联中，找到精神的型塑历程的统一性”[②]。有学者对此解释说：这里，精神被理解是经由某些“中介”或“媒介”的；哈贝马斯称，“在这型塑历程的辩证中”，其铺陈的媒介方式即是沟通行动。语言和劳动作为精神的媒介，前者涵蕴着主体与主体间的互动，后者则是人对待自然界的方式或关系。哈贝马斯说：“正如语言打破直接知觉的垄断局面，并且将混沌的纷离印象整理成可加以辨认的东西；同样的，劳动打破了直接欲求的垄断局面，并且似乎捕捉住了驱力满足的历程。”[③] 因此，无论是语言或劳动，它们均代表“中介”的角色。

黑格尔视符号（语言）、劳动历程、伦理（交互主体性）为精神自我型塑的表现，这是相应于范畴语言、劳动工具和家庭的模式所开展出来的关系。而在哈贝马斯看来，因为所有劳动都在社会脉络内进行，因而也就意味着都在交往行为的脉络内进行。哈贝马斯这样说：“作为文化传承的语言进入了交往行动；因为正是这种从传统生出的、相互主体地有效而一致的意涵，才允许相互性的取向，也就是互补的行为期待。所以，互动依赖于被熟悉了的语言沟通。但是现在还有工具行动，它一旦是作为社会劳动而实际精神的范畴之下涌现的，那么它就被

① ［德］哈贝马斯：《劳动与互动：黑格尔耶拿时期精神哲学的评论》，《理论与实践》（1974），第 152 页。

② ［德］哈贝马斯：《劳动与互动：黑格尔耶拿时期精神哲学的评论》，《理论与实践》（1974），第 162 页。

③ ［德］哈贝马斯：《劳动与互动：黑格尔耶拿时期精神哲学的评论》，《理论与实践》（1974），第 153～154 页。

埋进了互动的网络中，因此在其他的方面是依赖于所有可能协调之沟通边缘条件的。除了社会劳动之外，那种需要劳动工具的孤立的行动的施行，也是有赖于符号的，因为动物性欲望满足的直接性不能在没有命名意识的间距化的情况下而从可予鉴别的各种对象之中实现。”[①] 总之，“互动性”“相互肯认”“为求肯认的斗争”“交互主体性”等等，都在“交往”的概念下；而且，在劳动与互动在作为媒介的关系下，“交往”是辩证之型塑历程，以趋向于统一。更有甚者，哈贝马斯把“交往”等同于“互动”；因此就这个意义下，他强调，“互动”在范畴概念和本体论的原则上是优先于“劳动”的。

于是，哈贝马斯逐渐形成了其交往行为理论的雏形，即经由劳动与互动之区分，一方面保有互动中的自主性逻辑，另一方面也使互动的介入化解劳动带来的异化。这里，我们可清楚地看出哈贝马斯的黑格尔式的马克思主义立场。马克思的“劳动异化”在哈贝马斯的诠释下成为“被扭曲的交往”。

在哈贝马斯看来，黑格尔理解精神“并不是一个内在的东西，而是被设想成一个既不内也不外的媒介”时[②]，这已涉及语言是第一范畴。经由语言，意识与自然存在者才对意识而言是相互分离的；也在语言的意识透过符号，使主体成了经验主体，而且是相互往返的关系性主体。哈贝马斯视黑格尔的语言是“优位的范畴”，以符号中介的命名意识和以“工具/劳动”为中介的狡诈意识，均在语言的建构中相互的综合之中呈现多样性，不然“‘我’的同一性就不太能够被认知历程所预设，如不太能

① ［德］哈贝马斯：《劳动与互动：黑格尔耶拿时期精神哲学的评论》，《理论与实践》（1974），第158～159页。

② ［德］哈贝马斯：《劳动与互动：黑格尔耶拿时期精神哲学的评论》，《理论与实践》（1974），第153页。

被那种狡诈意识所由生产的劳动历程与肯认意识所由生之互动历程所预设"①。换言之，"符号批准自我的再认知，工具则坚守那种据之即可随意征服自然历程的法则"②，"只有在语言中那种相互歧离的各环节之综合，那种作为'我的'世界之综合的'我的'综合和自然的综合，才是可能的"③。因此，黑格尔确实注意到语言作为沟通媒介的作用，在他的思辨框架下形成了动态的、对话的、相互性的逻辑，往返"辩证"，主体摆脱了康德的孤立，成了互为主体，更具经验性。

根据哈贝马斯之说法，黑格尔在语言的名目下合理地把对于表象性符号的运用当作抽象精神的第一个决定而予以引入④。黑格尔把意识分别理解为命名的、狡诈的和承认的，它们分别表现三种辩证类型：象征、工具、伦理关系。无论是命名的主体或劳动主体，它们同样在相互肯认这样的形态之下，甚至哈贝马斯还认为，"表现的、劳动的辩证基本模型，可以用伦理行动之辩证"⑤ 来理解。在哈贝马斯对黑格尔所作的策略性诠释下，耶拿手稿成了说明交互主体性如何被展开的，而且劳动与互动不相互化约的区分意识，以此再铺陈从交互主体性的意涵下发展出沟通行动理性。不过，哈贝马斯认为黑格尔并未成功地推导出沟通理性。

---

① ［德］哈贝马斯：《劳动与互动：黑格尔耶拿时期精神哲学的评论》，《理论与实践》(1974)，第 156 页。

② ［德］哈贝马斯：《劳动与互动：黑格尔耶拿时期精神哲学的评论》，《理论与实践》(1974)，第 154 页。

③ ［德］哈贝马斯：《劳动与互动：黑格尔耶拿时期精神哲学的评论》，《理论与实践》(1974)，第 156 页。

④ ［德］哈贝马斯：《劳动与互动：黑格尔耶拿时期精神哲学的评论》，《理论与实践》(1974)，第 158 页。

⑤ ［德］哈贝马斯：《劳动与互动：黑格尔耶拿时期精神哲学的评论》，《理论与实践》(1974)，第 163 页。

哈贝马斯进一步将他对劳动与互动之区分置放在韦伯关于“理性化”的概念上，他认为劳动或目的理性包括了工具性和策略性的理性选择，是受建立于经验知识基础上的技术规则的支配。这种技术规则是指对自然和社会世界可观察事件的预测，以偏好或某种价值系统作命题式的逻辑分析，并视以有效的策略性作为可能选择行动的正确评估。反之，目的理性有一套指涉规则作为指引行动的参照，所谓的互动也就是沟通行动，从符号（语言）与其相互关系中看出，社会行动受规范作用的共识性约束，基于相互的主体与主体之间的了解与肯认，表现为真诚的行动规范之的有效性，以达到解放的旨趣（也有人译为“兴趣”），免于宰制和扭曲。其用表可简列为[①]：

	例度的架构：符号互动	目的理性：工具/策略
指引行动的规则	社会规范	技术规则
定义的层次	日常语言中表现出的交互主体性	脉络去除的语言
定义的类型	对行为的相互期望	条件的预测/必然
行动获取的机制	角色内化	技术的学习和资格
行动的功能	制度的维持（基于相互约定的接受规范）	问题解决（以目的—手段的关系方式达成目标）
对违反规则的处罚	对权威反抗的失败，根据共同约定接受处罚	技术失败
理性化	解放、自主，在沟通中免于宰制	生产的增加、技术控制的扩展

① ［德］哈贝马斯：《科学与技术作为意识形态》，《迈向一个理性的社会》(1971)，第93页。

哈贝马斯于是把社会分为两个层面来理解：一是制度架构的生活世界，在符号互动中形成，是道德的互动规则的结果，其社群包括家庭、血缘（团体）；二是目的理性的次级系统，以工具性与策略性为衡量标准，形成制度化的组织，例如经济集团、国家机器。因此，劳动在此被视为等同于目的理性行动，表现作工具性行动的理性选择①。工具性行动是以技术的规范作为导向行动，并且立基于经验知识。包括在目的理性行动中的技术规则，乃以其所容许的预测能力为基础而得条理式的记述。理性选择是以目标得以实现的有效性与否的方式作为依据，以策略行动的选择为考量。相反的，互动即是在具有共识的规范原则下表现出交互主体性间的相互期望、理解和认定，其理性化表现为免于宰制。换言之，哈贝马斯把互动相符于交往行为。

再者，哈贝马斯对劳动与互动的区分进一步给予分析时，又将之放在马克思的理论中，努力用于他所谓的"历史唯物论之重建"。哈贝马斯认为，在黑格尔耶拿手稿中的劳动与互动，到马克思那里被转化成生产力与生产关系的"辩证形态"。在马克思的著作中，那自我的型塑历程，不是被描述成精神的外化，而是被视为植根于人类生存的物质条件，这透过人的实践居间得以构成。但是，哈贝马斯认为马克思并没有把这个问题处理好。哈贝马斯认为，马克思"把交往行为化约为劳动"，把注意力过度集中到物质方面的实践上，很容易在理论层次上由强调以劳动作为主导，使互动因此只被化约到劳动上去。再就是，由劳动所揭示的"生产"，无法处理社会关系以符号互动为结构的组织化活动，因为后者不同于前者，不同于以物质生产、工具、能量、劳动组织等关联性的劳动过程，社会实践无法完全

① ［德］哈贝马斯：《科学与技术作为意识形态》，《迈向一个理性的社会》(1971)，第 91 页。

化约于此；而马克思正好忽略了这点。这样，在哈贝马斯讲的“重建历史唯物论”之中，其关键点是引进“交往行为”的概念，并把它置于核心的地位。

曾庆豹等学者在介绍哈贝马斯以上学说时，着重提示人们注意到，不同于黑格尔强调的“精神”，也不同于当时马克思主义者讲的“物质”，哈贝马斯代之以“语言”并扩大至历史哲学进行思考。如果沟通理性之作用囿限于个体与个体的经验中，事实上其中早就隐含着群体与群体就政治和社会效应上的互动功能。由于交互主体性以符号化中介为相互作用的行动关联，真正的社会进化就不以工具性的生产工具所决定的为导向，相反，而是以相互理解和协调的机制在语言中形成沟通的社会化作用为导向。总之，互动的逻辑体现这样的理性化结构，主体与主体之间的沟通被视为具有优先地位的参照，因此不但要区分劳动与互动的差异，而且还要以互动的构通行动模式为前提。①

2. 1964 年—1981 年。

1964 年，哈贝马斯被法兰克福大学聘为哲学和社会学教授，与社会学研究所的阿多尔诺、施密特、阿佩尔等人共事，直至 1971 年离开法兰克福大学，这段时间被认为是哈贝马斯学术成果逐步扩大影响的时期。这期间哈贝马斯发表的学术成果不仅深化了在《公共领域的结构转型》和《理论与实践》中提出的一些论题，而且还论述了科学技术在晚期资本主义社会中成为极重要生产力及其引起社会生活的一系列重大变化，尤其在《天赋人权与革命》《政治、科学化与舆论》和《政治的终结》等论文中，哈贝马斯学术思想的触角直接进入当时德国现实生

① 曾庆豹撰：《哈贝马斯》，载苏国勋主编：《当代西方著名哲学家评传》（第 10 卷），山东人民出版社 1996 年版，第 446～452 页。

活中的一系列重要问题，这些政治参与性极强的学术观点引起了学生们的极大兴趣。

到20世纪60年代后期，席卷欧美的"左派青年造反运动"波及法兰克福大学，特别是1968年在法国巴黎刮起的五月风暴，在欧洲掀起阵阵狂澜，剧烈地震撼着法兰克福大学校园。面对狂热的学潮，哈贝马斯最初持赞成态度，后来发生了变化。他对学生们罢课游行、占领高校和科研机构、妨碍正常生活秩序的行为，表示反对，公开指责某些学生的行为是"左派法西斯"行为。哈贝马斯的指责引起了处于极度激奋中的学生们的气愤，他们反击哈贝马斯的批评，说他是"文化革命的叛徒"，甚至出版了批判哈贝马斯保守立场的文集：《左派给于尔根·哈贝马斯的答复》。1969年，哈贝马斯出版了《抗议运动与大学改革》一书。

在这些年里，哈贝马斯的理论著述没有停止，发表了《作为"意识形态"的技术与科学》《认识与兴趣》两部著作。前一部是论文集，论述晚期资本主义，因为国家干预和科学技术的作用，科学技术变成了维护统治制度的意识形态；批判技术至上论和资本主义世界对舆论和文化的控制，提出克服和预防科学技术在发展方向及其使用中产生副作用和危险性作用的见解。后一部专著集中考察德国古典哲学认识理论的演化，批判实证主义对认识论问题的简单化，分析实用主义和历史主义在认识论上的贡献和存在的问题，阐明旨趣在认识中的地位和作用，认为像实证主义那样否定旨趣在认识活动中的意义是不符合事实的，必须把"旨趣指向""价值选择"同事实性判断等意识活动看作同一个过程，特别应考虑到社会因素在认识活动中的作用。

1969年，阿多尔诺逝世，哈贝马斯继任法兰克福社会研究所所长。由于1968年"五月风暴"的情况，左派学生对哈贝马斯怀有抵触情绪，法兰克福学派内部也发生了分歧。这些情况使哈贝马斯担任所长后工作十分艰难。1971年，哈贝马斯离开社会研究所，转至巴伐利亚的慕尼黑市郊，任马克斯·普朗克学会的学部委员和该学会的科技世界生存条件研究所所长。巴伐利亚州政界领导人因为哈贝马斯在学潮初期曾支持学生运动，一直密切注意他的言行，把他当作政治异端监视。所内矛盾重重，哈贝马斯常因内部人员分歧而伤透脑筋。1981年，哈贝马斯辞去所长职务，又返回法兰克福大学任哲学和社会学教授。

虽然这十余年时间哈贝马斯在政治活动和行政事务上不够顺利，但是在学术研究上却进入了高峰时期，他的主要代表著作大都是这个时期出版的，例如：《关于社会科学的逻辑》（1967年）、《晚期资本主义的合法性问题》（1973年）、《交往与社会进化》（1976年）、《交往行为理论》（1981年）等等。这个时期的著作，最重要的内容是关于交往行为的研究，其中不仅论述关于交往行为的各种理论学科，而且对先前学术研究成果作出概括和总结。《关于社会科学的逻辑》（1967）的主题同《认识与兴趣》（1968）是一致的，都论述了兴趣倾向和价值选择在认识过程中的作用。区别不过在于，《关于社会科学的逻辑》更明确地强调了关于社会研究的特殊性，应当用“解释学的辩证理性批判”来认识社会和理解社会；《晚期资本主义合法化性问题》（1973）的主题在《作为“意识形态”的技术与科学》中已有所论及，重新论述这个主题，其中的不同在于，文中对晚期资本主义的各种危机作了强调。《交往与社会进化》（1976）是一部论文集，其中关于交往行为、交往资质、交往理性化等方面的论述，后来在《交往行为理论》中得到进一步展开。这部论文集还收入了一篇题为《重建历史唯物主义》的论文，文中提出交往不仅是马克思关注的社会发展动力之一，而且也是社会发展的展开形式，应当对被人遗忘的这个层面给予高度重视，在新历史条件下建构交往行为理论。哈贝马斯认为这是弥补马克思主义在此方面的不足。

《交往行为理论》不仅是这个时期最重要的著作，而且被认为是哈贝马斯开始学术生涯以来最重要的著作。其中对古典社会学和现代社会学理论作出系统批判，深入考察了不同时期社会学家对社会行为、社会理解以及社会理性化的论述，阐述了人类交往行为面临的矛盾困境，提出了交往的理想情境、交往理性结构等方面的观点。在这部著作中，哈贝马斯关于社会科学的解释学或理解论方法，关于对社会科学开展辩证理性分析，关于公共领域的信息沟通、大众交往中的共识寻求和话语实践等基本理论观点，进行了充分论述。①

（1）哈贝马斯常常在与其他思想派别的论战过程中提出他的新看法，丰富自己的理论。

例如，哈贝马斯在海德堡大学的四年中，卷入了20世纪60年代德国社会学界关于"辩证学派和批判理性主义学派"之争。透过该次论争，哈贝马斯认真考察了分析哲学的经验主义传统，也在其中大量地消化诠释学理论；后来，哈贝马斯在20世纪60年代末出版的《关于社会科学的逻辑》（1967）和《认识与兴趣》（1968）两书，可以说是这次论战的结果和思想结晶，奠定了他在批判理论阵营中的地位。

1961年，哈贝马斯与波普曾发生过公开的争论。哈贝马斯与波普之间的争论并未曾直接面对面发生。1961年在德国图宾根举行了一次关于社会科学的研讨会，波普首先发表以《关于社会科学的逻辑》为题的论文，随之阿多尔诺回以《论"社会科学的逻辑"》提出与波普针锋相对的论点。接着哈贝马斯写了

---

① 刘少杰主编：《当代国外社会学理论》，中国人民大学出版社2009年版，第184～186页。

《科学的分析理论与辩证法》评述双方的论点，而且再以批判理论的立场批评波普的实证主义。哈贝马斯在这次争辩中主要提出三方面的论点。第一，实证主义者没有区分自然科学与人文科学的差异，并且将自然科学的方法等同于人文科学的方法。哈贝马斯指出，自然科学是处理经验事实的问题，而人文科学则涉及价值判断，没有作此区分显示了实证主义者的独断；再者，实证主义持事实与价值分立的二元论，也就忽略了选择性自由的因素；而恰恰在这一点上，涉及人文科学的范畴关系到实践的评价问题。实证主义者犯了经验主义的错误，把经验当作客体而非对象，这在人文科学的方法应用上是行不通的。第二，波普及所有实证主义者，均把理性片面地理解为一种狭窄的工具理性；经验主义者的决定论（deterministic）以及波普的决定论（decisionstic），都宣称理性与工具理性等同。第三，哈贝马斯认为社会的实在是由一群主体构成的，而不是一群客体。换言之，知识或理论探究的是关于实践和价值的问题，波普等人过于天真、朴素地看待知识或真理探究，也就无法理解意识形态在其中所扮演的宰制性功能。社会科学家最主要的工作就是批判、揭露意识形态，与之相反的实证主义者却只考虑到手段有效与否；这种工具性思维，忽略了目的本身所蕴含的价值和意义的问题。

这场原先由波普和阿多尔诺之间所开启的辩论，转变成哈贝马斯与汉斯·阿伯特之间的争论。

20世纪60年代，哈贝马斯还与伽达默尔发生了一次争论。当时的情况是，哈贝马斯在对实证主义所谓的价值中立观点进行批判时，已经留意到伽达默尔解释学的观点。伽达默尔阐发其解释学的《真理与方法》出版于1960年，哈贝马斯直到1967年出版《关于社会科学的逻辑》一书时才首度公开批评伽达默尔的解释学论点。哈贝马斯认为，伽达默尔并未充分重视理性的反省性功能，只留意到语言有媒介性。伽达默尔太倚重语言，以至于遮蔽了那隐藏的意识形态。哈贝马斯不能接受语言的中立性假说，因为他强调，"语言也是宰制及社会权力的媒介，它服务于有组织的权力关系的合法化。只要权力宰制表现为合法的，语言就是意识形态。在这种情况下，问题不是语言中包含欺骗，而是用语言进行欺骗"[①]。按照哈贝马斯的观点，语言只是实在的一个方面，还有其他构成因素的存在；语言并非伽达默尔所认为的"中立"。

哈贝马斯始终坚持认为解释学的普遍要求是我们的沟通如何得以正常，也就是说如何免于扭曲的沟通；换言之，正如有人指出的，批判的解释学"不是规则指导下的实用技能，而是一种批判；经过反省式的决定带给意识有关我们语言的体验，这些语言体验是我们在运用我们沟通能力的过程中，也就是靠语言中的社会互动获得的"。所以，在这个意义下，哈贝马斯把解释学结合到精神分析学上去，成了意识形态批判的方法论，经由对语言之过程解除压抑（宰制），"理解"就不仅仅是问"什么"的问题，而是要问"为什么"的问题。[②]

1968 年，哈贝马斯的《认识与兴趣》（这里的 interest，有人特别将其译为"旨趣"）正式出版后，人们看到，哈贝马斯的社会理论，是以他在认识论和方法论上的创新性思考为前提的。

如同伽达默尔所作出的判断一样，哈贝马斯也认为：理论原本就是同实践密切相联系的，并且理论本身就是实践的一种表现形式。只是到了后来，特别是 18 世纪以来历史哲学的不断

---

① J. Habermas, *On the logic of the Social Sciences*, MIT Press 1990. p. 171.

② 曾庆豹撰：《哈贝马斯》，载苏国勋编：《当代西方著名哲学家评传》（第 10 卷），山东人民出版社 1996 年版，第 438～440 页。

发展，理论才因为专注历史规律的概括而逐渐脱离实践，抛开不断变化、无限丰富的实践过程，变成自言自语式的“独白的社会哲学”。

在哈贝马斯看来，马克思创立的历史唯物主义克服了理论与实践的分离，不仅强调从实践出发，以实践为基础去认识社会、理解生活，而且更重要的是在主体与客体相互作用的辩证关系中去批判现实、反省理论。哈贝马斯认为，马克思开创的这个传统十分重要，因为不仅现实是异化的、被扭曲的，需要发挥理论的否定性作用去审查现实、超越现实，促进现实向健康、进步的方向转化，而且理论也只有在对现实的不断审视与介入中才能发挥作用。而理论要想真实地发挥作用，必须在同实践的联系中展开自我反省，尤其要从认识论层面上反省理论的方法原则，亦即开展认识的批判。

在哈贝马斯看来，认识的批判，是近代哲学的主要内容，培根、笛卡尔、洛克、莱布尼茨、斯宾诺莎和休谟等人的认识论，康德、黑格尔的德国古典哲学，都是对人类认识活动的反省，其核心问题是如何获得可靠的认识，哈贝马斯认真考察了德国古典哲学、马克思社会理论、实证主义、实用主义和历史主义的认识论观点，从中揭示被人们忽视了的，但具有根本性的问题：认识和兴趣的关系，使认识的批判进入了一个新的层面。

在哈贝马斯看来，康德最明确地提出了认识的批判问题，《纯粹理性批判》《实践理性批判》和《判断力批判》，是康德分别对科学认识、评价认识和审美认识的批判，其实质是回答真、善、美三种知识何以可能。康德对认识所作的批判，不仅清理了各种认识行动的展开前提，揭示了形成正确认识的根据，而且还有为三个基本领域中的认识活动分析划界的意义。哈贝马斯认为，康德的分析式批判，虽然对三个基本领域中认识活动的形式、规范和机制作出界定，对认知、评价和审美的本质特点作出澄清，但这些工作的主要注意力还是集中在先验逻辑的研究上。康德从纯粹的知性范畴、抽象的道德法则和审美判断这些先验概念体系出发，来论证可靠认识形成的根据和途径，犹如把人的认识活动和知识系统建立在虚空中，因此尽管其中有许多真知灼见，但是到头来仍然回答不了如何获得可靠认识这个难题。黑格尔不满意康德分析划界式的先验逻辑，他从运动变化和创造发展的过程论对认识开展了进一步批判。哈贝马斯认为黑格尔对康德的批判无疑使问题深入了一步，"康德的继承人不再把先验的条件（范畴和直观形式）以及在这些条件下进行综合活动的主体本身视为给定的，而是理解为生成的。他们显然是如此理解先验的条件，即唯心主义地把经过反思的认识的自我认识提高为先验条件产生过程的创造者"①。值得重视的是，黑格尔认为这种生成的、动态发展的过程，是借助于语言、劳动和社会行动实现的。这就是说，黑格尔对认识的批判已经从纯粹的先验逻辑转向了现实的社会过程，已经预示了认识的批判正在触及它存在的真实基础。然而，黑格尔并没有使认识的批判发生实质意义的革命，因为他只不过在绝对知识的逻辑演化中接触到现实生活，最终关于认识的一切解释都要被拉回绝对知识体系之中，因此，黑格尔对康德的批判不仅缺乏革命性，而且是无力的。

哈贝马斯认为，马克思的社会理论使认识的批判真正立足于现实基础之上，使认识论发生了革命的变化。哈贝马斯指出："马克思的下述解释是有说服力的。他说：'在工业中向来就有那个很著名的人和自然的统一性，而且这种统一性在每一个时

① ［德］哈贝马斯：《认识与兴趣》，郭官义等译，学林出版社 1999 年版，第 312 页。

代都随着工业或快或慢地发展而不断改变，就像人与自然的斗争，促进生产力在相应基础上的发展一样。’这种通过社会劳动而形成的综合不是绝对的综合。”[①] 在哈贝马斯看来，马克思从包括工业生产在内的社会劳动出发来开展认识的批判，人的认识活动既不再被看作以先验逻辑为前提的先天综合运动，也不再被看作概念逻辑的推演过程，而是在主观同客观相互作用的社会劳动中发生和发展起来的现实过程。不仅认识的主体与客体都在社会现实中存在，而且认识的内容和结果也都在社会现实中形成和实现。

哈贝马斯虽然肯定了马克思在社会劳动基础上研究认识的立场，但是他认为马克思的认识批判也存在明显的缺欠。他指出，马克思注意到社会劳动的类本质，并由此而在一般的普遍的意义上来讨论劳动中的主体与客体关系，论述制度关系和历史规律对人类的认识活动的规定。“马克思（对类的历史所作）的解释，正如他所做的那样，采用的都是仅仅通过劳动而完成的类的自我产生的更有局限性的概念。唯物主义的综合概念包含的内容远不足以解释马克思赖以接受的、在充分理解的意义上彻底化了的那种认识批判的意图。唯物主义的综合概念甚至妨碍了马克思本人用这种观点去理解他的处理问题的方式。”[②] 这里，哈贝马斯主要从两个方面批评马克思：其一，从“类”概念来理解劳动及认识过程，使对认识的批判又重返康德式的抽象形式讨论；其二，以机械唯物论的眼光来讨论劳动和认识过程，在意识与物质，人与自然的简单关系中来分析认识的矛

① ［德］哈贝马斯：《认识与兴趣》，郭官义等译，学林出版社 1999 年版，第27页。

② ［德］哈贝马斯：《认识与兴趣》，郭官义等译，学林出版社 1999 年版，第37页。

盾性，使对认识的批判简单化。因此，马克思未能实现他把认识放到实践基础上展开更深入、更具体批判的目的。

哈贝马斯认为，马克思的认识批判最终归于抽象的突出表现是："马克思没有发展人的科学的这种观念；由于把批判和自然科学等量齐观，他甚至取消了人的科学观念。"[①] 在哈贝马斯看来，马克思在青年时期试图在劳动基础上把人与自然，人的科学观念与自然科学观念统一起来，而到马克思发表《〈政治经济学批判〉序言》时，人的科学观念亦即人文科学的精神，被自然科学观念亦即实证科学原则冲淡，甚至湮没了，马克思开始用决定论、客观论的眼光来讨论社会生产过程和人的认识过程，人的情感、意识、选择等只有在人文精神境界中才能被注视的主观因素被遗忘了。而这些因素正是认识批判必须重视的因素，因此，哈贝马斯认为马克思没有完成认识批判的任务。

关于实证主义、实用主义和历史主义同认识批判的关系，哈贝马斯认为，这是在马克思那里已经表现出来的实证科学精神的进一步展开。孔德和马赫为代表的"实证主义标志着认识论的结束，代替认识论的是知识学"[②]，认识论或认识的批判的两个基本问题是认识的前提和认识的意义，实证主义把这两个问题都抛弃了，"实证主义否认这个问题；在它看来，这个问题由于（有了）现代科学这一事实，已经成为毫无意义的问题"[③]。无视认识的前提和认识的意义，意味着放弃对认识正确性何以可能的反思，否定对认识中价值因素的追问，进而彻底把认识

① ［德］哈贝马斯：《认识与兴趣》，郭官义等译，学林出版社 1999 年版，第 56 页。

② ［德］哈贝马斯：《认识与兴趣》，郭官义等译，学林出版社 1999 年版，第 66 页。

③ ［德］哈贝马斯：《认识与兴趣》，郭官义等译，学林出版社 1999 年版，第 66 页。

论的批判变成知识学的操作。实证主义这样做的结果，不仅把综合性的认识过程简化为实证科学的对外界事物观察、实验、反映的过程，而且也把认识过程面对的复杂的人生、社会和自然的多维过程简化为无意志、无选择的自然过程，所以，认识过程和认识对象都被归结为无人而在的单纯客观性过程，认识论或认识的批判由此而被彻底否定。

哈贝马斯讲到，实用主义的代表皮尔士（Charles S. Pierce）和历史主义的代表狄尔泰（Dilthey），虽然持反对实证主义的立场，主张从实践经验和历史过程来反思人类的认识行动，力图破除实证主义科学方法论的束缚，为理解社会实践和人的历史活动建立有别于自然科学的新方法论；但是，皮尔士和狄尔泰未能真正克服实证主义，实现建立有别于实证科学方法的人文社会科学方法。皮尔士强调认识活动效用，狄尔泰强调理解的综合性，在认识的批判和反思上无疑具有积极意义；尤其他们都从不同角度触及了认识活动中的理想追求、价值选择和兴趣向度问题，使认识论的研究变得十分丰富。然而，皮尔士和狄尔泰未能跳出科学主义窠臼，其原因在于他们对科学的依恋，他们是站在科学的立场上反对实证主义的方法。正因如此，虽然皮尔士和狄尔泰都触及了哈贝马斯关于认识批判的根本性问题——理想选择和旨趣取向，但是他们都未能深入研究这个问题。哈贝马斯说："皮尔士和狄尔泰都遇到了科学认识的兴趣的基础（问题），但都没有对这个问题作过反思。他们没有对指导认识的兴趣这个概念下过定义，并且也没有真正理解这个概念所追求的东西。他们虽然分析了生活联系中研究逻辑的基础，但是，他们似乎只是在他们所不熟悉的领域内，即在被理解为形成过程的类历史的概念内把经验分析的科学基本导向和解释学的基本导向认定为指导认识的兴趣。"①

哈贝马斯把旨趣（interesse）（兴趣）看作认识活动的基础。他指出："一般说，兴趣即乐趣；我们把乐趣同某一对象的存在或者行为的存在的表象相联系。兴趣的目标是生存或定在，因为，它表达着我们感兴趣的对象同我们实现愿望能力的关系。"②由此可见，第一，哈贝马斯所界定的旨趣是一种有明确指向或目标的主观愿望，是对某种行为或某种事物怀有乐观希望的积极心理状态；第二，旨趣是与经验过程直接联系的非概念性的认识形式，它以表象把握目标并以表象指引人们的行为追求；第三，兴趣表现着人的选择，它以程度高低表达着主体实现自己选择的能力；第四，旨趣产生于人的实践活动之中，以其直接现实性在人的认识活动中发挥基础性作用；第五，旨趣与人们特定的存在和生存需要密切联系，并且表达着根据存在环境和生存需要产生的评价与选择。

在哈贝马斯看来，具有如此丰富内容和作用的兴趣，正是科学主义和实证主义从认识过程和研究方法中极力排斥的，因此，把兴趣作为认识的基础，最直接的是反对科学主义和实证主义。哈贝马斯为揭示兴趣在认识中的基础地位，不惜笔墨地批判德国古典哲学、马克思主义、实证主义、实用主义和历史主义，而批判贯彻的主旨是对实证主义所谓排斥主观性的客观性原则加以否定。在对上述各种理论的认识论批判中，哈贝马斯对马克思的以实践为基础的认识理论给予了较多的肯定，这一方面表现了他赞同早期马克思反实证原则的批判主义精神，

① ［德］哈贝马斯：《认识与兴趣》，郭官义等译，学林出版社1999年版，第200页。

② ［德］哈贝马斯：《认识与兴趣》，郭官义等译，学林出版社1999年版，第201页。

另一方面也充分表现了他以介入现实、超越现实为目的的主张。

为了更具体地阐明兴趣在认识和实践中的地位和作用，哈贝马斯对旨趣进行了分级和分类。他首先把旨趣区分为“基本的旨趣”和“次级的旨趣”。基本的旨趣被认为是在自然科学领域和人文科学领域中都发挥作用的旨趣，亦即在生产活动、科学实验和日常生活等各种领域中都存在的旨趣，是人认识世界、参与实践的未分化的原初旨趣。哈贝马斯把这种未分化的旨趣称为原初的、基本的旨趣，这与他对生活世界与其他领域之间的关系的理解是一致的。哈贝马斯提出这个观点，不仅是要说明人的旨趣最初是完整的、多元的，而且力求说明未分化的原初旨趣是综合的、没有明确指向的，它作为基本旨趣为超越在各种领域中因专门化而产生异化的兴趣提供了心理基础或认识基础。

哈贝马斯指出，“次级旨趣”是在“基本旨趣”中分化出来的三种引导认知的旨趣（erkenntnisleitendes interesse）：技术的认知旨趣（technisches erkenntnisinteresse）、实践的认知旨趣（praktisches erkenntnisinteresse）、解放的认知旨趣（emanzipatorische erkenntnisinteresse），对此人们往简称为“技术旨趣”“实践旨趣”“解放旨趣”，这三种旨趣不仅有明确的目标指向，而且它们还是在特定领域中发挥作用的“理性的旨趣”（rationales interesse）的表现形式。

哈贝马斯讲，“技术的认知旨趣”在“关于事物和事件的现象领域”中发挥作用，它是通过“劳动”形成的，它所关心的是用各种操作的技术手段实现主体的“对象化”或“客体化”行为，用各种“工具行为”实现对外在对象的技术处理，与之相对应的科学是实证的经验分析的科学，说到底亦即在生产领域中发挥作用的认识兴趣。

哈贝马斯讲，“实践的认知旨趣”在人际交往行为领域发挥作用，它是通过"语言"形成的，它所关心的是人际间的理解、沟通、共识，它的突出作用是为人们的交往行为规定方向，引导人们在语言沟通中捕获而实现创生意义。它与技术的认知旨趣最根本的区别是：技术的认知旨趣在主观与客观的二元关系中展开，追求的是客观性和操作性；实践的认知旨趣在主观与主观之间的关系中展开，追求的是主观性和评价性。技术的认知旨趣体现了物质生产和自然科学的原则，实践的认知旨趣体现了人际关系和人文解释学的原则。

哈贝马斯讲，"解放的认知旨趣"是以自我解放为目的的更高层次的旨趣，它是在"支配"或"统治"中产生的，它的作用在于通过自我反思提高社会成员的自我意识能力，它的目的在于引导社会成员摆脱制度化的权力的压抑与控制，解除社会异化对人的存在与发展的扭曲。进一步说，解放的认知旨趣是人类对自由、独立和主体性的旨趣，其根本追求是人的发展与解放。在技术的认知旨趣、实践的认知旨趣和解放的认知旨趣三者关系中，哈贝马斯最重视解放的认知旨趣，因为正是这个旨趣与他和法兰克福学派社会批判理论有最直接的联系。社会批判理论的宗旨就是提升人的自我意识，促进人的主观精神转化，从根本上寻求人类的彻底解放。所以，解放的认知旨趣，不仅植根于人类追求自由与发展的本性之中，是人类自我解放的主体性要求，而且也是法兰克福学派建构批判的社会理论、引导人们批判社会异化的理论旨趣，此亦可称为社会批判理论的旨趣基础。正是在这个意义上，哈贝马斯认为批判的社会理论与人性解放的要求或解放的人性根据是一致的。

有研究者认为，哈贝马斯对旨趣分级和分类的论述，使得自维柯以来反对片面科学认识论的讨论更为具体并更加深入了。由于从直接与各种实践活动相联系的旨趣来揭示认识活动中的主观因素，哈贝马斯也超越了李凯尔特和狄尔泰等人仅仅从认识方法论角度来讨论认识活动中的价值因素的局限性。由此，哈贝马斯把这个问题导入经济生活、政治生活以及人类的日常交往行为之中。

在与实践活动的直接联系中讨论旨趣问题，哈贝马斯不仅揭示了旨趣在主观意识中的表现和作用，而且论述了旨趣在社会现象中的存在和意义。他认为，人们通常讨论的社会现象实际上可以区分为“事实”（fact）和“事物”（thing of matter）。涂尔干从实证主义立场出发把社会事实完全客观化、外在化，认为社会学就是以这种物理学对象一样的客观性社会事实为研究对象。哈贝马斯依据他对旨趣的分析，否定了涂尔干的观点，哈贝马斯认为，事实不是作为实体而存在的物，而是在旨趣的作用下或旨趣因素已经参入其中的概念。哈贝马斯说：“如果我们说，事实就是存在的事态，那么我们指的不是对象的存在，而是命题的内容的真实性，这里，我们设想的当然是我们赖以肯定其内容的可以证实的对象的存在。事实是从事态中推论出来的。”①

在哈贝马斯看来，由于事实被界定为在兴趣因素的作用下，经过人们的认识活动建构出来的，因此，它不仅不是外在的客观的事物，而且也非直接的感性经验，而是经过旨趣选择和逻辑推论形成的概念构成，它虽然有其存在的基础，不是认识者的凭空想象，但是其中的主观因素，无论是感性的还是理性的，已经占有主导地位。当社会科学以这种社会事实为研究对象时，就必须正视其中的主观因素，而不应对它作出简单的本体论思考。哈贝马斯说：“我认为，对事实的本体论性质提出问题，完全是错误的：事实是同我们要经历和要处理的类似的‘某种东

① ［德］哈贝马斯：《认识与兴趣》，郭官义等译，学林出版社 1999 年版，第 317 页。

西'的假定，严格说来，是毫无意义的。"[①]

在哈贝马斯看来，认识社会事实的正确方式是：在语言对话和交往行为中通过沟通和讨论的方式达到对社会事实的共识，它的表现形式就是批判的解释学。经由施莱尔马赫、狄尔泰和伽达默尔等人发展起来的解释学，明确地承认认识活动中的主观性，认为不能简单地把自然科学的方法推及人类认识活动的全部过程，主张在社会经历、语言交往、文化传统、心理体验、意义追寻等多种因素的联系中把握人们的意识过程或认识行动。解释学的这些主张得到哈贝马斯的赞同，并将之融入自己的交往行为理论之中，但是，哈贝马斯同解释学也有重要的分歧，主要表现是：他反对解释学传统的保守性，主张用辩证的批判原则来改造解释学，亦即建立批判的解释学。

在哈贝马斯看来，批判的解释学同一般的解释学的区别主要在于：

首先，是否坚持认识活动的否定性。解释学的一个基本命题是：传统是不可超越的，人们都是在特定的传统中理解世界；而传统又都是在特定历史条件中存在的，因此传统是有局限性的；它对认识活动的限制表现为成见或偏见，因此，无法超越传统的人们总是带着某种成见来看世界。哈贝马斯不否认传统对人们认识活动的限制，分歧在于如何面对传统的限制。哈贝马斯主张以"辩证理性"的否定性对待传统的限制，即以超现实的"辩证理性"在理想与现实的矛盾中批判传统的限制。文化传统不仅是历史，更重要的是现实，其中的保守因素主要是理论化、模式化的作为统治者思想工具的意识形态。因此，批判传统的限制，主要内容是批判意识形态。开展意识形态的批

① ［德］哈贝马斯：《认识与兴趣》，郭官义等译，学林出版社 1999 年版，第 317 页。

判，正是一般解释学所忽视的。

其次，一般解释学的理论追求是寻求理解文本和阐释意义的有效形式与途径，通过对理解的本质、形式、途径、矛盾、价值、意义取向的讨论而实现这个理论追求。哈贝马斯认为，这些都是必要的追求，但不应是理论思维的终极目标，人们的理解与解释活动不应仅仅停留在这个层面上。解释学作为提供正确理解与解释原则的理论，应当把寻求人类的彻底解放作为根本的理论目标，所以应当倡导人们根据自己的解放兴趣在理解与解释活动中开展对社会异化的批判，否定现实中的消极因素，唤醒人们的批判意识，促进社会健康发展。

最后，从狄尔泰到伽达默尔，解释学一直试图寻求普遍适用的一般原则，尤其是伽达默尔明确把自己的学说冠以“哲学解释学”，以表明它的一般性或普遍性。虽然哈贝马斯因为坚持原则的普遍性而受到法国学者的批评，但是在解释学普遍性上他却持有异议。哈贝马斯认为，人们都是在语言交往行为中开展理解与解释活动的，语言、交往以及它们发生于其中的社会环境，都是在意识形态和政治权力的限制中存在的，它们的表现并非是真实的存在，受这些因素及过程的规定，理解和解释活动不可能按照共同的普遍性的原则展开，理解和解释过程不可能都是合规则的，扭曲的、误解的过程一定会发生。不仅理解者会误解他的理解对象，而且理解者也会误解他的交往过程、交往伙伴，甚至误解自己。强调理解的曲解性，不仅说明哈贝马斯注意到理解过程或认识活动的有限性，而且更重要的在于，他坚持用批判的眼光去理解和解释人及其社会活动。[①]

哈贝马斯澄清说，所谓的“理解”也就是行为者主观活动

① 刘少杰主编：《当代国外社会学理论》，中国人民大学出版社 2009 年版，第 186～193 页。

的社会和文化意义。总之，解释学的规则决定了人文科学的"述句效应"的可能意义。哈贝马斯虽然在诸多方面肯定了解释学的想法，但他并不把"理解"仅仅看作是对意义的了解，因为解释总是关系到人本身的活动。

哈贝马斯在对解释学澄清时，吸收实证论的因果解释和解释学关于意义的了解，再加上以批判为导向的社会科学，形成了他所谓的"辩证综合"，这样的综合指向对社会生活的种种条件作出思考，思考了关于意识形态"宰制"的解放。哈贝马斯认为，对批判理论而言，它的目的是唤起反思的能力，以了解我们的行动究竟在哪种不变的规律下是被扭曲的，或是去改变哪些未曾意识到的潜在威胁。所以，自我反思的作用是批判理论的目标，也是理论与实践相结合的点。说得清楚些，所谓的自我反思即启蒙的作用，是主体迈向自主与负责的成熟的个体的要素，行为者经由自我反思的提升也就更能有自主意识地去行动。理性的人和社会也就是从这方面来谈论的。这些"旨趣（兴趣）都具有普遍性和必然性的特质"。哈贝马斯称之为"准先验"（quasi-transcendental），正如语言有其先验的特质，却也随着人类的语言发展而改变其本质。"解放的认知旨趣"之所以可能，是因为人有服从理性指导的行动能力，这种行动能力反映了启蒙理性中的旨趣，它的普遍性和必然性正是人们渴望、期待改变现有的不合理状态，迈向自主和负责的成熟的人和社会的动力。

哈贝马斯进而认为，关于"解放的认知旨趣"及其推动能力的自我反思说明，不能只停留在知识论层面上。所以哈贝马斯为给"解放的认知旨趣"进一步提供论证的方法论基础，借助于弗洛伊德心理分析学理论，这发展出他所谓的批判解释学。

按照哈贝马斯的说法，弗洛伊德的心理分析理论中，具有对于解释学的了解、对因果法则的解释与批判的观点，而在方法论上是关于自我反思的科学。由于人类的认知与行为都须透过语言为媒介，因此就人类认知能力、行动动机和互为主体性的语言而言，是交织而关联着的。语言此时此刻被理解为精神病者是否正常的焦点，无意识的动机是不自觉的因果关联，这种无意识动机可以经由反思力量来克服，因为无意识对个人行为的因果决定，是透过对个人语言的压抑和排除实现的。换言之，心理分析成为一种批判的机制，目标是透过自我反思的过程，使主体经由无意识产生的自觉，变成有意识，最后是取消沟通中所造成的扭曲部分，将知识和人的解放旨趣得以结合。

诸多学者指出，哈贝马斯的批判理论，事实上就是批判解释学，为了与所谓“普通解释学”分别开来，他称自己的诠释学为“深层解释学”。普通解释学的对象，只是尚未了解的经典著作，透过与经典著作的对话过程，由前理解而逐渐对作品有更清晰的了解和较佳的解释。可以说，这种解释学只能了解“未受扭曲的意义”或常态语言。但是心理分析要了解的对象，是被排除于沟通之外和被系统扭曲的无意识内容，其意义是无法直接被了解或解读的。这种逻辑扩大到社会心理的集体层面上，就关联到批判导向的解放旨趣的动机，社会的无意识行动必须依赖相似于心理分析的治疗，转化成有意识的行动（自主和负责），使之能理性地（成熟）控制（自由）他自己的行动。

哈贝马斯在《解释学普遍性的要求》中强调，批判解释学“不是规则指导下的实用技能，而是一种批判；经过反省式的决定带给意识有关我们语言的体验，这些语言体验是我们在运用我们沟通能力的过程中，也就是靠语言中的社会互动获得的”。批判在此即是通过自我反省的历程，主体认识到已完成的活动的无意识前提。解释学所讲的意识，因此是自我反思的结果，在这一过程中，一个说话主体具体地认识到他如何不受语言的影响，而又如何依赖于语言，自我反思有助于说明一个主体在运用他的沟通能力所创造的经验，但它不能确证这种能力。所以问题应该是，批判的主体究竟是如何将主体经验的成见显题化（thematized）。

哈贝马斯在《解释学普遍性的要求》中又指出，深层解释学"将理解的过程和理性讨论的原则结合起来，真理只能由那种共识来保证，即它是在没有控制、不受支配和理想化的无限沟通条件下取得的，而且能够保持下去"；换言之，这样的批判过程旨在被扭曲的状态中建构出行动主体的自觉力量，这种自觉是不断得以深化和发展的，从而更迫近那在经验中潜藏的无意识压抑和扭曲。心理分析不仅提供了理论论释的架构和方法，同时也提供超越表面性关联的实践动机，医生与患者间形成沟通对话的"辩证"，其关键是勾起患者的主体自我反思经验。总之，心理分析结合了意义解释的方法和因果关联的解释，在解放的认知旨趣的引导下，使精神病患者能反思地理解被扭曲的意义和被压抑的欲求，从无意识的决定中解放为一自主和负责的个人。

哈贝马斯把意识形态批判放在深层解释学的语言分析之中，以找到基础性的理论假设。这样的"后设心理学"使精神分析学家预设了未被扭曲的日常沟通的结构，分别是：①符号的结构：语言、行动、表情；②交互主体性的有效性：相互开放的系统；③分主客、别内外、辨公私：说话者的语言能力；④假设互动之认可：语言游戏的共识；⑤不能僵化地使用范畴性的概念，必须考虑到情境化的脉络。语言或符号，在日常的沟通中仅假定了相互理解的结构性和升发性（genetic）（如前语言、象征）是不够的；因为深层解释学关联到语言的一般整合上，语言模式成了无意识动机形成的原因。对于这种无意识动机形成产生的解释性了解，是依赖于那被扭曲变形的语言，使语言恢复其功能，形成反思性机制的力量。哈贝马斯称这种无意识动机的形成谓“去象征化”（desymbolization）；而对无意识动机的反省和意识，正好是颠倒过来，他称之为“再象征化”（re-symbolization）。在解构与重建的沟通情境中，所开启的是某种具有启蒙作用的“辩证”，以鼓励与引导患者走向自我反思为目的。将那些语意内容从前语言转换到语言的集合体状态，扩展了沟通行动的领域。语言因此成为引导患者（个体或社会）自我反思的能力；语言的成功、创造性的公开作用之恢复，这个环节在哈贝马斯来说，就是一种解放。

哈贝马斯认为任何的欲求都是要经由解释的。在语言的相互性结构和升发中所赋予符号的功能，为语言使用者所使用和了解。但是，作为表达欲求的符号，却由其被社会或其他权力压抑而被排除，欲求成了被禁止的或在沟通范围中被拒为合法地谈论的；最终这欲求形成所谓的“语言私有化”（privatized language）的现象，语言自动丧失其作为沟通的媒介和功能的角色，从外部的相互理解变成了内部无意识的活动。麦卡锡在《尤根·哈贝马斯的批判理论》一书中，有这样的述评，所以，这种无意识的活动，就是以“私有语言”的形式被拒于沟通行动之外，不仅造成主体与自我的分属和扭曲，也损及主体与他人的关系。心理分析或深层解释学用于治疗过程，就是要把压抑说成不可理解的无意识行为和病症，由“去象征化”转变成“再象征化”。

哈贝马斯强调，意识形态批判要求我们根据期望来思考，这属于调节的范畴，亦即无限制、无强制的沟通，解放的旨趣一开始就在其中起着作用。哈贝马斯认为反思正如精神分析一般，能够使主体从对假设性力量的依赖中解脱出来；反思是以沟通理性为关联的，沟通者就不仅仅，如在目的、规范调整或剧场行为中那样，直接拥有和世界的关系，而且是以反思的方式去拥有这种关系。深层解释学所提供的批判典型，正是社会批判理论的雏形，它同时是经验因果分析的、意义解释的，以及批判反思的科学。正如哈贝马斯的同窗好友阿贝尔在 1972 年第 5 期《人与世界》上发表的《沟通的先验与人文学的基础》之中所评论的：这种方法的类型，是以因果解说与沟通理解辩证地给予而产生的，它是对所有批判社会科学所作的一种哲学理解的模式。这种批判将生活实践和科学关联起来，目的是唤起人们自我反思和主体求得解放。

在哈贝马斯的论述中，把主体解放与打破传统的知识论格局联系起来。他认为，传统知识论的格局大都落入主客二元对立的困境。哈贝马斯一方面批评了主体性哲学的主观和独断，指责其仅仅停留在意识层面上作反省，忽略了社会与历史经验中的条件；另一方面指出，以实证论为代表的客观主义落入僵化、保守的化约主义中，忽略了主体经验在形成知识构成中的积极意涵。哈贝马斯因此强调，认知兴趣是一种特别的范畴，它的地位既不能以经验的和先验的二分或事实的和符号的二分来说明，也无法借动机和认知来区分认识。哈贝马斯在《认识与兴趣》之中所进行的工作，主要集中在对实证论，包括马克思在内，做知识论的检讨，因为人类社会的进化是不能滞留在封闭、毫无批判能力的思考逻辑中的。人类对知识与社会的批判反省能力必须在知识论上给予积极的基础，因而才不至于丧失作为人类整体知识与社会前进的批判能力；可是，哈贝马斯警觉到批判科学所具有反思知识在实证论和马克思那里已化约为工具行为，因此也就曲解了人类自我形成过程中的解放意涵。哈贝马斯提醒说，"解放的认知兴趣以从事反思为目标"[①]，这正是近代实证科学知识论所缺乏的，这意味着理性功能的丧失，

① ［德］哈贝马斯：《认识与兴趣》，郭官义等译，学林出版社 1999 年版，第 134 页。

甚至形成宰制的权力。

在哈贝马斯的论著中，旨趣这一概念并非指个人特殊嗜好或某种群体利益的动机，而是指人类先在的知识构成的背景因素。换言之，知识一定关联着某种先在的对问题处理的趋向和渴望，具体地说，在哈贝马斯看来，那是一种现实的经验，是人在社会生活中不同层次知识形成的要素。哈贝马斯从哲学人类学的角度指出知识形成与认知兴趣内在关联，指出“它们乃是基于最具体生活世界中的劳动和语言”[①]。所以，哈贝马斯所说的“旨趣”，重要的在于指出人类知识的构成要从人本身的具体现实活动的意向性来把握。

哈贝马斯强调，人类的社会脱离不了劳动和互动两个层面，并由此衍生出另一种现象，即所谓的宰制或支配。由此，才能理解“引导认知的旨趣”：技术的认知旨趣、实践的认知旨趣和解放的认知旨趣。这三种旨趣形成于三种社会生活世界，这分别形成人类三个不同层面的社会生活，先是关于经验和分析的劳动过程，接着是在符号互动关系中人与人关于意义相互了解，再就是取得关于自主性正常沟通和摆脱劳动的宰制、互动的扭曲的批判动力。于是，这三种知识形成的旨趣就相应展开出几种类型的科学：“经验/分析”的科学、“历史/诠释”的科学和“批判”的科学。技术、实践和解放的旨趣是社会生活中的理性指导原则，但是，技术和实践的旨趣如果脱离了理性的自我反思和批判，就容易使之同“经验/分析”科学或“历史/诠释”科学的自身研究等同起来，而陷入新客观主义或心理主义的窠臼，哈贝马斯担心具有批判导向的批判科学因而被取消或隐蔽，最终导致宰制和扭曲。因此就哈贝马斯来说，解放的认知旨趣

① ［德］哈贝马斯：《认识与兴趣》，郭官义等译，学林出版社 1999 年版，第 9 页。

的批判科学是一切知识基础的逻辑前提；他将此看作行为理性固有的旨趣，由此才有实现反思本身的能力，这具有体现指导性原则的科学性格。

哈贝马斯强调，相对于技术所衍生的宰制现象和实践所衍生的扭曲沟通，"理性作为实现理性的意志，在自我反思的知识里，与要求自主和负责的兴趣是一致的。解放的兴趣亦即是追求这个反思的能力"[①]。他着重指出，批判理论批判地继承了实证论和解释学的理论，其目标在于唤起理性的自我批判的反思能力。所以"当理论的命题描述了社会行动的不变规律时，批判理论进一步追问：这不变的规律是人类行动的普遍特征呢？或者只是意识形态笼罩下的暂时现象？如果不变的规律中具有意识形态的成分，原则上是可以被改变的。在这个意义下，意识形态批判和心理分析都企图找出其中可能有的关联事件，最重要的是保留了反思的过程在其中。"[②] 研究者由此指出，显然，批判理论的主旨就是承继启蒙的传统，也是康德哲学的原旨，从僵化的权力结构中解放出来，达到一个没有宰制的互动情境，更是成就一个没有被系统扭曲的自由人及开放的理性社会，使得人类在知识上的演化和进步得以可能。总之，批判科学所欲努力的，即是实现那"自主和负责"的个体和社会。

人们注意到，哈贝马斯的这些论述，是就认知构成而言，对于兴趣赋予了批判理论所具有的知识论地位；力求使意识形态批判的科学有合法性的基础，批判成了某种优先性的假定；因为"科学和哲学都共同分享此种解放性的认知兴趣"，"在自

① ［德］哈贝马斯：《认识与兴趣》，郭官义等译，学林出版社1999年版，第314页。

② ［德］哈贝马斯：《认识与兴趣》，郭官义等译，学林出版社1999年版，第310页。

我反思的力量中，知识与兴趣合而为一”[①]，即理论与实践的合一。所以，反思意味着一种认识和批判的活动，一种能力；辨识意识形态并使人摆脱束缚和宰制，摆脱非理性状态，是对现状进行改变或有期待的解放能力。有自我反思的标准可以免于悬而未决的状态，这并不是偶然的，相反，在这种悬而未决的状态里，所有其他的认知过程都需要有批判性的评价。自我反思的标准具有理论上的确定性。人类关于自主和负责的旨趣不过是幻想而已，它可以被先验地理解。这将使我们从自然中提升出来，其性质使我们可以得知的乃是语言；透过语言结构，自主和负责呈现给我们。换言之，哈贝马斯所谓的自我反思，是在所谓的语言层次上进行的反省；所谓的宰制和扭曲是由以权力介入和冲突表现为语言的形态或方式，这便是沟通的扭曲。

这样，批判理论通过哈贝马斯所论的“语言学转向”，成了对语言作批判，更清楚地讲，是就在日常生活中的沟通正常与否而言，如何揭露权力的介入和宰制，成了解放旨趣的核心课题。解放也就不再是意识或物质（工具）解放的问题，而是促成人在沟通中的自主和负责的问题。这样，解放意味着成为成熟和自由的人。哈贝马斯指出，作为技术兴趣的“经验/分析”科学和作为实践兴趣的“诠释/历史”科学，显然无法促成解放的任务。因为它们都缺乏批判的机制，而且在这两种科学的独断和逾越中，还会使人类主体所具有的反思能力萎缩，丧失批判的清醒，甚至为意识形态服务。只有批判科学所坚持的解放旨趣才能使人类从种种牢笼的禁锢中走出来。在哈贝马斯那里，他强调，这个任务要依靠作为人文科学的批判理论才能完成。

由哈贝马斯所论述的关于解放的认知旨趣的意涵，可进一

---

① ［德］哈贝马斯：《认识与兴趣》，郭官义等译，学林出版社 1999 年版，第 314 页。

步看出哈贝马斯是如何以其此种立场检讨"经验/分析"科学和"历史/诠释"科学的。按哈贝马斯的解释，"经验/分析"科学是在被观察事物和命题假设间进行因果分析的，以加强所控制的观察和实验，使预测成为可能；并由此决定着理论建构和验证的规则，保证实验客观地进行运作并得出客观的结果。"经验/分析"科学的认知目标在于将认识客观化，并且对这被客观化的认识进行控制；这要以一定的工具行为方式来决定事实和知识的构成，这就导向了控制的逻辑。哈贝马斯以为，以这种方法来宣称自己得到的是客观而且唯一普遍有效的知识是非常片面的；事实上，当我们面对自然界的事物时，就必定有认知兴趣的介入。是人在需要与目的的工具行为中使用方法，而不是方法在使用人。社会生活所牵涉的更多是关于"实践"的问题而不是"技术"的问题。哈贝马斯担心一种叫作"专家技术意识"的意识形态，这种专家主义以依赖科学和技术作为借口，形成对社会的操控，要求人们以封闭的"目的—成效"的逻辑去处理实践领域的价值、意义、伦理等不是技术的问题。人们习惯于依赖专家后，被纳入某种逻辑的决定下，最后也就形成更大的"宰制"，尤其是当这些专家技术融入官僚体制的科技化运作时，更是进一步以"客观"或"中立"的假象充当意识形态的工具。不能忽略的是，哈贝马斯所讲的"知识理论必然同时也是社会理论"[①] 的命题，说出了他批判理论的立场前设。

哈贝马斯强调，关于实践的兴趣，不是只有"经验/分析"科学，还有"历史/解释"科学。"历史/解释"科学认为，命题的意义及效应并非由技术的控制来决定；获得事实的方法并不是观察，而是对意义的了解，这里更多注意到诠释者的角色和

① ［德］哈贝马斯：《对知识与人类旨趣的一个附单》，《社会科学的哲学》（第3卷）（1973），第160页。

其在解释规则上所可能有的主观介入效应。“历史/解释”科学关照的领域是社会规范和文化意义，其存在的基础是共同的日常语言和行动者间的相互期望，而认知活动的目的则是为了在此互动的关系中形成相互了解。

1971年，哈贝马斯应邀前往史坦堡（Starnberg）的“科学技术世界生活的生存条件”马克斯·普朗克研究中心（Max-Planck Institut）担任院长的职务，一直到1982年再次回到法兰克福任教。在史坦堡期间，哈贝马斯又出版了《哲学—政治侧面》(1971)、《晚期资本主义的合法性问题》(1973)、《文化与批判》(1973)、《历史唯物论的重建》(1976)、《政治短论文集》(共四卷，1981)、《交往行为理论（一）：理性与社会的理性化》和《交往行为理论（二）：生活世界与系统——对功能论理性的批判》（1981）。可以说，哈贝马斯在史坦堡期间，收获颇丰。他发展并完成了他的新型批判理论——交往行为理论，其中广泛地吸收了英美语言分析哲学、心理学、社会学以及结构功能论、道德发展理论的思想，建构了他那百科全书式的哲学系统。另外，在哈贝马斯刚到史坦堡不久，他就与另一大师级的社会理论家鲁曼之间展开关于系统理论的论战，后来双方将论文结集成书，题为《社会理论还是社会技术理论》(1971)。

20世纪60年代，以帕森斯为首的结构功能论在美国有日渐衰落之势，可是在德国却有复兴的迹象，其中的代表人物是帕森斯的学生鲁曼。鲁曼在1968年发表了一篇题为《现代系统理论作为社会整体分析的形式》的论文，立刻受到哈贝马斯的关注，并视其为批判理论在对社会理论反省上的关键对手。于是1971年他发表了一篇长文逐一批评鲁曼的论点；而鲁曼也马上提出反驳，引发了一场热闹的学术论争。这次思想交锋对哈贝马斯有所助益。这反映在哈贝马斯1981年出版的两卷本《交往行为理论》之中。此书的下卷以生活世界与系统作对比研究。

学界认为，从另一个角度看，哈贝马斯从鲁曼那里吸收的，多于鲁曼从哈贝马斯处学到的。

鲁曼把社会学理论定位于现代社会自我观察、自我反省的抽象层次，因此他从自主系统构成的功能解释社会的运作过程。鲁曼和哈贝马斯都声称要普遍地并且妥当地把握现代社会瞬息万变现象背后的道理，前者把它视为无所不在的系统，后者则认为是理性作用。这恰好凸显了系统理论和批判理论的不同立场。在哈贝马斯看来，鲁曼的理论太过抽象而远离现实经验的层次，似乎把活生生的个人都取消了，把存在的变成只是在系统的不同位置中被分割的不同个人，整个社会因此而被非人化。鲁曼以为，社会即是系统分化的结果。鲁曼在《社会的分化》中对此特别讲道，在特定的功能分化结构中，每一个子系统（如政治、科学、经济、家庭、教育、法律）必是以下列的方式表现出自身与系统间的关系：相对于社会，子系统表现出一种制度化的功能；相对于其他子系统而言，是一种输入与输出的表现。换言之，鲁曼把系统与社会环境间的差异看作前者具有制度化的运作模式，而后者则无，这套制度化的架构又主宰着社会功能运作，进行协调和供需。哈贝马斯在某种程度上同意系统理论的解释力，他不满意的只是，不愿看到社会理论沦为社会工程学。在哈贝马斯看来，鲁曼的系统理论太容易成为技术官僚的工具，而缺乏社会理论应有的批判能力和改变动力。

哈贝马斯在理论上分出"生活世界"和"系统"这两个层次，认为"生活世界的理性化，会使得系统复杂性的提升成为可能，而且膨胀到生活世界必须释放出这些系统的能力：并且在系统化作为运作原则的领域内，破坏了生活世界的交往能力”。[①] 哈贝马斯因此还认为，现代社会最根本的危机在于生活世界受到系统的“宰制”或“殖民”，系统是工具理性伸张的结果，而交往理性则保存在生活世界这一片干净的土地上。生活世界以语言作为互动的媒介，人的活动在其中展开，并协调行为者趋于一致性。反之，系统只注意到行为功能的有效性，随着金钱与权力的介入最终导致物化和文化贫瘠。[②] 总之，哈贝马斯不同意鲁曼片面地将社会演化仅仅只看作是系统分化的结果。[③]

哈贝马斯提出关于交往行为的理论（the theory of communicative action），引起了广泛的注意和讨论。

许多学者指出，“交往理性”（communicative rationality）是哈贝马斯学说的中心概念，并且是哈贝马斯用来支持其理论的普遍性的主要论旨。然而，恰恰是这个概念引来不同学派的强烈批评。哈贝马斯用以支持和证实其交往理性的论据相当复杂，牵涉不同学科和层次上的分析。由纵贯的角度着眼，他跟随帕森斯早期的研究路向，试图从西方社会理论的发展来指出确立交往理性或交往行为理论的可能性。其中对他这方面的理论影响特别深的，是韦伯的西方理性化发展理论，其次是涂尔干、米德以及帕森斯和马克思有关个人行为和社会结构的分析。在横贯的层面上，哈贝马斯引用了“日常语言学派”（ordinary language approach）的分析，建立他的“普遍语用学”（univeral pragmatics）理论，同时也跟随皮亚杰和柯尔柏格的结构发展心

① ［德］哈贝马斯：《交往行为理论》（第2卷），曹卫东译，上海人民出版社2004年版，第155页。

② ［德］哈贝马斯：《交往行为理论》（第2卷），曹卫东译，上海人民出版社2004年版，第183页。

③ 曾庆豹撰：《哈贝马斯》，载苏国勋主编：《当代西方著名哲学家评传》（第10卷），山东人民出版社1996年版，第458～462、453～457、441～443页。

理学，以此来进一步说明和证实西方理性化的进程是具有进化色彩的发展方向。[①]

人们认为，哈贝马斯的《交往与社会进化》就属这类研究的重要成果。尽管正如哈贝马斯本人在书中反复申明的，在《交往与社会进化》中呈现的整个理论构想还有相当浓厚的"方案"色彩，有待于在细节方面大力补充和完善，但整部作品所蕴含的深刻的启发力仍然给人以强烈印象。正如托马斯·默伽塞（T. McCarthy）在《交往与社会进化》英译本序中讲到的："批判的社会理论的主要脉络""或许可将它描绘成一个由三个层次或三个子方案组成的研究方案。一是，最基础的层次，由关于交往的一般理论所构成，哈贝马斯称之为普遍的语用学；二是，次高层次，以基础层次理论为元本，服务于一般的社会化理论的建构，并且通过发现交往性资质的理论来完成；三是，最高层次，以前两个层次为基础，哈贝马斯勾画出一种社会进化理论，即对历史唯物主义的重建。"[②] 于是，《交往与社会进化》的中译本序又这样写道："《交往与社会进化》不是就一两个具体问题进行精雕细琢的专门著作，而是试图从宏观整体上把握作为人的个体发生学与作为'种'的人类进化之间的联系以及这两种演变系列所依存的根据。"所以，此书的"'英译本序'认为，最好把哈贝马斯的整个设想描绘成'一个三层次并列的研究方案'，即：基础层次——关于交往的一般理论（普遍语用学）；中间层次——关于一般的社会化理论（交往资质发展理论）；最高层次——关于社会进化的理论（历史唯物主义的重

① 阮新邦、尹德成：《哈贝马斯的"沟通行动理论"》，《西方社会学理论》（下卷），北京大学出版社2006年版，第56～57页。

② ［英］托马斯·默伽塞：《〈交往与社会进化〉英译本序》，重庆出版社1989年版，第11页。

建）。这样，此设想就为人们提供了一个研究范例，即从奠定‘普遍’的行为基础出发，将微观行为与宏观行为的发展全部纳入某个统一架构。”①

哈贝马斯就他的一次演讲说，“在那个时候，这个演讲不过像一份宣言：指出了批判理论的‘规范—理论性’基础急待更新，点明了不管是辩证唯物主义还是向纯哲学的折返都不适于完成此项任务，声称早先那些法兰克福学派的成员并未完成接连乃至奠定合理性概念（这个概念超越了‘工具式’的狭窄界线）的基础，提出解决办法只有在关于语言的理论中才能发现”。哈贝马斯所写的《什么是普遍语用学》扼要地说明了这个方案的战略与结构。“其中心思想是这样引人的，即把限定理性重建于抽象语言的句法和语义特征领域，而将其语用学方面排斥于外的通常作法当作参照物——根据后者，语用学方面的东西通常是作为适合于经验分析（非逻辑或纯语言学分析）的领域而随之产生的。普遍语用学的观念建筑在这样的立论基础上：不仅是句子（sentences）中的语言、句法、语义诸特征，而且还有话语（utterances）中的一定的语用学特征；不仅是语言（language），而且还有言语（speech）；不仅是语言资质（competence），而且还有交往资质，都允许普遍意义上的理性重建。”哈贝马斯就此进一步论证道：“交往资质拥有和语言资质一样普适的核心。这样，一个关于言语行为的一般理论就有可能描述这个系统的基本规则。关于这个规则，成年主体是在下列程度内掌握、驾驭了它，即他们能满足在话语中恰当运用语句的要求，而不管这个语句属于哪一种个体语言，也不管该话语可能

① 转引自［德］哈贝马斯：《〈交往与社会进化〉中译本序》，张树博译，重庆出版社1989年版，第2页。

被嵌入何种偶然情境中。"[1] 可见，"理想言说者所具备的资质不仅包括创造并理解合乎语法的语句的能力，而且包括建立乃至理解交往模式和与外在世界相联结的能力，正是后一种资质使言语成为可能。在言语行为中处置语句的语用学规则关涉到与现实的关系，现实促使人们言说语法上完美的句子。话语行为把语句置于与外在现实的关系之中（人们可以对它作出正确或错误陈述的'这个'对象世界及其事件）；置于与内在现实的关系之中（可以或真诚、或真切、或不真诚、或不真切地表达出来的言说者'自己的'意向经验世界）；置于与社会的规范现实性的关系之中（'我们'在其中共同承担价值与规范、角色与规则的社会生活世界，对这个世界来说，一个行为可能适于它也可能不适于它；这个世界自身也可能是正确的—合法的、可证明为正当的—或错误的）。从这种语用学观点出发，可以得出这样的结论，言语必然（尽管常常是隐含地）被提出、认可、乃至于兑现'有效性要求'的任务所缠绕。言说者所言必须是可领会的（隐含的），同时还必须满足如下要求：他的陈述是真实的（如果没有作出陈述，也必须满足陈述性内容的存在性这一先决条件），他的意向表达是真诚的或真切的；他的话语（即他的言语行为）符合或适宜被认可的规范性关联域（或者，它与之相适宜的规范性关联域本身是合法的）。真实性、真诚性和正确性的要求使言说者的话语超出语言学规则之外，而被置于与现实的联系中。言语的普遍语用学基础结构组成了在一个并列系统中调整诸言语情境要素的一般规则——这个并列系统是由三个世界组成的：'这个'外在世界、'自己的'内在世界、'我们'所共享的社会生活世界。很显然，一个充分发展了的普遍

① ［德］哈贝马斯：《〈交往与社会进化〉英译本序》，张树博译，重庆出版社1989年版，第12页。

语用学将为各种各样极为不同又很少联系的理论努力——从认识理论到社会行为理论——提供一个统一的框架”。这样，“独立自存的自我的观点与解放了的社会的观点在本质上是相互依存的。通过这种方式，批判理论与独立自存的自我概念被串在一起。独立自存的自我概念来自德国唯心主义，但它却又在精神分析学框架内拆除了唯心主义假设前提。哈贝马斯也是从个性结构和社会结构的相互依存性、同一性形式与社会一体化形式的相互依存性出发的，但他所采用的社会—心理学框架却包含着比重新适应精神分析理论多得多的内容，这个框架是一个综合化的自我发展模型，它横跨几个领域的发展性研究，从心理语言学和认知心理学（包括道德意识研究）到社会相互作用论和精神分析学（包括分析的自我心理学）。哈贝马斯认为，在这个框架中，各种不同的人类发展测度不仅可以分析地予以区别，而且其联结也将被系统地纳入考虑，同时，发展的经验机制和临界条件也必须被确定。这显然是一个巨大的工程，哈贝马斯至今还在为之努力。然而，这个方案的一般线索已经清楚了，他采用了‘资质—发展’的途径，以建立社会行为理论的基础。这里，基本的任务在于合理重建普遍的、‘类范围的’资质，并证明每一种这样的资质都将在一个不可逆的、各有不同而又渐次复杂的发展系列中被获得，这个系列也能在某种发展逻辑中加以分层列定。由于完成这个任务的侧度相应于普遍语用学对有效性要求的分类，即相应于交往在其中可能成功或可能失败的四个基本侧度：可领会性、真实性、正确性和真诚性，这些侧度不仅确定着合理性的各个方面，而且它们中的每一个也都标示着一个现实‘领域’——语言、外在自然、社会和内在自然（与这些领域相联系，主体才能成为日益完美的独立自存者）。这样，个体发生就可以作为一个与语言、认知、相互作用、以及自我发展相互依存的过程加以构建了”。于是，“在语言、认知、相互作用、自我发展这四者中，前三者可以视为特定的发展线索，自我的个体发生并非可与它们分离发展，而是互补的过程：自我是在通过'内在自然'与语言、思维和行为结构融为一体的过程中得到演进的。当然，这些普遍资质的获得仅仅代表着同一性形成的一个方面，即结构方面。另一面是情感与动机的形成。除非主体能在这些结构中适当地译解他自己的需求，发展有可能反常地发生变形。这样，构建自我发展的一般理论就必须把认知、语言、相互作用各方面相互依存的发展与情感和动机的发展通盘思考了"①。

哈贝马斯所著的《交往与社会进化》第一章，作为标题，就是"什么是普遍语用学"。哈贝马斯在此章的一开始讲道："普遍语用学的任务是确定并重建关于可能理解(verständigung)的普遍条件（在其他场合，也被称之为'交往的一般假设前提'），而我更喜欢用'交往行为的一般假设前提'这个说法，因为我把达到理解为目的的行为看作是最根本的东西。"

哈贝马斯引用了阿佩尔（Apel）在论证交感性言语行为一般假设前提时讲的一段话，之后强调："我想有必要简略说明，'言语的有效性基础'意味着什么。""我将展开这样一个论点：任何处于交往活动中的人，在施行任何言语行为时，必须满足若干普遍的有效性要求并假定它们可以被验证（或得到兑现：einlösen)。""这些要求包括：1. 说出某种可理解的东西；2. 提供（给听者）某种东西去理解；3. 由此使他自己成为可理解的；以及 4. 达到与另一个人的默契。"

就以上讲到的"理解"，哈贝马斯强调："达到理解

① ［德］哈贝马斯：《〈交往与社会进化〉英译本序》，张树博译，重庆出版社1989年版，第12～14页。

（verständigung）的目标是导向某种认同（einverständnis）。认同归于相互理解、共享知识、彼此信任、两相符合的主观际相互依存。认同以对可领会性、真实性、真诚性、正确性这些相应的有效性要求的认可为基础。”哈贝马斯解释说：“将上述四点展开就是：言说者必须选择一个可领会的（verständlich）表达以便说者和听者能够相互理解；言说者必须有提供一个真实（wahr）陈述（或陈述性内容，该内容的存在性先决条件已经得到满足）的意向，以便听者能分享说者的知识；言说者必须真诚地（wahrhaftig）表达他的意向以便听者能相信说者的话语（能信任他）；最后，言说着必须选择一种本身是正确的（richtig）话语，以便听者能够接受之，从而使言说者和听者能在以公认的规范为背景的话语中达到认同。不但如此，一个交往行为要达到不受干扰地继续，只有在参与者全都假定他们相互提出的有效性要求已得到验证的情形下，才是可能的。”

哈贝马斯说：“在接受由言说者加以满足而实现有效性要求时，听者认可了符号结构的有效性，即承认某个句子是符合语法的，某个陈述是真实的，某个意向表达是真诚的，或某个话语是正确的。这些符号结构的有效性建立在下列事实基础上，即它们使一定的适宜条件得到了满足。但该有效性的意义又由被认可的价值所组成，或由这样一种保证所组成：主观际的认可可以在适宜的条件下得以实现。”

哈贝马斯特别讲道：“我已经提议用普遍语用学来指称那种以重建言语的普遍有效性基础为目的的研究，现在，我想初步界定一下这项研究方案的主题。在继续讨论言语行为理论之前（这个讨论见本文的第二部分），有必要明确几个指导性要点，它们是：（1）初级界定普遍语用学对象领域；（2）阐明合理重建的程序（通过与较狭窄意义上的经验一分析程序相对照）；（3）由语言学要求具有重建性科学的地位这个事实引出的几个方法论上的困难；（4）关于普遍语用学的地位：究竟是假设了某种超验性反思理论，还是假设了具有经验内容的重建性科学。我将仅限于作出若干定向性评论，因为当这些问题乃是基础性的、并值得加以独立研讨的问题时，它们仅仅形成我将处理的主题的关联域，并因而必然保留在背景领域中。"①

之后，哈贝马斯开始围绕他要展开的命题进行了详细论述。

在《交往与社会进化》一书中，哈贝马斯作为第二章的第二篇文章《道德发展与自我同一性》，集中讨论了道德意识的发展，这被认为是综合体中的一个关结点。借用柯尔伯格（Kohlberg）关于道德判断构造能力的层次图式，哈贝马斯把道德意识的发展置于一个更大的行为理论框架中，即把这种能力的诸发展阶段与相互作用资质的发展阶段协调起来。"我将从这样一个假设出发：'道德意识，标示着运用相互作用资质去自觉处理与道德相关的冲突的能力。"然后，他又考察了道德意识的动机（作为与结构或"认知"相区别的东西），也就是发展过程的心理动力学（超我的形成、防卫机制）。所有这些将有助于理解道德判断和，道德行为之间经常出现的差异。这篇文章作为整体提供了新方法如何通过考察相互分离的各发展研究领域并从而将自身展开的一个例证，这种考察是在一个综合的、包含结构和情感—动机两方面在内的框架中进行的。

在《交往与社会进化》一书中，哈贝马斯作为第三章、第四章的第三篇和第四篇文章，勾画出哈贝马斯方案里相当于社会学的那一部分：社会进化理论。他认为这一部分是对历史唯物主义的重建，"我坚信规范结构并非简单地遵循着再生产发展所走的道路……而是有着某种内在的历史"。这是他长期坚持下

① ［德］哈贝马斯：《交往与社会进化》，张树博译，重庆出版社1989年版，第1～3页、第5页。

列主张的结果，这个主张就是：实践不能还原为技术，理论也不能还原为有目的的或工具式的理性；交往行为或相互作用领域内的理性化过程既不能等同于生产力领域中的理性化过程，也并非后者的直接结果。在拟定规范结构发展逻辑方案时，哈贝马斯采取了比较的办法，即把它与交往资质理论框架中提出的个体发生过程的发展逻辑进行比较。这被认为是老办法的一个新变体，并可能因试图在个体发展和社会发展之间画出两条平行线而落入旧方法的陷阱。哈贝马斯意识到了这种危险的存在，但他认为在一定的限制条件下，人们确实可以在个体和种的历史中发现“相似的意识结构”。

在《交往与社会进化》一书中，作为第三章的《历史唯物主义和规范结构的发展》这篇文章里，哈贝马斯提出了要特别关注的可供比较的领域：自我发展中的理性结构和世界观进化中的理性结构；自我同一性的发展和集团（或集体）同一性的发展；道德意识的发展和道德与宗教表现物的进化。他简单勾画出在前两个领域中发现的相似模型后，在书中作为第四章的《走向历史唯物主义的重建》一篇中，更为详尽地考察了法律和道德的发展。有研究者指出，这篇文章所提供的解释图式——行为理论（在资质—发展意义上）与系统理论的结合——表明哈贝马斯并没有提议把人类历史理解为某种精神的内在展开过程。在哈贝马斯看来，“规范结构的发展逻辑与其发展的动力学之间，有着一种明确的区别。后者仅仅为复杂性渐次增长的结构形成物在规范结构中成形的逻辑范围划定一个界线，至于新的结构是否能产生，以及——如果是的话——何时产生，则要依赖于偶然的边界条件和经验的学习过程”①。

① ［德］哈贝马斯：《〈交往与社会进化〉英译本序》，张树博译，重庆出版社1989年版，第16页。

哈贝马斯说："这个图式的基本要素所列如下：社会进化被设想为两种侧度并列的学习过程（认知与技术学习过程和道德与实践学习过程），这个过程经历的诸阶段可以在一个发展逻辑中结构性地加以描述和排列。被强调的要点并非特定内容的制度化（例如价值，参见帕森斯的有关论点），而是'理性结构的制度体现'，它使新水平上的学习成为可能。也就是说，强调的是这样一种学习：它将应用于学习的结构条件。在某种意义上，只有那些社会化了的个体才从事学习，但是个体的学习能力又提供了某种'源泉'，即可以被用于构建一种新的社会结构。学习过程的结果被纳入文化传统，它们构成某种类型的认知潜能，当无法解决的系统问题要求社会一体化基本形式彻底转变时，认知潜能就可以被社会改革运动所利用。超出一个社会结构性限定的适应能力是否能产生以及如何产生，则纯系偶然。合理性（技术的和实践的）之必要的（但非制度化了的）结构是否有效，运用认知潜能以迎接挑战的社会运动能否产生，该运动在使新的社会一体化形式制度化时有否建树，以及这些制度的稳定化能否完成，也都要依赖于情境的偶然性。但无论如何，可以在某种发展逻辑中，即在某个复杂性渐次增长的复合体和环绕它的理性形式的分层系列中，结构性地描述一个拥有不同发展阶段的过程。"①

哈贝马斯在论文《走向历史唯物主义的重建》中，阐述了他之所以始终不渝地坚持研究交往行为问题的深刻原因：他认为交往是社会发展的基本动力和基本形式，马克思对此早有论述，然而后人却忽视了这个非常重要的方面，以致对社会发展的动力、途径和形式产生了简单片面的理解，在社会交往日益

① ［德］哈贝马斯：《〈交往与社会进化〉英译本序》，张树博译，重庆出版社1989年版，第17页。

占有重要地位的新形势下，必须对社会交往展开更深入的研究，以此来补充马克思的社会发展理论，或重建历史唯物主义。哈贝马斯指出："马克思判断社会发展并不是根据复杂性的增长，而是根据生产力的发展阶段和社会交往形式的成熟性。"[①] 哈贝马斯讲，马克思在《德意志意识形态》等早期著作中对交往在社会发展中的地位和作用作出过明确论述，可是后来马克思本人专注于资本主义生产方式的批判，忽视了对社会交往问题的研究，马克思的继承者对此则更为轻视，以致产生了单纯经济决定论等片面观点。哈贝马斯承诺，他的理论使命是，从马克思的早期观点出发，重新建构全面理解社会发展的交往行为理论。

哈贝马斯认为，仅仅注意生产力在社会发展中的决定作用，忽视对社会交往问题的研究，是用物理学的眼光分析社会现象导致的机械决定论。哈贝马斯主张：应当借鉴新进化论的生物学模式，在有机系统中重新认识社会发展动力的复杂性。从帕森斯、鲁曼（Niklas Luhmann，又译卢曼）和伦斯基（Lenski）等人阐述的生物有机系统论来看待社会发展，一个被人们忽视的问题突显了出来，即学习机制在社会发展中的作用。事实上，无论在社会生产中还是在社会交往中，学习都是具有基础意义的活动。在社会生产中，人们只有不断学习关于认识自然和控制劳动对象的科技知识，才能推进生产的发展；在社会交往中，人们只有不断学习道德伦理知识，才能知道如何协调人际关系、稳定社会秩序、提高实践中的道德水准。

与法兰克福学派其他成员相同，哈贝马斯赞同马克思关于科学技术知识能够引发生产工具革命，进而引发生产关系和整

① ［德］哈贝马斯：《交往与社会进化》，张树博译，重庆出版社1989年版，第146页。

个社会系统变化的观点。但是，哈贝马斯认为必须对科技知识在整个社会系统发展过程中的作用和地位作出明确限定，而不能无限度地抽象夸大。在他看来，科技知识仅仅能够通过推进生产力发展引发生产关系（经济基础）和上层建筑领域的变化，但是它不能实现生产关系（经济基础）和上层建筑乃至整个社会系统的变化。或者说，哈贝马斯认为，科技知识可以引起生产工具变革，提高生产力水平，将促使生产关系、经济关系和思想文化、政治制度等领域出现一系列问题，但是科技知识不能引导人们去解决这些新问题，更不能告诉人们用什么样的行为模式、生活方式和社会制度去建立新的社会发展秩序。①

在《交往与社会进化》一书中哈贝马斯作为第五章的第五篇文章《现代国家中的合法化问题》，"对现代社会的预测性分析具有某种直接实践的参考特征"。有学者讲，"之所以对现代社会形态的进化阐述拥有某种直接实践的参考特征，是因为它们能协助诊断发展性问题。中止对历史物质逆溯性解释的限定，有利于某种从行为前景出发的逆溯性探究。当前问题的诊断者采取的是一种关于未来的过去之进化解释的假想性立场。……作为一个规则，马克思主义者对发达资本主义的解释也带有这种理论家位置的不对称性：他们对现代社会系统发展性问题的分析，乃是借助于某种并未制度化（也可能永远不会制度化）的结构可能性的观点。由此不难发现，进化理论应用于现代只是在一种推论式的意志形成物——即在一种关于为什么特定情境中的特定行为者会选择特定行为方式而非它者的实践论证—的框架内，才是有意义的"。"哈贝马斯对现代资本主义分析的主要贡献，见于《合法化危机》一书"，"《现代国家中的合法化

① 刘少杰主编：《当代国外社会学理论》，中国人民大学出版社 2009 年版，第 206～207 页。

问题》，提供了他在该书所作的论证，并有进一步阐发。其中，有些是对批评者的回答，或为澄清若干重要概念。这个论证的理论演化背景可以在证明水平的概念中发现——这个概念涉及不同种类的基础或理智可接受的规范条件，涉及不同类型的合法化效用的规范条件，还涉及这些合法化类型运用自身力量创造交感、形成动机的规范条件——论证的核心是要说明：发达资本主义社会中的合法化问题是植根于它们自身结构内部的基本冲突的产物，这个冲突存在于两极之间：与大众民主相应的社会福利和资本主义经济的功能。国家不得不在若干限制性情境中去处理经济过程中功能失调的效果面，即在世界经济的范围内寻求经济稳定政策与社会改革政策的平衡。所有这些，都进一步限制了个体国家的行动范围，但又没能有效地控制社会一体化，故产生了‘计划意识形态’。就国家未能把这些效果保持在可接受范围内的意义而言，合法化问题显现了出来，如：围绕分配、经济动荡等问题日趋尖锐的斗争；改革政策的夭折；对资本主义社会具有本质意义的动力模式的分解和功能失调在结构中日益扩散。正如那些熟悉《合法化危机》的读者可以回想起来的那样，恰恰是这个合法化消解的最后一种水平被哈贝马斯看作是最根本的问题所在。如果通过这样一些与系统相一致的酬报——诸如金钱、自由的时间、安全——得以反映的生活方式都不再能令人信服地加以合法化”，那么“‘对幸福的追求’在未来也许会意味着某些不同的东西，例如，不是要积累作为私人所有的物质对象，而是要造就某种社会关系。在这种社会关系中，相互共存将占据统治地位，满足也不再意味着一个人在压制他人需要基础上的成功”①。

① ［德］哈贝马斯：《交往与社会进化》，张树博译，重庆出版社 1989 年版，第 17～18 页。

在《交往与社会进化》中，引人注目的是哈贝马斯关于语言问题的论述。语言问题是哈贝马斯学术研究的重要问题。哈贝马斯1976年写作《交往与社会进化》之前，在关于公共领域的结构转型研究中，就把言谈沟通、话语共识等语言问题的探讨，作为他论述的主要层面；因为言谈话语不仅是在公共领域中展开的主要形式，而且也是它发挥政治和文化作用、促进社会进步发展的基本功能。随着哈贝马斯学术研究的不断深入，语言问题在他的理论著述中占有越来越重要的地位。

哈贝马斯关于语言问题的研究无疑受到了语言分析哲学，特别是受到了后期维特根斯坦为代表的日常语言学派、阿佩尔（K. O. Apel）的语用学和奥斯汀为代表的语言行为理论的影响。哈贝马斯在批判地吸收各种语言哲学和语言社会学理论基础之上建立自己的语言行为理论，而批判与建立的基础是实践，即从实践出发，在交往实践中提出、分析和回答语言问题。人们认为，实践性是哈贝马斯语言行为理论的突出特点。

为了强调研究语言问题的实践性，哈贝马斯把自己的语言行为理论称为"普遍语用学"（universl pragmatics）。哈贝马斯在《交往与社会进化》中指出："普遍语用学的任务是确定并重建关于可能理解的普遍条件（在其他场合，也被称之为'交往的一般假设前提'，而我更喜欢用'交往行为的一般假设前提'这个说法），因为我把以达到理解为指向的行为看作是最基本的东西。"[①] 简言之，哈贝马斯认为，普遍语用学的任务是研究人们在交往行为中达成理解的一般的前提条件。这里强调"一般的"目的在于：不是仅仅研究特定条件中达成理解的前提条件，而是试图揭示出在所有交往行为中欲达成理解而有效运用语言

① ［德］哈贝马斯：《交往与社会进化》，张树博译，重庆出版社1989年版，第1页（译文稍有改动）。

开展沟通、形成共识的前提条件。

虽然哈贝马斯明确强调普遍语用学是研究交往行为的一般前提，但是实质上在他那里，普遍语用学的理论视野已经涵盖了人类所有的社会行为。哈贝马斯把人类社会行为作了如下划分：

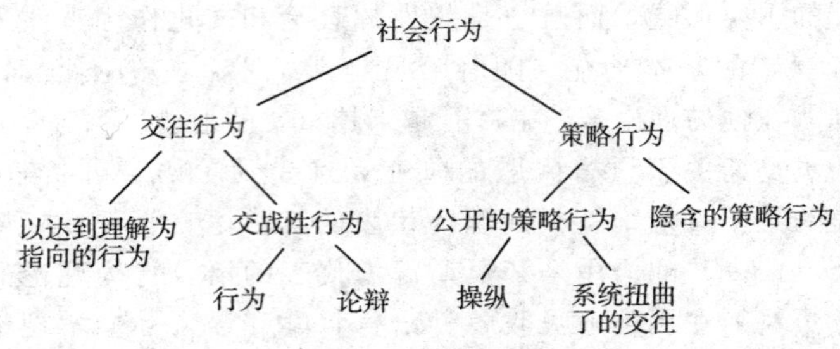

人类社会行为分类图①

在哈贝马斯看来，社会行为可以划分为交往行为和策略行为两大类型，二者的区别在于直接目标的不同：交往行为的直接目标是利用语言沟通、寻求交往行为者达到相互间的理解与共识；策略行为的直接目的是行为者力求实现自己的某种功利性目标。不过，这种区别仅仅在直接目的的意义上才是成立的。哈贝马斯认为，在间接的意义上，策略行为也要以理解作为追求的目标，因为“冲突、竞争、通常意义上的策略行为统统是以达到理解为目标的行为的衍生物”②。其实，道理并不复杂，因为策略行为同交往行为一样，都是社会行为，只要是社会行为就一定是人与人相互作用的行为，而只要发生人际间的互动

① ［德］哈贝马斯：《交往与社会进化》，张树博译，重庆出版社 1989 年版，第 216 页。

② ［德］哈贝马斯：《交往与社会进化》，张树博译，重庆出版社 1989 年版，第 1 页。

作用，就一定要求通过语言达成理解与共识。因此，普遍语用学研究"可能理解的普遍条件"，实质上就一定涉及人类所有社会行为。

这里，很重要的是"可能理解的普遍条件"。这是"言语的有效性基础"，即"任何处于交往活动中的人，在施行任何言语行为时，必须满足若干普遍的有效性要求并假定它们可以被验证"①。这些有效性要求包括四点：一是表达的可领会性；二是陈述的真实性；三是表达的真诚性；四是言说的正当性。这四点是保证语言交流或话语沟通的基本原则，只有这四条原则得以兑现，理解与共识才能达成。

对哈贝马斯关于"言语的有效性基础"的论述，许多研究者强调，有两点值得特别注意：其一，言语的有效性基础是交往实践中的要求或原则，因为言语不同于语言，语言具有完整的结构规则，言语只是交往行为，不存在清晰可见的结构规则，但是存在保证有效沟通的要求或原则；语言可以作为静态的文字对象去研究，而言语只能在生活实践中把握它的动态形式或变化过程。因此，言语不能被单纯理解为交往实践的媒介，而应看作实际发生的交往实践过程。研究言语的有效性基础要比分析语言的结构规则复杂得多。其二，言语的有效性基础既是开展言谈沟通的预设前提，也是保证言谈沟通有效性的必要条件。一般情况下，人们开展言谈沟通总是预先就认为自己的话语能够被听懂、相信和接受，并且开展沟通后又一定会力求自己的愿望得以实现。所以，可领会性、真实性、真诚性和正当性，既是有效性沟通的预设前提，也是保证沟通有效性的必要条件。

---

① ［德］哈贝马斯：《交往与社会进化》，张树博译，重庆出版社 1989 年版，第 2 页。

诸多论者指出，哈贝马斯在说出一个人们似乎未能充分注意的事实时，实际上提出了一个具有很强批判性的要求。哈贝马斯揭示的言语有效性基础，虽然被他说成是日常语言交流中真实存在的，但这只是未被压抑和扭曲的言语实践，而在意识形态等因素的制约下，未被压抑的言语实践只是理想状态，实际的言语实践过程只能是处在被压抑的扭曲状态。因此，当哈贝马斯指出这四种言语原则是带普遍性的有效原则时，用它来衡量现实，不仅可以发现实际言语沟通过程的无效性，而且还可以得出必须用这些原则来改变现实的革命性结论。所以人们往往认为，哈贝马斯提出的“言语有效性原则”，既是批判的社会理论的一部分新内容，也是社会理论批判现实的一种新途径。

哈贝马斯关于言语的有效性基础的见解，体现于他关于推进社会理性化的见解之中。哈贝马斯赞成韦伯关于现代社会发展和社会现代化的实质是理性化的结论，但是，他不同意韦伯把理性化仅仅归结为工具理性化。在哈贝马斯看来，工具理性化可以解决对自然界的认识与证明，并实现对社会的有效管理与控制，但是它无法解决人际交往关系中的问题。工具理性面对的是外在的对象世界，而人际交往关系展开的是主观意愿层面的意义世界，它需要一种与工具理性不同的理性原则。保证言语有效性的四条原则，亦即交往关系有效的理性原则，又可称为交往理性；按照它来行事，言谈话语就能达成有效的沟通，形成在相互理解基础上的共识。

哈贝马斯把言语有效性的四条原则看成最基本的理性原则。在哈贝马斯那里，可以说，这四条原则组成的交往理性是其他理性原则的根据，是理性的理性。得出这个结论的根据首先在于，言语有效性的四条原则是人类生活基本理性原则的综合：真实性原则即如实地描述陈述对象，这实质是科学认知活动中的客观性原则；正当性原则即言者和听者都要以公正地评价周围事物作为交流的前提，这实质上是体现了道德评判和伦理准则的评价原则，是道德和伦理领域的善的原则；真诚性原则是言者向听者表达内心世界，以求情感融合和共同体验的关系原则，这就说明，言语有效性原则已把人类生活中的三种基本原则真、善、美都纳入自己的范畴之中；可沟通性原则是针对言语沟通的特点而新增加的。

诸多学者指出，在哈贝马斯的理论中，日常生活被看成其他领域里社会活动的前提和基础，人们能够从日常生活出发进入科学、生产、政治、文艺等领域，前者是原初领域，而后者则是在前者之中分化出来的领域。这样，日常生活领域中的理性原则也就是其他领域中理性原则的母体或基础。哈贝马斯强调，日常生活基本展开形式就是人们之间的言语交流。只有在交往理性或言语行为理性同其他理性原则的原初与派生关系中，才能理解人类社会生活各种理性原则的来龙去脉；不仅如此，而且也只有在这种关系中才能真实把握各种理性原则的根基和适用度。

哈贝马斯在论述言语沟通行为时，揭示了真、诚、正、通四种理性原则，事实上是对言语沟通行为提出的规范要求，正是在这个意义上，哈贝马斯后来又不满意用"普遍语用学"来概括自己的言语行为理论，而用"规范语用学"（formalpragmatics）取而代之。哈贝马斯论语用学的规范性，是以分析言语的三种功能为基础的。哈贝马斯认为言语有三种功能：显示客观世界某种事物的功能；表达主观世界某种意愿的功能；调节或联系社会世界中的人际关系功能。这里面，第三种功能是哈贝马斯最重视的功能。他指出，正是这种在社会世界中调节人际关系的功能使言语的交往或沟通具有了规范性的作用。

哈贝马斯强调，言语行为的规范作用突出地表现在："角色的交往"关系中。由于在社会世界中进行言语行为的人们都是在特殊条件的限制中存在的，各种矛盾关系或具体条件限制着行为者只能以特定的角色表现自己，并且由于每个人都有自己的主观意愿，都会对交往关系或交往对方提出自己的主张和要求；每个人的主张或要求只有符合具有一般性的、人们共同接受的规范才能得到对方的认可，言语行为才能是有效的。另外，人们在其中交往的社会世界，本身存在特定的种种规范；这些作为社会制度、群体纪律或文化传统的规范，对个体来说是预先设定的，言语行为者是无可选择地进入其中并不得不遵守的。所以，无论就言语者，还是就言语过程和言语的社会环境来看，规范都是实际存在的，只有考虑到语用学这些因素才能真实地把握言语行为。

基于对言语行为规范性的判断，哈贝马斯讨论了言语行为者的“交往资质”（komepeterzen）。他指出：“我通过‘交往资质’这个术语所理解的，正是以相互理解为指向的言说者把完美构成的语句运用于现实之中，并使二者相吻合的能力，它包括：①选择陈述语句的能力……②表达言说者本人意向的能力……③实施言语行为的能力。”[①] 交往资质问题的提出，其意义主要在于，言语交往不仅要有普遍性的规范，而且还要注意到交往者的主观能力，因此，要注意交往者心理素质、道德水准、言谈能力、选择和创造性等方面的培养。[②]

哈贝马斯关于言语行为的论述，不仅是当代语言社会学的重要内容，而且也是他的交往行为理论核心内容，其中展开的矛盾关系和触及的生活领域是异常丰富的，下表是他对自己阐

---

① ［德］哈贝马斯：《交往与社会进化》，张树博译，重庆出版社1989年版，第30页。

② 刘少杰主编：《当代国外社会学理论》，中国人民大学出版社2009年版，第201～205页。

述的言语行为理论所涉及丰富内容的概括。[①]

言语行为理论的基本内容

现实领域	交往模式：基本态度	有效性要求	言语的一般性功能
关于外在自然的"那个"世界	认识式：客观性态度	真实性	事实之呈现
关于社会的"我们的"世界	相互作用式：遵从性态度	正确性	合法人际关系之建立
关于内在自然的"我的"世界	表达式：表达性态度	真诚性	言说者主体性之揭示
语言	—	可领会性	—

（3）哈贝马斯在1981年又专门出版了《交往行为理论》的专著，这被认为是他在这方面理论的最完整及系统的论述。

哈贝马斯重视"交往行为"的概念，其目的是为了提出自己的合理性理论；对此从其《交往行为理论》第1卷的副标题《行为合理性与社会合理化》，可见一斑。在哈贝马斯看来，韦伯之所以在理性化的问题上陷入悲观主义，正是因为其行动概念的狭隘，导致其对合理性的理解仅限于"目的—工具"合理性。"目的—工具"合理性模式的缺陷在于，这种视角仅看到了人类行动处理主体与客体关系的合理性，但忽视了主体与主体间关系的合理性。交往或沟通行为所处理的正是主体间关系，或者所处理的是主体间行为的相互协调问题。

哈贝马斯指出："行为者的行为具有多大的合理性，主要取

① ［德］哈贝马斯：《交往与社会进化》，张树博译，重庆出版社1989年版，第70页。

决于我们为行为所设定的世界关联。”① 他强调，由于交往行为的不同有效性要求分别指向不同的行动主体与不同世界关联：命题内存的真义性指向客观世界，语言规范的正确性指向社会世界，表达的真诚性指向主观世界。三种不同领域的世界对应的是不同领域的事物：客观现象、道德法律和艺术，而每一领域都有着不同的理解和判断的合理性标准，或者说是具有不同的有效性要求。这样，交往行为的合理性就分为三个不同的层面：主体与客观世界关系的合理性；主体与社会世界关系的合理性；主体与主观世界关系的合理性。

哈贝马斯为了揭示交往行为中所潜藏着的不同于“目的—工具”理性的另一种理性，在对交往行为概念进行分析时，特别重视关于普遍（形式）语用学对交往有效性要求的分析。在他看来，反省、批判和论证的能力，即交往理性。首先，这是一种对话式的理性，是以主体间的平等的对话为基础的。相对地，“目的—工具”理性是一种独白式的理性，是基于个人利益的计算的理性。其次，交往理性是一种借助更佳论据进行反复论证的理性。在是否能达到有效性要求受到质疑时，交往行为的参与者能够进入理性的讨论。在讨论中，交往双方针对有效性的质疑反复讨论，以期达成共识。相对地，“目的—工具”理性不必借助理性的讨论，而是以单方面的利益取得为标准。

在哈贝马斯看来，交往行为的合理性程度是以其发展程度为基础的。韦伯和传统批判理论之所以在社会理性化问题上陷入悲观主义，正是因为他们分析问题的概念框架的不适当：其出发点只是“目的—工具”合理性行为，没有看到在人类的交往或沟通行为中，实际上潜藏着另一种理性的潜能，即交往理

① ［德］哈贝马斯：《交往行为理论》（第 1 卷），曹卫东译，上海人民出版社 2004 年版，第 83 页。

性。在理想言语情景下的交往理性显示出人们是希望相互交往和理解的。这意味着人们愿意放弃用武力或其他内外的强制力来协调主体间的行为，愿意通过平等的对话和交往来处理人际间的冲突。在哈贝马斯看来，如果人类的这种能力能够得到发展，实现社会的全面合理化并非没有希望。

哈贝马斯在《交往行为理论》中强调，理性是以语言作为交互主体行为脉络而在其中形成往返对话逻辑的；而且，以交互主体的对话、交往行为，预示着开放性和超越主体性格局的理性；理性意味着允许被论辩。严格说来，理性又可区分作两层次不同的理性概念：认知工具理性和交往沟通理性。前者强调理性追求的目标是以非交往沟通的知识为要求，以达到成功的可利用的算计性为自我维持系统；而后者则是体现不同主体在相互参与中形成共识并确保在客观世界统一性和生活世界中的互为主体性①。哈贝马斯认为，交往理性扩大了理性的概念，而不囿于某一方、某一种行为类型，更不局限于只发展某种知识。换句话说，交往理性能使理性结构不仅仅体现在目的理性的扩展上，即不仅仅体现在技术、策略、组织和合法手段的扩展上，而是整个地体现在交往行为的媒介性质上，体现在调整冲突的机制上，体现在世界观以及同一性的形成上。

为了说明交往行为的概念，哈贝马斯对社会学理论中的其他行为概念与交往行为概念的关系进行了研究。在哈贝马斯看来，以往的社会学理论，主要研究了三种行为概念：目的（策略）性行为、规范调节的行为、戏剧行为。目的（策略）行为主要在韦伯那里作了深入研究，符号互动论则对规范调节的行为的研究作出了贡献，戏剧行为的提出是戈夫曼的贡献。这样，

① ［德］哈贝马斯：《交往行为理论》（第1卷），曹卫东译，上海人民出版社2004年版，第10页。

加上交往的沟通行为，社会学理论中的行为及行动概念，可基本归结为四个要论：目的（策略）行为，规范调节的行为，戏剧行为，交往沟通的行为。[①]

要注意到的是，哈贝马斯在社会学意义上，总体是考察“交往行为”，而在此概念之下，承接以往社会学史上的研究，考察了之前社会学研究者注重考察的“目的（策略）action”理论、“规范调节 action”理论、“戏剧 action”理论，之后又加上 thy theoy of communicative action。对于此中的 communicative action，译成中文译名，在目前已出版的汉语译著中，有的翻译为“交往行为”，有的翻译为“沟通行动”，有的翻译为“交往行为”，有的翻译为“沟通行为”。这都是可以的。但是，这种译名的不一致，使诸多著作在概念用语上显得有些乱。所以，我们在本书的阐述中做了这样的处理：在引用一些著作译文时，在引号内基本保留原译者的原本译法。当在某处一般考察和特殊领域考察同时出现，为作出一般和特殊的区别和比较，说到的是总体考察，说到的是在一般意义上考察 communicative action，这个词译为“交往行为”；说的是诸如“目的（策略）action”“规范调节 action”“戏剧 action”以及与之并列的“communicative action”，这是与一般相对的特殊领域，则把 action 译为“行为”，将 communication action 译为“沟通行为”。其他处，往往考虑中文里“行为”与“行动”比，“行为”更一般些、“行动”更具体些，往往根据所论述问题的语境有时写为“交往行为”，有时写为“沟通行动”；由于“交往”与“沟通”虽在外文中可同时对应一个词，而在中文里二者有各自的内涵差异，为同时体现交往中的沟通行为或沟通中的交往行为，写

① 参见［德］哈贝马斯：《交往行为理论》（第 1 卷），曹卫东译，上海人民出版社 2004 年版，第 83～101 页（译文有小的调整）。

为"交往沟通"。

关于目的（策略）行为，哈贝马斯指出：①目的行为是行为者通过选择一定的有效手段，并以适当的方式运用这种手段，而实现某种目的的行为。目的行为专注于某种既定目标与达到目标的手段间的联系。因此，目的行为（teleological actiong）的核心问题是，如何在给定的行为情境中选择合理的手段和方式实现主体预求的目的；它的核心概念是在不同行为可能性之间作出的决定（decision）。②目的行为概念的前提是：一个行为者与实际存在的事态之间的关系。这些事态可能是一直存在的，也可能是刚刚出现的，或通过有目的的干预而带来的。③就行为主体而言，人被看作"认知—意志复合体"，一方面，行为者通过对情境的认识形成关于对象的知识和信念（belief），并通过感知传达出来；另一方面，行为者可以形成一定的意图，以便把理想的事态付诸实现。因此，行为面对的客观世界表现为具有一定内涵的陈述命题。④通过意见和意图、目的行为的行为者可以和世界建立起两种可以得到客观评价的合理关系：一方面，一个行为者能否成功地让他的感知和意见与世界上发生的事情或事物相一致；另一方面，一个行为者能否使世界上发生的事情与他自己的愿望和意图一致。在这两种情况下，行为者都有所表达："他看以提出真实的命题或错误的命题、或实施有目的的干预，结果可能成功，也可能失败。"[①] ⑤目的行为本质上是非社会的，即使有行为者之间的合作，也是以自我为利益权衡的基础。在这里，人与事物没有本质区别，与之合作的他人只是他实现自己目的的手段和上具、只是实现自己目的的障碍或促进因素。单纯从目的行为出发来理解合理性，只能

① ［德］哈贝马斯：《交往行为理论》（第1卷），曹卫东译，上海人民出版社2004年版，第86页。

承认工具合理性。⑥当出现两个有目的的行为主体时，目的行为就发展成为策略行为。策略行为与目的行为并没有实质的不同，只不过在策略行为中，至少需要有两个有目的的行为主体，“他们一边把其他行为者的决定作为准绳，一边对其他行为者的决定施加影响，以此来达到其目的”[①]。⑦策略行为的效果视其他行为者而定。在策略行为中，策略行为者都紧盯着自己行为的功效的最大化，即使相互协作，也是在这种协作符合其自我利益时才存在：“这种行动模式奠定了经济学、社会学以及社会心理学的决定论和博弈论的基础。”[②]

关于规范调节的行为，哈贝马斯指出：①在目的论的行为模式中，行为者或向他所认识的客观世界发生关系，或同他有目的地干预的客观世界发生关系，而在规范调节的行为中，行为各作为社会角色的扮演者同他所属的社会世界发生关系，或者同他通过规范调节的人际关系的世界发生关系。②规范调解的行为是以一个行为者与两个世界之间的关系为前提的。行为者除了要同作为外在的客观世界发生关系外，更主要的还必须同他自身所属的社会世界发生关系。社会世界是指由一定的价值规范构成的社会成员之间关系的整体。规范呈现了社会集团成员共同认可的行为规则，遵守规范不具有认知意义，因为它不是对事实的认知，也不是为了实现自己的愿望和意图，遵守规范是一个社会集团对其成员的要求和社会成员对生活于其中的社会集体应尽的义务。因而，规范调节的行为对行为者提出规范正确性的有效性要求。③符合规范的行为的前提是，行为

① ［德］哈贝马斯：《交往行动理论》（第1卷），曹卫东译，上海人民出版社2004年版，第86页。

② 参引［德］哈贝马斯：《交往行为理论》（第1卷），曹卫东译，上海人民出版社2004年版，第83页。

者能区分情境中的事实因素和规范因素，"行动者把行动语境中的实际内容和规范内容，也就是说，把条件和手段与价值区分开来"。"参与者对于事实或非事实可以采取一种客观化的立场，或者，参与者对于正义的要求或非正义的要求采取一种符合规范的立场。"①

关于戏剧行为，哈贝马斯指出：①戏剧行为（dramaturgical action）是指在公共场合有意识地展示自己的主观情感、品质、愿望等主观性的行为，从而使自己与别人不同的特有的主体经历和体会、让观众看到并接受。它的核心概念是自我展示（presentation of self）。②戏剧行为在本体论结构上假定客观世界、社会世界之外，还必须假定主观世界这一前提，戏剧行为把人生作为舞台，把行为作为展示自己主观性的活动。③它的合理性根据个性的同一性和自我表达的真诚性来衡量。

关于交往的沟通行为，哈贝马斯指出：所谓交往沟通行为（communicative action），是指至少有两个行为者通过语言的交流，求得相互理解、共同合作、协调相互间关系的互动行为。行动者共同寻求他们对情境和行为计划的理解，以便以意见一致的方式协调彼此的行为，实现共同的目的。这里的前提除假定客观世界、社会世界和主观世界的存在外，还必须假定作为知识和观念载体的语言世界的存在。在沟通行为中，人与不同世界的关系不像在目的行为、规范调节行动和戏剧行动中那样，是一种直接的关系，而是一种反思的关系。在这种反思关系中，行为者不再与三个世界中出现的事物发生直接的关系，而是通过语言同客观世界、社会世界和主观世界间接地发生关系。它不是单方面地与某一世界发生关系，而是同时把三个世界作为

① ［德］哈贝马斯：《交往行为理论》（第1卷），曹卫东译，上海人民出版社2004年版，第89页。

理解和解释的框架。

在哈贝马斯看来，交往的沟通行为，其合理性标准除了要满足语言表达形式本身的可理解性之外，必须同时满足三个有效性要求(validity claims)：对客观世界事态作出的陈述是真实的，交往的沟通行为建立的人际关系是正确的，言词表达与说话者的意图是一致的。如果行为者能同时满足这三个有效性要求，就能在意见一致的基础上协调相互关系，从而为社会合作提供合理的基础，使各方面取得一致性的整合。交往的沟通行为是基于对世界的理解而协调彼此行为的机制，它也具有目的性，但是，它与目的论行为不同，其目的不是个人的意图，而是达成共识。

在哈贝马斯说来，以交往的沟通行动为基点，可以更好地理解社会行为：如果行为者注重行为所产生的效果，即以选择适当的手段达到一定的目的为导向，这样的行为就是目的（策略）行为；如果行为者仅涉及社会世界，他的行为将遵守共同的社会规范，这样的行为就是规范调节行为；如果行为者以吸引听众或观众为导向，注重自我表演，这样的行为就是戏剧行为。目的（策略）行为、规范调节行为、戏剧行为这三种行为概念虽然概括了人的特定行为类型，但是，任何一种行为理论都没有包容合理性的所有要求，都是片面的。这三种行为概念没有把握语言理解的真正意义，它们都只是单方面把握语言的功能。在目的（策略）行为模式中，语言是作为实现主体预想目的的工具，它既服务于对情境的认知，也用于影响参与合作的其他对手的行为，这种语言观是工具主义的。在规范调节的行为中，语言是传播传统文化价值和规范共识的媒体、道德教化的工具，它不考虑语言的其他功能。戏剧行为把语言作为传达自己情感或展示自己人格魅力的中介，只顾及语言在展示行为者主观体验上的作用，它忽视了语言的认知功能和人际关系的调节功能。“它们各自所代表的沟通类型都是沟通行动的临界状态。具体而言，第一种是间接沟通，参与者眼里看到的只是自己的目的；第二种是共识行动，参与者只是把已有的规范共识付诸实现罢了；第三种是与观众相关的自我表现。他们都只是分别揭示了语言的一种功能，即或发挥以言表意效果，或建立人际关系，或表达经验。"①

在哈贝马斯看来，只有沟通行为模式，把语言首先作为直接理解的一种媒体，语言的所有功能在这种行为模式中得到充分的运用，只有在沟通行为中，语言才同时承担认知、协调和表达功能，语言作为相互理解的中介具有独立的意义。这是因为，在沟通行为中，行为者互相提出四项普遍性的有效性要求——他们的语言是可以理解的、命题内容是真实的、言语行为是正确的符合社会规范的、意向的表达是真诚的——而且互相承认这些有效性要求。这是构成沟通行为得以继续进行的背景性共识。有效性要求的提出与承认一般情况下都未明言，只是沟通行为不可或缺的预设或假定。而且，有效性要求的提出和承认是一种互相的期望：我对自己的言语行为提出有效性要求，而我也知道或期望你对自己的言语行为也提出同样的要求，同时我假定你也知道我对我自己的言语行为提出这样的要求。一旦沟通行为的参与者对于某一言语行为的有效性要求有所怀疑时，也就是不再是理所当然地可接受的，则有效性要求是否得到了满足就会替代沟通，成为沟通双方的焦点。②

可见，哈贝马斯认为只有交往行为导向客观世界（外在、可操控的"客体—科学"知识）、社会世界（规范、价值及共同

---

① ［德］哈贝马斯：《交往行为理论》（第1卷），曹卫东译，上海人民出版社2004年版，第95页。

② 侯钧生主编：《西方社会学理论教程》，南开大学出版社2010年版，第370～371、363～367页。

认定的“期望—法律/道德”）和主观世界（主体经验的“表达—审美”），在交往行为中的行为者才“同时指涉存在于客观、社会及主观等世界中的事物，以便协商对情境的共同认定”[①]。因此，相比于其他不同的行为，体现交往行为的沟通行为在本质上更具合理性的要求，因为它符合把各种不同经验导向合理的协调和发展。所以就哈贝马斯看来，真正的交往互动过程中比在“手段/目的”或目的论的行为中涵盖更多的合理性。[②] 理性被理解为说话与行为主体所具有的某些特质和意向，经由行为的开放而允许论辩、相互肯认、相互协调，共同交织在一个生活世界中，其中，生活世界相应得以形成交互主体性的沟通实践媒介，即语言。交往的沟通是借助于语言进行的，语言的基本所向，是对交换、传递的讯息内容达成相互了解。因此哈贝马斯强调致力于了解的交往行为，是最根本的社会行为。其他非沟通性的策略行为，如控制、说谎、欺骗，都是由交往行为衍生而出，因为所有的社会行为都要透过语言媒介。

正如哈贝马斯所讲，语言即是那“服务于理解的交往媒介”[③]。而语言是如何形成成功和正常的有效性交往，意即交往者的说话行为（speech action）是否满足有效性声明（validity claims），只有通过参与者在相互作用中达到对他们相互提出的有效性声明的交互肯认，理解才以协调行为的动机起作用。于是哈贝马斯提出作为交往行为的一般理论——普遍语用学（Universal Pragmatics），其目的是厘清我们说话时，每一个发言者

① ［德］哈贝马斯：《交往行为理论》（第 1 卷），曹卫东译，上海人民出版社 2004 年版，第 95 页。

② 参见［德］哈贝马斯：《交往行为理论》（第 1 卷），曹卫东译，上海人民出版社 2004 年版，第 302 页。

③ 参见［德］哈贝马斯：《交往行为理论》（第 1 卷），曹卫东译，上海人民出版社 2004 年版，第 101 页。

(uttevance) 的普遍语用结构。

哈贝马斯借助乔姆斯基对语言（language）和说话(speech) 之区分，论说了人的交往的沟通能力（competence)。语言是指这样的一套规则，据此我们能衍生出所有合乎文法的语句；而说话则是指在交往的沟通对话中，说话者能适当地使用合乎文法的语句于不同的特殊情境中。只要是正常的人，就具有交往的沟通能力，能掌握语言文法衍生的规则，以产生合乎文法的语言，人就在使用语言的同时，就能从中衍生出或了解无数合乎文法的语句。换言之，语言的实际使用行为（即谈话）的规则并无普遍规则可言。哈贝马斯修正乔姆斯基的说法，认为语用是存在着一些条件或规则的，因为因循着文法语句置于不同的相关情境之中就构成与指涉世界的关联性（reality-refering)，使听者因而能够由说话者的相应情境来判断一语一言之使用恰当与否，不然交往行为的互动作用就无法成立。再者，哈贝马斯也根据奥斯汀和塞尔的说话行为理论来说明说话者与指涉世界的关联。说话行为提出这样的想法，认为说话除了说出关于命题内容的部分，还有非语句的力量（illoultionary force）部分，后者正好表达出一种"约定"的人际关系，是说者与听者共同建立的一种默契。任何一个说话行为，不仅仅陈述事实，它还包括承诺的性质。成功或正常的说话行为，听者除了知道所传达的命题内容，并且能接受说话者所允许的人际关系模式①。

哈贝马斯注意到，普遍语言学认为对于任何说话者在交往

① ［美］托马斯·麦长锡：《尤根·哈贝马斯的批评理论》，王江涛译，华东师范大学出版社 2010 年版，第 284 页。

过程中都要求，必须满足四项有效性声明：[①] ①说话者必须选择一个可理解的表达，以便说话者能够与听者从语言结构中获得正确的相互理解；②说话者提供的陈述必须是真实的，或者被陈述的命题必须满足真实性条件，以便听者能够分享说话者的知识；③说话者选用的言说必须是正确的，也就是说，它必须符合公认的言说交流背景从而使听者认同；④说话者表达自身的意向必须是真诚的，它必须满足以导致听者对说话者的信任。换言之，语言使用在交往行为中，必须是带可理解性（comprehensibility）、真实性（truth）、真诚性（trutnfulness）、适当性（rightness）。这四项有效性的声明内在着这样的要求：基于每次交往行为的背景知识，说话者必须预设并满足这些普遍且不可避免的条件，交往行为才可能得以持续。

哈贝马斯指出，这是每一说话者所必须拥有的根本能力，故称之为交往能力（communicative competence），包括个人参与和形成交往沟通的认知、说话和互动三个方面。除了第一项要求涉及语言本身结构问题外，后三者要求分别同客观世界、社会世界和主观世界有着逻辑的关系。有效性声明相应于客观世界、社会世界和主观世界，其声明的类型就分作：①说话者表明的活动进程必须就达到目的最有效和最充分的手段作断言；②行为必须正确地和常态地依循相关的规范性声明；③在说话行为中表达出来的主观经验是真诚可靠的。哈贝马斯强调，所有的说话行为都要符合这三项声明，尽管在不同的情况中有着不同的说话行为的侧重。哈贝马斯认为，交往的沟通能力是普遍的，同时也是经验的，因为在社会中其体现于实际而有效的运作。

---

① ［德］哈贝马斯：《交往行为理论》（第1卷），曹卫东译，上海人民出版社2004年版，第306页。

哈贝马斯进而指出，说话行为在有效性声明中所指涉的不同世界，使得有效性声明成为可以被验证的（cognitively testable）。于是说话者与听者就具有了承认、接受或拒绝作为依赖的普遍理性基础。理性的各个向度在语言表达式中得以体现，说话有效性全部实现也就是理性统一的实现。哈贝马斯经由对交往前提的设定，为正常的交往沟通寻找到了发生学（genetic）的基础，同时他也在某个意义上使交往理性有了较客观的评判和检验标准。因而语言一方面有认识上的意义，而且还具有实践上的意涵，语言与行动相互解释，也与实践性有统一性关联。普遍语用学赋予了语言的规范性功能，理性则保持了其统一性和批判性的双向功能。因此，交往的沟通能力所蕴涵和展现的是一种交往理性，这理性使得交互主体性之间的开放和诚信成为可能。

哈贝马斯对语言的讨论不只限于与研究语法、句法结构学相关的理论。在交往行为理论的意涵下，语言实际运用的能力与条件必须置于交往的沟通情境下才可能被理解，有效运用语言能力的交往的沟通意味着其中的规则意识被设定，而对这种规则意识哈贝马斯称作“先验的知识”。交往中语言的沟通活动发生，只有当两个或两个以上的主体作为参与者时，才能发生。由此而言，一方面具有“认识式运用”，另一方面还有“互动式运用”；前者是对发生或将要发生于世界中的事件进行陈述，后者则是将说者与听者带入一种互动的关系中。哈贝马斯认为：只有当参与者在相互就某些事件进行沟通时，也就同时进入沟通的两个层次上——他们由之建立人际关系的交互主体性和陈述性内容——语言的交往才能发生。也就是说，理解意味着交互主体对实际存在的某种事物取得共识，是在确认规范性、正确性的基础上达到主体与主体之间的协调。

哈贝马斯讲到，作为社会理论讲的“交往行为”理性，它“总是把要求的价值立足于得到认可（anerkennungs würdigkeit）

的基础上，并导致对有效性的某种超主观的承认”。[①] 交往所欲达到的理解，不只限于一般解释学意义的理解，不能仅仅看成是主观范围的事，因为理解的目的是导向主体与主体间的相互协调和肯认，即所谓的“共识”（consensus）。换言之，共识是理性的成果，而且是以交互主体性的开放和多元为前提的共识，主体与主体间为认同而有约束，恰恰是以相互协调和肯认的语境和意义为条件的。可以说，当人们第一次开口说话时，理性的基础即存在其中，而共识就是在相互交往的沟通逻辑下趋向于统一的理性的内在要求。因此从根本上说，交往的沟通理性是从两个面向展开的：一是通过意识形态批判消除假的沟通、扭曲的沟通；二是在对理性要求统一的追求上寻找共识。

有学者讲，如果对以上的说明作个概括性小结，可用哈贝马斯自己的话说，对“理性的结构”可以由其四个概念刻画该过程：①行动者的三种关系和相应的客观世界、社会世界和主观世界的概念（指行动理论）；②命题真实、规范正确、真诚可靠的有效性声明（指语言的媒介性功能）；③理性的动机一致性概念，即基于对可批判的有效性声明的交互主体性认识的概念（指普遍语用学）；④达到理解的概念，即认为理解是对情境等同定义的合作性协商（指共识理论）。[②] 哈贝马斯关于沟通的行为理论可视作“理性的言说”（rational discourse），所谓的理性即经由个人与个人之间相互需求的讲理（giving of reasons）和以理据争（reasons against）来协调说话行为中的社会条件，以创造理性且迈向解放之途的开放社会。

---

① ［德］哈贝马斯：《〈交往与社会进化〉英译本序》，张树博译，重庆出版社1989年版，第5页。

② 参见［德］哈贝马斯：《交往行为理论》（第1卷），曹卫东译，上海人民出版社2004年版，第13页。

哈贝马斯认为，语言就行为主体使用的原初模式而言是为了达到理解，语言的使用蕴涵了将说话行动的互动关系作为说话者的自我表白，而且这样的表白过程是反映了某种人际关系网络，并不是策略性、工具性的成功取向，因为后者将导致语言变成宰制的权力。[①] 普遍语用学因而要求，通过重建说话和行为主体那种隐态、前理论的知识，化作显态、系统可理解的知识，在日常生活的交往行为中的陈述或行动可以为他本人或其他有关的说话和行动主体来加以维护或批判的（defended or criticized）。进一步，还可以为自己的维护或批判提出根据或理由。总之，沟通能力的恢复意味着理性的恢复，亦即恢复主体说话或行动的可批判性。[②] 哈贝马斯强调，沟通理性不但揭示了封闭性语言的工具性意识形态，它还进一步提供反省，追求知识的欲望迈向解放的旨趣。

事实上，哈贝马斯始终没有离开他在《认识与旨趣》一书中所规定的“解放的旨趣”，交往行为理论所铺展的理性重建，即是“允许自我反省理论的发展，在这个方式上，重建乃可以间接地连到解放旨趣，而后者乃单独直接地进入了自我反省的能力中”[③]。这里，所谓的自我反省的能力演变成交往能力，即哈贝马斯所说的，在交往行为中预示了自主和负责的交往。语言在理性讨论和辩论中凸显了交互主体性的互动关系，“通过语

① ［德］哈贝马斯：《交往行为理论》（第1卷），曹卫东译，上海人民出版社2004年版，第286页。

② ［德］哈贝马斯：《交往行为理论》（第1卷），曹卫东译，上海人民出版社2004年版，第10页。

③ ［德］哈贝马斯：《理论与实践》，郭官义、李黎译，科学文献出版社2004年版，第24页。

言的结构，自主和负责呈现给我们”[①]，理性重建隐藏于符号化构成物构造过程背后的衍生性结构，完成意义的解释由于被重建的规则意识成为一种范畴性知识。理性已不再是以意识作为框架的理性，而是经过“语言学转向”后纳入交往沟通范畴中的互动理性；前者是近代哲学的主体哲学方式的论述，后者则是哈贝马斯互为主体性的互动原则。因此，所谓的社会，被认为是透过语言而建立的互为主体性结构，这样的系统体现为交往行为的网络，在说话和行动能力方面考察其理性化的程度成了一个社会批判理论的新途径。总之，解放实指解放的社会（emancipated society），历史也体现为社会整体发展中自我陶成（self-cultivation）的历程。

哈贝马斯重视这样的研究，以语言作为媒介的交往行为，摆脱了主体哲学的独白，也统合了理论与实践、理智与行动之间的关系。哈贝马斯基于这样的见解，将理性概念重新把握，这被认为是交互主体性交往行为的结果。在这里，理性的介入并不被认为是强制的工具；相反，理性被视为有限的、开放的共识原则。[②]

在哈贝马斯的交往行为理论中，理性的重建指向着“生活世界”（life-world）。

对哈贝马斯来说，“生活世界”与“交往行为”是相辅相成的。人类之所以能够在交往行为中沟通并且发展成没有制约的论辩来作为协调的准则，主要是每一个人都拥有，而且是在一定程度上共同拥有，一组庞大而“并不明确的”（non-explicit）

① ［德］哈贝马斯：《认识与兴趣》，郭官义等译，学林出版社1999年版，第314页。

② 参见曾庆豹撰：《哈贝马斯》，载苏国勋编：《当代西方著名哲学家评传》（第10卷），山东人民出版社1996年版，第465～470页。

背景资料和知识作为人类沟通的指引。哈贝马斯跟随着现象学的传统，把这些背景资料名之为"生活世界"。可见，所谓"生活世界"，无非就是人类生活于其中的、大家在一定程度上共同拥有的、一组庞大而不明确的社会文化背景。由于生活世界的存在，交往的沟通才成为可能。之所以讲生活世界与交往行为相辅相成，是因为，交往行为在生活世界内进行，生活世界使得人类理性地进行交往成为可能。"交往行为的总体总是在生活世界的视野内达成共识。他们的生活世界是由诸多背景观念或多或少存在着不同，但永远不会存在什么疑难。这样一种生活世界背景是明确参与者设定其处境的源泉。通过解释，交往共同体的成员把客观世界及其主体间共有的社会世界与个人以及（其他集体）的主观世界区分开来。世界概念以及相关的有效性要求构成了形式因素，交往行为者可以用它们把各种需要整合的语境与他们自身所处的明确的生活世界协调起来。"①

哈贝马斯将文化（culture）、社会（society）和人格（personalily）看作是生活世界的结构性要素。文化是一个资料储存库，是生活在一起的社群所共享和共有的，当交往行为的参与者通过语言沟通就世界上的某些事物进行解释和理解时，知识储存库使得沟通成为可能；社会是指合法的秩序，通过这种秩序，调节不同的意见和社会行为，交往行为促进社会整合和人类的归属感；人格可以理解为沟通行为的参与者所具有的语言能力和行动能力，这种能力使得他们能够参与到相互理解、沟通的过程之中，并促使个性特征的形成。②

---

① 参见［德］哈贝马斯：《交往行为理论》（第1卷），曹卫东译，上海人民出版社2004年版，第69页。

② Habermas：The Theory of Communicative Action，vol. Two，trans. Thomas Mc-Carthy（Boston：Beacon Press，1987）. p. 139.

在哈贝马斯那里，生活世界的理性化使文化、社会、人格的相互关系及其界限变得越来越清晰。哈贝马斯认为，可以从三个方面来看待生活世界的理性化过程：一是生活世界结构上的区分；二是内容与形式的分离；三是符号再生产的反思性的增加。[①]

在哈贝马斯看来，所谓生活世界结构上的区分，是指文化、社会和人格这三种结构不再受具有神秘色彩的世界观所控制，而是各自独立起来。“在文化与社会的关系中，结构的区分表现为制度系统与世界观的逐渐脱离；在人格和社会的关系中，结构的区分表现为主体间的偶然性关系的范围的扩展；在文化与人格的关系中，结构的区分表现为传统的更新越来越依赖于个人的批判取向与创新能力的事实。这些进化的结果是：在文化方面，传统变得具有自我反思性，并处于不断改进的状态；在社会方面，合法的秩序的建立及其规范的正当性依赖于形式程序来决定；在人格方面，抽象的自我身份通过不断对自我的肯定而建构起来。这些变化的出现，是在日常沟通实践中作肯定或否定的判断时，不再诉诸于规范的一致，而是建立在沟通参与者本身合作的解释过程的基础上。因此，它们标示着沟通行动中内在的合理性潜能的释放。”[②]

对应于文化、社会和人格的区分，是形式与内容的分离。“在文化层面，人们在建立自我认同时，不再依赖于神化世界观中尚紧密交织在一起的具体内容，而是依赖于一些形式因素，如世界概念、沟通前提、论证程序、抽象的基本价值观念等。

---

① Habermas：The Theory of Communicative Action，vol. Two，trans. Thomas Mc-Carthy（Boston：Beacon Press，1987）. pp. 145－146.

② Habermas：The Theory of Communicative Action，vol. Two，trans. Thomas Mc-Carthy（Boston：Beacon Press，1987）. p. 146.

在社会层面，从它们在原始社会中还紧紧依赖的特殊内容中演化出了普遍的原则和程序，现代社会的法律秩序和道德规范愈来愈建立在一些普遍的原则上，而不是依赖于具体的生活形式。在人格系统的发展层次上，在社会化过程中所获得的认知结构，愈来愈脱离它们在'具体思维'中得以整合的具体文化知识。"[①]

生活世界理性化的第三个层次，是符号在反思性中增加。具体表现为："在不同的文化领域、不同的社会制度里、甚至是教育下一代的过程里，人与人之间的沟通和理性上的反思日益占据着主要的位置。"[②]

哈贝马斯认为，生活世界的存在对经验而言是毋庸置疑的。生活世界是不固定的、可渗透的，但有牢不可破的界限，此界限不可被超越，也不会被穷尽。[③] 关于生活世界的知识，之所以能传递某种绝对的确定感（the feeling of absolute certainty），是因为我们对其"一无所知"（do not know about it），这种悖论的特质正是我们对生活世界之把握属于先于反省的（pre-reflection）认知。[④] 在哈贝马斯看来，生活世界是某种前逻辑性、前科技性、前工具性的世界，生活世界的丰富在于它植根于我们直接经验的生活感受，虽然我们不易完全把握其确定性，但也正是因为这样，在交错着种种关系性经验的网络中，能展开更多的可能性。哈贝马斯由符号互动对生活世界作了一个扼要

---

① Habermas：The Theory of Communicative Action，vol. Two，trans. Thomas Mc-Carthy（Boston：Beacon Press，1987）. p. 146.

② 阮新邦：《批判诠释与知识重建》，社会科学文献出版社 1999 年版，第 63 页。

③ ［德］哈贝马斯：《交往行为理论》（第 2 卷），曹卫东译，上海人民出版社 2004 年版，第 130～133 页。

④ ［德］哈贝马斯：《交往行为理论》（第 2 卷），曹卫东译，上海人民出版社 2004 年版，第 135 页。

的解说：听者与说者所交会之先验处。说者与听者是语言的交往性结构，亦即生活世界的结构。[①] 语言活动形成的交互主体性行为，构成某种内在的境域以达成理解取向的互动和整合，这种经验对应于系统的世界，其中包括的三大结构组成的部分：即文化、社会和个人。所有的生活世界都共享着一定的沟通结构。进而，哈贝马斯指出，生活世界衍生的种种现象应当成为进一步追问的焦点。

哈贝马斯对生活世界所作的诠释深受维特根斯坦之影响。维特根斯坦常言，“想象一种语言意味着想象一种生活方式”，“说语言是一种活动的组成部分，或者是一种生活形式的组成部分”。现象学哲学家胡塞尔也在晚年的论著中重视“日常生活世界”的概念。哈贝马斯将这个概念在行动理论和社会理论的关联中加以论述，形成以凸显语言和行为为导向的理论背景。事实上，米德和涂尔干把社会理论建立于人的行为是交往中沟通之导向的看法，更是影响着哈贝马斯对生活世界之诠释。也有社会学史研究者就此指出，只强调个人或意识为中心的行为和世界均不足以称之为生活世界，胡塞尔和舒茨的现象学正失败于此。只有经由语言或符号的互动所构成的沟通关系，这样的背景性关联才是生活世界。

哈贝马斯指出，交往行为依赖于情境脉络，是作为互动参与生活世界的调节。生活世界的概念可以给予行为理论和社会理论基本概念的关联提供确证。[②] 哈贝马斯于是认定交往行为必定是假定了某种先于行动又构成行动的知识背景或知识储藏库，

---

① ［德］哈贝马斯：《交往行为理论》（第2卷），参见曹卫东译，上海人民出版社2004年版，第126页。

② ［德］哈贝马斯：《交往行为理论》（第1卷），参见曹卫东译，上海人民出版社2004年版，第278页。

生活世界的概念与沟通行为的概念相互依存，交往行为表达生活世界的内容，生活世界构成交往行为的基础，之间形成相似于"诠释循环"（hermeneutic circle）之关系。

哈贝马斯强调，在交往沟通过程中，生活世界总是先于反省而潜藏在我们进行理解活动的背后，是互动赖以呈现的基础。生活世界同时包含了面向主观、客观和社会三个世界，这三个"世界"在日常生活的交往中总是交织在一起。对哈贝马斯而言，生活世界是关于互为主体的往返性活动的共生概念，语言是那作为中介的媒介，说者与听者在其中相遇，相互以有效性声明协调他们的活动，或寻求理解，或凝聚共识，发展了行为；也就是说，相互理解行为之理性，朝向转译和释放社会群体生活世界之理性化，语言在此实现理解、协调行为和个人社会化的功能，因此语言作为一种中介，经由此中介使得文化再生产、社会整合与社会化得以可能。语言的沟通结构就是生活世界的结构，这样，符号再生产成了生活世界的特征，此是与说话有关的行动。生活世界的结构依赖于这样的发展逻辑，在交往行为的结构限制内变动，它假定了一种学习过程，使生活世界在其结构分化中预示着理性的增加。换言之，理性的重建就是生活世界理性化，生活世界的无限潜能预示着理性解放之可能性。

于是，哈贝马斯所提及的关于生活世界所包含的主观、客观和社会三个世界，被说成是文化、社会和个人三方面，形成了：①人们经语言的相互交换，能共同享有一定的文化遗产，以及共同享有解释此文化遗产的方式，甚至共同享有更新该解释的权力；②人们经语言的互动，讨论行为的根据，而能建立彼此都能接受的行为规范，形成群体的归属认同感以及强化社会的整合；③对个人而言，因不断的成长和学习，建立起个人之行为能力和完整人格。于是，就有了生活世界不同类型发展不同的诠释方式：关于文化或符号系统的，有关社会或制度的，以及导向人格和自我方面的。这分别又可理解为：①行为者拥有内在且共享的有关文化传统、价值、信念、语言结构及其在互动中运用的知识库；②他们知道如何组织社会关系，并知道协调互动的方式和模式是否正确或适当；③他们理解人们想要什么，他们如何行为，以及什么是正常的行动等等。于是，生活世界交织着的三方面结构——文化、社会和个人，经由交往行为导引着的三个层面——相互理解、协调行为和社会化，来满足社会三个方面的相应需求——文化再生产、社会整合和个人社会化的需要。总起来说，生活世界依赖于语言的结构，所谓生活世界的再生产，即符号的再生产，也就是生活世界的理性化。

哈贝马斯从约定结构（conventional structure）的演化观点把握生活世界的理性化，其表现为三方面：①生活世界的结构分化，即文化、社会和个人的自行分化；②形式和内容的分离，即从具体的内容发展成一般性原则；③符号再生产的反省性增长，不同的再生产过程之功能性分化。[①] 哈贝马斯想要指出的是，这样的社会演化发展逻辑其根源来自生活世界的理性化，因此生活世界的理性化表现出它的原初性和自发性。

哈贝马斯进而强调，在社会发展的结构上，生活世界理性化有赖于相对应的学习过程，但是我们同时注意到社会发展又经受某种自找维系问题所操控的动力学结构，不同于前者的学习过程，后者的导向性模式是一种系统性的变迁。[②] 于是哈贝马

---

① ［德］哈贝马斯：《交往行为理论》（第2卷），曹卫东译，上海人民出版社2004年版，第145～146页。

② ［德］哈贝马斯：《交往行为理论》（第2卷），曹卫东译，上海人民出版社2004年版，第148页。

斯特别讲到了社会理论的双层概念：社会同时是生活世界和系统[①]。

哈贝马斯认为社会世界是由 system world 和生活世界构成的。在一些对哈贝马斯著作译成汉语的文献中，对这里的 system，往往译作"系统"。有学者认为，对此译作"体制"或"制度"似乎更贴切些。这里讲的 system world（"系统世界"姑且暂用这个译法）按哈贝马斯的理论来理解，是指体制化、制度化和组织化的世界，包括按照政治制度和法律制度建立起来的国家机关，按照经济制度建立起来的经济系统或市场体系，这是占有各种社会控制权力的领域；而生活世界则包括两个层面：一是开展言谈沟通、追求话语共识、发挥舆论评价作用的公共领域；二是维持私人利益、追求个人自主性的私人领域。

哈贝马斯强调，生活世界与系统因其各自不同的再生产原则，有着不同的分化（differentation）过程，分别是生活世界的理性化和系统的复杂化；生活世界的符号再生产代表着社会演化的理性化，系统的物质生产则代表社会演化的复杂化，各自发展有其内在的逻辑。

就哈贝马斯而言，生活世界和系统分化不只是对社会在功能整合意义上的区分，更是就演化的成就而言；这是围绕生活世界的理性化来进行理论论证的。当时的情况是，西方经过近代理性主义的努力，已展开一系列理性化的论证。当哈贝马斯追溯到"现代性"的根源时，指认那是生活世界理性化的结果。在哈贝马斯那里，所谓生活世界的理性化，指的是"认知世界

① ［德］哈贝马斯：《交往行为理论》（第 2 卷），曹卫东译，上海人民出版社 2004 年版，第 118 页。

观之理性化”[①]，而系统理性化或分化的前提和起点就是生活世界的理性化。哈贝马斯指出，西方今日的政治、经济、法律的成果，正是从生活世界中解放出来的；如果说系统的指令转过来使生活世界工具化并威胁其存在，这并不表示理性化即等同于系统宰制，不能否认生活世界理性化的自主性结构。哈贝马斯讲到，韦伯所说的“铁牢笼”（iron cage）、“无精神的专家，无心灵的感官者”并不能归结为理性化的结果。工具理性的胜利只能说明那是二重化的结果，“系统越借助体现于生活世界的规范制约而愈趋自主，终致系统之指令开始使生活世界工具化”，哈贝马斯称之为“系统对生活世界的殖民”。生活世界的理性化导致系统性的物质生产方面在复杂化的同时，语言在生活世界再生产方面扮演的角色变得萎缩了；正因为这样，反过来却以系统整合的操纵媒介——权力、金钱，取代语言的地位，这也就取代了原属于生活世界的沟通整合功能，终于造成生活世界的“殖民化”。[②]

哈贝马斯指出，系统和生活世界代表两种不同功能：系统整合和社会整合，前者是使行为功能的有效性产生的功能，后者则是协调行为者的一致性。[③] 功能或系统整合等于生活世界的物质再生产，这被构想为系统维系；社会整合则等于生活世界的符号再生产，依赖于文化的更新及社会化过程。问题是，生活世界结构分化的系统性变迁，渐渐地形成系统与生活世界的分离，生活世界在系统机制的日愈膨胀中萎缩成次级系统

① ［德］哈贝马斯：《交往行为理论》（第1卷），曹卫东译，上海人民出版社2004年版，第215页。

② ［德］哈贝马斯：《交往行为理论》（第2卷），曹卫东译，上海人民出版社2004年版，第183页。

③ ［德］哈贝马斯：《交往行为理论》（第2卷），曹卫东译，上海人民出版社2004年版，第186～187页。

(subsystem)，系统机制因此越发脱离社会整合的协调机制形成独立的操控能力。在这之中，社会演化也就扩大了物质再生产的能力，反馈回来又增加了系统的复杂化，也就形成了系统与生活世界之间的冲突状态。

哈贝马斯提醒说，"功能整合并不能适当地处理经由内在观察而担任起对生活世界的分析，只有当生活世界被对象化时，即在一种客观化的态度上表现为边缘维护系统时，功能整合才被允许"①。换言之，生活世界的理性化过程固然分化为系统性操控媒介，但各自依然保持自行的运作模式，系统整合不能替代社会整合。因为它不同于社会整合的行为内容。"系统对生活世界的殖民"即是以功能整合替代了社会整合，哈贝马斯苦心设计出来的"交往行为理性"，正是在面对今天的系统越来越复杂化的社会处境时，意欲使生活世界的理性化再次获得解放。

哈贝马斯指出，系统与生活世界的双重发展，生活世界理应成为系统机制得以组织化的条件，但是金钱和权力的操控媒介成了系统整合的媒介，使原是生活世界不可替代的整合媒介——语言、以沟通寻找协调的共识，均被纳入报酬与惩罚的单向思考手段中。因而，伴随着市场力量和政府力量对生活世界的渗透，私人经济生活的自主性相对地被市场经济消费欲求所左右，公民政治生活的自主性被转化为对政府权力的消极盲从。这样，一方面是"系统导致的物化"，另一方面则是"文化的贫瘠"，这就是生活世界殖民化的基本义涵和表现。② 系统的复杂化透过更多的技术应用，甚至"非语言化"的操纵机制，

① ［德］哈贝马斯：《交往行为理论》（第2卷），曹卫东译，上海人民出版社2004年版，第233页。

② ［德］哈贝马斯：《交往行为理论》（第2卷），曹卫东译，上海人民出版社2004年版，第183页。

也就不再依赖沟通活动的有效性声明。日常生活中那些以互动的媒介进行整合的，系统愈膨胀也就愈相对地使生活世界的再生产减少以沟通行动的符号互为中介，最后沦为系统的宰制。因此，马克思所谓社会劳动中“异化”的概念，被哈贝马斯扩大理解为“传统生活世界的错位（dislocation）和后传统生活世界的破坏（destruction)”，“生活世界的物质再生产领域之枯竭化，与生活世界符号再生产领域的失调”。

事实上，哈贝马斯对生活世界和系统的概念分析，旨在带我们回到交往行为理性的关键核心上去，将沟通行动的语言媒介纳入文化再生产、社会整合和个人社会化的理解、协调和相互作用的考虑中。沟通行为的语言媒介促进了生活世界的再生产，也就是强化了理性化的力量。关于社会演化的双重性：分化和整合，必定要重新协调符号再生产和物质再生产的不平衡现象，其可能性是以交往行为理性为基础。[①]

在哈贝马斯的理论中，理性同语言结构联系在一起，沟通活动即视作理性的体现。因此，哈贝马斯断言理性内在于交往行为中，而且体现交往理性的交谈活动恢复了生活世界的再生产动力，理性化意味着交往行为重新被纳入系统化的世界中，使再语言化（relinguistified）的互为主体性形成往返动力，重新扩展成为社会演化的基础。所以，真正生活世界的理性化，就是体现交往行为的演化和创新的动力因素，具体转化成社会实践的再生产过程。当再回到哈贝马斯关于“解放的旨趣”时，便可以形成如此的理解，正如美国的伯恩斯坦主编的《哈贝马斯与现代性》（1985）中所载的威马所著《理性、乌托邦和启蒙的辩证》所讲：“一个解放的社会即是生活世界不再被系统之自

---

① 曾庆豹撰：《哈贝马斯》，载苏国勋编：《当代西方著名哲学家评传》（第10卷），山东人民出版社1996年版，第471～477页。

我维持的原则所宰制的社会，而且理性化的生活世界将指导系统机制的运作，以配合组织化之个体的各种需要。"

研究者认为，哈贝马斯所讲的生活世界的理性化实际上所要表明的是人与人的沟通越来越依赖于理性而不是受制于外在的强制力。然而，这里出现了一个问题，现实社会的实际情况似乎并没有出现哈贝马斯所说的生活世界的理性化所带来的全面的合理性的增长。正如韦伯和法兰克福学派的第一代人物所指出的，现代社会出现了自由和意义的丧失。如何解答这一问题呢？哈贝马斯认为，必须分析社会理性化的另一层面：体制的理性化。

哈贝马斯认为，虽然韦伯揭示了西方社会理性化的悖论，但由于他没能在系统和生活世界之间作出区分，混淆了体制和生活世界，所以没有找到解剖现代社会的有效工具。西方的理性化过程，并不是如韦伯所说，只是在工具或目的理性的层面上进行，而是在两个层面上进行的：一是生活世界的理性化过程，一是体制的理性化过程。

哈贝马斯重视这样的研究，体制有两方面的含义。①体制指与生活世界相对的、影响人类生活的社会的制度或组织，如经济系统、行政系统等。系统和生活世界同时具有调节人类行动的作用，只不过生活世界是在价值层面规范人的行动，而系统是从功能层次上调节人们不同的生活方式和取向。现代社会结构的复杂性，使得人们对自身行为的原因及其可能出现的结果缺乏清楚的认知，体制正好具有调节人类行为的功能。②体制的另一层含义是指研究者采取客观观察者的视角去分析和了解社会现象，同时代表一种系统分析方法，即把社会作为一个系统去了解，重视对其结构和功能的分析。

哈贝马斯将体制理性化的过程分为四个阶段：第一阶段是古代社会（archaic society）的"平等式部落社会"（egalitarian tribal society)，第二阶段为“阶层部落社会”(hierarchical tribal society)，第三阶段为“政治阶段分层社会”(politically stratified society)，第四阶段为“经济阶段结构社会”(economically constituted society)。在第一阶段，无论是符号（symbolic）意义层面还是系统层面的创造，都是在亲族系统内进行的。它不但促使社会整合和系统整合，同时也给人类日常沟通提供意义基础。这种模式和活动慢慢地建立起一个社会网络，使得货物交换也变为可能。这些交换日益频繁，加上一定程度的分工，使部落社会的结构出现了改变，而进到第二个阶段。在这两个阶段中，生活世界与系统没有分开，系统的发展是以生活世界里的符号意义做基础的，直到政治权威的出现，具有神秘色彩的世界观被语言结构代替了，人们对日常和政治事务的共识是通过“神圣语言化”（即语言对话）而达到一致的。慢慢地权力机制逐渐使亲族结构分离开来，形成一种新的制度，即国家。在这一时期，权力是建立在司法制裁之上的。于是系统理性化过程便进到第三个阶段。在这样的社会结构里，货物在市场上的交易由金钱做中介，慢慢地形成金钱主宰社会的机制，最后经济与政治秩序分割开来而进到经济阶段结构的社会。

从以上系统过程的四个发展阶段来看，哈贝马斯认为，系统的发展是依赖生活世界赋予符号意义的。在平等部落里，生活世界里的意义基础是在性别和世代的角色上的。在阶层部落里，世袭的社群给予系统意义以基础。在政治阶段分层社会里，是政治职能提供意义给予系统而发展的；在经济阶段结构社会里，中产阶级的民事法律是这一阶段系统发展的意义基础。一句话，人类用理性代替了权威或传统文化制约从事相互间的沟通。同时，人类在沟通、理解外交世界的事务或者是作价值道德上的决定与选择时，愈来愈依赖于自己的判断，权威与传统文化的影响相对减弱了。为此，个人的自由通过理性的活动而增加了。然而，随着人类社会的进步与发展，社会秩序越来越不被一个简单和呆板的生活领域来事先假定，而是变得日益复杂，人类似乎很难再像过去那样每事都只靠自己的判断来解决了。于是就产生了现代社会的悖论：一方面是个人的理性认知能力和自主性的增加，另一方面却又导致系统对个人的制约也日益显著，使现代社会里的生活世界受制于系统，最终变成了系统的殖民地，即出现了"生活世界的殖民化"。[①]

在哈贝马斯看来，马克思从生产模式和生产关系之互动的角度为剖析资本主义社会如何把人类生活上的各领域商品化，使得现代人处于一种疏离的（alienated）状态。哈贝马斯认为，马克思对现代社会困境的分析虽然深刻，但他的重大缺点是过于从经济角度着眼，把一切问题都还原到经济层面，忽视了其他制约着现代人的因素。哈贝马斯认为马克思看不到现代社会里，特别是后资本主义社会里，以科层架构出现的行政机关所产生的权力形态，是如何跟市场机制相辅相成地控制着现代人生活的各种领域。这些问题并不像马克思所说的，可以简单化约为是劳动力商品化的结果。哈贝马斯认为韦伯对现代社会科层架构组织的分析，在某方面可以弥补马克思的缺点。哈贝马斯的系统——生活世界的分析架构，在很多方面跟随和借用了韦伯的观点来剖析现代社会的结构。亦是在这一基础上，哈贝马斯以"生活世界的殖民化"这一个概念来描绘现代病态。

在哈贝马斯看来，所谓生活世界的殖民化，简单说，是指原本属于私人领域和公共空间的非市场和非商品化的活动，被市场机制和科层化的权力侵蚀了。在哈贝马斯的论述里，可以看到生活世界理性化过程促使社会系统的出现，并由此组成社

① 侯钧生主编：《西方社会学理论教程》，南开大学出版社 2010 年版，第 374～375 页。

会两个不同但相辅相成的结构，但到最后系统却把生活世界控制着。这里其实涉及一个在社会和政治领域内备受争议的问题，那就是有关个人和群体之间的张力之争议。从韦伯和哈贝马斯的角度看，问题的关键是在现代社会里，科层架构的行政组织与个人自由和生命意义失落的关系。[①]

哈贝马斯指出，在现代社会，体制的理性化主要是在市场和国家机关的范围内。就市场讲，是指经济系统对人的影响，这里指向的主要是通过金钱制约着人类的行动或生活世界。国家则是通过行政机构所产生的权力来影响和控制人的行为的。所以，在现代社会里制约人的行为的主要手段是金钱与权力。二者都要求有效率的运作，因此都以工具理性或目的理性作为运作的准则和目标。为达到有效率的运作，市场以金钱来调节和制约人的行为，国家机关则通过权力来影响人的行为。但是，随着社会的发展，金钱与权力的制约机制逐渐渗透到其他活动中。人们不但在日常的工作中，而且在娱乐、教育和家庭等事务中也以金钱和权力作为交往中沟通的媒介，对待周围的人和物采取像商品一样的态度，只重感性上的取舍，不作深层的反思和讨论。这样，人们逐渐习惯于把周围的环境，包括其他人在内，都当作一种达到个人目的的工具或手段。这就是哈贝马斯所说的生活世界的“殖民化”。

在哈贝马斯看来，虽然出现了生活世界的殖民化，却不能由此就对人类的前景悲观失望。他认为，问题的关键在于实现“交往的合理化”，也就是让对话主体之间在没有任何内外强制力的情况下进行真诚的对话，在达致相互理解的基础上进行交往。

---

① 杨善华、谢中立主编：《西方社会学理论》（下卷），北京大学出版社 2006 年版，第 71 页。

总之，哈贝马斯认为，对社会行为的分析应该以交往行为作为分析的起点。交往行为是人们相互之间的一种运用语言进行沟通的行动，是使用语言的行动，即言语行动（行为）。在交往行为中，行为者互相提出普遍性的有效性要求，即他们的语言是可以理解的、命题内容是真实的、言语行动是正确的符合社会规范的、意向的表达是真诚的，而且相互承认这些有效性要求。哈贝马斯认为，交往行为中潜藏着的不同于"目的—工具"理性的另一种理性，即交往理性。交往理性首先是一种对话式的理性。其次是一种借助更佳论据的力量进行反复论证的理性。哈贝马斯认为，交往行为是在生活世界内进行的，生活世界使得人类理性地进行交往沟通成为可能。生活世界的理性化实际上所表明的是人与人在交往中沟通越来越依赖于理性的讨论而不是受制于外在的强制力。[①] 以塑造论哲学的论证来说，这是在走向显意识与潜意识的统一。

3. 1981 年以后。

哈贝马斯 1981 年返回法兰克福大学。回到法兰克福后，陆续地又写作出版了《道德意识与交往行为》（1983）、《新的不透明性》（1985）、《现代性的哲学讨论》（1985）、《一种清理弊病的方式》（1987）、《后形上学思想》（1988）、《事实与规范之间》（1992）等等。另有一段插曲是，1989 年哈贝马斯曾替法里斯的《海德格尔与纳粹》一书的德文译本写了一篇序言，参与了对海德格尔思想与纳粹之间有密切关系的指控。

哈贝马斯一生从事学术理论研究，他的成就代表着法兰克福学派批判理论的扩大和发展。这使之被评价为当今哲学界最具有体系性的原创性的思想家之一。哈贝马斯的思想风行后，

---

① 侯钧生主编：《西方社会学理论教程》，南开大学出版社 2010 年版，第 376～377 页。

使之得到了许多奖。1973 年，他获得斯图雅特市颁予的“黑格尔奖”；1976 年获德国语言诗歌研究院颁发的“弗洛伊德奖”；1980 年又获法兰克福的“阿多尔诺奖”。在阿多尔诺奖的奖状证书上写着：“在过去的 20 年中，尤根·哈贝马斯教授经由对实证论以及系统理论的论辩性分析，已为人文科学和哲学作了决定性的贡献。”人们认为，哈贝马斯所遗留下的成果，会成为后来人文学者努力予以消化和超越的思想遗产。

哈贝马斯历经了许多次大小不同的学术论战，由此可以看出他的思想形成与其他思潮的关系；哈贝马斯的思想反映了他与时代问题间产生的互动，而且接受当下的考验和挑战，不断扩大并修正自己的观点。可以说，哈贝马斯那两卷本的《交往行为理论》出版后，就已标示着他体系的完成，而后与其他思想的对话，均离不开对他“交往行为理论”的发挥。综观他的思想进程，大致可以归纳出其所涵盖的思想渊源和背景，决定着他体系和理论的形成要素。这主要有：①德国古典哲学（康德、黑格尔）；②马克思主义及西方马克思主义哲学（包括卢卡奇、柯尔施、早期法兰克福学派）；③弗洛伊德精神分析（包括皮亚杰、柯尔柏的发展心理学）；④语言分析学派（奥斯汀、塞尔、阿佩尔）；⑤现象学解释学（胡塞尔、伽达默尔）。[①]

人们认为，从哈贝马斯 1981 年后相继出版的著作看，他这期间主要有两个方面的关注内容：交往伦理学和为现代性辩护。他的交往伦理学，要求人们的交往行为要以伦理准则为基础。他指出，因为交往是人际关系的展开，不在友善、亲和、公正等伦理原则上进行，交往达不到寻求理解与共识的目的。哈贝马斯所谓的为现代性辩护，是他在同利奥塔等法国学者论战中

① 参见曾庆豹撰：《哈贝马斯》，载苏国勋主编：《当代西方著名哲学家评传》（第 10 卷），山东人民出版社 1996 年版，第 445～446 页。

展开的，核心意思是指明启蒙运动以来的现代性并未过时。他认为，现代性作为一项未竟事业，其中存在的问题是前进中的问题，它可以调整、修复，而不应像后结构主义主张的那样摧毁现代性。

重要的是，这段时间里，哈贝马斯参与的许多理论的争论，是关于"现代性""后现代"命题的纠葛。

例如，哈贝马斯与利奥塔等法国后结构主义者之间的争论。人们看到，哈贝马斯对法国后结构主义的批评，很大程度上是在一些学术文章中影射，并未真正当面地进行论辩或沟通。而事实上他由此卷入了当代西方哲学的一场牵涉层面极广、参与哲学家最多的思想过招。其中的焦点命题，就是大家熟知而又认识极不一致的"现代性"与"后现代性"问题。1979 年利奥塔出版了他的《后现代情境——一个知识的报导》。利奥塔在文中激烈地批评了哈贝马斯，讥讽他的理论是"后设论述"是"大论述"，毫无意义可言，只可视作"戏论"或"假科学"。

利奥塔在文中并没直接点名批判哈贝马斯，但一眼就可以看出其矛头之所对。很快，哈贝马斯敏感地以其德国哲学界的传统来参战，在颁发阿多尔诺奖的会上他发表了一篇尖锐的文章，题为《现代性——一个未完成的方案》，公开抨击丹尼·贝尔和利奥塔的"反现代主义"倾向，此时是 1980 年。这篇文章后来改名为《现代性对后现代性》，发表于《新德国评论》，掀起了哈贝马斯对后现代思潮的一连串抨击，且冠以"保守主义者"的讥评。这些批评文章把后现代主义视作反现代、反理性的情绪性反应[①]。为了这场论战，哈贝马斯还公开到法国作了几场专题报告，后来他把在德国和美国的演说结集成《现代性的

① 《新德国评论》1981 年第 22 期，第 3 页。

哲学讨论》一书，评论当代几个哲学大师，包括尼采、海德格尔、德里达、福柯等人，由此重申他的交往行为理论，强调这是现代性的新方案，承续了理性主义的传统。

可以说，哈贝马斯大半生努力所作的理论研究，与处理关于“现代性”（modernity）的问题有关。所以，如何以理性主义的立场承继启蒙精神的传统就成了他的重要问题，他自从1955年到法兰克福以后就从事这个方向的研究。到晚年，哈贝马斯还朝着他思想体系中最弱的两个环节——法律、人类学展开研究，以完成他百科全书式思想家的夙愿。[①]

（1）《现代性的哲学讨论》一书收录了哈贝马斯与“后现代”思潮针锋相对论战的代表性成果，同时总结了他对欧陆哲学的批判，包括对海德格尔、德里达、福柯、尼采等人的评论。在哈贝马斯看来，对现代性思想的反动，都可视作对黑格尔过度成功的过度反应。所以，后现代主义思潮被认为可从黑格尔以后为起点。其中，尼采开启一条彻底反对黑格尔路线，海德格尔、德里达分别开展出解构形而上学，还有以权力意志为反省的福柯和巴塔耶之进路，都被哈贝马斯所重视。哈贝马斯以此思想系谱逐一作出批判，指明他们对理性的批判是站不住脚的。

哈贝马斯主张，在社会交往日益占有主要地位的条件下，要通过对社会交往开展研究以补充马克思的社会发展理论。在他看来，现代性是一项“未竟的事业”，其欠缺可以通过交往理性的建构加以调整和修复。人类应为现代性事业而持续奋斗。

哈贝马斯对现代、后现代持有他特定的看法，这在很大程度上基于他对“社会世界结构与异化”的认识。他论证到，康德

---

① 曾庆豹撰：《哈贝马斯》，载苏国勋编：《当代西方著名哲学家评传》（第10卷），山东人民出版社1996年版，第444、445、446页。

(Immanuel Kant) 在意识领域为理性划界，试图以此来调和科学、道德和审美三种意识活动的冲突。哈贝马斯效仿康德，在社会活动领域为理性划界，试图以此调和不同社会行为的冲突。如前所说，哈贝马斯认为人的社会行为可划分为三种类型：目的性行为、规范性行为和戏剧性行为。目的性行为以行为者与客观世界间关系为活动领域，展开了一个客观世界；规范性行为以行为者之间的社会关系或交往关系为活动领域，展开了一个社会世界；戏剧性行为只与行为者自己的主观世界发生关系，以自我表现为中心、以自我意识为内容，展开了一个主观世界。在此，哈贝马斯对社会行为不同类型的分析，划分出面向外物、面向他人和面向自我的三方面世界。哈贝马斯特别把目光聚集在社会世界上，他认为社会世界是由系统世界（system world，如前所说，人们认为对此译成体制世界或制度世界或许更贴切一些）和生活世界构成的。与此相应，社会世界离不开由以展开的人之社会行为，可分为两个层面：目的理性行为和交往行为。目的理性行为的组织形式或制度化形式：一是国家权力机关和政治团体，它们构成了政治世界；二是市场体系和经济体制，它们构成了生产世界或经济领域。交往行为是从私人领域进入公共领域的活动，在交往行为中，人们的角色有一种变换过程，当人们从自己的家庭生活或个人独处情境中走出来，在一些公共场合发生交往时，人们实现了由私人领域向公共领域的转换，私人变成了公众；反之，当人们从公共场合返回家庭或个人独处情境中时，又实现了从公众向私人的变换。哈贝马斯在论述公共社会结构时，曾分析资本主义社会公众和私人的关系，指出公众必须是从有私人自立、自主地位的人们转换而来的，并且二者是一个不断的角色变换关系。因此，交往行为展开的生活世界是公众与私人、公共领域与私人领域发生直接联系，并不断转换而走向统一的领域，二者没有严格确定的界限。

在社会世界中，哈贝马斯最重视的是公共领域的问题。如同在早期著作《公共领域的结构转型》中阐述的那样，他认为从19世纪开始的资产阶级公共领域结构转型导致了深刻的社会异化，资产阶级国家权力通过政党、经济团体入侵公共领域，以其强权和各种政治技术扭曲公共领域，公共领域的交往沟通、舆论监督等功能被压抑或消解了，结果不仅是资产阶级国家政治权力和经济权力极度膨胀，而且私人领域也随公共领域的殖民化而发生裂变。因为私人领域和公共领域是互为前提的，没有前者，后者无法形成，没有后者，前者也失去存在的意义。因为私人的地位、作用、意志、利益等只有在公共领域中才能表达出来，才能由个别上升到普遍，才能通过舆论和共识而转换成社会地位、社会功能和社会意志而得到认可与保护。所以，当公共领域被资产阶级政治领域和经济领域侵吞时，私人的地位、功能和意志与利益都无法实现了，私人领域便面临灭顶之灾了。

哈贝马斯认为，当私人转换成公众的途径被堵塞，私人发挥社会作用的场合被消解，私人之间不仅言路断裂，沟通受阻，而且私人之间的信任开始出现危机，情感交流发生畸变，共识和理解都难以获得。私人领域开始向非情感化、商品化、工具化和物化转变，作为人们日常生活的根基动摇了，人们感到家园在失落、生活在异变、人性在扭曲、世界在裂变，于是现代人开始怨恨现代性，开始寻求超越现代社会的后现代社会。

哈贝马斯反对后现代主义的主张，认为现代性和现代社会并没有过时，也不可能终结，现代性还有强大生命力，应当积极地诊治现代社会表现出来的病症，采取可行的方案，使现代社会走上健康发展之路。哈贝马斯给出的方案是：限制资产阶级国家政治权力和经济权力，为生活世界留下足够的运行空间，梳理人们的交往关系，特别是建构交往理性，促进人们按照交往理性的普遍性规范，开展能够有效沟通的交往行动，保证生活世界的合理化状态，同时也保证公共领域和私人领域的和谐关系，使它们都能充分发挥自己的积极功能。

关于现代性与后现代性的争论，是当代学术思潮中的热点之一，贝尔、福柯、利奥塔、布迪厄、吉登斯、罗蒂等当代著名哲学家和社会学家大都卷入了这场争论之中。在这场波及各学术领域的论战中，哈贝马斯扮演了一个十分特殊的角色，他从左右两个方面批判了后现代主义学术思潮，论述了维护现代性、推进现代社会发展的思路和原则。

面对后现代主义思潮对现代性原则的冲击，哈贝马斯首先指责后现代主义者曲解了现代性原则。在哈贝马斯看来，"现代"（modern）这一术语源远流长，自古希腊以来，现代这个概念就一直被官方和学术界使用，它的基本含义在于强调新出现的变化，意在把当前同过去区别开来，它并不像后现代主义指责的那样是一个确定的时代，它没有确定的时间界限和确定的思维方式与行为原则，而是一个变化着、扩展着的动态性概念。有人就"现代"一词这样写道："远在罗马和以往异教徒时代，它就成为官方基督教反复再三地表达的一种与古代性的过去息息相关的时代意识。"①

哈贝马斯面对着这样的情况：后现代主义者攻击的现代性主要是指启蒙运动中形成的思维方式和行为原则，在福柯、利奥塔和布迪厄等人的笔下，现代性是崇尚实证科学原则、信守工具理性，主张通过工业化来追求物质财富增长的思维方式和行为原则；这种主观和客观二元对立的思维方式，过度地坚持功利原则，忽视人的价值理想，忘记人出于本性在道德伦理、情感体验和艺术审美方面的多维需求，把现代人引上片面化、

① 转引自王岳川、尚水编：《后现代主义文化与美学》，北京大学出版社 1992 年版，第 9 页。

异化的发展道路。哈贝马斯不同意这些对启蒙运动以来的现代性的攻击，他认为：在启蒙运动中形成的现代性的核心是推动社会从现存走向未来，是要求社会改变落后现状，是相信知识将无限进步，社会秩序和道德改良会无限发展，自然科学和工业生产的发展不仅能够推动社会从贫穷走向富裕，而且也会提升人们的思想境界和道德水准，使人类社会步入和谐、幸福的境界。简言之，现代性作为一种追求进步的精神是完整的，而不是像后现代主义者指责的那样是片面的。

从哈贝马斯同丹尼尔·贝尔（Daniel Bell）、福柯、利奥塔（Jean-Francois Lyotard）等人的论战来看，他主要是从以下几个方面来理解现代性：其一，现代性是一种精神指向，它指向人类的进步、幸福、自由与和谐，它主张通过发展科学，提升文化、促进生产来实现这种完整的精神指向；其二，现代性是一种思维方式或思想原则，它坚信人类的理性能力，坚信逻辑思维原则的普遍性和有效性，强调理论思维对现实建构性的指导作用；其三，现代性是行为准则，它主张人类行为应当按照理性原则和价值目标而展开，在不同行为领域应当遵循不同的理性原则和价值目标，真、善、美是不同层面社会行动和交往行动的不同准则与追求目标；其四，现代性是动态性概念，它没有确定的时间分期，它的内涵随时代变化而不断变化，它因此而具有辩证性和否定性，它的开放性、扩展性意味着它永远不会过时，人类应当为这个未竟事业而持续奋斗。

哈贝马斯根据对现代性的这种基本界定，批判以贝尔为代表的新保守主义对现代性的曲解。在《资本主义文化矛盾》中，贝尔认为启蒙运动时期的现代性精神正在衰落，推动资本主义社会发展的，有两种冲动力，即经济冲动力和宗教冲动力。在相互冲突中经济冲动战胜了宗教冲动，人们的价值理想完全被融入资本主义的功利原则之中，由先锋派、怪诞派代表的各种文化思潮，说明现代性精神已经瓦解，现代化事业已经走到了尽头。哈贝马斯反对贝尔的结论，他认为贝尔犯了概念混淆的错误。因为朝兴夕衰的现代文艺思潮，虽然其中存在艺术形式扭曲、价值观念裂变、甚至趋向荒诞和迷幻等异化现象，但是并不能以此来证明现代性已经衰落。现代文艺思潮与启蒙运动以来的现代性精神是背道而驰的。现代文艺思潮的消极表现是现代化事业进程中的负面现象，并不是现代性实现自己原则的正面表现。现代文艺或现代文化的异化，其实质是现代性原则的扭曲和背弃，而不是现代性的必然结果。

哈贝马斯以韦伯对理性的分析为理论根据，进一步批判了贝尔的观点。哈贝马斯指出："韦伯给文化的现代性赋予了实质理性的分离特征。表现在宗教与形而上学之中的这种分离构成三个自律范围，它们是科学、道德与艺术……人们能够使得文化的每一领域符合文化的职业，而文化领域内的问题成为特殊专家的关注对象。对文化传统所作的这种职业化处理办法先于文化这三个方面的每一个内在结构，那么出现的'认识—工具'结构、'道德—实践'结构以及审美表现的合理性结构，每一结构都毫无例外地处于专家们的控制掌握之中。"[①] 哈贝马斯的意思是：现代文化如同韦伯分析的那样，是一个趋向分离和专业化的过程，分化导致了科学、道德和艺术三个领域的分离，并且三个领域都形成了自己的理性原则：真、善、美，专业化则使这三个领域都被纳入专家的控制之中。现代文化裂变的实质不是贝尔所言的现代性原则的过时与衰落，而是因专业化而分化开的不同领域按各自的操作原则和技术原则控制起来了，并且科学、道德和艺术三领域的分离和专业化，还导致一个结果：

① 转引自王岳川、尚水编：《后现代主义文化与美学》，北京大学出版社 1992 年版，第 16 页。

现代文化同生活世界分离。

有研究者认为，哈贝马斯不同意贝尔指出的现代文化异化问题，认为现代文化异化实质是对追求完整、和谐的现代性原则的背弃，解决这些问题的方案不应如贝尔设计的那样，用新宗教来抵制经济冲动的无节制放纵，而是为不同文化形式分理划界，让科学、道德和艺术各种文化形式分别按自己的理性原则展开自己，并且不脱离日常生活，在与生活世界的交往联系中达到与人性的相融。

哈贝马斯还批判福柯、德里达和利奥塔等法国后结构主义者从左面对现代性的否定。福柯站在欧洲传统文化的对立面，反对启蒙运动以来追求统一性和共同性的学术倾向，认为世界是不断分化、断裂、充满差异的，只有承认个性、反对一统，肯定断裂、否定连续，才能真实地把握历史与现实；德里达更为激进地指出，世界不仅是差异性存在，而且是无序的、无中心的存在，一切都在流变、扩延，内在的结构和稳定的秩序都不过是理论家的幻想，必须摧毁结构论，抛弃中心论，才能看清不断“延异”、趋向边缘的现实世界；利奥塔则直接批判哈贝马斯建构交往理性、寻求普遍性原则的理论观点，认为追求元话语的普遍主义早已不合时宜，必须突破德国思辨哲学式的逻辑推论，从讲述宏大叙事的空泛议论中转向面对具体事物的具体叙事，在对真实人生的体验与理解中追求人类的解放和自由。

哈贝马斯认为，后结构主义者夸大差异性、否定中心和普遍性的观点，不仅不能摧毁现代性原则，而且这些偏激的观点本身就难以成立。在哈贝马斯看来，社会生活中虽然存在差异性和特殊性，存在对中心的排斥和离异，但是，差异性有共同性，特殊性中有普遍性，绝对的中心不存在，特殊领域中的理性根据却不可否认。因此，哈贝马斯坚定地反击后结构主义对他的批判，同福柯、德里达、利奥塔等人开展了针锋相对的论战，其中最引人注意的是他同利奥塔关于元话语和普遍性的论战。

罗蒂在评论哈贝马斯同利奥塔的论战时指出："凡是哈贝马斯认为还维持'理论探索'精神的，都会被心存怀疑的利奥塔看作是'元叙事'。凡是放弃这种理论探索的，对哈贝马斯来说，就是'新保守主义'，因为他们放弃了作为改革的基础的理论。而这种改革理论，正是启蒙时代以来以民主为重心的西方历史的特质，而且我们还可以应用这种理念，来批判世界的社会制度与经济制度。这一立足点，即使不是先验的，至少也具有'普遍性'。在哈贝马斯看来，放弃这一立足点，就等于放弃了社会的希望，而这也正是自由体制的核心。"①

罗蒂的评论被认为十分准确地抓住了哈贝马斯同利奥塔论战的核心与实质。确如罗蒂所言，被利奥塔斥为"元叙事"的，是由哈贝马斯建构的交往理性原则和对不合理现实展开批判的"辩证理性"方法。哈贝马斯正是认为交往理性原则和"辩证理性"方法在现实生活中有普遍性的根据和普遍性的效力，才坚定不移地从哲学、社会学和语言学等角度深入阐述和精心论证它，才以它为基础对资本主义异化现实开展了尖锐而丰富的批判。因此，是否承认交往理性原则和"辩证理性"方法的普遍性，成为哈贝马斯同利奥塔论战的焦点。

哈贝马斯认为，他坚持普遍性原则不能被简单指责为一般的普遍主义，而是承认特殊性，承认特殊性之间的沟通、共识、相容、相互理解的道德普遍主义。他指出："普遍主义意味着什么？意味着在认同别的生活方式乃合法要求的同时，人们将自己的生活方式相对化；意味着对陌生者及其他所有人的容让，包括他们的脾性和无法理解的行动，并将此视作与自己相同的权利；意味

① 转引自王岳川、尚水编：《后现代主义文化与美学》，北京大学出版社1992年版，第55页。

着人们并不孤意固执地将自己的特性普遍化；意味着并不简单地将异己排斥在外；意味着包容的范围必然比今天更为广泛。道德普遍主义意味着这一切。"[①] 研究者评论说，哈贝马斯坚持的道德普遍主义，不是德国古典哲学坚持的超越经验现实中特殊存在的绝对普遍主义，是以承认生活中特殊性为前提，促进人们在交往行动中开放自己、理解他人、寻求沟通、达成共识，进而实现社会进步、人生和谐的道德论的或伦理学的普遍主义。

按哈贝马斯的见解，论证了道德普遍主义的合理性，也就论证了元话语的合法性，同时也就从基础上论证了包含着普遍的理性原则、普遍的价值尺度和普遍的理想目标的现代性。于是，哈贝马斯明确地宣布：现代性没有过时，启蒙运动以来的现代化事业在根本上是积极的、有生命力的。新保守主义和后结构主义看到现代社会的种种病症，不是现代性的本质所然，现代性有缺欠，但是它的缺欠是可以通过新理性化——交往理性的建构来纠正的，那些以新奇、怪异的语词来否定现代性的后现代主义者，应当在指责现代性的缺欠时看到现代性推进现代社会发展所取得的巨大成就。[②]

（2）1992 年，哈贝马斯出版了一部新作：《事实与规范之间》。这是他继《交往行为理论》之后另一本重要著作。正如它的副题所表达的，这本书的主要目的是要建立一个法律与民主的商谈理论；不过，对于哈贝马斯的交往行为理论和商谈伦理学（discourse ethis ethics）而言，这本书更肩负起另一个重要任务，就是要将关于交往行为的理论与现实世界联系起来。哈贝马斯不单要指出交往行为理论并非无视现实的社会制度，他

① ［德］哈贝马斯：《哈贝马斯访谈录》，上海人民出版社 1997 年版，第 137 页。

② 刘少杰主编：《当代国外社会学理论》，中国人民大学出版社 2009 年版，第 209～215 页。

还要论证：只有透过交往行为理论才能说明现代社会何以必须借助法律才可能继续生存或"繁衍"（reproduce）下去。人们往往认为，在哈贝马斯思想体系中，法律、人类学曾是两个最弱的环节。可能与此有关，哈贝马斯后来特别围绕"社会的理性化过程"与法律在现代社会的"中枢"地位进行了论述。而这里所说的"理性"是指交往理性。这涉及"交往理性"的"事实性"（facticity）与"有效性"（validity）之间的张力及法律的事实性与有效性之间的张力。

哈贝马斯对法律重要性的解释是从说明社会的理性化过程开始的。哈贝马斯指出，当人们使用语言进行交往时，人们总是期望得到别人的理解以至赞同。因而，人们说的每一句话，除了向听众报告某些事情外，背后总伴随着一些未宣之于口的"有效宣称"（validity claim）。这些宣称是可以被质疑的（criticizable）。人们的说话中所报告的事件可以被怀疑为假，人们所凭借的规范可以被怀疑为无效，甚至人们的态度是否真诚、所说的是否由衷之言都可以受到质疑；而一旦被质疑，人们愿意与提出疑问的人展开"论辩"（argumentation）或"商谈"（discourse），去"回赎"（redeem）被质疑的有效宣称。当人们进行"交往行为"，特别是进行为达至人与人之间相互理解为目的的沟通行为时，提出这些有效宣称的人更应是愿意被质疑、愿意进行商谈。因为人们深信，只有在商谈过程中经由论辩双方以提出理论根据的方式达至共识才是合乎理性的。因而，所谓"交往理性"是指人们在进行交往行为时预设的推则与条件。这些条件包括人们对不同的有效宣称、不同的"世界概念"（world concept）和不同的商谈形式的区分。真理宣称是指涉"客观世界"的；当人们就真理宣称展开论辩时，人们正在进行"理论商谈"（theoretical discourse）。当宣称指涉人与人交往的"社会世界"，受到质疑时，人们会进行"实践商谈"（practical discourse)。至于真诚宣称则指涉提出宣称的人的“主观世界”；就真诚宣称所进行的商谈，可以是“治疗性批判”“美学批判”，也可以是“解释性商谈”（therapeutic critique，aesthetic criticism or explicative discourse）。

在哈贝马斯看来，就个人而言，理性化过程就是一个学习过程。从孩提时代到成年人的成长过程中，人们透过学习运用语言，来学习区分语言的不同用途和进行不同形式的商谈，以及了解语言背后的种种有效宣称和世界概念。就社会的演进而言，理性化过程就是社会的现代化过程。从传统社会走向现代社会的过程也反映了类似的学习过程。随着对语言形式和商谈形式的区分，我们渐渐对不同的活动领域或文化领域作出相应的分化。于是，现代社会日益趋向专业化（professionalization），分工越来越精细。不同专业各有自己一套语言、对错优劣的准则和商谈形式，从事某一专业的人是很难明白或参与另一个专业的商谈的；纵使偶然处身其中，也难于明白他们提出的理论根据。另一方面，现代社会也促使人越来越倾向以个人的利益为出发点，去考虑或判断自己和他人的行为。用哈贝马斯自己的术语来说，就是人际间的交往渐以“策略性行动”为主，以是否最有效率地（efficiently）达到既定目标作为选择行动或手段的准则。这也被称为“工具理性”（instrumental rationality）。哈贝马斯认为这只是一个狭窄的理性观。基于这些原因，人与人之间的沟通、了解逐渐显得难以达到，而社会的团结（solidarity）与整合也出现了危机。

当然，哈贝马斯认为，社会的理性化过程远比个人的理性化过程复杂，而人际间交往沟通的困难和社会整合的危机不单源自我们对商谈形式的区分和文化领域的分化，这些危机也源自我们的“世界观”的改变、“生活世界的理性化”以及“系统和生活世界的分离”（the uncoupling of system and life-world）。他指出，传统社会的世界观是神话式的或宗教式的或形而上的。传统社会制度的"合理性"或"认受性"（legitimacy），是来自社会各成员所共同接受的神话或宗教教义或哲学理论。但是，当社会从传统走进现代的时候，这些世界观都受到怀疑而纷纷失去效力。为什么会这样呢？原来这些世界观和其他各种信念、价值与知识一样，都来自传统社会的生活世界。这一切都是由生活世界给予人们，帮助人们了解世界，让人们可以为自己的行为提出理据的"背景知识"。它们之所以是背景知识，是因为人们只知道运用它们（know-how），而不懂得它们的存在（not know-that）。然而，社会的理性化也带来了生活世界的理性化。原本，个人的生命意义、人生目的和选择生活方式、工作的准则是建立于生活世界所提供的背景知识。在理性化过程当中，这些背景知识被人们逐一拿出来，从背景拉到台前，接受理性的检验与批判。首当其冲的就是世界观。由于失去旧有世界观的支撑，那些原本赋予人们的人生、生活方式与工作以合理性和意义的价值与信念，现在被认为只是个人按自己的喜恶所作的选择，是主观的、非理性的。由于不同的人会选择不同的价值作为行动与生活方式的合理性依据，于是形成现代社会多元化的生活世界。

哈贝马斯面对着，在一个多元化的生活世界中，不同形态的行为可以从不同的对错、好坏准则得到合理性的根据。渐渐地，在生活世界中受不同准则指引的行为形成了一些"次系统"（sub-system）。其中，市场与行政机构（administration）是现代社会中最重要的两个次"系统"。对此，哈贝马斯很多时候只简单称之为"系统"，这两个系统原本是寄生于生活世界的，个人的经济活动和行政机构的活动都要接受生活世界的道德规范所制约。但当生活世界的规范受到理性的挑战以至最终失去有效性时，市场和行政系统内部的合理性准则和"指引媒介"（steering media），即金钱与行政权力就相对地显得具备客观性。人们不必考虑经济行为或行政行为是否符合道德规范，只需要考虑行为是否有效率地达成既定目标，而效率的计算可以被化约为金钱与权力的计算。于是，市场和行政系统渐渐独立于生活世界。

哈贝马斯考虑到，生活世界和“系统”除了可以被理解为不同的活动领域，从社会研究这一个角度看，它们同时是两个不同的理解社会的视角。当把社会理解为一个系统，而在它之下有很多不同的次系统时，人们其实是从一个外在于社会的观察者的视角去了解社会。按照这一看法，社会的组成、人与人之间的交往之所以可能，是基于一些客观的规则，而不是道德规范。这些规则本身并不涉及任何信念或意义问题，而社会的组成和人际交往是根据这些规则作策略性计算的结果。反之，当人们视社会为一个生活世界时，是采取了一个内在于社会的参与者（participant）的视角去理解社会。从这个视角出发，则社会的组成与人际交往之所以可能，是有赖社会中各成员共同接受的信念和道德规范。个人的行动和生活是否合乎理性、是否有意义都由它们决定。

哈贝马斯认为，传统社会的规范秩序的有效性与事实性是融合在一起的。有效性和事实性的差距最终导致传统的规范失去协调人际交往的能力。在家族社会中，规范秩序和社会制度是建立在某些神话式的世界观基础上的。它们受到一些禁忌的保护，具有不可挑战的神圣权威。由这些世界观、禁忌、规范和制度交互组成的生活世界，不单单是一些背景知识，并且是一些具体的文化传统和社会秩序，更构成每个人的身份认同。社会的个别成员接受、甚至是崇敬规范背后的世界观和伴随它出现的禁忌、神话和信念，同时亦惧怕触犯规范所带来的惩罚，因而，整个规范秩序的有效性与事实性是融合在一起的；也就是说，它们都源自生活世界中一元的世界观和信念。透过这兼具有效性与事实性的规范秩序，人际间的交往行动得以协调，无须为每一次交往行动而论辩背后的有效性根据。

哈贝马斯的论述涉及到，反观现代社会，传统的规范秩序的有效性与事实性因为理性化过程而分离了。由于世界观的改变与生活世界的理性化，规范秩序不再有什么禁忌做后盾，它的有效性不再是神圣不可以挑战的，而是可以拿出来由理性去作出检验的。检验的结果是，按哈贝马斯所述，他认为很多传统规范被认为是既不客观，也不合乎工具理性。既然传统规范在现代社会被视为没有理性基础，为什么要遵守这些规范呢？事实上，现代社会的文化传统不再是一元的，社会分化成不同的活动领域，而各个人则基于不同的动机和价值作出不同的行动和选择不同的生活方式。于是，各个人之所以遵守规范的理由是因人而异的。当传统的规范秩序在现代社会失去了其理性基础，也就没有人或机构去执行它。也就是说，随着传统规范秩序的有效性的消失，它的事实性也失去而无法执行。

哈贝马斯面对这样的问题：如果现代社会的人各行其是，而规范又不能制约和协调人的行为，人如何避免冲突？社会如何才能得以维持而不被瓦解？换言之，如何才能挽救现代社会的整合危机呢？哈贝马斯认为解决的办法就是人与人之间能够达成相互沟通、理解，从而使社会能够重新建立共识、协调人际交往。要达到这个目的，最理想的情况是透过沟通行动。因为沟通行动可以重新把行动规范的有效性与事实性融合。

哈贝马斯指出，当进行交往行为时，必须作一些"反事实性预设"（counterfactual presupposition），即上文提及的有效宣称。它们之所以是反事实性的，是因为：每当某人提出一个有效宣称时，他们不单向他们当下的、实际的（actual）听众发出，更是向一群跨越时间和空间的听众发出这宣称。这表示他愿意接受所有可能的听众的质询，也愿意向他们提出理论根据。这是一个"理想语言情境"，因而，这些反事实性预设亦可被理解为一些“理想化的准则”（idealizations or idealized standards）。人们之所以提出有效宣称，其实是期望得到所有可能的听众的赞同，而他们的赞同也必须是基于合理的理论根据而作的。正因为这个期望，应该任由他们采取同意或不同意的立场（taking yes/no position）。于是，有效宣称显示出它们的双重性格。一方面，它们虽然是一些反事实性的预设，但它们同时要求实际上参与交往行为的人的赞同。另一方面，人们是透过沟通行动进行实际的沟通与协调人际交往。这些具体的沟通行动、交往的网络和机制是一些社会事实。但是，透过对有效宣称采取同意或不同意的立场，我们为这些社会事实联系上一个理想的协议。这个协议是由一群理想中的跨越时空的交往行为的参与者所达成的。由于这些反事实性预设，交往行为可以在一个颇高的层次把规范秩序的有效性和事实性联系起来。

然而哈贝马斯注意到，由于不同的原因，透过交往行为而达至共识的可能性并不稳定。①交往行为作为一些提出理论根据的活动，它必须依赖参与交往行为的那些人有共同接受的知识和信念。换言之，它是植根于一个相对而言未曾分化的生活世界，当中的知识与信念不会被质疑。可是现代社会的生活世界已经理性化，很多原本看来是理所当然（unproblematic）的知识与信念都不再被理解为背景知识而被理性所一一检验。于是，当现代人进行沟通行为时，完全不能依赖这些背景知识，而必须凭自己的能力去为行为的有效性寻找理性根据。这其实增加了现代人在交往行为方面的负担。②因为现代社会以策略性行为为主导，每个人每日都忙于为自己计算成败得失。在这种情况下，要求每个人在作策略性行为之余，每个行为当被视为交往行为，要随时随地准备为不同的有效宣称作出论辩，为自己在不同领域的行为提出各自的理性依据。③在沟通行为内部潜藏一个“异议危机”（the risk of dissension）。首先，当进行交往行为时，人们会提出不同的有效宣称。这其实是宣称说话所传递的知识可以是错误的（fallible）。其次，为了得到合乎理性的共识，人们会任由其他人对自己的有效宣称采取同意或不同意的立场。但这样做反而会使出现理性的异议（rationally motivated dissenaus or rational disagreement）的机会增加。更有甚者，如果纯粹从交往理性出发的话，则解决异议的方法仍然是透过交往行为去建立共识。但悖论之处正在这里，人们越是理性地讨论，就越发增加产生异议的危机，而理性论辩只能无止境地继续下去。这反过来进一步增加现代人的交往负担。哈贝马斯认为，这是交往行为在毫无约束的情况下所释放出来的力量。

哈贝马斯正视如此情况：这里人们可以看到交往理性自身在有效性与事实性之间的差距或张力。从有效性（或理想）的角度而言，交往行为可以透过一些理想化的准则去融合人际交往的规范的有效性与事实性；但从事实性（或现实）的角度而言，交往行为不单对现实社会中的个人有很高的要求，而且当交往行为毫无制约地进行时，潜藏其中的异议危机反而无法疏解。那么，如何才能解决现代社会中的整合危机，使规范秩序的事实性与有效性得到调和，回避交往行为中的异议危机呢？哈贝马斯认为，交往行为有必要被限制或制度化，而只有法律才能担此重任。

哈贝马斯指出，法律一定要透过语言进行表达和传递。它和其他语言形式一样，都必定伴随着一些有效宣称。这些宣称不但可以被质疑，提出宣称的人更是愿意他的听众提出质疑，因为他相信自己的有效宣称是可以透过商谈或论辩得到别人的赞同。因此，当立法者（author of law or lawgiver）订立一条法律时，他同时宣称这条法律是有效的，并且欢迎这条法律的"施行对象"（addressee）或公众对它的有效性提出质疑，愿意就这条法律的有效宣称作出商谈。

那么，法律的有效性又如何和事实性关联呢？哈贝马斯指出，法律的有效性（1egal validity or the legal mode of validity）有两方面的根据："法律的实在性"（positivity of law）和"法律的认受性"（legitimacy of law）。所谓"法律的实在性"（亦即是法律的事实性）是指法律的强制性。如果有人违反法律的规定，则会受到执法机构的制裁。至于"法律的认受性"则又包括两方面：一是法律应经由一个有认受性的立法程序而制定；二是法律应保障所有人都可享有平等的自由（或权利）。于是，当人们质疑某一条法律是否有效时，其实已经把法律的有效性联系到法律的事实性之上，因为人们期望同时从法律的实在性和认受性两方面得到肯定的答案。然而，这样似乎并未减轻现代人在沟通方面的负担，人们仍然要奔波于法律的有效性的商谈之中。不过，细看之下，现代人其实不一定经常要为法律的有效性伤脑筋的，问题取决于人们作为法律的施行对象会采取观察者抑或参与者的视角去理解法律。

哈贝马斯指出，由于现代社会的法律本身也是一个规范秩序，法律的有效性包括了实在性（即政府的执行）和认受性，只要从一个观察者的视角来理解法律，那么法律则只是一组客观地存在的规则系统，它的功能只是协调人与人之间的行动。换言之，当我们采取一个观察者的视角时，法律的有效性问题只涉及法律的强制性和法律在协调人际交往时是否有效率。这样理解法律自然没有触及法律的认受性和可能在它背后的信念和意义，因而也不涉及沟通行动。人只要知道什么行动是法律所容许或禁止的，然后计算遵守或违反法律的后果，就可以协调人际的交往了。从这点看，法律的确减轻了现代人在交往沟通方面的重担。

哈贝马斯指出，不过，正是因为法律的有效性同时包含了事实性和认受性，所以作为法律的施行对象也可以采取参与者的视角去理解法律。观察者的视角完全回避甚至可以说取消了法律的认受性问题，因为它视法律为只具备协调功能的系统，它把法律的有效宣称改变为法律是否得到执行和协调人际交往的效率。只有当采取参与者的视角时，法律的有效性才和认受性问题联系上，才会产生法律是否经由一个有认受性的立法程序而制定、是否保障所有人都可享有平等之权利，这样的质疑。换言之，只有当法律的施行对象自己觉得有需要的时候，才会就法律的有效性进行商谈，而进行商谈时不会影响法律协调人际交往的功能。从参与者的角度看，法律减轻了现代人在交往方面的负担（只在有需要时才就法律的有效性进行商谈），同时把法律建立于交往理性之上。

哈贝马斯强调，在此需要进一步指出，透过交往行为理论所提供的"双重视角"，即观察者和参与者的视角，可以区分两种接受法律的态度："事实上的接受"和"有理论根据地接受"(rationally justified acceptance)。前者仅仅是因为惧怕法律的强制性和随之而来的制裁；而后者则同时包括法律的实在性与认受性。如果只是在事实上接受法律的约制，则法律不足以成为社会整合的媒介，因为法律是可以按立法者的意志而随时改变。仅仅基于在事实上接受法律而达至的社会整合是不稳固的。只有具备认受性的法律才是相对稳定的，因为法律要为人所认受，其中一个条件是，它应该经由一个有"认受性"的立法程序而制定。立法程序本身体现沟通行动，立法者必须同时视他们自己为法律的施行对象，而他们所定立的法律应该是他们作为法律的施行对象所能够接受的。换句话说，法律要协调人际交往、疏解社会整合的危机，就必须结合法律的认受性和事实性。

在这里，可以清楚地看到哈贝马斯通过交往行为理论"重构"法律在现代社会的中枢地位的用意。由交往行为理论所提供的双重视角，可以帮助人们看到法律作为行动规范如何把事实性与有效性加以融合，从而实现社会整合。

进而，哈贝马斯又论述到，由于社会的理性化引至生活世界的理性化，因而现代法律的认受性不可能来自某些神话式、宗教式或形而上的世界观。现代法律的认受性也不可能来自某些更高级的法则，因为任何法则，包括宪法的原则，都可以因为立法者的意志而改变。法律的认受性于是只能来自两方面：一是法律应经由一个有认受性的立法程序而制定；二是法律应保障每个个人都可享有平等之自由（或权利）。一条法律是否符合认受性两个条件，必须由它的施行对象从一个参与者的角度来判断。因为从事实性的角度而言，法律无可避免地限制了个人行动的自由，人似乎没有必要接受法律的限制，除非法律是由政府强制执行，或者是法律的施行对象自觉地认为法律是合乎理性的。前者是事实上的接受，是消极的、被动的；后者是发自理性的接受，是人们自愿地、乐意地接受法律加诸自己的制约。为确保法律符合理性的要求，它的立法程序也应该相应地符合理性的要求，因为立法程序本身就是一个提出理论根据去证实法律的有效宣称的过程。因而立法程序就是一个进行交往行为的场所。正是在这里，哈贝马斯进一步把法律与民主在理论上联系起来。他强调，立法者必须从参与考的角度，按照“商谈原则”（discourse principle）去考虑法律是否有效，即“只有那些为所有可能受影响的人在参与理性的商谈时所接受的行动规范才是有效的”①。同样地，法律的施行对象在考虑法律的认受性时，必须设想自己同时是立法者，按商谈原则去考虑。只有当社会的成员能够同时视自己为立法者与法律的施行对象，法律才能够兼具事实性和有效性，从而使社会得到整合的基础。只有当我们从沟通行为理论提供的双重视角出发，社会成员才

① Habermas, Between Facts and Norms, p. 107.

能理解到自己同时是立法者和法律的施行者。这是交往行为理论的作用。①

（九）布迪厄论"实践感"及"场域"。

有学者讲到，如果将孔德看作社会学的创始人，那么法国就是社会学的发源地。而社会学名副其实的奠基人是涂尔干。他甚至在孟德斯鸠那里探寻社会学的思想来源与学术灵感。从孔德、涂尔干到雷蒙·布东和雷蒙·阿隆，以及图海纳和布迪厄，法国社会学界始终群星灿烂，而布迪厄无疑是此时法国以及整个社会学界最耀眼的。

皮埃尔·布迪厄（Pierre Bourdieu，有些文献又译布迪厄布尼厄或波丢等，1930—2002）1930年生于法国比安（Bearn）地区的一个小镇。虽然他曾经提到自己出身于农民家庭，其实他父亲是一位乡村邮递员，只是他早年生活地区属于农村。在这个经常被城里人称为落后又偏远的小村庄中生活，使得布迪厄很容易理解农民的日常生活和内心世界，这对他以后的学术研究产生了很大的影响和帮助。

1949年布迪厄中学毕业后，进入法国著名的巴黎高等师范学校读书，1954年从该校毕业，比福柯晚三年，比德里达早一年。在巴黎高等师范学校读书期间，布迪厄研读了马克思的许多著作，对马克思早年著作中许多哲学思想表现出浓厚的兴趣。当时，布迪厄还研读了一些其他的哲学流派的著作，但是并没有引起太大的兴趣，反而转向了社会学研究。1954年，布迪厄完成了一篇关于莱布尼茨哲学思想的毕业论文，毕业后到外省一所中学任教。一年后布迪厄应征入伍，到阿尔及利亚服兵役。

在阿尔及利亚的经历对布迪厄的学术生涯具有重要的意义，

① 杨善华、谢立中主编：《西方社会学理论》（下卷），北京大学出版社2006年版，第74～81页。

因为它在这里踏上了社会学研究的学术旅途。在布迪厄看来，尽管萨特等人起身为遭受苦难的阿尔及利亚人民说话，但单纯的口诛笔伐对于生活在苦难中的阿尔及利亚人不仅毫无助益，还可能有害。在阿尔及利亚服役期满后，布迪厄接着在那里开展社会学研究，并于1958年发表了一部题为《阿尔及利亚社会学》的著作。这部布迪厄后来不太满意的著作成为他涉足社会学研究并且创造出不同于哲学思考的社会学著作的标志。

1960年布迪厄回到法国，1960—1962年在巴黎大学文学院任助教。这时，他开始参加列维—斯特劳斯在法兰西学院举办的一些研讨班，并成为著名社会学家阿隆的助手。在阿隆的努力提携下，布迪厄被任命为法国高等社会科学研究院文化与教育社会学研究所所长。两位法国学术界的巨擘对他的身传言教，在治学风格、学术境界等方面对他产生了深刻影响。在此期间，布迪厄也逐渐由一位自学成才的人类学家成为一位社会学家。1962年布迪厄在里尔大学执教，三年后回到巴黎。

1982年是布迪厄学术生涯中十分重要的一年。基于他的学术成就，并在阿隆、列维—斯特劳斯和布罗代尔这三位学术名家的帮助下，布迪厄击败实力强大的竞争对手海纳和布东，获得法兰西学院唯一的社会学教授席位。法兰西学院巨大的声誉使得它在相当程度上支配了法国的学术文化生活，在这里，布迪厄收获了颇多的学术荣誉。1993年他获得法国国家研究中心授予的金质学术奖章，这一奖项很少授予社会科学家，此前只有列维—斯特劳斯于1968年获此殊荣。2000年布迪厄获得英国皇家学会颁发的代表国际人类学界最高荣誉的赫胥黎奖章。

布迪厄是欧洲社会学中心的创建者与主要人物，还主编了社会学杂志《社会科学研究探讨》。在他的周围汇聚了一大批出色的社会学家，如博尔坦斯基（L. Boltanski）、帕斯隆（J. Passeron）等。欧洲社会学中心和《社会科学研究探讨》杂志成为当时布迪厄所带领的社会学研究的重要思想阵地，在社会学界影响极大。布迪厄在学术研究的过程中显示出超常的创造能力，从1958年到1995年，布迪厄出版了30多本书，发表了340多篇文章。布迪厄的不懈努力与学术成就被认为可与20世纪早期的涂尔干齐声比肩。

2002年1月23日，布迪厄因病在巴黎与世长辞。法国总统希拉克（Jacques Chirac）发出评论说："布迪厄是积极力行的思想家，也是推动思潮的积极分子，此双重形象将永远铭记在人们心中。他为饱受苦难的人们所作的努力将成为历史上最深刻的见证。"法国总理若斯潘（Lionel Jospin）的赞词称其为"当代社会学的一位大师，我国知识分子生活中的一位伟人"。布迪厄逝世之后，西方媒体以较大篇幅加以报道，并把他称为继承了伏尔泰（Francoin-Marie Arouet，伏尔泰是他的笔名）、左拉（Emile Zola）、萨特（Jean Paul Sartre）传统的批判性知识分子。

布迪厄的著作除了一些民族志及调查外，主要有（包括合著）：《阿尔及利亚社会学》（1958）、《继承人》（1964）、《再生产》（1970）、《实践理论大纲》（1972）、《区隔：品味判断的社会批判》（1979）、《实践感》（1980）、《语言意味着什么》（1982）、《学术人》（1984）、《国家精英》（1989）、《语言与象征权力》（1991）、《艺术的规则》（1992）、《反思社会学导引》（1992）、《世界的苦难》（1993）、《论实践理性》（1994）、《论电视》（1996）、《帕斯卡尔沉思录》（1997）、《男性统治》（1998）、《科学之科学与反观性》（2001）、《政治上的介入（1961—2001）》（2002），等等。

考察布迪厄的思想来源可以发现，对他的学术研究影响较大的思想家主要有涂尔干、马克斯·韦伯、列维—斯特劳斯、梅洛一庞蒂、马克思等人。当然，对布迪厄学术生涯产生直接或间接影响的还不止这些人。

布迪厄严厉批评了第二次世界大战后法国社会学抛弃涂尔干所开创的社会学传统的做法，认为涂尔干学派对当代社会和人类学研究仍然意义重大。布迪厄将涂尔干有关应该把社会事实视为“物”来研究的思想看作一种与萨特式主体哲学相抗衡的力量。涂尔干晚年对社会学分类的研究，促使布迪厄关注社会结构与心智结构的关系并试图从中发现支配社会现象的根源。布迪厄还吸取了涂尔干“科学必须打破对社会生活的常识性理解”的观点。布迪厄孜孜不倦地继承着迪尔凯姆的学术追求，把社会学确立为一门科学而不是社会哲学。

另一位社会学的奠基人马克斯·韦伯同样对布迪厄影响甚大。当20世纪60年代教条的马克思主义者排斥韦伯的思想时，布迪厄却广泛援引其作品，特别是借鉴韦伯关于神政论（theodicy）的合法功能的分析，来支持自己的象征权利理论。韦伯有关社会是各种力量相互斗争的舞台的观点对布迪厄产生了持久的影响，但是布迪厄并没有止步于韦伯的分析——将权力的含义定义为即使在对方不同意的情况下也能使其服从——而是指出象征权力往往是支配者与被支配者合谋的结果，从而使理论的矛头指向社会世界的隐秘与深入之处。

法国列维—斯特劳斯的结构主义人类学推动布迪厄由新的理论视野考察现象学，并改造当时的语言哲学，进而走上被认为是超越客观主义的主观主义的道路。布迪厄对结构主义发展的推动表现在他对结构主义过于强调社会结构和心智结构的固定性和不变性的观点予以质疑。在长期的田野调查和研究中，布迪厄逐渐意识到心智和行为结构在其社会历史脉络中共时地进行内在化和外在化的双重运作，这表明行为者心智及其行为同时具有主动性和被动性的特点。

梅洛一庞蒂在现象学研究中的一些观点也常常出现在布迪

厄的著作里。梅洛·庞蒂有关身体、知觉、游戏感等问题的精辟分析，对布迪厄阐释"实践感""惯习""场域"等概念的论证很有助益。布迪厄曾引用梅洛一庞蒂所举的运动员在运动场上的"游戏感"的例子，说明惯习的社会性的主观性和实践逻辑的模糊性等问题。

对布迪厄影响较大的思想家还有法国认识论大师巴什拉(Gaston Bachelard)。巴什拉认为科学是一种经常性的革命，科学的成就在于不断与各种根深蒂固的常识观念作斗争，这对克服那种盲目相信直觉的自发社会学倾向具有警示作用。

布迪厄受马克思的影响十分明显。马克思在《1844 年经济学哲学手稿》等著作中，曾一再强调实践在社会生活中的基础地位，认为只有从实践出发，在实践过程中才能提出和理解社会问题，才能对人生和社会现实进行确切的分析。布迪厄在此基础上，提出了一系列与实践密切相关的学术概念，如"实践感""实践的模糊逻辑"等。此外，布迪厄关于社会资本、文化资本的观点也是延续马克思关于经济资本的脉络而加以阐发的。[①]

1. 社会行为与实践。

自韦伯以后，关于社会学理论的最基本要素更是特别关注到行为理论。韦伯认为，社会行为是指向他人的，他将社会行为分为几种理想型进行研究。其后，帕森斯大力扩展了行为理论并将其作为构建庞大理论体系的基石。由此，行为理论成了社会学的核心理论，而且各种行为理论对社会行为作出了互不相同甚至互相对抗的基本假设，发展了不同理论传统的社会学，如理性行为理论与符号互动论。许多社会学家讲，布迪厄的行动理论的突出特点，是对日常实践的关注。实践理论，既与以

① 参见刘少杰主编：《当代外国社会学理论》，中国人民大学出版社 2009 年版，第 65～68 页。

往哲学传统（如黑格尔、马克思，以及现象学、结构主义）有着极为密切的联系，又来自于人类学和社会学的具体研究，而不仅仅是抽象的哲学原则。

实践理论必须解决关于实践的认识论问题，必须解决怎样去认识实践和解释实践的问题，就布迪厄来讲，很重要的在于理解实践是如何来源于社会以及社会如何由实践构成的问题。布迪厄实践理论特别讲到“实践感”，主要就是为着解决这些问题的。

布迪厄指出，理论逻辑的谬误在于把人们为解释实践而建构的模型当作实践的根由，而实践的逻辑是一种“模糊的逻辑”或可称作“实践感”（the sense of practice），并不是理论逻辑的概念图式。布迪厄为了避免把逻辑的事物当成事物的逻辑，他写道：“必须在理论中包含隐藏在策略背后的真正原则，及实践感，如果你愿意也可以这样说，包含运动员们所谓的对游戏的感觉，即对游戏的逻辑或内在必要性的实践性的把握［这种把握来自于游戏的经验（例如以身体的技术的运作方式），在意识控制之外、在话语之外产生作用］。诸如习惯或性情倾向系统，实践的意义、策略这样的概念，同我摆脱结构主义的客观主义的努力是联系在一起的，同我免于陷入主观主义的努力也是联系在一起的。”①

布迪厄指出，实践有一种不是逻辑的逻辑，不能要求实践给出它所不能给出的逻辑，从而避免强行向实践索取某种不连贯性，或把一种牵强的连贯性强加给它。实践理论对严格的理性行动理论予以指斥，后者是在意识的意向中寻找严格的经济或非经济行为的根源，常常与一种狭隘的理性观结合在一起，与一种把由花费最少的经济成本获取最大的经济利润的经济主

① P·Bourdieu，From rules to strategies，*In other words*，Stanford，Stanford University Press，1990. p. 61.

义结合在一起。这种理性行为理论往往假定在完全信息的条件下行为者追求和获得利益的最大化，而无视社会行为者展开行动的社会空间的具体性和丰富性，以及选择意向的多样性和模糊性。布迪厄指出："社会行动者不一定是遵循理性的，但总是'合情合理'的，这正是社会学得以成立之处。"①

布迪厄认为，实践的逻辑是自在逻辑，既无明确的意识反思又无逻辑的控制，更确切地说，是"实践感"的逻辑。"实践感"处于前对象、非设定性的层面。在我们设想那些客体对象之前，实践感所体现的那种社会感受性就已经在引导我们的行动。通过自发的预见所在世界的内在倾向，实践感将世界视为有意义的世界加以建构。这种自发预见的方式与球类比赛中具有良好的"场地大局观"的运动员颇为类似。布迪厄引用梅洛—庞蒂所举的橄榄球运动员的例子：这些沉浸在行动的狂热之中的运动员，凭着直觉对他的队友和对手的活动迅速作出判断，他们的行动和反应的方式是"灵感式"的，无须事后认识和计算理性来决定。

对于"实践"（拉丁文 praxis）的含义，布迪厄在《实践理论大纲》的开头引用了马克思《关于费尔巴哈的提纲》的第一条，即"从前的一切唯物主义——包括费尔巴哈的唯物主义——的主要缺点是：对对象、现实、感性，只是从客体的或直观的形式去理解，而不是把它们当作感性的人活动，当作实践去理解，不是从主体方面去理解"②。

布迪厄阐释"实践的逻辑"，矛头指向他所讲的主观主义与

① ［法］布迪厄：《反思社会学导引》，李猛、李康译，商务印书馆 2015 年版，第 161 页。

② 马克思：《关于费尔巴哈的提纲》，《马克思恩格斯选集》（第 1 卷），人民出版社 1995 年版，第 54 页。

客观主义。在布迪厄看来：“在人为地造成社会科学分裂的所有对立之中，最基本、也是最具破坏性的，是主观主义与客观主义的对立。这种对立不断重现，但在形式上几无更新，这一事实本身足以证明按照该对立来区分的各种认识形式，对于一门不能简化为社会现象学，也不能归结为社会物理学的社会世界科学来说，同样都是不可缺少的。”①

在布迪厄看来，由于主观主义始终将行为者的直接体验视为必然并将其贯穿于理论之中，所以它根本无法对“这类体验为何成立”的问题作出反思，也无法对“客观结构与心智结构契合”这一社会性条件提出质疑，而这种契合却引起日常世界实践经验所特有的直接理解的错觉。主观主义把与对象的智力关系引入对象，并用与对象的关系代替与实践的实践关系。

布迪厄指出，客观主义旨在确定一些不依赖于意识和个人意志的客观规则，将社会看作一种客观的结构而从外部加以把握。客观主义无视处于社会世界的人们的各自看法，而从物质上观察、测量和勾画社会世界的结构。因此，客观主义充其量也只能产生一个代用的主体，将个人或群体看成被动消极的承受者。观察者与其对象所保持的关系的实质：“为观察情境而退出情景，这样一种旁观者地位意味着一种认识论的但也是社会的断裂，这一断裂对科学活动的支配从来没有像它不再如此显现时那样不可捉摸，它导致一种与忽略科学活动的社会可能性条件相关联的实践的隐性理论。”②

布迪厄力求向人们表明，实践理论与客观主义（实证主义唯物论）相反，认为认识的对象是构成的，而不是被动记录的；

① ［法］布迪厄：《实践感》，蒋梓骅译，译林出版社 2003 年版，第 37～38 页。

② ［法］布迪厄：《实践感》，蒋梓骅译，译林出版社 2003 年版，第 49 页。

实践理论（理智主义唯心论）相反，认为这一构成的原则既是结构性也是建构性的行为倾向系统，即惯习（habitus），该系统构成于实践活动，并总是趋向实践功能。客观主义是与原初经验的决裂和客观关系的构成所必需的阶段，但当它把这些关系当作已经在个人和集体历史之外形成的现实事物而是它们实体化时，必然会导致结构实在论。对于实践理论来说，关键是摆脱这种结构实在论，而又不重新陷入完全不可能阐明社会世界之必然性的主观主义。①

布迪厄在阐述其实践理论时，反复强调的实践特征既有确切性又有模糊性。它是前认知性的，又是模糊不清的。"实践或许是具有一种逻辑，但那也并非是逻辑学家的逻辑"。所以布迪厄将实践看作是一种"实践感"（the sense of practice），一种游戏感（feel）。所以，布迪厄反复强调"惯习"是身体性的。这样，布迪厄非常重视强调实践的总体性。他认为，社会实践本身并不像研究它的社会科学一样分裂成各种不同学科的碎片。而且实践感的模糊性本身也要求跨越各种学科的界限来考虑实践问题。因此，布迪厄始终呼吁社会学应该也必须建构维持人类实践基本统一性的"总体性社会事实"，采用跨学科的方法，通过将经验性研究与理论性探索结合起来，来分析作为整体的实践。应如同对身体性的结构那样保持整体性。

在布迪厄看来，各种教条主义的二元困境之所以妨碍我们理解实践活动，就在于它们忽视了客观结构与身体化的结构（incorporated structures），也就是场域和惯习之间的辩证关系。他强调，使用场域和惯习这两个概念就是为了和各种实体论的倾向决裂。因此，场域和惯习都是指一束关系。一个场域有附

① 参见刘少杰主编：《当代国外社会学理论》，中国人民大学出版社 2009 年版，第 69～70 页。

带一定全力（或资本）形式的各种位置之间一系列在历史上形成的关系所构成，而惯习则由“积淀”在个人身体内的一系列历史关系所构成，其形式为知觉、批判和行动的各种身心图式。前者是一个冲突和竞争的空间，涉及社会行动者的空间位置(position)；而后者则是一种结构型塑机制（structuring mechanism)，涉及社会行动者具有的对应于其占据的特定位置的性情倾向（disposition)，只有准确地把握二者的关系，才能理解布迪厄所谓实践感的模糊逻辑，这种逻辑与各种唯智力主义倾向的理论逻辑形成了鲜明的对照。

那应怎样把握实践的特性呢？布迪厄认为，这里非常重要的一点，就是要从对规则的过度关注转向对策略的重视，要转向勾勒策略的辩证法。

2. “惯习”与“场域”。

(1) 在布迪厄提出的社会学理论体系中，与“实践”概念相伴随，“惯习”这一范畴占有重要地位。布迪厄非常重视由“惯习”说到“场域”。

严格说，“惯习”（habitus，拉丁文）这一概念并不是布迪厄的发明，而是同“实践”一样，是一种传统的哲学概念，最早出现于中世纪哲学家对亚里士多德道德哲学的阐释中，指的是美德气质，包含了行为的客观表现以及内在的道德意识状态。黑格尔、胡塞尔、韦伯以及涂尔干和毛斯都曾使用过这个词。[①] 而布迪厄对这个概念加以改造，用以表达人类实践深层的社会结构与认知结构。简单讲，人类的实践行为，特别在日常生活中构成，往往是在“前意识状态”中自动进行的。人们在实践过程中对行动往往有一种非常直观的理解和把握，并且这种理

① 参见高宣扬：《布迪厄的社会学理论》，同济大学出版社 2004 年版，第 113～114 页。

解和把握既是当前实践的基础，同时也是来自于在此前的实践过程中经久形成的持久而有潜在的倾向系统，这种持久潜在的行为倾向系统就是惯习，它存在于实践者的身体和行为之中，构成了一种"实践感"（the sense of practice），即对实践的前认知把握。这样，客观物质世界中各种既定的条件并不是直接作用在实践者的身上，而是在实践过程中，在经验的积累过程中，灌注在行为的持久潜在的倾向系统之中，亦即"惯习"中。客观条件决定的可能与不可能、自由与必然、方便与忌讳等等就是通过惯习而在相当程度上影响了当前的实践，并指向未来，所以最不可能的实践活动、最不可想象的往事，往往是在这种倾向系统中形成的，而不是由客观条件直接地、机械地决定的；同样，实践活动并不必然会服从经济理性或者快乐原则或者功能原理，如同理性选择理论或者客观主义者或者精神分析论者所认为的那样。同时，惯习也是历史、现实与未来的联系脉络，因为它确保了既往经验的有效存在，并以感知、思维和行为图式的形式储存于每个人身上，与各种明确的形式化规则相比，能更加可靠地保证实践活动的一致性以及历时不变的特性。作为历时形成的习得图式系统，正是惯习使得在一定的客观条件下产生的各种思想、各种感知和各种行为具有生命力，并且生生不息地在实践的延绵中再生产出来。

布迪厄提醒人们，尤其要注意的是，惯习还兼具个体身体化的属性与社会化的属性。正如传统的社会学所展现的，惯习将其自身深深地烙在个体的身体属性上。例如，性别，正是通过身体技术（body technology）而持久地传承下来，这种身体状态的训练既是观念的、符号的、前认知的，同时又是肉体的、价值的与行为的，人们从婴幼儿时代开始一直进行着关于性别的这种身体和心理的训练。马克思说，资本家是资本的"人格化"，在布迪厄看来，这在一定程度上意味着资本主义不仅仅存在于经济、文化、政治之中，也存在于身体之中，而将这些不同的方面联系在一起的就是在实践历史中生成的同时又是构建出实践的惯习。另一方面值得强调的是，由于生存的一致性，致使某些人的实践活动在客观上趋于一致，从而形成集团或者阶级习性的客观一致性；在这里，并不需要特别的行为协调机制或者规范或者有意识的筹划或者直接相互作用，实践活动的规律性、统一性或系统性就可以构成，这是社会构成的一种重要基础。换言之，在这种意义上，布迪厄认为，阶级、集团之所以可能，是缘于相似的客观条件下所构成的惯习的一致。①

人们认为，布迪厄使用“惯习”这个概念，有三个方面的意图：一是试图展示实践是如何从社会中构建出来的同时又如何建构社会；二是试图展现客观的物质条件、人们的认知结构以及人们身体本身是怎样相互构建出来的；三是试图展现人类社会的历史、现实和未来是怎样联系在一起的。通过这几个方面，他企图弥合主观主义与客观主义、心智结构与社会结构之间的鸿沟。②

布迪厄特别指出，“惯习”这个概念最主要的是确定了一种明确的建构和理解具有其特定“逻辑”的实践活动的方法。“惯习观”的重要作用在于克服“实证主义唯物论”和“唯智主义唯心论”的弊端。在这个意义上说，所谓“惯习”，“就是知觉、评价和行动的分类图式构成的系统，它具有一定的稳定性，又可以置换，它来自于社会制度，又寄居在身体之中”③。在布迪

① 侯钧生主编：《西方社会学理论教程》，南开大学出版社 2010 年版，第 409～411 页。

② 侯钧生主编：《西方社会学理论教程》，南开大学出版社 2010 年版，第 409～411 页。

③ ［法］布迪厄等：《反思社会学导引》，李猛、李康译，商务印书馆 2015 年版，第 158 页。

厄看来，提惯习，就是认为所谓个人、主观性，是集体的、社会的。惯习是一种社会化了的主观性。

在布迪厄看来，之所以这样，是因为"条件制约与特定的一类生存条件相结合，生成惯习。惯习是持久的、可转换的潜在行为倾向系统，是一些有结构的结构，倾向于作为促结构化的结构发挥作用，也就是说作为实践活动和表象的生成和组织原则起作用，而由其生成和组织的实践活动和表象活动能够客观适应自身的意图，而不用设定有意识的目的和特定的掌握达到这些目的所需要的程序，故这些实践和表象活动是客观地得到'调节'并'合乎规则'，而不是有意地使之服从某些规则的结果，也因如此，他们是集体地协调一致，却又不是乐队指挥的组织作用的产物"①。概言之，惯习作为社会结构长期内在化的结果而以感情心理系统呈现出来，与此同时，惯习又能够外化并影响社会行动的过程。

于是布迪厄强调，惯习作为一种实践感，它是制度中的客观化意义恢复活力。客观结构，若要以持久的和调适的行为倾向这一形式再生成，就离不开反复灌输这样的工作，而惯习就是这种工作的产品。惯习将它的特殊逻辑施加于身体化，行为人则通过这种身体化使自己生活于制度之中，在实践中占有制度，从而使制度保持活力、生机和效力，不断地使他们摆脱无效和衰竭状态，其通过方法使得被弃于其中的意义恢复活力，并对制度加以修改和改变，因为修正和改变是重新活化的补偿和条件。因此，惯习是被结构化的也是促结构化的。

那么，为什么个体惯习之间存在差异？布迪厄认为："个体惯习之间的差异原则源自于社会轨迹的特殊性，与社会轨迹相

① ［法］布迪厄：《实践感》，蒋梓骅译，译林出版社 2003 年版，第 80～81 页。

对应的是按年代顺序排列的和不能相互化约的决定因素系列；惯习时刻都在按先前经验生产的结构使新的经验结构化，而新的经验在由其选择权力确定的范围内，对先前经验产生的结构施加影响，惯习从而对在统计学上为同一阶级所共有的经验进行整合，该整合受先前经验支配，是独一的。”[①] 先前经验具有特殊的影响，是因为惯习需要保证自身的稳定，抵御它在新的信息之间进行选择的过程中出现的变化；惯习在新的信息之间进行选择，在受到意外或必然威胁时就会排斥那些危及累积信息的信息，尤其会阻止这类信息的危害。

（2）布迪厄就此强调，就惯习的社会性而言，可以说惯习是在场域型塑下的习惯。场域概念来源于物理学中的场论（field theory）。在物理学中，场是一种力的作用空间，这种作用空间有着清晰可见的结构，并且从理论上对这种结构的把握是理解作用空间的关键。在布迪厄的社会学中，他在使用场域概念（field，法文 champs）时，有这样两层意思：一是将社会理解为一个各种力量冲突的场所，持一种冲突论的观点；二是认为社会空间有着一定的结构，持一种解构主义的观点，但这是一种建构主义的结构主义。布迪厄由定义讲，“一个场域可以被定义为在各种位置之间存在的客观关系的一个网络（network）、或一个构型（configuration）”[②]，“正是在这些位置的存在和它们强加于占据特定位置的行动者或机构之上的决定因素之中，这些位置得到了客观的界定，其根据是这些位置在不同类型的权力（或资本）——占有这些权力就意味着把持了这一场域中利害攸关的专门利润的得益权——的分配结构中实际的

① ［法］布迪厄：《实践感》，蒋梓骅译，译林出版社 2003 年版，第 93 页。

② ［法］布迪厄等：《反思社会学导引》，李猛、李康译，商务印书馆 2015 年版，第 122 页。

和潜在的处境，以及它们与其他位置之间的客观关系（支配关系、屈从关系、结构上的对应，等等）"[①]。布迪厄进一步认为，现代社会中的社会世界是有大量具有相对自由性的社会小世界构成，这些社会小世界事实上就是一个一个的场域，有着自身特有的逻辑和必要性，并且不可化约为其他场域运作的逻辑，这样，艺术场域、宗教场域、科学场域、经济场域等都有着各自的规则。例如，在现代社会中，经济场域的规则是"生意就是生意"，从而排除了其他场域内相关规则的影响；在科学场域中，追求客观知识是场域构建的基石，并且有着各种制度性的保障来实现这一点。

以上可见，在理解场域概念时，按布迪厄的论述可归结为：

首先，可以将场域设想为一个运动空间，场域的效果得以在其间发挥，并且由于这种效果的存在，任何与该空间有关的对象经历的一切事情都必须参照场域中的关系来理解，而不能仅凭研究对象的内在性质来解释。这正是关系论基本立场的反映。

其次，场域也是一个争夺的空间。场域中各种位置的占据者利用种种策略来保证或改善他们在场域中的位置，不断在场域中展开斗争。不过，布迪厄特别强调，场域中斗争的焦点在于谁能够强加一种对自身所拥有的资本最为有利的等级化原则。形象地说，这就意味着，你手里各种花色的牌的大小固然重要，但更重要的是哪一种花色是王牌。从场域的这一特征来看，行动的策略正取决于他们在场域中的位置即特定资本的分配，同时还取决于他们对场域的认识，而这种认识又依赖于他们对场域所采取的观点，也就是从场域中不同位置出发所采纳的不同

① ［法］布迪厄等：《反思社会学导引》，李猛、李康译，商务印书馆 2015 年版，第 122～123 页。

视角。

最后，场域也包含一种投入（investment）。当一个人进入某个场域时，就同时进入了与场域相连的一套他本人很可能认识不到的前提预设。因此，一个场域是由身体和信念两部分组成的。人们深陷其中的实践信念并非一种心灵状态，也不是武断遵从一套外界灌输的教条，而是一种身体状态，是被各种社会秩序加以系统利用的体现在身上的性情倾向，即布迪厄所谓“内在性的外在化”（externalization of internality）。这正是布迪厄十分关注的符号权力运作的核心。①

布迪厄讲到，还可以从这样的角度来理解场域：社会结构与个体实践之间的关系并不是在真空中或者漫无边际的抽象的社会中发生作用的，而是通过场域，社会的物质结构与精神结构同行动者相互联结起来，并构成了一个动态的过程。② 例如，只要理解了现代社会经济场域的形成，我们就会发现，现代市场经济场域的构成经历了较长的历史过程：同样，他对艺术的研究也揭示了这一点。我们很容易理解惯习与场域二者之间的密切联系。惯习表征着人类社会的精神结构（事实上涵盖了身与心两方面），而场域表征着社会结构。惯习是在一定的场域中历史地构成的，并且同时，任何一种场域的运作不能离开场域内合格的参与者，这些合格的参与者参与了由惯习构成并能够在一定程度上相互沟通和协调。③

可见，把握“场域”这一概念，其含义的重要之处在于将

① 杨善华、谢立中主编：《西方社会学理论》（下卷），北京大学出版社 2006 年版，第 168 页。

② ［法］布迪厄等：《实践与反思——反思社会学导引》，李猛、李康译，中央编译出版社 1998 年版，第 144 页。

③ 侯钧生主编：《西方社会学理论教程》，南开大学出版社 2010 年版，第 414 页。

场域视为一个关系或社会网络系统。网络是网络理论中的主要概念。这一理论运用于社会学，强调社会成员或社会团体通过信息沟通、社会互动和社会资本的获取与占有来改变社会关系及其中蕴含的资源，其特点是从传统社会学的实体论思维方式转向了关系论的思维方式。这里面不仅注重社会问题的客观性研究，而且也重视社会成员的主观性交流和互动。在布迪厄看来，这在一定程度上超越了主观主义和客观主义的尖锐对立。

所以说，场域概念所要表达的内涵，主要是指在某一个社会空间内，由特定的社会行动者相互关系网络所表现的各种社会力量和因素的综合体。既然场域是个社会关系或社会网络系统，那么也就不存在明确严格的社会与个人的划分甚至对立。如布迪厄所言："场域的观念提醒我们，只要一涉及方法，第一条必须考虑的准则就是要求我们利用一切可以利用的手段，想方设法抗拒我们骨子里那种用实体主义的方式来思考社会世界的基本倾向。"[①] 思考社会需要从场域的角度进行分析而不是囿于空泛的"社会"概念。

从场域角度进行分析涉及三个必不可少并内在关联的环节[②]：首先，必须确认与场域相对的场域位置，其中，权力场域相对于其他场域如经济场域、文学场域、科学场域等更具有"元场域"的特征，它在一定程度上涵盖了其他场域。其次，必须勾画出行动者或机构所占据的位置之间的客观关系结构，因为在这个场域中，占据这些位置的行为者或机构为了控制这一场域成为有合法形式的权威，期间相互竞争，从而形成了种种

① ［法］布迪厄等：《反思社会学导引》，李猛、李康译，商务印书馆 2015 年版，第 326 页。

② ［法］布迪厄等：《反思社会学导引》，李猛、李康译，商务印书馆 2015 年版，第 131 页。

关系。最后，必须分析行为者的惯习，亦即千差万别的性情倾向系统，行为者是通过将一定类型的社会条件和经济条件予以内化的方式获得这些性情倾向的。

这三个方面紧密相连，促使场域形成一个动态的开放系统。占据一定的位置意味着掌握相应的资源，对资源的争夺导致位置之间的变动，而促使行为者投入到场域中去的是行动着的性情倾向系统，成为惯习。场域作为一个争夺的空间，作为不断变动的空间，成为力量关系和旨在改变场域的斗争关系的地方，因此也是无休止地变革的地方。在场域的某个既定的状态下可以被察觉的协调统合，实际上肇始于冲突和竞争，而非结构内在固有的自我发展的结果。在社会空间里，场域与惯习之间、位置与资源之间以及竞争与冲突之间的张力，使得场域成为一个变动不居的“游戏场”。这使场域动态的、生成的，也可以说是“流动的”特征充分显示出来。既然一个高度分化的社会由各种场域构成，那么也可以说社会是“流动的”。这与古典社会学的理性化社会或类型化的社会观明显不同，而与吉登斯的结构化理论有异曲同工之妙，后者摈弃了社会学中长期存在的结构与行动的二元对立，而将结构作为行动的结果和行动进一步开展出来。“场域”概念终结了以碎片化、僵化、逻辑化等为表征的“社会”概念。就布迪厄的见解讲，如此一来，以场域的视角观察和解析社会事实便超越了传统社会学所固守的，或主观或客观、或行动或结构、或能动或制约等二元对立范畴，使社会事实的“总体性”得以凸现。

有学者这样总结，场域理论在两个方面对古典社会学的诸多范式加以超越，一是超越宏观与微观的对立（个人与社会），二是超越能动与受动的对立（行动与结构）。与前者相对的是关系论原则，与后者相对应的是生成性原则。具体说来，社会空间是由人的行为场域所组成的，社会结构并不是抽象的，而只能是由行为者在不同的场域中进行实践的社会空间，它永远是同从事实践活动的行为者的惯习、与行为者在权力斗争和较量中所进行的各种不同种类的社会实践紧密相连。社会结构同行动者在各个场域中的实际行动的紧密关系既表现为社会结构为行为者的具体实践提供客观的制约性条件，又表现为社会结构本身依赖于行为者的整个实践活动和实践过程。因此，结构和行动处在不断的结构化和建构化的过程之中。①

布迪厄对于场域与惯习的关系，特别强调了两个方面。一方面是制约关系：场域型塑着惯习，惯习成了某个场域固有的必然属性体现在身体上的产物，当某个场域或一系列彼此交织的场域若彼此交隔或歧异到一定程度，会造成惯习的内在分离甚至土崩瓦解。另一方面则是一种知识的关系或者说是认知建构的关系：惯习有助于把场域建构成一个充满意义的世界——这是一个被赋予了感觉和价值，值得社会行动者去投入、去尽力的世界。考虑场域与惯习之间的关系必须同时考虑这两个方面，用布迪厄的话说，"实践理论要同时考虑外在性的内在化和内在性的外在化的双重过程"②。他认为社会现实是双重存在的：既在事物中，也在心智中；既在场域中，也在惯习中；既在行动者之外，又在行动者之内。

布迪厄还提醒人们，在了解这两种关系时要注意两点：首先，知识的关系取决于制约的关系，后者先于前者，场域的结构塑造者惯习的结构；其次，社会科学必然是一种"知识的知识"，必须包括一种具有社会学基础的现象学，用以考察场域里

① 参见刘少杰主编：《当代国外社会科学理论》，中国人民大学出版社 2009 年版，第 72～73 页。

② P·Bourdieu，The three froms of theoretical knowledge，socience information，12（1）：P. 53.

的那些基本经验。

通过解析“场域”和“惯习”这对概念，布迪厄阐明了他一再强调的结构的双重存在方式。社会世界中的各种结构首先是存在于一种所谓“初级的客观性”中，也就是指各种物质资源的分配，以及左右各种社会稀缺物品和价值观念（这些就是布迪厄所说的资本）的手段；另一方面，这些结构还存在于体现于各种分类体系和心智图式上的所谓“次级的客观性”之中，它们发挥了一种符号样板的作用，体现在社会行动者的各种实践活动中，诸如行为、思想、情感、判断等。正是因为要同时考虑结构的这两副面孔，实践理论才必须进行一种综合社会物理学和社会现象学角度的双重解读（double reading）方式。而一种关于社会的总体性科学，必须既摈弃那种忽视行动者作用的机械结构主义，又杜绝目的论的个人主义。只有从综合了“结构主义”和“构建主义”两种途径的社会实践理论出发，才能认识到诸如客观主义和主观主义、机械论和目的论、结构必然和个人能动性之类的对立都是虚幻的，都掩盖了人类实践中的基本特点。[①]

布迪厄进一步指出，场域的概念形象地概括了现代社会的基本特征。如前所说，他曾经强调：在现代社会的高度分化的社会里，社会世界是由大量具有相对自主性的社会小世界构成，这些社会小世界实际上就是一个个的场域。例如，在现代社会中，艺术场域、宗教场域、科学场域、经济场域都遵循着它们自身特有的逻辑，有其必要性，并且不可直接化约为其他场域运作的逻辑。例如，在现代社会中经济场域的形成就是通过创造一个平常所说的“生意就是生意”的世界才得以实现；而艺

① 杨善华、谢立中主编：《西方社会学理论》（下卷），北京大学出版社 2006 年版，第 169 页。

术场域则是通过拒绝或颠倒这种物质利益的法则而构成的[①]；在科学场域中，则是追求实验客观真实，此是科学场域建构的基石，并且有着各种制度性保障来实现这一点。这其中各自都要排除其他场域内相关规则的影响。因此场域被认为是一种人为的社会构建，是经历漫长的自主化过程后才逐渐形成的产物。布迪厄始终强调，在考察场域的过程中，要特别注意研究场域的历史生成过程。[②]

（3）布迪厄在论述惯习和场域的关系以至在建构整个社会学理论时，特别主张以关系主义方法论为基础，并声称在此基础上力图超越社会学长期以来根深蒂固的二元对立。他指出，那些二元对立，包括主观主义与客观主义的对立、符号性分析与物质性分析的分离、行动视角与结构视角的紧张，以及理论研究和经验研究的脱节，如此等等，必须予以否弃。布迪厄强调了"关系"的重要地位，认为上述命题只有在"关系"中才有意义。布迪厄在把社会学的任务设定为揭示构成社会宇宙的各种不同的社会世界中那些掩藏最深的结构，同时揭示那些确保这些结构得以再生或转化的机制。也就是说，布迪厄所要研究的是"结构"和"机制"。而"结构"和"机制"又是嵌入在各种关系中，并通过互动的形式表现出来的。布迪厄将黑格尔的公式稍加改动指出："现实的就是关系的。"[③] 这个关系广泛存在于社会世界，它不是个人之间的交往互动，更不是个人之间的主观性意识联系，而是马克思意义上的"独立于个人意识和

---

① 参见刘少杰主编：《当代国外社会科学理论》，中国人民大学出版社 2009 年版，第 72～73 页。

② 参见李康：《布迪厄：场域分析下的艺术》，《社会科学理论论坛》1997 年第 1 期。

③ ［法］布迪厄等：《反思社会学导引》，李猛、李康译，商务印书馆 2015 年版，第 122 页。

个人意志”而存在的客观关系。

就场域和惯习而言，布迪厄指出，惯习由累积沉淀在个人身体内的一系列历史的关系所构成，其形式是知觉、评判和行动的各种身心图式；而场域则由附着在某种权力或资本形式的各种位置之间的一系列客观历史关系所组成。布迪厄摒弃了空泛的“社会”概念而用“场域”来代替。根据场域概念进行思考就是从关系的角度进行思考。场域、惯习这些概念都是关系性的。一方面是制约关系：场域形塑着惯习，惯习成为某个场域固有的必然属性体现在人们身体上的特征；另一方面，是知识构建关系：惯习赋予场域以价值和意义。他强调，只有在彼此的关系之中，它们才能充分发挥作用。

布迪厄之所以极力否弃种种二元对立，重要原因在于，他认为“社会学必须构建维持人类实践基本统一性的‘总体性社会事实’（total social facts），这种‘总体性社会事实’所涉及的人类实践兼跨各种支离破碎的学科断片、经验领域和观察分析技术”[①]。对于“总体性社会事实”，莫斯说得非常精彩：“身体、灵魂、社会在此完全融合在一起。这些不再是思维这一部分或那一部分的特别事实。这就是我要称之为‘整体性’现象的东西，不仅团体参与其中，而且所有的个性、个人及道德的、社会的、思维的、特别是身体的或物质的完整性也通过团体参与其中。”[②] 而种种二元对立却无法把握社会事实的总体性和人类实践的完整性。

既然如此，那么布迪厄所追求的旨在“兼跨各种支离破碎

① ［法］布迪厄等：《反思社会学导引》，李猛、李康译，商务印书馆 2015 年版，第 27 页。

② ［法］马塞尔·莫斯：《社会学与人类学》，佘碧平译，上海译文出版社 2003 年版，第 245 页。

的学科断片、经验领域和观察分析技术"的总体性社会学的前提预设是，学科的碎片化与社会事实的碎片化所面对的与其说不是一个完整的世界，毋宁说是肢解了它、遮蔽了它，或者说是掩盖了社会世界的"真相"。因为在现代社会中，工具理性的扩张，造成了单向度的社会和单向度的人，总体性社会事实被肢解成破碎的社会事实，表现在社会科学领域就是科学的碎片化特征。布迪厄强调，其实践理论的重要意义就在于揭露假象，并对作为假象的生产者——将社会事实碎片化的二元论，与假象的维护者——象征权力的机制予以批判和揭露。概而言之，布迪厄的实践理论不满足于对一切社会世界表现的顺从和前反思性接受，而是面向一个"未知的世界"，对已有的社会世界的种种常识性观念予以揭发和批判，或者说，是深挖社会世界的"隐秘"，使其"连根拔起"。因此，社会学需要对于象征权力熟视无睹的社会无意识和学术无意识予以反思，并建构一门"反思社会学"。

布迪厄提出"反思性"命题，使其理论具有了一些与以前的社会理论家不同的维度。在布迪厄那里，反思性并非以黑格尔式的自我意识的方式或者现象学社会的视角对主体进行反思；而是要求对那些未被反思的范畴进行系统探索，同时又返回超出经验主体的范围而延伸到科学的组织结构和认识结构中。他既反对那种自恋式的唯我主义，也反对那种所谓的客观研究。他总是引导知识者去认识那些支配其思想的特定的决定因素，同时，得以透视他们的观念和行为的根基。布迪厄对反思性的关注，布迪厄所倡导的"反思性"研究，在实质上是植根于实践并面向实践的。这主要表现为将有关学术实践的理论纳入整个社会批判理论体系，强调反思社会学的研究对象不是个别的学者而是植根在研究过程中的社会无意识与学术的无意识；强调反思社会学不是某一个学者的事业而是一项集体性的事业；

强调社会学的目的不是去试图破坏社会学的认识论保证而是要去巩固它。反思社会学的重要使命是在权力场域的斗争中捍卫社会学乃至社会学的自主性。这种反思社会学力图使更多的人拿起反抗象征权力支配的武器。在布迪厄看来，反思社会学是实践理论非常重要的一个方面。缺乏反思性的社会学研究，无论是采用客观主义的定量方法，还是采用所谓的参与性观察，都不能实现对社会的真正把握。

布迪厄强调指出，反思社会学要同社会预先构建的观念保持距离。社会预先构建的观念既铭刻于事物中又扎根在思维里，它把自己掩盖在不证自明的外衣之下，使人不会注意到这种伪装，因为从定义上说这种预先构建的观念就是被人们视为理所当然的。社会学的任务就是去开辟、去创生，要培养一种新的思维方式，或者说是一种社会学的眼光。这就要求“和那些表面上看起来是常识、令人感到习以为常，或者使人以为是探寻这些东西的精良的科学武器（占支配地位的实证主义传统所欣赏和推崇的一切东西）的各种思维方式、概念类型、方法途径统统划清界限”①。

而反思性的关键之处在于建构一种“关于社会学的社会学”(sociology of sociology)，对学术场域及社会学家自身、社会学家研究过程进行反思，将社会学研究过程和社会学家本身对象化——即参与性对象化（participant objectifition ），这要求研究者与他们所固有和追随的根深蒂固、难以观察的因素相决裂，与那些隐藏最深、最不自觉的因素相决裂，而往往正是这些因素使那些研究者产生了对他们的研究对象的“兴趣”，只有以社会学研究对象的社会学，和以社会学家为研究对象的社会学，

① ［法］布迪厄等：《反思社会学导引》，李猛、李康译，商务印书馆 2015 年版，第 351 页。

才可以使我们实实在在地把握那些可以通过科学目的直接寻求的社会目标，进而对社会现实“彻底地质疑”。

将社会学家与他的研究对象之间的关系作为研究的对象，是与社会学家的某种倾向相决裂的必要条件。因为这种倾向使社会学家陷入了他所研究的对象之中，而这种倾向无疑是社会学家对研究对象的“旨趣的根源”。只有尽可能彻底地将那些推动社会学家进行对象建构的利益或旨趣，转化为科学研究的对象，并且在研究中悬搁这种利益及其所维持的那些表象，参与性对象才能最终实现。布迪厄深信：“社会学的社会学是社会学认识论的一个根本性的向度。它远非社会学众多专业性分支之一，而是任何严格的社会学研究必不可少的先决条件。”①

布迪厄在《人：学术者》（Homo Academicus）一书中提出：“社会学并不旨在制造这样一种幻觉，使社会学家把自己想象成救世的英雄。然而，社会学家要发动一切可能的科学手段来将我们的社会对象化……社会学家通过这种行动其实是在向人们提供一种潜在的自由，他至少能够希望关于细节学术热情方面的文章不仅对自己也对他人来说是一种‘社会分析’。”② 人们必须时时提醒自己，客观对象化的主体本身正在变成研究的对象，分析问题的人也变成问题分析的对象，任何人都不能逃逸反思性的自我批判。

布迪厄把社会学看作一种具有显著政治性的科学，原因在于它极为关注象征支配的各种策略和机制。从事社会科学研究的学者们在权力场域中所处的被支配地位，以及社会科学研究

① ［法］布迪厄等：《反思社会学导引》，李猛、李康译，商务印书馆2015年版，第91页。

② ［法］布迪厄：《人：学术者》，王作虹译，贵州人民出版社2006年版，第6页。

对象的特有性质，都决定了社会科学不可能保持中立的、超脱的无政治意义的立场。它永远不可能达致自然学所具有的那种“不可争议”的地位，因为社会学总是不断地面临各种形式的抵制和监督，其自主性不断受到威胁。社会学的困境在于，自主性愈益增大并不同时意味着政治中立性也随之增大，社会学越是科学，它就越是与政治相关。反思社会学的重要使命，就在于在权力场域的斗争中捍卫社会学乃至社会科学的自主性。

在布迪厄看来，可以把社会分析看成精神分析在集体层面的一种对应方式，就像在精神分析的言谈治疗中我们有可能摆脱那驱使或约束我们实践的个体无意识一样，社会分析也可以帮助我们揭示那根植于制度之中、深埋于我们内心的社会无意识。社会学家的任务是祛除社会世界的自然性和宿命性，粉碎遮掩这权力运作和支配维续的各种神话。社会学的使命在于揭示行为的必然性，亦即通过重新构建决定这些行为的各种约束力量的整体，而使这些行为摆脱任意武断性的假象。社会学的反思性和批判力将有助于被统治群体获得“自由”。反思性社会学有助于知识分子走向他们自己制造的幻影，从而摆脱以无意识的方式来运作的象征权力的支配，进而凭借反思性的精神一往无前。[①]

3. 资本与权力。

（1）在布迪厄的实践理论中，特别谈到了实践的经济学。[②]布迪厄认为，实践活动实际上一直服从经济逻辑，他主张放弃经济与非经济之间的二元对立，而应当建立一切实践活动的经济学。实践总是紧迫的、有压力的，是与利益相关的（即前面

① 参见刘少杰主编：《当代国外社会科学理论》，中国人民大学出版社 2009 年版，第 86～87 页。

② ［法］布迪厄：《实践感》，蒋梓骅译，译林出版社 2003 年版，第八章。

谈到的布迪厄的利益观)、有索求的，而场域是充满竞争或冲突的，所以一般实践活动总是可以看成是为了获取最大的物质或象征利润的经济实践活动，实践活动经济学的核心概念是资本。布迪厄认为有四种主要的资本，每种资本都有着自身的运行规则，并且不同资本其间会相互转化。这四类资本分别是：经济资本、文化资本、社会资本和符号资本。

在布迪厄那里，经济资本（ecnomic capital）是由不同生产要素（诸如土地、工厂、劳动、货币等)、经济财产、各种收入以及各种经济利益组成。这基本上是一般经济学意义上的概念。布迪厄又认为，不同社会的经济资本具有不同的特性：农业经济中的经济资本，服从于与往年收获相关的特殊规律；资本主义经济中的经济资本要求严格的合理化估算。

在布迪厄那里，文化资本（cultural capital）是指借助于各种教育行动传递的文化物品。布迪厄强调，文化资本同经济资本一起，成为一切社会的两大基本区分原则。文化资本是一种信息资本，涉及文化知识、能力和秉性的形式。[①] 只有将经济资本同文化资本结合起来，并使两者的质量和数量达到显著的程度，才能在现代社会中占据重要的社会地位，并获得相当高的社会声望。因此，布迪厄指出："对文化资本分布的再生产起决定性作用，进而又对社会空间结构的再生产起决定作用的教学机构，就成了人们为了垄断权力位置进而进行的争夺的关键。"[②] 布迪厄认为，文化资本可以采取三种形式：其一是身体化的形式，是在认同内长期地和稳定地内在化，成为一种秉性和才能，

① Bourdieu, The Field of Cultural Producture: Essays on Art Literature, cambridge, polity press, 1993, p. 7.

② ［法］布迪厄：《国家精英——名牌大学与群体精神》，杨亚平译，商务印书馆2004年版，第9页。

构成惯习的一个重要的组成部分。其二是客观化的形式，指的是物化或对象化为文化财产，如有一定价值的油画、各种古董或历史文物等。其三是制度化的形式，这体现在特定的制度安排上，是由合法化和正当化的制度所确认的各种头衔、学位及名校毕业证书等。文化资本比经济资本更加牢固，而且在一定条件下，这些文化资本可以转化为经济资本。外在财富可以通过资本转化成为惯习铭刻在社会行动者的身体之上。

在布迪厄那里，社会资本（social capital）“是指某个个人或群体，凭借拥有一个比较稳定、又在一定程度上制度化的相互交往、彼此熟识的关系网，从而积累起来的资源的总和”[①]。当一个人拥有某种持久性的社会关系网络时，这种社会关系便成为他实际或潜在拥有的资源。一个人拥有的社会资本量既取决于他可以有效调动的关系网络的规模，也取决于网络中各个成员所拥有的资本（经济的、文化的、符号的）的容量。特定行为者占有的社会资本的数量，依赖于行为者可以有效加以运用的联系网络的规模的大小，依赖于和他有联系的每个人以自己的权力所占有的（经济的、文化的、社会的）资本数量的多少。社会资本并不是天然产生的，而是通过持续性的构建、经营，有意识地笼络、交往与反复协调才能形成；同时，这种资本的再生产还取决于那些促进正当交换活动、排斥不合法交换活动的各种制度。

在布迪厄那里，符号资本（symbolic capital），其提出是基于这样的论证：现实生活中人们通过各种感知范畴，认可上述各种资本的占有和存在逻辑，这可以说上述资本有着符号资本的形式。有研究者认为，符号资本是布迪厄社会学理论中最为

① ［法］布迪厄等：《反思社会学导引》，李猛、李康译，商务印书馆 2015 年版，第 148 页。

复杂的概念之一，总起来说，重视这个概念的目的是要充分把握上面三种资本所具有的象征性质以及资本占有和运行的合法化形式。以赠品交换为例，在日常实践中，我们容易发现赠品交换是一种物质的和利益的交换或者剥削，并且与文化资本的分配紧密关联，但是在合法化的机制中，我们往往将赠品交换中种种物质性的利益因素完全抹去，而强调一种纯粹的情感以及无私利性，正是这种纯粹情感与无私利性的强调，掩盖了利益的不平等，这又成为交换生产的必要基础。人们认为，布迪厄的社会理论是一种广义的交换理论，从这个角度可以发现符号资本的重要意义。因为任何交换行为（不同的资本在交换过程中流动，并形成一种新的资源的占有和分配）如果缺乏一种合法性的机制，就很难发生，而符号资本就起着这样的作用，因此符号资本在布迪厄的理论中有着不可轻视的意义。

（2）在布迪厄看来，资本和权力是孪生兄弟。资本意味着能量，不同的行动者，不同的场域中，永不停息地发生着资本交换，也永不停地进行着力量竞争并构成了各种各样的支配关系，因此资本的循环（交换）和冲突就犹如一块硬币的两面，事实上是一体的。在《实践感》一书中，布迪厄还特别引用了罗素（B. Russell）的观点："应该认为，权力如同能量，总是从一种形式转化成另一种形式，社会科学的任务是寻找这种转换的法则。"[①] 事实上，符号资本所关注的合法化诸问题中至关重要的问题就是不平等资源分配和资本流动的合法性问题。人们如此评论：在这种研究中，布迪厄继承了马克思和韦伯的传统，致力于揭示经济实践过程中的诸种支配现象。

布迪厄指出，支配和权力只有在摆脱它赤裸裸的形式之下

① ［法］布迪厄：《实践感》，蒋梓骅译，译林出版社 2003 年版，第 193 页脚注。

才能够被人们所承认，也才能顺利地实施，因此在现实生活中，支配和权力关系总是隐蔽在各种具体的社会关系之中，并且为一种合法化的机制所保证。事实上，公开的、非合法的暴力往往会导致社会关系的解体，而隐藏的符号暴力（例如隐藏在信任、义务、个人忠诚、馈赠、人情债、感激、恭敬等德性之中）具有合法性且不易被识别，因此最符合社会系统的经济学，也是施加于人的最经济的支配方式。由此，布迪厄是这样来定义国家的：国家“可以被看作是诸场域的聚合体，是种种斗争的场所。在这些场域的聚合体中，各方斗争的关键目标就是——依韦伯的著名阐述为基础——垄断具有合法性的符号暴力，这种合法的符号暴力，就是这样一种权力，即在一特定的‘民族’内（也就是在一定的领土疆界中）确定和强加一套无人能够幸免的强制性规范，并将其视为普遍一致的和普遍适用的”[①]。

这也表明了布迪厄社会学理论的一个基本观点：布迪厄并不将社会事物或社会现象看作是一种物，相反，他将各种社会事物和社会现象看作是在一定关系之中构建的表象。因此，布迪厄的社会学理论符合了一种几乎是以元语言方式来进行的表述：他所构建的概念几乎都是没有明确定义的但比较容易直观把握的，他并没有一个严谨的逻辑的理论体系，他坚持现实的社会实践可以通过这一套极富灵和性的观念来进行把握，并且也只能在显示中经验地去理解和把握。这些基本理论的生命力永远都存在于对现实实践的研究之中，而不是存在于严谨的逻辑体系之中。所以其社会学理论事实上是一种研究社会的视觉和方法，正是运用这些理论概念所指向的视角与方法，他广泛研究了传统和现代社会的各种现象，涉足了范围广泛得令人吃

① ［法］布迪厄等：《反思社会学导引》，李猛、李康译，商务印书馆 2015 年版，第 140 页。

惊的多种学术领域。[①]

这样，布迪厄提出了他所讲的"象征权力理论"（symbolic power theory）。这成为布迪厄社会学的又一重要部分。布迪厄这一理论的重要思想来源据说是涂尔干和他的外甥及学术继承人莫斯（Marce Mauss）关于"原始分类"的研究。涂尔干和莫斯秉持"社会学主义"的方法论原则，通过考察澳洲人、祖尼人以及中国人古代对地理方位、动植物名称、时间与颜色的分类方式表明，分类的依据既不是逻辑学家所说的概念，也不是心理学家所言的个体活动的产物，"不仅类别的外在形式具有社会的起源，而且把这些类别相互联系起来的关系也源于社会"[②]。最初的逻辑范畴就是社会范畴，最初的事物分类就是人的分类，事物正是在这些分类中被整合起来的。概言之，分类来自社会，社会结构形塑着分类活动和分类结构。

布迪厄继承了涂尔干和莫斯关于人之体系是社会体系的派生物、理解范畴乃是集体表象、心智图式由社会结构调整定型等观点，进一步指出："在社会结构与心智结构之间，在对社会世界的各种各样划分（尤其是不同场域中的被支配者与支配者）和行动者划分，在对世界的关注原则与划分原则之间，存在着某种对应关系。"[③] 这种对应关系发挥着至关重要的政治作用。象征系统不仅仅是知识的工具，还是支配的工具。这成为布迪厄社会学思路的重要理论假设和其象征权力理论的重要前提。

布迪厄从以下几个方面扩展了涂尔干和莫斯关于原始分类

---

① 侯钧生主编：《西方社会学理论教程》，南开大学出版社 2010 年版，第 415～417 页。

② ［法］涂尔干等：《原始分类》，汲喆译，上海人民出版社 2005 年版，第 88 页。

③ ［法］布迪厄：《国家精英——名牌大学与群体精神》，杨亚平译，商务印书馆 2004 年版，第 1 页。

的研究[1]：首先，在传统社会共同体中观察到的认知结构与社会结构间的对应关系，也存在于发达先进的社会中，而发达社会中的这种对应关系大部分是通过学校教育体系的职能生产出来的。其次，由于社会划分和心智图式具有结构上的对应关系，随着个人不断接触某些社会状况，个人也逐渐被灌输进一整套性情倾向，而行为者通过将社会环境的必然性予以内化使其在实践中注入的各种超个人的、无意识的关注原则或划分原则得以建构。再次，社会结构和心智结构间的对应关系发挥了至关重要的政治作用，象征系统是知识的工具也是支配的工具。象征系统是能对构造世界发挥作用的社会产物，即能够反映和建构社会关系，这样一来，人们可以在一定限度内通过改变世界的表象来改变这个世界。最后，各种分类系统结构成了争夺的焦点，各个个人和群体为此而在日常生活的常规互动中、在发生于政治和文化生产的场域中的单打独斗或集体竞争中相互对立。

学界有研究者指出，可以说，布迪厄不像涂尔干那样把象征系统仅仅当成反映社会现实的镜子，而是认为，在象征系统与社会结构的关系中，它存在于人们对象征的合法性信仰以及对制造出这一象征的人的信仰中。所以，象征权力“是在实施这个权力的人与接受这个权力的人之间的特定关系中并通过这种关系得到界定的，也就是说，是在生产并再生产信仰的场域结构中得到界定的”[2]。社会结构和心智结构具有结构性的关联，并彼此强化，两者间达成的对应关系为社会支配提供了最坚实

① ［法］布迪厄等：《反思社会学导引》，李猛、李康译，商务印书馆 2015 年版，第 11～13 页。

② Bourdieu，Symbolic Power in Identity and Structure，Driffield，Nafferton Books，1997. p. 117.

的支撑。

布迪厄在对学校体系的研究中揭示了象征权力的重要内涵：它强加灌输于各种分类系统，使人把支配结构看作自然而然的，从而接受了它们。简言之，象征权力就是在一个社会行为者合谋的基础上，施加在他们身上的权力，它强加并灌输于各种分类系统，使人把支配结构看作自然而然的，从而接受它们。社会行为者对那些施加在他们身上的暴力，恰恰并不领会那是一种暴力，反而认可了这种暴力，即这是一种误识（misrecognition）的现象。[①] 这就是社会结构与心智结构对应关系所衍生的支配的政治学。

对这种误识，布迪厄进一步加以分析，指出其深层的原因："这里涉及的逻辑远为强大，也更加深藏不露：我们一降生在某个社会世界中，就有一整套假设和功利，无需喋喋不休的劝导和潜移默化的灌输，我们就接受了它们。这就是为什么分析行动者对世界的深信不疑的接受——这种接受源于客观结构和认识结构之间直接的一致关系——是一种现实主义的支配理论和政治学的真正基础。在所有形式的'潜移默化的劝服'中，最难以变更的，就是简单明了地通过'事物的秩序'发挥作用的那种劝服。"[②]

总之，在布迪厄所讲的"象征权力"这一概念强调社会行为者是有认识能力的行为者，甚至在他们受制于社会决定机制时，也可以通过型塑那些决定他们的社会机制，对这些机制的效力"尽"自己的一份力，而且，支配的效果几乎总是产生与

---

① ［法］布迪厄等：《反思社会学导引》，李猛、李康译，商务印书馆 2015 年版，第 205 页。

② ［法］布迪厄等：《反思社会学导引》，李猛、李康译，商务印书馆 2015 年版，第 206 页。

各种决定因素和将人们构成社会行为者的那些感知范畴之间的“吻合”关系。无论是分析发达社会中存在的阶级支配，还是考察国家之间的支配关系（如帝国主义或殖民主义），象征权力的概念都是不可或缺的，因为它揭示出权力关系往往是在“合谋”（complicity）的情况下完成的。

（3）布迪厄指出：“社会秩序的合法性，并不是某些人所相信的，是深谋远虑、目标明确的宣传或象征哄骗的产物；毋宁说，它乃源自这样一个事实，即行动者面对社会世界的客观结构所运用的感知和评价结构，正是社会世界客观结构的产物，这种感知和评价的结构倾向于将世界视为不言自明的。”① 任何象征支配都预先假定，在受制于象征支配的社会行动者那里，存在某种形式的合谋关系，这种合谋既不是被动地屈从于一种外在的约束，也不是自由地信奉某些价值。象征权力的特殊性恰恰在于，它要求那些承受象征支配的人具有一种态度，这种态度使自由和约束之间那种寻常的对立站不住脚。

在布迪厄看来，语言是一种“温和的暴力”，语言关系总是象征权力的关系，通过这种关系，言说者和他们分别所属的各种群体之间的力量关系转而以一种变相的形式表现出来。哪怕最简单的语言交流，也涉及被授予特定社会权威的言说者与在不同程度上认可这一权威的听众以及他们分别所属的群体之间结构复杂、枝节蔓生的历史性权力关系网。如果不考虑在交流中发挥作用，但不被肉眼觉察的权力关系结构的总体，那么交流中一个非常重要的部分，甚至包括言谈的信息内容本身，就始终是不可理解的。

布迪厄认为，任何言语行为或任何话语都是两方面因素共

① Bourdieu, Social Space and Symbolic Power, In inother words: Essays towards a Reflexive Sociology, Stand, Standford University press, 1990, p. 135.

同作用的产物：一方面是语言惯习，即一套社会因素构成的性情倾向，它暗含了一种以某些方式言说并且说某些特定的事情的倾向，还包括言说技能、产生合乎语法的无穷无尽的话语系列的语言能力，以及在既定情境中以适当方式运用这种技能的社会能力；另一方面是语言市场，即作为一个特定的约束和监督系统强加于自身的力量关系系统，这一系统通过决定语言产品的"价格"来推动语言生产方式的更新。① 语言市场越官方，越正式，越谨严，即在时间上越遵守支配性的语言规范，监督就越强，市场就越受支配者的支配，受那些合法语言技能的拥有者的支配。

布迪厄指出，语言技能并非一种简单的技术能力，而是一种规范能力。这就意味着并非所有的语言说者都是平等的。"语言共产主义"错觉认为，所有参与语言交流的方式，就像人们享有的阳光、空气或水一样，一句话，语言并不是一种稀缺商品。但事实上，进入合法语言的渠道是不平等的，语言学家在理论上认定语言技能是普遍共享的，并且慷慨大度地将它授予每一个人，但这种技能在现实中却是由某些人垄断的。属于某些范畴的言说者被剥夺了在某些情境下说话的能力，而且人们还经常接受这种剥夺。

布迪厄指出，语言技能的不平等不断地在日常互动的市场中展现自身，如在两个人的闲聊中，在公共聚会中，在研讨班上，在求职面谈中，以及在广播电视上。就像在经济商品的市场上存在垄断一样，在语言商品的市场上也存在垄断。这一点在政治活动中最显而易见，各种发言人被授予了垄断权，可以合法地在整治活动中表达某个集体的意愿，他们不仅替他们所

① ［法］布迪厄：《语言意味着什么语言交换的经济》，褚思真、刘晖译，商务印书馆 2005 年版，第 50、69～70 页。

代表的集体说话，还经常越俎代庖，取代集体来表达自己的意见，布迪厄称之为“演说效应”（oracle effect）[①]。正是在这种授权逻辑中深刻地蕴涵了“合法骗局”的可能性。

布迪厄指出，性别支配是象征权力的典型体现。男性秩序借助社会结构和认知结构之间的相符关系，被行为者视为理所当然。作为被支配者的女性，将那种无思性的思想图式运用到这一支配关系借以实现自身的人们身上，并应用到她们身陷其中的支配关系上。这种权力关系化身在成对出现的各种对偶范畴中，如高贵和低贱、坦荡和琐屑、深刻和肤浅等。布迪厄在分析卡比尔人房屋结构时指出，男性意味着支配者，与干的、南方、热的、白昼和夏天联系在一起，涉及各种官方的、宗教性的、公共的活动；而女性则意味着被支配者。与湿的、北方、冷的、夜晚和冬天联系在一起，涉及的是一些非官方的、魔幻性的、日常化的活动。

布迪厄指出，社会秩序像一架巨大的象征机器一样运转着，它有认可男性统治的趋向，因为它就是建立在男性统治的基础之上的，比如空间结构，大庭广众专属男人，家庭专属女人，或在家庭内部，炉火归男人，牲畜棚、水和植物归女人；再如时间结构，劳动日、耕地年、生命的循环、中断的时刻是男人的，漫长的妊娠期是女人的。更重要的是，“象征权力有效性的作用和条件以配置的形式被持久地纳入身体的最隐秘之处”[②]。“男性社会将统治关系纳入一种生物学的自然中，将这种关系合法化，而这种生物学的自然本身就是一种自然化的社会构造。”[③]

---

① Bourdieu, Delegation and Politishism, In *language and symbolic Power*, Cambridge, Polity Press, 1991, p. 211.

② ［法］布迪厄：《男性统治》，刘晖译，海天出版社 2002 年版，第 52 页。

③ ［法］布迪厄：《男性统治》，刘晖译，海天出版社 2002 年版，第 28 页。

男性统治的逻辑通过"身体化政治"而深深地嵌入社会世界和行为者的性情倾向之中。

布迪厄最关注的问题是：为什么触目皆是的社会不平等没有遭到强有力的反抗？在他看来，这是因为统治阶级改变了统治策略，他们不再进行粗暴的身体强制，而是选择了温和得多的控制形式，即文化实践形式。他们的统治变成了多少类似于催眠术的象征支配，使被支配阶级和统治阶级达成了共识。被支配者接受了支配者的理念，并将这些理念误识为正确的、因而自己应当遵守的理念，而意识不到支配者对自己的象征支配。文化资源、文化体制或文化实践则是将此类统治合法化的主要工具，至于教育系统，则强化了对此社会不平等关系的再生产。

布迪厄在论述文化与社会再生产关系的基础上，涉及了"阶级"这个概念，而在此与马克思和韦伯的"阶级"概念有很大的区别。在布迪厄看来，行动者主体为了获得利益，借助自己的资本在特定的社会场域或社会空间里相互争斗；而在场域或社会空间中位置相近的人，就构成一个阶级。换言之，阶级指的是在社会空间中一群有着相似位置和相似条件，并受到相似约束的行动者主体的组合。由于这些行动者具有相同或相似的位置，便有了相同的生活处境，因而也会有着相似的性情倾向系统或惯习。这些相似性，反过来又会导致他们具有共同的实践。①

因此，布迪厄指出："社会阶级并非单单通过人们在生产关系中所处的位置来界定，而是通过阶级惯习来界定的，这种惯

---

① See Bourdieu, What Make a Social Class? On the Theoretical and Practical Existence of Groups. *In Berkeley Journal of Sociology*, 1987, 32: 1—18.

习‘通常地’是与阶级地位相关联的。”① “一个阶级，可以通过其存在（its being），同样地，其被感知（its being perceived）来界定；通过其在生产关系中的位置，同样的，通过其消费来界定。”② 与马克思的阶级理论相比，布迪厄的阶级理论既重视阶级的现实存在，又看到其惯习累积，既重视其客观存在，又重视其主观建构，既看到物质性关系对阶级地位的重要性，又看到象征性资源在人的阶级定位中的作用。在这个意义上，布迪厄的阶级分析同样为化解主观与客观、结构与建构的二元对立作出了努力。③

布迪厄强调，在现实社会中，集团或阶级惯习的一致源于生存条件的一致性，致使实践活动能趋于一致，而无须任何策略考虑和有意识地参照某种规范，而且使它们在没有任何直接相互作用特别是没有任何明确协商的情况下能够相互调整。相互作用的形式来自于客观结构，客观结构产生了相互作用的行为人的潜在行为倾向，并通过行为倾向规定了行为人在相互作用中与在其他场合的相对位置。“社会学把所有源于相同客观条件、故具有相同惯习的生物学意义上的个体视为同一（自在的）社会阶级，作为具有相同或相似生存状况和条件的阶层，不可分地是一类具有相同惯习的生物学意义上的个体，该相同惯习作为行为倾向系统，为相同条件的全部产品所共有。”④

---

① Bourdieu，Distinction：*A Social Critique of the Judgment of Taste*，London：Routledge and Kegan Paul，1984，p. 372.

② Bourdieu，Distinction：*A Social Critique of the Judgment of Taste*，London：Routledge and Kegan Paul，1984，p. 483.

③ 刘少杰主编：《当代国外社会科学理论》，中国人民大学出版社 2009 年版，第 75～83 页。

④ ［法］布迪厄：《实践感》，蒋梓骅译，译林出版社 2003 年版，第 91～92 页。

4. 教育与社会再生产。

教育问题在布迪厄的研究中占据很重要地位。布迪厄把教育系统视作当代社会中文化资本积累和调控社会阶层的主要机构。更为重要的是，"从教育行动是由一种专断权力所强加的一种文化专断的意义上说，所有的教育行动客观上都是一种象征权力"①。教育系统反复灌输占统治地位的分类系统，象征权力就是通过这种分类系统而得以表达的。因此，布迪厄说："教育社会学是知识社会学与权力社会学的一个篇章，而不是一个微不足道的部分——更不用说它对于权力哲学的社会学意义了。"②与教育社会学的重要奠基人涂尔干相比，布迪厄更为重视教育的社会区分功能，并对其权力支配作用予以揭示。

布迪厄指出，学校教育以一种貌似平等的选择方式生产与再生产着社会与文化的不平等。在现代社会，学校已演变为生产与再生产社会等级秩序的重要场域、一个充满了权力斗争的场域。社会集团取得成功的可能性并不取决于这些集团之间内在的差异，而是学校人为制定出来的分类系统。学校文化所推崇的技能和礼仪是一种精英文化，获得精英文化对一些人来说需要付出高昂代价，而对另一些人来讲只是一种继承。支配性文化资本所有者正是通过他们在学校的"成功"进一步巩固其统治地位的，而不具备支配性文化资本的行动者在学校教育则处于明显的劣势。

不平等的社会可以使教育制度在经济条件平等的情况下，把社会特权化为天资或个人学习成绩，从而不断地维护不平等。

① ［法］布迪厄等：《再生产：一种教育系统理论的要点》，邢克超译，商务印书馆2002年版，第13页。

② ［法］布迪厄：《国家精英——名牌大学与群体精神》，杨亚平译，商务印书馆2004年版，第8页。

“表面的机会均等实现得越好，学校就越可以使所有的合法外衣服务于特权的合法化。”[①] 在《继承人》一书中，布迪厄列举了大量事实来证明这种教育系统中的不平等。例如，在1961—1962年，出身于农民家庭和工人家庭的子女进入大学学习的机会分别为3.6%和1.4%，而同一时期自由职业与高级职员子女的入学率则搞达58.5%。[②] 相差之巨，不言自明。教育系统客观地进行着淘汰，阶级地位越低受害越深。而下层阶级的子女集中于某些专业且学习进度缓慢，则是更为隐蔽的不平等现象。

布迪厄指出，教育机构不仅具有将本来只对支配阶级有利的内容和方法转换成社会各阶层普遍接受的通识教育的功能，而且还可以是转换过程以一种强制，反而将其看作理所当然的东西欣然接受。人们之所以没有意识到这种“象征权力”的强制性力量存在，是由于在包括家庭在内的各个生活领域里，早已开始了某种“教育”。这种“教育”不但可以使所有社会成员都彻底认同产生支配阶级的教育体系，而且还能使他们对此产生一种正当的感觉。

这就是象征权力的支配性作用。布迪厄说：“权力关系不仅源于教育行动，而且也来自对教育行动客观真相的不知。后者决定了教育行动合法性的承认，这一承认构成了教育行动的实施条件。”[③] 人们在浑然不觉的状态下被灌输的内容和方法，转换成一种身体与内在化的惯习，并对此后的学习生涯产生了重要影响。这些影响最终以“自我选择”——一种对于自身前途

---

① ［法］布迪厄等：《继承人——大学生与文化》，邢克超译，商务印书馆2002年版，第31页。

② ［法］布迪厄等：《继承人——大学生与文化》，邢克超译，商务印书馆2002年版，第9～10页。

③ ［法］布迪厄等：《再生产：一种教育系统理论的要点》，邢克超译，商务印书馆2002年版，第23页。

的认识以及对待学习的态度——的面貌出现。作为这一选择结果而获得的学历，如果能够决定其所以从事的职业和阶级归属的话，那么这恰恰是一种通过"教育"的选择与排斥。貌似具有普适性的教育内容与教育方法，实际上是作为一种"选择与排斥"机制发挥作用。

在布迪厄看来，社会空间好比市场系统，人们根据不同的特殊利益，进行着特殊的交换活动。社会空间是由许多场域的存在而结构化的，这些场域如同市场一样，进行着多种特殊的资本的竞争。这才有布迪厄在早期著作中对资本所区分的三种类型：经济资本、社会资本和文化资本。[①] 后来布迪厄加上了所谓的象征资本，即被人们承认接受了的经济、社会和文化的资本。

布迪厄在研究教育问题时大量运用文化资本的概念，指出不同社会经济出身的学生在学业成就以及更久远的人生道路上的差异。那些早年从家庭中继承了丰厚文化资本的学生更容易促进文化资本的累积。就体制化状态而言，文化资本往往以学历资格这一形式出现，这样，就有一个文化身份的"合法化"问题。自学者、中途辍学者或受教育不全者的文化资本，可能在其一生中随时遭到质疑。体制化的、官方认可的文化资本成为人们所力求获取的自我认同和社会认同以及进一步积累文化资本的保障，而简单的文化资本则迫使人们不断去证明自身。布迪厄指出，以往的教育理论倾向于把教育体系定义为"保证从过去继承下来的文化（及积累的信息）一代代传递下去的所有组织性与习惯性的总和"。布迪厄认为，这一观点掩盖了教育的社会再生产功能，这些理论并没有把文化视为一种为特权阶

① See Bourdrieu, *The Form of Capital*. *In G. Richardson*, *Handbook of Theory and Research for the Sociology of education*, New York, Greenwood Press, 1986, pp. 241—258.

级而不是为社会全体成员共享的垄断物。由于学校教育具有强化和神圣化有家庭出身造成的最初的不平等倾向，因而它有助于各阶级和集团之间文化资本分配结构的再生产，及社会结构的再生产。布迪厄指出："测试教育体系对社会阶级之间的权力关系和象征关系结构的再生产所起的作用是社会学家的使命。"①

布迪厄认为，教育是作为一种象征权力手段在从事社会的再生产，通过教育资源的获得，一种权力支配与被支配之间的关系得以建立。在现代社会中，教育成为人们获得各种资格能力的通行证，教育和文化资本拥有量的差别，将人划分为具有不同学识和能力的个人和群体。教育和学术变成增强支配地位和获得权威途径的象征性资源。文化资本是构成象征权力的基本条件，具有不同文化象征资本，就具有不同的支配和被支配的可能性。拥有更多的文化象征资本的人可以支配或控制文化资本少的群体，可以支配社会地位、身份和等级差异方面处于弱势的社会群体。

因此，布迪厄强调，对社会而言，通过教育、文化、语言等，象征权力为人们提供其所拥有的关于自身文化的认同感和自我价值认同感，或剥夺之。人的创造离不开场域，离不开文化资本，离不开象征资本的差异性和趋同性。主导性文化权力体系的存在，使得所有非主导地位的文化都存在不同的程度的合法性危机。文化趣味的区分，如高雅与通俗、深刻与肤浅、尊贵与卑下、体面与粗鲁等，实际上反映了一种权力关系。为了减轻和消除文化的合法性危机，文化资本的获取就成为现代社会中最大的神话，或者说是"现代巫术"。

---

① Bourdieu，Culture reproduction and social reproduction. In R . Brown ed. , *Knowledge, Education, and Cultural Change*, London，Tavistock，1973，pp. 71—112.